中国国有石油企业媒介话语的历史变迁
（1949—2019）

任继凯 著

石油工业出版社

图书在版编目（CIP）数据

中国国有石油企业媒介话语的历史变迁（1949—2019）/任继凯著．—北京：石油工业出版社，2022.12
ISBN 978-7-5183-5786-4

Ⅰ.①中… Ⅱ.①任… Ⅲ.①石油企业-工业企业管理-史料-中国-1949—2019… Ⅳ.①F426.22

中国版本图书馆 CIP 数据核字（2022）第 237691 号

出版发行：石油工业出版社
　　　　　（北京安定门外安华里2区1号楼　100011）
　　网　　址：www.petropub.com
　　电　　话：（010）64523582
经　　销：全国新华书店
印　　刷：北京中石油彩色印刷有限责任公司

2022年12月第1版　2023年5月第4次印刷
710×1000毫米　开本：1/16　印张：20
字数：317千字

定价：80.00元
（如出现印装质量问题，我社图书营销中心负责调换）
版权所有，翻印必究

序　言

中国国有石油企业做出巨大社会贡献却没有得到好口碑，为什么会出现这样的情况？由这个疑惑触发，产生了从媒介话语变迁的观察中寻找答案的研究动因。全书立足中国国有石油企业 70 年发展历程中的媒介话语文本，将国有石油企业放在不同历史阶段全球背景下，从政治、经济、社会等方面分析行业发展环境和影响话语变迁的现实语境。运用话语与社会变迁理论建构起全文的分析框架，从文本、话语实践、社会实践三个维度，剖析不同历史阶段石油企业媒介话语的生成、传播及社会影响，总结出石油企业媒介话语的阶段性特点，及其对企业传播产生的影响。文本分析综合运用詹姆斯·保罗·吉的"七任务建构"法和高频词量化分析法，话语实践结合议程设置理论和公共关系中的企业、媒体、政府、公众的四元关系理论，社会实践整合企业声誉管理理论和认同理论，形成骨干理论嵌套枝干理论和方法的分析框架。

本书依据石油企业发展和话语呈现的阶段性特点，结合社会变迁与媒介形态变革的时代特点，将石油企业媒介话语 70 年的变迁断代为四个历史时期，分别是 1949—1978 年、1979—1998 年、1999—2012 年、2013—2019 年，这四个时期有着不同的媒介环境特点，分别以纸质媒体（报纸）、电子媒体（电视）、网络媒体（网站和自媒体）、融媒体（媒体融合）引领传播，在每章的题目中都以话语文本特点和话语实践特点相结合的方式来命名。每章分四节，分别是语境分析、文本分析、话语实践分析、社会实践分析。分析得出，1949—1978年，石油行业在"我为祖国献石油"使命驱动下，突出政治性要求，以"克己奉公"的价值指引塑造了战斗型政治话语，并建构了工业战线引领者的示范形象。1979—1998年，石油行业的发展主线是从行政管理体制向"油公司"体制转型，媒介话语从战斗型政治话语向探索型改革话语转变，但话语创新并未跟上管理体制改革的脚步，造成主流媒体与石油行业媒体对石油企业言说的差异化呈现，主流媒体没有全景式地记录下石油企业20年的改革历程，错失了让公众了解企业并建构新形象的机会，公众延续了对石油企业过往的刻板印象，造成了话语与实践的偏离，为之后的舆论冲突埋下了隐患。1999—2012年，完成了专业化重组和境内外上市的国有石油企业，全面融入全球市场，并对标世界一流开展国际化经营，媒介话语从探索型改革话语向赶超型成就话语转变。由于互联网的出现并普及，以及媒介多元化，导致舆论环境呈现多元冲突的特点。公众借助社交媒体参与舆论监督的热情高涨，企业在安全环保等诸多方面的管理疏漏被媒介披露并放大，造成公众心中的石油企业形象与现实呈现的形象反差较大。而企业价值输出自觉与形象建构无意识的惯性，使得企业话语权缺位、话语力缺失，企业形象不断被贴上"傲慢""垄断低效""管理落后"话语标签。2013—2019年，石油企业面临着能源产业革命性变化引发"夕阳产业"战略困顿的严峻挑战，同时叠加着企业众多高管因腐败问题落马导致企业形象跌落谷底的负面冲击，媒介话语从赶超型成就话语向战略型声誉话语转变。话语力和形象建构意识缺失的惨痛教训唤起了石油企业将形象建构和声誉管理纳入发展战略的积极性，并在传播管理、媒介运用等方面有所突破，以更加积极的姿态投入话语和形象建构事业。

  本书结论部分在前四章研究基础上，围绕绪论中提出四个问题作出回答。即政治性成就了石油企业媒体话语在"极左"意识形态环境中强势传播，也束缚了它在开放包容环境中的创新和企业媒介话语体系的建构；石油媒介话语变迁主要受价值定位和形象建构需求两大因素的影响；曾经工业领域的翘楚会在负面舆论中形象遭受严重损害，话语力缺失是重要原因；石油企业需要建立以声誉管理为导向的媒介话语体系。概括起来说，70年石油企业媒介话语变迁是一个持续表达价值、从传统中来再回归传统、并不断塑造形象建构自觉与自洽的历史过程。企业的媒介话语记录了企业的发展成就，也反映了企业求索历程中的迷茫、困顿、偏离与奋起，最终将话语变迁对准了增强企业软实力进而提升核心竞争力的目标。石油企业媒介话语70年的变迁还是一个话语从模仿继承到自主创新，不断掌握话语建构自主权的过程。话语变迁也是文化承载的变迁，是企业文化史中传播篇的一个缩影。

  是为序。

任继凯

2022年12月20日于

中国石油大厦

目 录

绪 论

第一节 研究背景 ... 1
一、问题引出 ... 1
二、理论价值 ... 3
三、现实意义 ... 5

第二节 主要概念 ... 8
一、国有石油企业 ... 8
二、媒介话语 ... 8
三、历史变迁 ... 9

第三节 学术史回顾 ... 10
一、媒介话语 ... 10
二、话语体系 ... 16
三、话语历史变迁 ... 18
四、媒介话语与社会变迁 ... 19
五、企业媒介话语 ... 21

第四节 研究框架 ... 23
一、理论基础 ... 23
二、研究思路 ... 29
三、研究方法 ... 30
四、研究大纲 ... 32

第一章 "我为祖国献石油"使命驱动下的石油行业话语实践与形象建构（1949—1978）

第一节 石油"大会战"过程中"战斗型话语"生成的语境分析 ……… 36
一、新中国成立至改革开放中国石油行业发展环境分析 ……… 36
二、"大会战时代"石油行业话语实践的媒介环境分析 ……… 40
三、大庆精神铁人精神培育中的形象建构 ……… 43

第二节 "我为祖国献石油"使命驱动下的媒介文本分析 ……… 45
一、主流媒体对石油行业报道文本的话语分析 ……… 46
二、行业媒体对石油行业报道文本的话语分析 ……… 59

第三节 以行业精神培育为主要方向的话语实践 ……… 75
一、大庆精神铁人精神的文本建构 ……… 76
二、大庆精神铁人精神的话语分析 ……… 79
三、大庆精神铁人精神话语建构的社会影响及时代启示 ……… 83

第四节 "我为祖国献石油"使命驱动下的形象建构 ……… 86
一、价值观政治化后的话语赋能 ……… 87
二、精神建构配位形象建构的交互与照应 ……… 88
三、形象光环下的话语自信与自我激励 ……… 90

本章小结 ……… 91

第二章 改革转型中的国有石油企业话语实践与企业价值研判后的形象定位（1979—1998）

第一节 以转企改制为重心的语境分析 ……… 92
一、1979—1998年中国石油行业的发展环境分析 ……… 92
二、改革探索时期石油行业话语实践的媒介环境分析 ……… 96
三、企业价值研判后形象定位的话语描述 ……… 100

第二节　行业改革实践与媒介话语差异化呈现比较下的文本分析…… 105
　　一、主流媒体对国有石油企业报道文本的话语分析 ……… 106
　　二、石油行业媒体对企业自身言说的文本分析 ……… 115
第三节　转型发展中的国有石油企业媒介话语实践解析……………… 120
　　一、对国有石油企业言说主体的分析 ……………… 123
　　二、言说国有石油企业文本的形成过程 ……………… 125
　　三、对国有石油企业言说的接受与反馈 ……………… 129
第四节　价值传播自觉与形象建构无意识中的话语偏离…………… 131
　　一、话语社会实践中国有石油企业自身价值的传播自觉 ……… 131
　　二、话语社会实践中国有石油企业自身形象建构的无意识 …… 133
　　三、自觉与无意识之间的话语偏离 ……………… 135
本章小结………………………………………………………………… 136

第三章　国有石油企业对标一流走向国际化的话语实践与多元舆论冲突下的形象转变（1999—2012）

第一节　业务国际化与舆论多元化叠加下的语境分析……………… 138
　　一、21世纪第一个十年中国石油工业的发展环境分析 ……… 138
　　二、网络时代国有石油企业话语实践的媒介环境分析 ……… 141
　　三、走向国际化与舆论多元化叠加下的企业形象转变 ……… 147
第二节　多元舆论冲突下的媒介文本分析……………………………… 153
　　一、主流媒体对国有石油企业报道文本的话语分析 ………… 154
　　二、石油行业媒体对企业自身言说的文本分析 ……………… 164
　　三、自媒体对国有石油企业言说的文本分析 ………………… 169
第三节　多元舆论冲突下的国有石油企业媒介话语实践分析……… 173
　　一、对国有石油企业言说主体的分析 ………………………… 174
　　二、言说国有石油企业文本的形成过程 ……………………… 179

三、对国有石油企业言说的接受与反馈 ·················· 183

第四节　多元舆论冲突下的国有石油企业形象转变 ············ 185
　　一、多元舆论冲突下媒介话语的社会实践 ················ 186
　　二、媒介话语碰撞下的国有石油企业形象转变 ············ 189
本章小结 ·· 192

第四章　"夕阳产业"战略困顿中的话语实践与回归传统的形象重塑（2013—2019）

第一节　产业角色和公众形象双重调整期的语境分析 ·········· 194
　　一、2013—2019年的中国石油行业发展环境分析 ·········· 194
　　二、媒体融合时代国有石油企业话语实践的媒介环境分析 ·· 199
　　三、石油产业战略转型中的形象回归与重塑 ·············· 206

第二节　媒体融合发展中的国有石油企业媒介文本分析 ········ 210
　　一、主流媒体对国有石油企业报道文本的话语分析 ········ 211
　　二、石油行业媒体对企业自身言说的文本分析 ············ 219
　　三、自媒体对国有石油企业言说的文本分析 ·············· 223
　　四、海外媒体对国有石油企业言说的文本分析 ············ 226

第三节　战略转型求索中的国有石油企业媒介话语实践分析 ···· 228
　　一、对国有石油企业言说主体的分析 ···················· 230
　　二、言说国有石油企业文本的形成过程 ·················· 232
　　三、对国有石油企业言说的接受与反馈 ·················· 237

第四节　战略困顿与求索中的传统回归与形象重塑 ············ 239
　　一、"夕阳产业"之辨的战略求索 ······················ 240
　　二、在回归传统中寻求形象重塑 ························ 241
本章小结 ·· 244

第五章 经验与启示

一、基于话语历史变迁研究对所提出问题作出回答 …………… 247
二、国有石油企业媒介话语历史变迁的特点 …………… 252
三、国有石油企业媒介话语历史变迁的启示 …………… 256

附录1 1949—1978年《人民日报》和新华社对石油行业的报道（51篇） …………… 261

附录2 主流媒体对铁人王进喜的深度报道（9篇） …………… 264

附录3 主流媒体对大庆精神铁人精神的报道（28篇） …………… 265

附录4 1979—1998年《人民日报》和新华社对石油行业的报道（103篇） …………… 267

附录5 新时期铁人王启民先进事迹的报道（55篇） …………… 273

附录6 1999—2012年《人民日报》和新华社对石油行业的报道（78篇） …………… 276

附录7 以"大庆油田创建百年油田"为主题的媒体报道（48篇） …………… 281

附录8 2013—2019年《人民日报》和新华社对石油行业的报道（42篇） …………… 284

参考文献 …………… 287
后　记 …………… 307

绪 论

第一节 研究背景

一、问题引出

随着中国企业参与全球市场竞争日趋常态化，跻身世界500强的中国企业不断增多，中国企业的发展动态越来越受到国内外媒体关注。华为公司在中美贸易摩擦中被推向全球舆论的风口浪尖，就是最好例证。令人欣慰的是，在全球征战多年的华为，已经练就了一身应对舆论危机并借助媒介话语建构自身形象的本领。虽然舆论风暴波谲云诡，力挺者有之，打杀者有之，骑墙观望两边讨好者亦有之，华为被裹挟在强风暴中心，但以任正非为代表的华为管理层通过媒体讲出的华为故事、华为精神和华为情怀，不仅让华为顺利走出舆论危机，而且为华为在全球做了一次最具传播力和影响力的形象广告。任正非曾说，不管美国政府怎么对待我们，我们依然会热情地拥抱美国公司，令人印象深刻，其展现出的格局和境界，以及华为人一系列话语所展示出的软实力，彰显了中国企业的力量，也显露出中国民营企业狂飙突进般的发展成就。

中国的国有企业，特别是早已处于世界500强前列的中央企业，为国家现代化建设做出了更大贡献，走出去参与国际竞争也更早，可在国内外舆论场中，借助传播手段和话语力量树立企业形象、提升品牌影响力的能力，似乎还比较弱。问题出在哪里？科技创新、营收增长等硬实力显然不是问题所在，500强俱乐部中不断增长的央企数量已经证明了这一点。回顾历史，在国内舆论对央企腐败、暴利、垄断的诟病之外，国外舆论一直在攻击中国大型国企代表政府推进海外新殖民，是国家意志和意识形态输出的工具。毋庸讳言，中国国有企业还处于政党的宣传思维向企业传播思维转型的过程中，缺乏综合运用科学传播理论和技术对外言说的意识和能力，缺少一套既能讲清楚自己、又能说服他者的话语。

国有企业从国家行政管理体制转企改制后，其依然是国家体制中国民经济的中流砥柱，其话语完全继承了中国共产党和社会主义国家的话语传统，媒介言说遵从党的意识形态和国家意志。因此，在封闭的计划经济时期，国有企业的媒介话语是媒体话语实践和企业社会实践在国家意识形态边界内相互作用而自发形成的；但在市场经济条件和全球化环境中，缺乏自觉和自主建构的话语体系，必然产生形象建构的短板。从现实看，中国国有企业不断进入国际市场核心圈层，话语能力不足的软实力硬伤制约了"建设世界一流企业"目标的实现。扭转这一现状，必须实现基于中国国有企业发展历史和自身特质的话语体系建构理论和实践的创新，所以，对国有企业的媒介话语进行历史研究就是实现理论与实践创新的前提，而国有石油企业又是被称为"共和国长子"、历史悠久、具有典型性和代表性的国有企业，对国有石油企业话语的研究成果在中国国有企业中具有参照价值和一定的借鉴意义。

长期以来，国有石油企业话语建构的自觉意识不强，学界在话语研究领域对企业的推动也不足。当信息技术新发展形势和企业全球化发展需要促使国有石油企业及时调整传播理念和传播手段时，以适应新形势需要和提升传播力为导向的话语创新和新话语体系建构就尤为迫切。特别是国有石油企业在遭受舆论困境，企业竞争力严重受损时，越发感受到建构一套符合企业自身特点、具有较强传播力的话语体系的重要性。近年来，无论是中央政策导向，还是企业发展的自觉，都把建构既能与建设世界一流企业目标相匹配、符合传播规律和国际传播语境，又能关照到历史和文化传承的话语体系，作为国有石油企业发展的战略目标。因此，对国有石油企业话语体系建构的智力支持成为企业的迫切需要，学界能够在解决国有企业话语建构问题上实现理论创新也是对国家和企业形象建构的积极贡献。

企业话语建构必须在继承的基础上完成自觉的顶层设计，告别过去话语无意识的流变状态，这都需要以史为鉴，清楚地掌握今天的企业话语是如何一步步发展变化而来，提炼总结出企业话语变迁的特点和规律，进而形成一套指导企业话语体系建构的理论和解释企业话语体系的具有中国特色的概念体系。所以，对国有企业话语体系建构的理论创新源起于对国有企业话语变迁的历史研究，而媒介话语是观察企业话语历史变迁的重要视角。以历史变迁为主线,以媒介话语为切入口,运用西方成熟的话语研究理论分析国有石油企业媒介话语从产生到发展至今的变迁与特点,向历史寻觅产生现实传播问题和舆论困境的原因,找到解决问题的理论突破口。从现实的理论工具看,尚没有合适的原创性理论能够支撑国有企业话语体系建构的创新,还需要在西方理论工具的支持下,在充分挖掘历史积淀的基础上,积极寻求理论创新,形成一套具有中国特色的国有企业话语建构理论,解决国有企业兼具政治性、经济性和社会性的传播实践需求,实现与西方话语理论的有机兼容。因此,历史维度和西方理论还是本书需要紧紧把握的研究策略,笔者尝试在这两个策略工具的碰撞中找到理论创新的可能。

国有石油企业是中国国有企业的典型代表,将国有石油企业作为研究对象,能够达到窥一穴而知全貌的效果;媒介话语研究是一个可以集历史演变、文化传承、社会影响、政治推动于一体的观察视角,并且是话语体系建构的核心内容,是尝试话语理论创新潜在的突破领域。因此,本书把国有企业话语体系建构的研究聚焦在国有石油企业媒介话语这个维度上,瞄准国有石油企业传播中所遇到的现实问题,从媒介话语的历史变迁中溯因并求解。本书通过历史研究,需要解决以下四个问题:(1)国有石油企业媒介话语的显著特点对企业媒介话语体系建构产生了怎样的影响?(2)国有石油企业媒介话语变迁主要受到哪些因素的影响?(3)为何曾经受到最高权力褒奖和全国人民拥戴的国有石油行业在负面舆论漩涡中形象会遭受重创?导致这个结果的核心问题是什么?(4)国有石油企业应该建构怎样的媒介话语体系?其核心特点是什么?

二、理论价值

1.本研究将有助于话语研究领域形成一套基于中国国有企业属性和特征的理论框架。从话语研究领域已有的理论看,国有企业话语建构都能运用,但没有一个理论能够完全涵盖并独自引导企业的话语实践。米歇尔·福柯"话语—权力"理论,突出了话语在意识形态和政治、经济、社会权力关系方面的建构作用,国有企业作为中国共产党领导的企业,政治性是其最显著的属性,因此,国有企业的话语建构首先要保证对党的意识形态的遵从。同时,国有企业还有经济性,亦是社会组织中的一部分,受

中国国有石油企业媒介话语的历史变迁（1949—2019）

到市场环境和社会变迁的影响，诺曼·费尔克拉夫的批判性话语分析理论指出，话语与社会变迁息息相关，话语根源于人们的生活方式和文化习惯，但同时也影响着人们的生活方式和文化习惯[1]。国有企业作为人的集合体，其话语实践自然会受到人们生活方式、文化环境和社会形态的影响，国有企业的话语体系也符合文本、话语实践和社会实践三个维度的建构范式。此外，从话语分析理论的视角看，国有企业作为话语建构的主体，其建构的逻辑必然要遵循言说、行为和身份认同的需要，进而能产生意义、表达立场、建立联系。即使从图恩·梵·迪克话语研究多学科引入的视角看，国有企业多为跨国企业，深度融入全球市场，其话语建构亦可由跨文化、跨族群传播，社会学的社会互动理论去关照。从以上分析可以看出，针对国有企业的话语研究具有理论交叉性，难以从单一的理论视角形成研究框架，因此，国有企业话语体系建构需要国有企业话语研究的理论创新，是基于中国文化传承、中国语境和中国发展模式相结合的，以传播为导向的言说逻辑体系。而这一创新必须建立在对国有企业话语变迁历史研究的基础上，媒介话语就是观察这一变迁的窗口，再借助西方话语分析方法，挖掘形成一套适合中国国情和语境的、可贡献于社会科学理论体系建设的话语体系分析及建构理论。

2. 本研究将有助于话语研究领域建构一套具有中国特色的原生性概念体系。中国国有企业伴随着新中国的发展历程一路走来，经历了从计划经济向市场经济转型和建立现代企业制度的深刻变革，企业话语既深深地打上了体制的烙印，又在深化改革中向西方学习，从西方引入了现代管理机制的话语表达，形成了独具中国特色的企业媒介话语形态。国有企业的媒介话语建构从继承中国共产党的话语，到自觉地从西方引入现代公司治理的话语，再到东西方不同意识形态和语境中的话语融合共生，国有企业的媒介话语呈现出多元杂糅的特点，但对国有企业媒介话语研究还是在使用西方话语理论的概念，总有隔靴搔痒之感，学界尚未形成在中国语境中原生话语概念，来解释中国特色的国有企业媒介话语实践。要实现在概念体系上的创新，同样要对国有企业的媒介话语做历史研究，以史为鉴方能知

---

[1] 诺曼·费尔克拉夫著.话语与社会变迁[M].殷晓蓉译.北京：华夏出版社，2003年7月第1版，第1页.

兴替，方能正本清源厘清国有企业媒介话语历史脉络、阶段特点和变迁规律，才能建构起具有原生性的中国国有企业的媒介话语概念体系。

3.本研究将是综合运用西方多学科理论分析中国国有企业媒介话语变迁的新尝试。当前学界话语研究的已有成果主要集中在语言学、社会学、心理学、传播学、人类学、管理学等几大科学领域，而无论是从社会学、管理学，还是从传播学的视角去研究企业，聚焦话语的研究明显较少。从文献梳理中发现，针对企业的研究主要集中在：用公共关系理论研究企业品牌、用管理学理论研究企业营销、用传播学理论和话语分析理论研究企业形象建构等几个方面。尚未发现从历史视角研究国有企业媒介话语的成果，因此，除了研究视角和领域选择的创新性，在可供借鉴的中国原创理论不足的背景下，综合运用西方多学科理论分析国有企业媒介话语变迁，并对国有企业建构话语体系提出策略和方法，亦是一种创新。在媒介话语研究中，历来存在两种主要取向：一是批判性的、政治性的进路；二是实用性的、日常性的进路[1]。国有企业的媒介话语研究显然是在批判性、政治性的进路上，涉及语言学、传播学、管理学、社会学等多学科知识和相关理论，交叉研究的特点比较突出。在媒介话语分析的同一个研究维度上，会有不同学科视角，只有从不同学科角度进行阐释，才能使研究结论客观全面，避免盲人摸象。多学科理论交叉运用并不是不分重点地平均用力，要合理选择理论工具和研究维度，既保证成果的全面性，又要突出重点和特色。

三、现实意义

1.基于历史的话语体系建构和创新，是企业形象建构和声誉管理的客观要求。国有石油企业是国家能源供给和能源安全保障的主力军，也是中央企业高质量发展的排头兵和支撑国民经济发展的骨干力量。国有石油企业在我国的地位和作用，决定其需要塑造与之相匹配的企业形象和声誉。但当改革进入深水区，社会经济结构面临重大调整的历史阶段，社会和体

---

[1] 帕迪·斯坎内尔.媒介·语言·世界.载艾伦·贝尔·彼得·加勒特编.媒介话语的进路[M].徐桂权译.北京：中国人民大学出版社，2015年，第197–211页.

制中的各种矛盾在国有企业集中凸显，国有石油企业长期的高利润和众多高管因腐败落马相叠加，让公众产生了"暴利、垄断、腐败"的刻板印象。扭转这一局面，加强话语体系建设，推动企业形象重塑和声誉管理，是国有石油企业可持续发展的迫切需要。了解过去，把握话语变迁的特点和规律，才能有的放矢地指导未来的话语建构，因此从历史变迁的视角，研究国有石油企业的媒介话语的呈现特点及建构规律是打造企业品牌、提升企业美誉度的客观要求。从国际传播视角的历史维度去审视企业海外形象建设，构建融通中外的话语体系是国有石油企业海外形象建设的重中之重，因为话语不仅是一种表达世界的实践，也是一种解释、形成和构建世界的实践。在海外，媒介话语作为国际传播的主要内容，对企业形象建构发挥着核心作用。但中国国有企业，在海外形象建构中存在话语偏向，即表现为较普遍的成就性言说，而全面系统的原生话语供给不足。一方面是因为中国企业的对外传播话语仍未突破新自由主义全球化大潮下的商业、资本和经济发展逻辑，忽视对社会责任、共同利益和人文关怀的传播[1]。另一方面，在"西强我弱"国际话语霸权格局中，"中国威胁论"和"中国责任论"等话语影响了海外民众的价值判断。扭转这一局面，话语创新应是当务之急。

2. 基于党的社会治理要求的话语体系建构和创新，是企业治理现代化的现实需要。党的十九届四中全会决定，要推动国家治理体系和治理能力现代化。国有石油企业必须遵循党中央的要求，推动企业治理能力和治理体系现代化，这也是企业做强、做大必须要突破的自身建设瓶颈。自我国将建立社会主义市场经济制度确立为经济体制改革的目标以来，国有企业的治理模式主要是在向西方学习。经过几十年的发展，国有企业的治理体制机制虽然越来越符合中国实际，但距离党中央提出的现代化标准还有不小差距。媒体话语权和话语传播力是企业治理能力和治理体系的现代化的重要指标，增强企业话语的吸引力、感染力和影响力，是企业建立现代管理制度、增强企业管控能力和员工凝聚力的重要手段。目前，国有石油企业在话语建构方面，还缺乏顶层设计，尚处于"有愿望、少方法"的阶

---

[1] Francois Maon, Valérie Swaen, Kenneth De Roeck. Coporate branding and corporate social responsibility：Toward a multi-stakeholder interpretive perspective. Journal of Business Research[J]. 2021, Volume 126, Pages 64-77.

段。话语体系是治理体系的重要组成部分，现代化治理体系需要符合现实政治、经济和媒介环境的话语体系支撑。在企业传播质量方面，当前最为关键的问题是缺少一套基于中国实践的话语体系。很多时候，国人还在套用西方理论解释中国现实，用西方的概念描述中国的实践，而实际上中国的经验模式拓展了发展中国家走向现代化的途径，给世界上那些既希望加快发展又希望保持自身独立性的国家和民族提供了全新选择，为解决人类问题贡献了中国智慧和中国方案[1]。

3. 基于时代特点和传播力的话语体系建构和创新，是提升企业核心竞争力的标志性工程。国有石油企业是"一带一路"倡议的最早践行者，20世纪90年代初开始实施"走出去"发展战略，从那时起，国有石油企业就与资源国、国际大石油公司建立起越来越紧密的协作互惠关系，彼此成为利益攸关方和发展共同体。国有石油企业在走出去之初，秉持国家"善于守拙、绝不当头、韬光养晦、有所作为"的对外战略思想，也限于实力与国际大石油公司的差距，以及长期遵从"稳健低调、多干少说"的对外传播原则，积极向国际社会宣传自己的主动性不够，更谈不上国际传播话语的顶层设计。但经过近30年的海外开拓，国有石油企业的海外项目已遍布五大洲，并涉及勘探开发、炼油化工、工程技术服务、管道等全产业链，在海外业务规模、科技实力、市场份额等方面已成为与国际大石油公司并驾齐驱的全球玩家。加之石油行业与国家安全、国际政治密切相关，国有石油企业已处在国际主流媒体和国际社会聚光灯下，负面舆情也不时出现，企业发展现状倒逼着企业必须融入国际传播语境和全球化的媒介环境，在国际舆论场中树立全球公民形象、打造企业的国际品牌。中国石油企业已清醒地认识到，建构一套让世界听得懂、又愿意接受的话语，传播企业故事，是建设世界一流企业核心竞争力的重要体现。作为中国推动全球化发展和"一带一路"倡议的主力军，国有石油企业有责任，也有必要尽快推动话语体系的建构和创新。

---

[1] 习近平. 决胜全面建成小康社会夺取新时代中国特色社会主义伟大胜利——在中国共产党第十九次全国代表大会上的报告（2017年10月18日）。

第二节 主要概念

一、国有石油企业

本书所指的国有石油企业是由国务院国资委直接管理、代表国家参与全球油气资源开发、上下游产业链完整的石油企业，目前符合这些条件的石油企业仅有中国石油、中国石化和中国海油，也就是媒介话语常说的"三大油公司"。在改革开放前，中国的石油系统完全是行政管理模式，由石油工业部管理全国的石油生产和供给，石油系统是高度计划经济条件下的行业体系，不存在企业架构和运作模式。20世纪80年代初，改革开放政策推动了石油行业的转企改制，"三大油公司"相继成立，之后中国石油工业全面进入了公司化经营时代，对标现代企业制度，通过专业化重组和境内外上市，建立起全产业链的油气生产服务集团企业。本书研究的是新中国成立70年来石油行业媒介话语的变迁，但企业的组织机制是石油行业70年改革发展主导方向和主要形态，同时也是对媒介话语产生较大影响的管理体制机制，企业可以分国有、非国有的属性，行业却无法做这样的区分，但对媒介话语的研究需要对属性做出界定。所以，基于以上考虑，本书书名采用"国有石油企业"而不是"石油行业"，国有石油企业是能够与媒介话语产生互动及相互作用的主体，并且对当前也能产生真实的关照。只是在表述时，改革开放前使用"石油行业"，改革开放后使用"石油企业"。而媒介话语的研究以及特点的归属都是对整个中国石油行业而言，研究对象以中国石油的例子为主，而研究结论可适用于国有石油企业。

二、媒介话语

媒介话语是指媒介传播时语言的文本组织和表意形式，是传播内容的载体。媒介话语言说作为对世界的既有理解与目的性解释，它是一种依据目的和需要建构的话语，是一种在有限理解的视界中提供的主观阐释。媒介话语最终是以传播为目的，有鲜明的效果导向，因此在媒介话语内容的生产组织上，它将在综合考量传播意图、意义构建和受众反应等方面之后，在特定语境下，根据自己要表达的特定意思或要实现的特定意图选择与其相适应的语词、短语、句式、段落组织、结构方式，或图像、视频等科技手段，有层次地构建出来一个意义整体，从而为一个事物或者事件赋予一个确定意义的话语文本[1]。媒介话语以功能性作用为目的特性决定了它的表述受到了各种规约。媒介话语在形成表述的过程中被政治、经济、文化、意识形态等各种各样的因素影响和塑造。本文所指的媒介话语是指在媒介环境中对"三大石油公司"言说的文本、话语实践和社会影响，也就是以"三大石油公司"为内容建构对象的话语形态，所涉及的媒介包括：传统媒体（包含行业媒体）、新媒体以及印刷出版物。传统媒体主要是指报纸、电视、广播杂志等媒体形态，依据是否由国有石油企业主管主办而分为主流媒体和行业媒体，行业媒体就是指由国有石油企业主管主办的报纸、电视和广播杂志。根据媒体话语和传播特点，为了研究便捷，将国有石油企业主管主办的新媒体文本和话语实践的研究作为新媒体的组成部分一并研究，在本文中不列入行业媒体范畴。新媒体主要是以移动社交为主要特征的微博、微信和抖音等自媒体形态。印刷出版物主要是指书籍，它属于媒介，言说国有石油企业书籍中的话语亦属于媒介话语，但它知识建构的话语特征与其他书籍无异，从传播视角看不具有研究的代表性，因此为了媒介形态的完整性在本书中涉及，但不作为具体的研究对象。本书选用的媒介文本主要是新闻文本，包括国内主流媒体和行业媒体，以及海外主流媒体对国有石油企业言说的新闻报道和网民在自媒体平台言说国有石油企业的文本。

三、历史变迁

历史变迁是指某一事物或意识形态在历史发展过程中，在不同时期或

---

[1] Ruth Wodak, Chilton Raul A, A New Agenda in (Critical) Discourse Analysis Theory. methodology and interdisciplinarity[M]. Philadelphia：John Benjamins Publishing Company. 2005，60–63.

特定时间节点所呈现变化进而集合后形成的总体形态、特征或规律。对特定对象进行历史变迁描述，首先要明确一定的时间范围，该范围对事物发展具有阶段性、特征属性、排他性和时间向度的纵深性；其次要明确变迁描述的对象，该对象具有随时间推移而发展变化的特点，并且总结该对象随时间变化的发展规律和特点具有现实的指导和启示意义。历史是维度，变迁是路径，历史变迁既是研究范围，又是研究方法，就是把研究对象放在特定历史时段中，综合运用不同学科的理论工具，观察其发生变化的轨迹和不同阶段的变化特点，并总结引发变化的原因及相关规律。本书采用史论结合的历史研究方法，以纵向深入的研究视角来还原话语变迁历程以及不同历史时期的话语特点，总结提炼其变化规律及相关特征。本书所展示的历史变迁有两条线索，一条是明线，即话语在媒介载体中形态变迁的历史过程；另一条是暗线，即话语特点基于社会实践的语境变化在不同历史阶段的呈现。可以说，本书所指的历史变迁是特定历史阶段中社会变迁背景下的话语形态变迁。

第三节　学术史回顾

一、媒介话语

1. 媒介话语理论与方法层面的研究。这类研究大多从批判学派理论和符号学入手，借助意识形态、霸权理论来分析新闻话语，为媒介研究拓展了一条新路。大众传媒话语分析具有语言符号学和文化符号学两个理论向度，前者涉及传媒话语的表层结构、言语行为、会话含义和修辞策略等方面内容的分析，后者涉及对传媒话语的意识形态及文本"深层结构"的探讨[1]。在典型人物报道和灾难事件报道新闻话语中，隐含的"英雄"原型叙

1　丁和根. 大众传媒话语分析的理论、对象与方法 [J]. 新闻与传播研究，2004（01）：37-42, 95.

述模式，认为新闻话语中沉淀的原型具有双重功能，它既可能使新闻话语更贴近受众，释放沉淀在受众心底的情感，达到引导舆论的功效，也可能是新闻话语追求"客观、真实"的障碍，成为新闻话语中固定成见、刻板印象的发源地，成为大量炒作、复制、传播假新闻的根源[1]。记者虽然是新闻话语的写作者，但并不是话语的主体，只不过充当了编码者和代言者的角色，权威的新闻来源以及刻板印象的操纵者才真正是新闻的话语主体[2]。在社会日趋多元化、媒介化的历史语境下，正以多维话语的方式创造着新的信息和意义的生产模式，实现人类生活世界和价值世界的互渗与共享[3]。媒介话语理论与方法的研究文献数量较多，是媒介话语的基础研究范畴。凡涉及媒介话语领域的研究都会以相关理论和方法作为研究工具，用理论和方法来解释传播现象；要么是理论之间或方法之间的互文碰撞和批判之再批判。但企业传播除了声誉管理理论属于企业专属范畴，其他领域可以用不同的传播学理论关照，在学界文献却鲜有从企业视角或以企业为实例来阐释理论[4]。企业传播的媒介话语建构缺乏有针对性的理论支撑。

意识形态是媒介话语理论研究的重点领域，也是媒介话语理论中的核心概念。意识形态和话语的紧密关系决定了任何维度的话语研究都不可能逃离意识形态视域。话语体系是表达意识形态的特定形式，话语在生成、表达、传播及反馈的过程中被打上意识形态烙印，意识形态的终极目标是对人的影响。意识形态话语主体把话语表达作为最重要的活动和话语权实现的重要前提。话语承载着意识形态，是人类历史实践创新的结晶，必然被赋予了意识形态使命。同样，意识形态必须借助话语载体系统表达内涵及意义，进而作用于人的精神世界[5]。获得意识形态话语权的前提是具有话语内容的合法性和现代性，要从对象、概念、主题、表达方式等四个维度间形成的规律性中谋求话语权，并且要把握好言说者的权威性、言说内容的可信性和表达载体的多样性，同时处理好概念和主题选择的民族性与世

---

1 曾庆香. 新闻话语中的原型沉淀 [J]. 新闻与传播研究，2004（02）：66-72，97.
2 曾庆香，黄春平，肖赞军. 谁在新闻中说话——论新闻的话语主体 [J]. 新闻与传播研究，2005（03）：2-7，93.
3 丁云亮. 试论媒介话语的表征功能 [J]. 东南传播，2012（01）：5-7.
4 刘姗. 石化企业声誉管理体系构建的探索与实践 [J]. 当代石油石化，2019，27（10）：49-52.
5 胡银银. 改革开放以来我国意识形态话语权的整体变迁 [J]. 甘肃理论学刊，2014（06）：28-33.

界性之间的平衡[1]。国有企业话语建构具有鲜明的政治性，遵循中国共产党的意识形态指引是其显著特点，但从意识形态维度来分析国有企业话语建构的文献较少，学界主要是站在历史维度，运用社会学、政治学的视角来分析意识形态和话语的关系，意识形态对话语建构的作用及影响。

2. 在舆论生成与建构中媒介话语作用的研究。媒介传播产生舆论，舆论既表现为话语又受到话语的影响。舆论是以结果为导向的媒介话语研究领域，也是对现实关照的应景研究领域，能够凸显媒介话语的重要性。舆论是传播学的中心话语，是所有传播学理论对传播效果分析都必然会涉及的维度。由于舆论直接表现为受众反馈话语的集中反映，是话语实践效果的体现，因此舆论会更突出地显示其话语性的一面。21世纪第一个10年的前期，这类研究以纸媒报道中的议程设置为主要内容；第一个10年的后期，这类研究与网络舆论结合，侧重于分析网络话语的特点。从日本综合性纸媒对中国反分裂国家法报道的情况看，反映了新闻媒体运用议程设置功能掌握新闻话语权的过程，以及政治、经济力量通过操纵媒体实现话语霸权的实践路径[2]。网民议程设置对媒介话语权的重构在21世纪第一个10年的后期的一些重大事件中发挥了舆论监督作用，媒介技术的进步使受众掌控媒介话语权，进而拓展了媒介舆论监督的权利维度[3]。从已掌握的文献情况看，学界主要是从新闻话语建构、运用传播学议程设置理论掌握话语权、受众理论等视角研究舆论的生成与塑造。企业媒介话语建构的主要目标就是为企业营造良好的舆论环境，舆论塑造也是企业传播及声誉管理研究的主要维度，对企业形象建构和美誉度提升都具有现实意义。企业舆论从传播理念、手段等视角有部分文献成果，但从媒介话语角度切入研究企业舆论相关问题的论文并不多。由于舆论学热度在提升，且媒介话语与舆论关联性研究对企业在媒介技术不断迭代发展的新环境中可持续发展具有十分迫切的现实性，可以预判，这方面研究成果会不断涌现。

3. 新闻事件中媒介话语功能的研究。这类研究数量最多，新闻事件本

---

1 廖胜刚. 当代中国意识形态关键词：合法性、现代性与话语 [J]. 吉首大学学报（社会科学版），2010, 31（05）：38-42.
2 张蓉，赵新利. 从《反分裂国家法》的报道看日本媒体的话语霸权——以《朝日新闻》《读卖新闻》《每日新闻》《日本经济新闻》为例 [J]. 新闻知识，2005（06）：70-72.
3 龚升平. 网民议程设置对媒介话语权的重构 [J]. 新闻前哨，2009（05）：29-31.

身就是舆论关注的热点或焦点，媒介话语功能性作用于热点事件具有现实的指导性，能够满足公众渴望深度解析事件发生原因和发展可能性预判的求知欲，以及新闻机构和从业人员借助新闻事件媒介话语层面的研究提升业务技能、规避风险的智力支持需要。这类研究由于其策略导向，事理性分析较多，部分研究成果的学理性和理论深度普遍不足。但这类研究的受众最广，可读性较强，能够凸显媒介话语的重要性。除了单一新闻事件的话语进行分析以外，还往往采用了中西比较的视角，旨在对比中外媒体话语的异同从而发现中外媒体报道的特征。运用建构理论和现实仪式性传播模式解析《华盛顿邮报》《洛杉矶时报》和《纽约时报》对李文和案的报道，点明美国主流媒体对华裔不仅用定型化处理反映出刻板印象，而且多种采编手段和处理风格的采用也反映出在美新闻媒体根据政治和商业利益需要参照客观事实和法理真实建构媒介真实，展现了媒介话语对李文和案新闻描绘中的多维景观[1]。有研究以2007年"两会"的中外报道为对象，分别以《中国日报》和《纽约日报》为样本，对比剖析了两个媒体以不同主题和话语塑造了迥异的媒介形象，生动诠释了权力话语理论——意识形态充当了新闻话语幕后推手和建构目标的角色，并决定性地影响着新闻话语言说的内容和形式[2]。针对同一热点事件，对比中外不同媒体报道的话语差异，是新闻事件媒介话语维度研究的常见选题类型，是新闻业界研究者倾向于选择的研究视角。这种对比中彰显的话语思维、言说逻辑、文本建构、意识形态等方面的差异，正是基于理论的话语创新所需要把握的重点。

基于媒介学而对媒介话语功能的研究，是宏观理论对媒介话语实践具体案例的阐释，是具有民族志方法特征的媒介话语解构。媒介为信息编码提供了传播渠道、动力和表现方式，并划定了共同记忆的场域，同时为集体内部信息安全的边界提供保障[3]。从枯燥文本走向生动实践，中国传统新闻行业在受到技术变革冲击时，怀旧表述反映集体记忆成了别样的话语流

---

1 邱林川.多重现实：美国三大报对李文和的定型与争辩[J].新闻与传播研究，2002（01）：63–74, 95.
2 杨铮.意识形态：新闻话语背后无形的手——中美2007"两会"报道解读[J].襄樊学院学报，2008（06）：54–59.
3 陈卫星，黄华.2014–2016年中国的传播思想史研究[J].国际新闻界，2017, 39（01）：77–100.

行。"怀旧"是新闻发展史研究中不时流露的一种情感，在与新闻从业者和新闻组织有关的特定事件发生时表现得尤为突出：前者如对报人江艺平退休的纪念话语研究[1]，对中国中央电视台原台长杨伟光的纪念话语分析[2]等；后者如以纪念《大公报》创刊百年的系列活动为中心分析不同话语言说主体在建构《大公报》话语风格和话语力过程中的差异化实践[3]，以"南都口述史"微信公众号的创办为例把《南方都市报》记者作为新闻阐释记忆共同体的研究[4]等。新闻界对特定对象或历史阶段的怀旧话语类型分析，就是对集体记忆共同体的建构，也是社会学研究视角，是怀旧类型话语解构对社会印记的再建构。

现象的平面得以简化历史的纵深。"新闻业的记忆"常常以"怀旧"话语的风格呈现[5]，即把新闻行业整体的历史性呈现作为集体记忆对象，与之相对的研究维度则是"新闻中的记忆"[6]。新闻中的集体记忆实际上是事件或事实的记忆，对于非亲历者记忆的唤起，只能通过话语建构起反映事件或事实的集体印象，比如开国大典中毛主席宣布"中华人民共和国今天成立了！"的场景，话语张力决定了集体印记唤起的强烈程度等实际效果。如1949—2012年，《人民日报》共刊登了341篇关于"南京大屠杀"事件的纪念文章，这些文本建构起中华民族的文化创伤，是新闻媒体借助加害者、受害者和见证人等行动主体来勾勒其伤痛叙事，并扮演集体记忆的记录者的角色[7]。在主流媒体对"重庆大轰炸"集体记忆的媒介话语描述过程

1　白红义. 新闻权威、职业偶像与集体记忆的建构：报人江艺平退休的纪念话语研究[J]. 国际新闻界，2014，36（06）：46-60.

2　陈楚洁. 媒体记忆中的边界区分，职业怀旧与文化权威——以央视原台长杨伟光逝世的纪念话语为例[J]. 国际新闻界，2015，37（12）：26-45.

3　郭恩强. 多元阐释的"话语社群"：《大公报》与当代中国新闻界集体记忆——以2002年《大公报》百年纪念活动为讨论中心[J]. 新闻大学，2014（03）：18-25.

4　白红义. 记者作为阐释性记忆共同体："南都口述史"研究[J]. 国际新闻界，2015，37（12）：46-66.

5　白红义. 新闻权威、职业偶像与集体记忆的建构：报人江艺平退休的纪念话语研究[J]. 国际新闻界，2014，36（06）：46-60.

6　李红涛，黄顺铭. 传统再造与模范重塑——记者节话语中的历史书写与集体记忆[J]. 国际新闻界，2015，37（12）：6-25.

7　李红涛，黄顺铭. "耻化"叙事与文化创伤的建构：《人民日报》南京大屠杀纪念文章（1949—2012）的内容分析[J]. 新闻与传播研究，2014，21（01）：37-54，126-127.

中,对该历史事件细节和话语再现形式的选择,决定了社会公众的记忆和诠释空间[1]。"南京大屠杀"这一中文条目在"维基百科作为全球记忆空间"中被系统分析,还原了一起历史事件被在线记忆社群建构为集体记忆的全过程[2]。媒介话语的功能性建构,既有见证人的客观记述和主观感受,也有当事人和亲历者身处事件中的言行和情感流露,是媒介话语串联起所有散落在不同记忆主体中的事件片段,聚合成可以接续拼接的图景,并经当事各方的碰撞校准,修补完善记忆图景中的遗忘模糊点,进而建构起完整的记忆画面,并完成事件的回顾性叙事。媒介话语在新闻事件记录、复原、对比以及传播方面起到了核心支撑作用。

4. 国家形象建构层面的研究。这类研究的重点并不在媒介话语上,媒介话语只是建构中国国家形象的一个工具,对媒介话语分析属于外围性质。但对于研究国有企业的媒介话语而言,形象建构是其媒介话语建构的目标导向,换言之,企业媒介话语创作、传播、反馈等实践过程的主要目标即在公众中树立良好的企业形象,因此,国家形象建构中媒介话语的作用可以移植到国有企业,对国有企业的媒介话语研究具有参考价值。从国家形象内涵、塑造主体和传播受体的话语建构基础上,提出了从融入世界话语体系的视角塑造中国国家形象的传播思路[3]。针对"后奥运时代"中国对外传播的"全球化语境"的特殊性,力图对媒介符号的跨文化选用进行中国国家形象的建构[4],国际社会中的权力格局变动与话语整体发展趋势改变推动着中国国家形象衍变的进程,显示了应从"传统""现代"与"未来"三个维度入手主动建构中国形象,凝聚社会各阶层力量,加强传播体系建设与文化培育,以世界化作为中国文化建构的目标,谋求可持续的结构性影响[5]。"中国话语体系"持续建构是推动新中国国家形象70年塑造发展的基础力量。"中国话语体系"是指中国人根据本国核心利益和国家立场,在特定的社会事件和生活场景中,使用根植于中华传统文化和民族群

---

[1] 贺建平,王永芬,马灵燕. 受难与国耻建构:"重庆大轰炸"集体记忆的媒介话语策略[J]. 国际新闻界,2015,37(12):89-104.
[2] 黄顺铭,李红涛. 在线集体记忆的协作性书写——中文维基百科"南京大屠杀"条目(2004—2014)的个案研究[J]. 新闻与传播研究,2015,22(01):5-23,126.
[3] 程曼丽. 大众传播与国家形象塑造[J]. 国际新闻界,2007(03):5-10.
[4] 李智. 论全球化传播语境下的国家形象建构[J]. 阴山学刊,2009,22(01):29-34.
[5] 孙英春. 中国国家形象的文化建构[J]. 教学与研究,2010(11):33-39.

体普遍接受的话语风格和言说形式，表达中国对世界和本国的看法，建构具有中国特色的意识形态。自鸦片战争以来，中国"天朝上国"的天下观受国运衰微和外力冲击的影响而消融，处于与西方博弈的碰撞之中。所以，"中国话语体系"被塑造成为经中外关系事件打磨而成的系统性文化和思想观念。由此可知，当代中国话语体系的建构本质是在中西方博弈中回溯并固化中国文化的本土和自主意识[1]。媒介话语通过文化符号和话语体系建构塑造国家形象，以博大精深、知礼守信、源远流长等文化符号塑造被高度文明教化的历史古国形象；以厚重文化为支撑兼收并蓄西方文明、现代科技文明开放包容的话语体系建构塑造现代化的文明国家形象。这些国家形象建构中的话语实践也是国有企业在走出去发展过程中，代表国家展示企业形象所遵循的基本模式，但国有企业注重了跨文化传播的作用，却在建构兼具民族文化特色、企业历史积淀、全球化格局的话语体系方面发力不够，这也是本书希冀有所突破的方面。

二、话语体系

话语体系建构研究是社会学、语言学、历史学、政治学、传播学等多个学科领域基础价值的研究领域，它包括媒介和非媒介两个不同的研究维度，尽管话语体系建构都指向传播，但因为建构层次不同，决定了话语体系研究的视野和方法选择的不同。媒介话语体系建构偏向微观现实层面的、实际操作领域媒介传播的话语实践，也就是对媒介话语传播现象或传播话题中的功能性体现，比如城市媒介话语体系中的"乡村传播与现代化"是对特定传播现象在话语体系维度的解析，话语理论提供了四种最基本的话语立场或类型，即后工业时代的"诗和远方"，乡村田园走向都市社会的"跨域写生"，批判城乡抵牾的"乡愁体"伤曲，都市话语对农村的指摘式言说[2]。大众媒介话语体系中的粉丝形象构建分析是把传播话题放在特定话语体系中研究，解读大众话语体系对粉丝形象建构话题产生的作用。"粉丝是对文本投入过度的读者，表现为主动的、热烈的、狂热的参

---

[1] 黄力之.论1949年后的中国话语态势问题[J].南京师大学报（社会科学版），2019（02）：81-89.
[2] 唐瑜敏.城市媒介话语体系中的"乡村传播与现代化"[J].学术评论，2018（02）：84-88.

与。"[1] 粉丝形象是媒介话语体系起决定性作用的构建结果。出于品牌传播或商业利益，大众媒介通过符号化、类型化甚至污名化的话语建构手段，在传播过程中塑造特定粉丝形象；合理引导粉丝和主流价值观输出，是大众媒介在构建粉丝形象过程中应当遵从的原则[2]。在传媒生态已经发生深刻变化的背景下，主流媒体学习借鉴新媒体发展经验，在话语表达、话语平台和话语内容上做出一系列探索和尝试，主动建构新型话语体系，这是大众媒介话语体系建构的重要变化，也是积极影响力量[3]。

而非媒介研究维度的话语体系建构会以非传播学且具有宏观视野的命题出现，往往是具有较高站位的宏大议题，比如跨文化视角下的中国对外话语体系建构，因为中国对外话语体现了中国对世界的基本认知，旨在面向国外受众，向世界介绍真实的中国，传递中国对外交往的理念；中国对外话语的跨文化性，使其面临文化身份认同、文化势差、认知偏差以及受众接受度等挑战；中国应在话语构建过程中突出文化的融通、思维逻辑的沟通以及话语文本的转换，从而提升中国对外话语的亲和力、感召力及影响力[4]。以人类命运共同体为目标导向构建"一带一路"话语体系是国际政治话语体系建构的重要组成部分，建构"一带一路"话语体系是表达人类命运共同体内在诉求的话语实践，始终围绕着彰显人类命运共同体价值旨义、建设"五个世界"[5]实践目标和构建立体化的传播路径而展开。在全球治理话语体系变革中，"一带一路"话语体系构建是重要的中国推动力量，对有效促进中国在全球治理变革中的国际话语权提升和"一带一路"实践进程具有重要现实意义[6]。回应前面关于国家形象建构中的话语作用研究，将国家的经济、政治、文化优势转化为话语优势，以及通过科学完整的话语体系保障话语优势的长期性、持续性等两方面能力是国家形象建构的关

---

1 约翰·费斯克.理解大众文化[M].王晓珏，宋伟杰译.北京：中央编译出版社，2001，第173页.
2 周维佳.大众媒介话语体系中的粉丝形象构建分析[J].艺海，2019（07）：88-89.
3 韩清怡.福柯话语权力视域下主流媒体话语体系的建构研究——以央视新闻为例[J].科技传播，2021，13（01）：62-64.
4 薛丽.跨文化视角下的中国对外话语体系建构[J].人民论坛，2020（34）：97-99.
5 "五个世界"：持续和平的世界、普遍安全的世界、共同繁荣的世界、开放包容的世界、清洁美丽的世界.
6 冯霞，胡荣涛.人类命运共同体视阈下"一带一路"话语体系构建[J].厦门大学学报（哲学社会科学版），2021（01）：12-21.

键。拥有良好国家形象就必然拥有科学、完善的话语体系，必然掌握话语主动权和主导权[1]。

三、话语历史变迁

话语历史变迁是话语本身作为研究对象的历史变化历程。不同于话语与社会变迁关系的研究，话语在此研究中是历史变迁考察的主线，各种社会因素综合生成的语境和不同社会群体对过往特定时期话语的集体记忆或认同对话语历史变迁都产生积极的推动作用。学界对话语历史变迁的研究主要集中在特定话语形态的历史变迁和特定语词或表达习惯的历史变迁这两个方面。红色话语的历史流变就是特定话语形态的历史变迁。红色话语是中国共产党在长期的革命、建设、改革实践中逐渐形成的独特话语体系，是中国共产党宣传政治主张、凝聚革命队伍、标识政党气质、提出革命（执政）策略的重要文化符号。自中国共产党一大以来，红色话语百年来经历了以引译传播为主的酝酿期、本土化的开始、走向变形和极端、现代化的探索、大众化的发展等发展阶段；在其内容上则经历了从"阶级话语"向"公民话语"的转变、从"外来话语"向"本土话语"的转变、从"理论话语"向"生活话语"的转变等[2]。"内容为王"的演进过程就是特定语词的历史变迁。"内容为王"是中国近20年媒介实践的一个重要意指概念。"内容为王"话语演进遵循了"媒介商业话语与政治话语的张力""技术变迁与内容控制的张力"两条基本线索。"内容为王"言说有关于媒介经营、竞争、经验、政治的四种话语模式，媒介商业化转型和技术发展带来的语境变化作用于"内容为王"的意指实践而产生了多义性和历时性的特点，由于该实践根植于社会权力和文化传统的深层结构中，因而具有稳定性[3]。话语历史变迁是历史学、社会学、语言学、传播学交织的话语研究

---

[1] 张进军.美国华裔政治参与历史及话语策略研究[J].延边大学学报(社会科学版),2017,50(04):136-144.
[2] 杨超.红色话语的世纪变迁与时代发展——基于中国共产党历次党代会报告的分析[J].湖湘论坛,2019,32(06):93-102.
[3] 刘国强,林青.媒介话语的社会嵌入："内容为王"的话语模式及其变迁研究[J].现代传播(中国传媒大学学报),2019,41(05):70-77.

维度，是以话语为样本在不同历史阶段做深度剖析的研究形式，话语样本既可以是具体语词，也可以是特定的话语类型、话语风格或话语体系。话语历史变迁反映着社会历史变迁，话语可以成为观察社会的窗口和解构特定领域案例样本，因此受到学界青睐，不少话语研究成果出自这个研究维度。但从行业或企业媒介话语历史变迁的视角来观察企业传播的研究还鲜有看到，本书意在从这里做一些突破。

四、媒介话语与社会变迁

媒介话语是对社会变迁的记录，前人参与的历史进程能够被后人知悉，完全凭借话语编码记载，但只有其中媒介话语的实录是最可靠的话语内容。口口相传话语文本虽然也是歌谣、习俗等民俗学研究和人类学研究经常考察的对象，但社会变迁维度的历史佐证主要依赖媒介话语的支撑[1]。话语批判学派即话语社会变迁学派的研究，媒介话语与社会变迁就是该学派话语研究的重要领域。媒介话语对社会变迁的照应，也真实地记录了企业的发展轨迹和发展环境的变化。同时，媒介话语是企业社会实践、建构企业核心价值观和社会形象、影响企业社会认同的重要维度，也是媒介话语与社会变迁关系研究的重要视角。

从费尔克拉夫开始，媒介话语与社会变迁就成了西方话语分析中的一个重要领域。他把话语变化放置在社会和文化的变化关系之中进行分析，从文本、互动和语境三个维度来建构话语分析的框架，使其批判性话语分析更具有策略性和实用性。文本处于三个维度分析的最底层，以语境为社会条件，主体在生产过程和解释过程中的互动创制了文本。该研究架构体现了语言是社会的一部分、话语是一种社会过程、话语的社会过程受社会其他非语言要素制约的费尔克拉夫话语社会观[2]。在费尔克拉夫的视野中，清晰地透射出媒体话语在文化和社会变化过程中的多元化效应，交织着生产者、消费者、权力关系、意识形态等多重因素，以及它们对社会身份、社会关系、知识体系和精神信仰的影响。费尔克拉夫重视从社会制度和社

---

1 Per-Olof Wickman, Leif Östman. Learning as Discourse Change：A Sociocultural Mechanism. [J]. Science Education2002（9）：601–623.

2 Fairclough, N. Language and Power[M]. London and New York：Longman. 1989, 22.

会构成的视角解释分析话语，社会制度对话语的限制作用，以及话语对社会文化变化和再生产所发挥的重大作用，也是费尔克拉夫话语理论的关注领域。

费尔克拉夫几乎划定了媒介话语与社会变迁研究的基本视域，近三十年来，无论是社会学、政治学还是新闻传播学，关于话语与社会变迁的研究似乎并未超出上述范式。在社会学领域，1989年美国学者威廉姆·A·加姆森和安德鲁·莫迪戈里安尼做了关于核武力的媒介话语和公众舆论研究[1]。在政治学领域，2000年美国学者大卫·J·霍瓦斯、艾莱塔·J·诺瓦和亚妮斯·斯塔弗拉卡基斯从身份确认、霸权和社会变迁角度出发探讨了话语理论与政治分析的关系[2]。2000年以后，费尔克拉夫着力于探索新自由主义与新资本主义的关系，其研究触角也涉及国际关系领域，如国际安全中的"共同体"观。他在案例剖析中反复思考的是社会变迁在话语中反映的程度和方式，并探讨了社会转型结果在话语变迁中的体现。

国内也出现了从话语语境、话语风格和修辞方法角度入手，从媒介话语探察社会变迁的硕博士论文，如郑思思的《农民工报道话语变迁研究(1980—2010)》、殷晓锐的《社会变迁与〈人民日报〉改版研究（1978—2012)》、许培莲的《话语与社会变迁：〈文汇报〉文化短新闻的历时考察》、刘昌伟的《中国新闻话语六十年变迁》。此外，吴果中、汤维的《中国舆论监督的话语生产与社会变迁》，运用费尔克拉夫的话语分析方法，结合社会政治思想分析，以文本、话语实践和社会实践三个向度为框架，分析了自1912年以来中国舆论监督的话语演变及其对社会制度建构的轨迹。黄力之的《70年中国话语体系建构的历史走向（1949—2019）》从政治话语建构和言说的角度，回顾了新中国70年话语体系建构的历史变迁，梳理了从一边倒到封闭，再从封闭走向开放的话语沿革的历史脉络，以政治环境变化作为参考坐标，以70年话语建构的历史经验和教训的剖析，阐释了中国全面走向改革开放的逻辑必然，勾勒出中国进入新时代后话语体系建构与演变的历史走向。媒介话语描述社会变迁，社会变迁塑造媒介

1　Gamson, William A., Andre Modigliani. Media Discourse and Public Opinion on Nuclear Power: A Constructionist Approach. [J]. American Journal of Sociology, 1989, 95 (1): 1–37.

2　David R. Howarth, Aletta J. Norval & Yannis Stavrakakis. Discourse Theory and Political Analysis. Edited by Manchester[M]. Manchester University Press, 2000: 1–37.

话语，二者有机黏合并相互促进的核心力量是权力，这也是福柯开创的批判话语研究的逻辑起点[1]。

五、企业媒介话语

企业媒介话语的研究主要集中在对外传播中的企业形象建设和媒介话语建构策略等方面：从中国企业在海外形象建设的实践看，媒介话语存在偏向，大多数英文报道以经济因素为主导进行话语选择，主要呈现的中国企业形象特点为快速发展、科技领先，凸显中国企业的经济行为、科技行为，忽视中国企业的合作行为与友好合作者的身份，造成了企业言说、企业行动、企业身份的不统一，导致海外民众只留下中国企业的经济印象，缺少了合作、责任、信任等印象。从责任、公平、信任、成功四个维度的表现来综合评价中国企业海外形象时，海外民众对中国企业在成功方面的表现评价最高，在责任方面的表现评价最低。多年来，中国企业试图以强调经济发展、专注经济合作以及低调处理的方法对待意识形态分歧，致使中国企业海外形象单一片面化，美誉度不够高。在海外工程项目报道中，中国企业偏重于经济发展，较少回应当地群众的诉求而造成了忽视多元主体利益的印象。尽管中国企业将自身定位为国际友好合作者，但对于合作动机的阐释逻辑多从经济角度出发，较少传播合作行为、负责行为，中国企业的海外形象尚未改变过多强调经济成功单一片面的特征，很容易引起其他海外民众的质疑、警惕，甚至是抵触[2]。无论何种传播活动，其目的都是回答"我是谁"和"我能为你做什么"这两个问题。显然，央企在海外传播中普遍采取的"高层/官方叙事"方法，在回答"我是谁"的问题上，取得了很好的效果。而在第二个问题"我能为你做什么"上，产生了传者和受者的认知差异。在推进"一带一路"倡议的过程中，央企单一的官方媒体传播方式和官方叙事方法的劣势显而易见，即抵抗舆论风险的能力较

---

[1] John Flowerdew John E. Richardson（eds）. The Routledge Handbook of Critical Discourse Studies–Critical discourse analysis andmedia studies[M]. Milton Park，Abingbon，Oxon；NewYork NY；Routledge，2018：285–297.
[2] 李继东，刘睿，蒋雪颖. 基于全球英文媒体报道的中国企业国际形象研究[J]. 国际传播，2018（05）：17–26.

弱，一旦遇到负面舆情，当官方舆论场和民间舆论场的信息错位形成，企业将陷入被动局面，如应对不当，甚至可能失去政府支持，极大地影响项目的实施。因此，要在海外传播中采用官方叙事与新媒体叙事两种不同的媒介话语，加入受众意识与传播者的利益攸关方视角，在传播中实现官方与民间的平衡、责任与效益的平衡、话语与场景的平衡[1]。可以说，对企业媒介话语的研究还是聚焦在当下的热点问题，媒介话语建构策略以及对企业形象建构产生的作用，说到底都是企业的软实力建设问题，也是全媒体时代企业这个市场经济主体最为关心的问题。可以说，目前学界在企业媒介话语研究领域多为应景的策略性研究，刨根溯源式的具有历史纵深的基础性研究还比较少。本书就是媒介话语研究维度与话语历史变迁维度在国有企业这个点上的结合，这两个维度都是话语研究的热点，研究成果较多，但二者结合后的"媒介话语的历史变迁"学界涉猎者不多，而再聚焦到国有企业媒介话语的历史变迁就少之又少，更不必说国有企业中的石油企业了。因此，从文献综述后评估看，本书选题具有一定开拓创新价值，对国有石油企业的话语体系建设和形象建构等软实力建设亦有重要的现实指导意义。

总的来看，媒介话语研究是话语研究热点领域，研究成果丰富，主要是与相关领域影响、互动、关联性的研究，比如媒介话语与形象建构、媒介话语与舆论形成、媒介话语对特定历史事件和历史阶段集体记忆的建构等。媒介话语是传播学与社会学、历史学、语言学等众多人文社会学科形成交叉的研究领域，其研究多为多学科交叉、多维度结合的成果。话语批判学派从历史变迁视角研究话语从文本建构到话语实践，再到社会实践的全过程，将话语作为社会学领域一个重要变量和观察窗口，透过话语观察社会不同领域的变化。这方面成果亦汗牛充栋，蔚为壮观。这里所涉的话语就不仅仅局限于媒介领域，是各领域话语的历史性观察，研究成果更偏向社会学。而媒介话语的历史性研究就少了很多，一方面是因为媒介形态发展日新月异，媒介话语随媒介形态变化而持续发生着变化，话语的稳定性不够持久，缺乏可以纵深研究的时间跨度；二是人类社会活动中话语实

---

[1] 寇佳婵. 中央企业"走出去"中的传播话语升级——以东南亚地区为例[J]. 对外传播，2019(01)：20-22.

践的普遍性决定了话语历史研究的基础资料博杂，不仅有持续创新的媒介形态带来的丰富话语，而且还有广泛社会领域带来的话语多样性，因此，媒介话语历史研究对素材丰富性和广泛性有较高要求，素材获取难度导致了涉足研究的难度。

从企业视角出发的媒介话语历史性研究更是凤毛麟角，但这个维度的研究能够全面探察全球化、信息化背景下中国国有企业在继承话语传统基础上，建构符合企业价值观、发展愿景且具有创新意义的话语体系实践。企业媒介话语的历史变迁也是社会历史变迁的一个缩影，在中国社会环境中，在国计民生中起支柱作用的国有石油企业的媒介话语形态及话语社会实践的变迁能清晰地折射出中国社会发展轨迹，深入研究之，无论对社会进步和企业发展都具有突出的现实意义。本书将尝试通过已掌握的不同历史时期国有石油企业媒介话语素材，分析企业话语变迁与企业价值定位、企业形象建构等软实力建设之间的关系，找到其中的特点和规律，为企业话语体系建构提出策略性意见和建议。

第四节 研究框架

一、理论基础

1. 话语与社会变迁理论。本书题目就是话语与社会变迁理论支撑的话语研究问题，该理论将作为全文的框架：即在较为充分的文本资料基础上，通过文本高频词和内容的结构性分析，提炼话语时代特点和话语对社会变迁的记录；进而总结文本在创作、分发、传播等话语实践过程中的共性特征和历史差异；并在此基础上寻找推动话语实践的社会性力量，也就是社会实践对话语实践的基础支撑，从而回应文本信息保障批评性理论分析的完整性。费尔克拉夫在1995年出版的《媒介话语》一书中，明确提出了传播事件的分析可以分为偏向语言学的文本、文本生产与消费的话语实践、解释话语实践的社会文化实践三个层次的思想。意识形态或理论体现在特定的文本之中，是为了对文本做出批判性解释："借助于泛化的社会背景和语言结构间的作用分析文本，进而揭示话语蕴涵的社会意义[1]。""尽管有学者认为语言学形式和社会意义之间不存在联系，但文本特征和社会意义之间还是被建构起简单、透明的关系[2]。"实际上，重要的价值以相当机械的方式被归于特殊的结构。必须从文本在社会分配、消费和解释的模式和变化中，解读话语的社会意义。"在身份之社会历史起源的关系范围内，任何既定的话语都是一场运动的潜在标志，因为它同时构成了这些起源关系的结果[3]。"话语根据其类型在结构变化过程中得到历史的、动态的研究，并根据变化中的反馈推动更大范围的社会变化过程。话语研究侧重于对其建构性的意识形态作用。话语分析关注构成和改变一个社会或机构的话语实践，其中包括权力关系，以及权力关系和权力斗争相互作用。在创造性变化中，意识形态、实践和保障再生产的功能是话语分析的重点。话语变化影响着具有话语"民主化""商品化""技术化"三个发展趋势的社会秩序，"民主化""商品化"趋势与话语实践的本质变化有关；"技术化"趋势则表明，引发社会秩序变化一个越发重要的因素是有意识地介入话语实践。尽管存在作用参差不齐和特殊机构或领域中的话语秩序间存在对立等情况，但这三大趋势还是对当代话语秩序产生了普遍影响[4]。

2. 话语分析理论。本书里的文本分析采用詹姆斯·保罗·吉的话语分析理论，具体来说就是分析话语中的"七项建构任务"，每项任务都能引出话语分析的问题。七项任务可以分为言说、行为、认同三个维度。这七项任务分别是：意义、活动、身份、关系、立场与策略（社会产品的分配）、联系、符号系统与知识。话语是由在语言和语境（情景）之间反复移动的动态暗示和线索构成的，而不是由固定的脱离语境的意义信号构成的。语言总是包含在上述七项建构任务中给人们提供指导的暗示或线索。这些建构任务使人们能够使用语言（和其他符号系统）以某种方式诠释情景。七

---

1 Fowler, R., Hodge, G., and Trew, T. Language and Control [M]. London：Routledge and Kegan Paul, 1979：195–196.

2 Fairclough, N. Discourse and Social Change[M]. Cambridge University, 1992：28.

3 Pêcheux, M. Discourse：Structure or event? In C. Nelson & L. Grossberg (Eds.), Marxism and the interpretation of culture [M]. Urbana and Chicago：University of Illinois Press. 1988：633–650.

4 诺曼·费尔克拉夫.《话语与社会变迁》[M].殷晓蓉译.北京：华夏出版社，2003（7）：186.

绪 论

项建构任务是同时发挥作用的,是人们在交流中通过彼此协商和合作发挥作用的,并适当考虑以前曾遇到的其他相关的口头的和书面的文本和情景。不同的语法手段对这七项建构任务的作用也不相同,很多手段同时作用于一个以上的任务。人们在语言中使用的暗示和线索有助于组合或触发特定的情景意义,上述七项建构任务通过这些情景意义得以实现。反过来,这些情景意义激活某些话语模式。最后,社会语言、情景意义、话语模式以及各种互文性实例使人们形成并区分不同的话语[1]。本书对主流媒体和石油行业媒体文本的话语分析将采用吉的话语分析理论中的"七任务建构说",实际研究中会从言说、行为、认同三个维度把七项任务分别归入其中,意义、关系、联系是言说的内容分析和价值判断;身份和活动是行为的具体表现;立场与策略、符号系统与知识则是认同在话语中的体现。

3.议程设置理论。该理论认为大众传播对受众认知的影响具有局限性,并不起决定性作用,但可以通过信息供给和议题安排来有效调控人们对事实和意见的关注及谈论顺序。新闻媒介向公众提供的文本其实是他们的议程;大众传媒对言说对象的强调程度与受众重视程度成正比,该理论指出:受众对事物重要性的认识会因媒介议程而改变,会根据媒介议程重视程度决定行动的优先顺序;在对事物和问题的认知方面,公众议程与媒介议程吻合程度与其接触传媒的数量和频次有关,数量频次与一致性之间呈正相关关系。基于这一理论,企业传播无论对内对外,都是在议程设置后的定向传播,既有目标人群,又有明确的传播目的。企业通过行业媒体、电子邮件、文件等载体的对内传播,主要目的是传达政策、明确标准、树立典型等管理层意志,达到统一思想、上下同欲的效果,企业内部传播的议程设置表现出鲜明的权力关系和意识形态色彩,其话语建构也具有鲜明的企业特色。企业通过主流媒体向社会公众的传播,是通过舆论营造为企业建构有利于发展的公共关系,获得政府的理解、公众的信任,消弭误解,塑造积极正面的企业形象,企业对外传播的议程设置需要结合公共关系理论,综合媒体环境、受众心理、议程相关性因素等建构媒介话语,避免自说自话导致议程设置失灵。议程设置决定传播导向,而媒介话

---

1 詹姆斯·保罗·吉.《话语分析导论:理论与方法》[M].杨炳钧译.重庆:重庆大学出版社,2011(6):11-14.

语的建构决定了传播效果,因此科学的议程设置必须结合媒介话语建构,反之,研究话语的变化也必须纳入议程设置的维度。本书将在话语实践的分析中使用到该理论,即国有石油企业如何借助媒介话语的生产、分发与反馈来主动设置议程,引导舆论并争夺话语主动权。

4. 公共关系理论。企业媒介话语建构的目标就是理想的公共关系,企业传播的核心是管理,传播只是手段和形式。对企业而言,公共关系是企业管理的重要组成部分,也是企业传播的根本遵循之一。公共关系的主体是社会组织,对象是公众,中介是传播。企业作为社会组织的一类,其公共关系涉及政府关系、新闻宣传、专题活动、人际交往、广告、危机处理、国际交往等方面。可以说,企业媒介话语无一不涉及公共关系,在话语建构的设计中,必须引入公共关系理论和技巧。公共关系理论是以传播学为手段的管理学范畴的理论,因此,公共关系与话语互为表里,在公共关系的任何一个领域中,话语研究都是最基本的范式:企业高层接受媒体专访时的回答要点,企业在赞助的公益活动中的形象展示,企业一把手与利益攸关方主要负责人在私人互动时的敏感点提示,企业在主流媒体上的广告语设计,企业在危机处理时对外发布的回应公告或新闻通稿,以及企业在国际谈判中的言辞设计等,这些公共关系领域的企业管理行为都包含话语设计,甚至是以话语建构为核心内容[1]。本书各章话语实践部分的分析都会涉及企业与政府、企业与媒体、企业与公众、企业与员工的话语互动,这些互动关系就是话语实践的主要内容,也是公共关系理论所指导的实践领域,在这部分论述中将使用该理论相关概念、观点和方法来解析企业话语实践的部分现象或问题。

5. 企业传播中的声誉管理理论。声誉管理理论是一个关涉公共关系和传播的交叉理论,是在大众传播进入融媒体时代和企业全球化深度融合发展的大背景下应运而生的,企业提升核心竞争力迫切需要加强软实力建设,而企业声誉是品牌、形象的集中体现和核心竞争力的重要参照指标,因此,如何高效实施声誉管理,成为西方企业营销学、广告学的热点研究领域。声誉是指组织的利益相关方对于组织的整体评价,这些评价是利益

---

[1] 周安华. 公共关系——理论、实务与技巧(第6版)[M]. 北京:中国人民大学出版社,2004:25—30.

绪 论

相关方对组织满足其期望能力的总体感知。声誉源自人们面对各种形式的广告，所掌握的对于某一公司的认知。一句打动人心的广告语就可能成为公众对该企业评价的最初依据，而对于声誉的最大影响也恰恰来自最初层面即源于直接的个人经验。大约90%的消费者认为，当要在品质和价格相当的商品之间做出选择时，公司声誉会决定其购买意向[1]。企业需要建构自己的声誉平台，而声誉平台就是描述一家公司向内外观察者呈现自我时采用的根本定位，它是一个战略选择。而推动企业声誉平台深入人心的方式就是企业故事的创作和传播。企业故事主要由三部分构成：明确公司的独特元素，构思情节将其交织在一起，以引人注目的方式呈现出来。而设计企业故事的首要目的就是构建企业传播，而其实质则是企业话语的建构，企业故事的语言风格集中体现了企业话语建构的特质以及话语体系的风格[2]。可以说，企业话语建构是企业声誉管理的重要组成部分。企业声誉管理是社会实践层面管理学领域的理论建构，由于话语建构与企业声誉管理的密切关系，话语实践的结果必然产生对企业美誉度的影响，企业品牌建设就是声誉管理的重要内容，而品牌建设说到底就是话语体系建构与公众认同的结合。本书将在社会实践分析部分，对企业话语变迁的原因和效果进行研究时需要借鉴企业声誉管理理论[3]。

6. 认同理论。企业传播的最终目的是获得社会认同，树立形象、打造品牌、赢得声誉都是为了公众认同。认同普遍存在于人类社会之中，其理论包含个人、组织和社会三个维度，个人认同是整体认同的基础，需要每个人通过自身的身体、大脑和心灵的反复实践，来逐步提高自身真善美的境界，最终实现行动、思维和意愿的协调，成为社会和谐的基本单位；组织认同通过制度建设和合理的组织结构，最终实现组织价值，为个人提供生存发展的平台。社会认同通过政治和经济之间的相互促进，形成良好的社会文化。认同是一种基于真诚意愿的表达，如果没有思维真诚的连

---

1 Mackiewicz A. Guide to Building a Global Image [M]. New York：The Economist Intelligence Unit，McGraw–Hill，1993.
2 塞斯·B.M.范瑞尔，查尔斯·J.福伯恩著.企业传播——声誉管理的高效实施方式[M].潘少华译.北京：中国社会科学出版社，2015（8）：121-127.
3 Ana Tkalac Verčič, Dubravka Sinčić Ćorić. The relationship between reputation, employer branding and corporate social responsibility[J]. Public Relations Review. 2018，44（4）：444-452.

接，意愿和行动之间就剩下两种选择：缺乏连接和虚假连接。建立认同是一个由内而外的过程，缓慢而艰难，在面对认同时，人们存在四种不同的表现：不接受不追随；不接受但追随；接受但不追随；接受且追随。不接受不追随是反对者，不接受但追随是虚伪者，接受但不追随是旁观者，只有接受且追随是认同者[1]。只有行动和意愿的统一，才是真正的认同，是从内到外一致的表现。这种从内心到行动的认同，形成一种巨大的动力和能量，能够产生战胜一切的力量。认同产生的能量是一个组织或社会运行的动力，为组织和社会实现认同提供了保障。对企业的认同，属于组织认同范畴，它包括了员工对企业认同和公众对企业的认同。认同理论认为，组织制度、组织流程和组织价值之间的相互一致和协调，形成了认同型组织。组织价值是组织前进的引领，指引着组织前行的方向；组织制度是组织秩序的稳定器，避免组织冲出轨道；组织结构和流程是组织的功能主体，完成组织承担的具体使命。而连接认同与企业制度、流程、价值的，除了企业的行为，就是企业的话语，话语建构是建设认同型企业的桥梁和纽带。本书研究最终的落脚点就是企业话语变革对社会认同产生的作用，社会认同是检验企业话语体系建构创新的核心指标，因此，会在各章结尾部分作为阶段性话语变迁总结评估的理论支撑。

根据本书话语历史性研究的主题，选择话语与社会变迁理论作为全文的骨干理论架构，支撑全文话语研究框架。在充分分析语境的基础上，按照话语与社会变迁理论文本、话语实践、社会实践三个维度逐节分析论述，运用詹姆斯·保罗·吉的"七任务建构"的话语分析理论，结合高频词分析等量化研究方法，解读言说国有石油企业的媒介文本；运用议程设置理论和公共关系理论，分析话语实践中企业与相关各方互动对企业媒介话语变化的影响；运用声誉管理理论和认同理论，从企业社会实践的宏观层面剖析企业媒介话语对企业公众形象建构、品牌建设、美誉度提升和社会认同等软实力建设方面产生的作用（理论方法运用见图0-1）。结合话语的自反性，回应为了增强企业软实力而如何建构企业话语体系并解决话语力缺失等相关问题。

---

[1] 刘辉.认同理论[M].北京：知识产权出版社，2017（1）：24.

绪　论

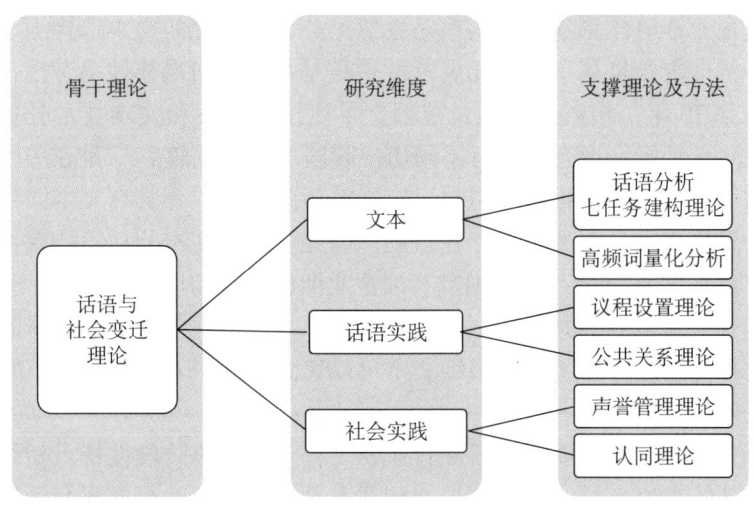

图 0-1　本书理论方法运用导图

二、研究思路

本书以中国石油、中国石化、中国海油（重点是中国石油）在媒介中所呈现的话语为研究对象，将石油行业自新中国成立 70 多年以来的发展历史，根据行业发展和媒介形态变化特点分成不同的历史阶段，搜集不同历史阶段主流媒体、石油行业媒体和新媒体中的媒介文本，选取各历史阶段最受媒体关注的部分事件或人物的相关报道，并结合不同类型文本集合的高频词进行话语分析，然后再运用比较研究的方法进行横向和纵向的比较，形成不同时期在文本层面的话语特点。再结合中国石油的历史资料，将文本分析的成果放到当时的语境中，研究文本生产的背景和过程，以及社会文化环境等非语言要素对话语生产的影响[1]。然后，按照话语文本、话语实践、社会实践三个维度进行纵向比较，进而形成不同研究维度的历史结论。在此基础上，归纳话语历史变迁中的规律，提炼可高度凝练的概念，探索生成国有石油企业话语体系建构的理论框架和原生概念，并对国

---

[1] Norman L. Fairclough. Critical and descriptive goals in discourse analysis. Journal of Pragmatics[J]. 1985，9：739-763.

有石油企业话语体系建构提出策略性意见。话语研究的文本选择上，以报纸为主，这主要是基于以下几点考量：一是从现实可操作性上考虑，报纸文本贯穿70年，相对于音频、视频文本更便于搜集和文本技术分析，也便于在同一种媒介形态中进行不同历史阶段的话语比较；二是在中国媒介发展的现实环境中，报纸与电视、广播等新闻传播媒介具有文本同质化的特点，只是文本呈现的手段存在区别，因此，报纸文本的话语特点在同一时代中具有代表性；三是从国有石油企业话语实践的历史过程看，其媒介话语具有"同策划、共传播"的特点，一个新闻事件会在不同媒体同步传播，文本高度近似，所以从报纸文本可以达到"窥一穴而知全貌"的话语研究效果。

历史阶段划分主要依据石油行业发展特点和话语阶段性特点相结合的思路。具体来说就是：新中国成立到改革开放前，石油行业媒介话语具有浓重的意识形态色彩和战斗风格，改革开放后，石油行业接续进入了公司化改革、国际化经营、战略调整的发展时期，改革求变、对标一流、形象重塑分别是石油工业领域三个发展时期的话语特点。因此，本书将国有石油企业70年的媒介话语变迁依据行业发展和话语阶段性特点，分成改革开放前一个阶段，改革开放后三个阶段，共四个历史时期，并结合理论架构支撑，形成完整的研究框架。

三、研究方法

1.历史研究法。根据被研究事物的发展历程，运用历史唯物主义哲学原理，结合不同发展阶段的实证资料，总结事物不同发展阶段的特征，摸索其发展规律或经验得失的研究方法。历史研究要把握宏观线索，结合社会学、政治学等社会科学理论，对研究对象进行具有时间纵深的观察。本书的研究对象是国有石油企业70年的媒介话语，落脚点在话语变迁，本书主题决定了历史研究法是基础研究方法。收集国有石油企业自新中国成立以来不同历史阶段媒介传播的文本，从文本内容的描述中即可勾勒出企业发展的历史脉络，根据历史发展不同阶段的特征，选择能够集中呈现相应特征的典型文本，对其进行话语分析，总结出不同历史阶段企业媒介话语的特征，再将这些特征进行纵向比较，形成话语变迁轨迹。通过历史研究方法的运用，可以为国有石油企业媒介话语的历史变迁进行全景画像，呈现话语变化的历史概貌。

2. 文本分析法。顾名思义，文本分析法就是以文本为研究对象，运用文本相关理论工具分析文本话语内容承载的信息和意义获取基础资料或参照依据的研究方法。文本分析法是人文社会科学研究的基础研究方法，但凡涉及文献梳理、互文参阅、语义翻译等文本研究工作都属于文本分析法的范畴。本书中的文本研究涉及两个方面：一是对论文所涉相关领域、相关话题已有研究成果的梳理总结，形成本书开展研究的基础，就是本书文献综述主要任务，它也是文献研究方法之一；二是话语研究所运用的文本分析法，聚焦独立文本，如新闻稿中的消息、通讯，运用话语分析理论工具进行详尽地分析阐释，具体到本书就是采用"七任务建构"的话语分析工具研究媒介文本。

3. 比较分析法。对两个或两个以上有联系的事物进行考察，寻找其异同，探求普遍规律与特殊规律的方法。没有对比就没有规律。要在历史研究中总结出不同时期的媒介话语特征，要在同一时期的众多文本中提炼出具有共性的规律，就要进行比较研究。同时，比较研究也是连接历史研究和文献研究，形成研究方法矩阵的纽带。比较研究涉及面广，除了话语本身的比较分析，还有对话语变化产生影响的政治环境、经济环境、媒介环境、国际形势等诸多方面的比较研究。因为本文是史论结合的研究体例，时间跨度70年，话语变迁就是在变化的比较分析中得到体现。不同历史阶段之间不同维度的比较并归纳发展变化，是总结历史发展规律的基本方法。本书就是在基于历史维度和文本维度两个研究视域的基础上，进行跨历史阶段的特定领域比较研究，其中的重点是不同历史阶段的媒介文本比较。

4. 访谈研究法。围绕研究主题，对研究对象相关人物进行访谈，将当事人表述的观点和事实作为研究佐证和参考依据的方法。在本书石油行业媒体话语分析、海外话语实践等方面，访谈相应事件、活动的亲历者，将这些见证人口述历史的内容或真实的个人感受作为研究佐证，来分析当时的话语实践和社会实践，检验文本分析的正确性。如对《战报》的实证分析中，采访了当年《战报》的老编辑、《铁人传》作者孙宝范；对国有石油企业走出去后的海外话语实践活动研究时，采访了中国石油部分海外项目管理者，让他们提供海外媒体采访报道国有石油企业海外项目的故事，掌握话语实践者第一手素材；对自媒体和海外媒体言说国有石油企业的文本研究时，采访了中国石油宣传部舆情监测负责人，提供了部分年份的中国石油舆情监测报告以及安全环保、反腐等专项监测报告，同时还分享了舆情监测的工作体会和个人感受，都是本书相关研究的有力佐证。

四、研究大纲

本书是在国有石油企业 70 年媒介话语史料归类梳理的基础上，通过纵向历史维度搭建横向话语社会变迁理论方法，在每个历史阶段分文本、话语实践和社会实践三个向度展开研究，其中文本分析采用文本分析法，话语实践采用比较分析法，社会实践采用历史分析法，并综合运用访谈研究法、词频热度分析等量化方法来建构国有石油企业媒介话语在不同历史时期不同向度上的发展风貌，并在对比中总结变化的原因和特点。全书绪论提出问题、梳理已有研究成果、建构本篇论文研究框架，结论回答绪论提出的问题，对媒介话语历史变迁的特点和启示做出回应。正文部分共四章，每章研究一个时段的国有石油企业媒介话语，时段切分综合媒介环境特点和国有石油企业发展阶段作为标准，突出媒介形态和社会实践对话语变化的影响。正文中每章分四节，每章都是"语境分析＋文本分析＋话语实践＋社会实践"结构，首先从石油行业发展的阶段特点来分析语境，从社会学视角来分析影响话语变化的环境；然后运用保罗·吉的话语分析理论和词频分析软件分析不同媒介形态中的文本；接着在文本建构和分发阶段，对传播层面的话语进行分析；最后立足于企业社会实践的形象建构和声誉管理，以公众认同为基本研判标准，分析话语在企业不同历史阶段的舆论环境营造、企业形象塑造等软实力建设方面发挥的重要作用。

本书在理论框架上采用话语与社会变迁理论结构套话语分析理论的"嵌套"结构，在历史维度上解构每个批判层次，在每个层次中依照媒介形态和媒介文本形成过程来进行话语分析，在话语实践的分析中结合梵·迪克《作为新闻的话语》中的部分观点展开论述。话语与社会变迁理论和话语分析理论是全文的框架理论；着眼于企媒关系、政府关系视角的公共关系理论和企业传播策略设计的议程设置理论，是话语实践研究层面的分析理论；着眼于企业软实力建设的认同理论和声誉管理理论，是企业社会实践层面的话语建构分析理论。从学科视角看，本书主要采用社会学、国际政治、历史学、新闻学、传播学、语言学等学科中的方法和观点，形成对国有企业政治、经济、社会三个属性层面的话语观察。文本分析是全书的重点和基础，质化结合量化并对文本抽样进行具体分析；话语实践层面的分析采用聚焦文本制作流程的观察视角，结合案例进行对比分析；社会实践层面的研究采用企业发展与社会公民角色、国际公民角色相结合的视角，综合国内外形势进行宏观历史分析。

  本书由绪论、四章正文和结论共六部分组成。绪论分别介绍研究背景、解释主要概念、展示文献综述、描述研究框架；结论在全书研究基础上，回答绪论提出的四个问题，总结提炼媒介话语变迁的特点和启示。四章正文分别研究从新中国成立到改革开放（30年）、从改革开放到石油行业完成体制机制改革（20年）、从石油行业完成体制机制改革到党的十八大召开（13年）、从党的十八大召开到新中国成立70周年（7年），4个历史阶段国有石油企业媒介话语变迁的背景、原因、特点及影响。每章分四节，分别从语境分析、文本分析、话语实践、社会实践四个维度进行研究：语境分析包括政治环境，经济环境，行业发展环境和媒介环境；文本分析包括高频词量化及内涵分析，主流媒体文本分析，行业媒体文本分析；话语实践包括行业精神培育，对石油行业言说的过程；社会实践包括企业的形象建构和声誉管理。语境对文本话语内容和特点产生影响，文本内容呈现生动的话语实践，在话语实践过程中建构企业形象、推进声誉管理。在公众中建构形成的企业形象和品牌声誉会反过来指引企业的话语实践，围绕形象建构和声誉管理调整优化言说企业的方向和思路，强化弘扬传统精神凝聚员工等内向化的意识形态教育，这些因形象建构而配位的话语实践活动会及时反馈到文本内容生产过程，而文本生产又会与时俱进地加入语境变化因素，并将话语实践和社会实践融入时代叙事之中（研究框架见图0-2）。社会实践最终落脚到形象建构和声誉管理是传播导向与企业性质和国有属性叠加的结果，国有石油企业的身份、地位、价值、贡献已经被事实和权力建构，只有形象和声誉需要企业自身通过话语实践和社会实践去建构，它们也是话语创新能够带来改变的因素。因此，国有石油企业媒介话语变迁最终要归结到形象建构和声誉管理，这也是本书研究结论导出和创新突破的方向。

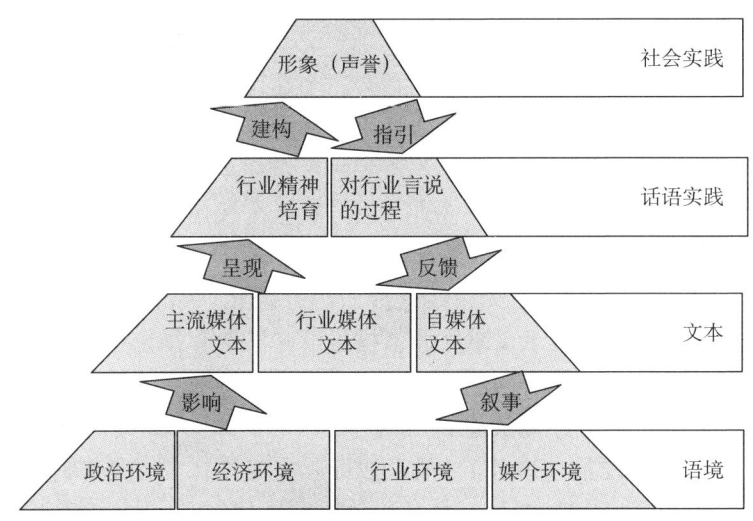

图 0-2 本书研究框架示意图

本书研究的纵轴是新中国成立 70 年来的 4 段历史分期，分别是 1949—1978，1979—1998，1999—2012，2013—2019 年。历史分期的依据主要基于以下几方面的考虑：一是媒介话语特点转变与社会变迁的密切关系。1978 年、1998 年和 2012 年分别是中国社会在政治经济领域发生重大变化的历史节点：1978 年是中国社会开启改革开放的历史航程，政治经济全面拨乱反正，各项事业进入中国特色社会主义的高速发展期，国有石油企业媒介话语从战斗型政治话语向探索型改革话语转变；1998 年是中国经济成功实现"软着陆"并有效抵御亚洲金融危机影响，同时开启国有企业深化改革、建立现代企业制度的时间节点，国有石油企业迎来新中国成立以来第二个发展高峰期，媒介话语从探索型改革话语向赶超型成就话语转变；2012 年召开了党的十八大，中国社会全面进入谋求实现中华民族伟大复兴的新时代，国有石油企业因面临全球产业变革、自身腐败问题、低油价冲击等空前挑战，企业形象和声誉遭受重创，软实力建设被纳入企业发展战略，媒介话语从赶超型成就话语向战略型声誉话语转变。二是石油行业发展的重大转折期与社会转型、石油媒介话语特点变迁相呼应，产生直接的正相关。1978 年，中国原油产量首次超 1 亿吨，乘着改革开放的东风，石油行业全面进入体制机制改革突破阶段；1998年，石油行业按照国家国有企业改革的总体方案，实现了专业化重组，形成了"上下游、产供销、内外贸"一体化的两大全产业链集团公司——中国石油和中国石化，并开启了全面融入国际市场、参与国际竞争的新发展阶段；从2013年起，石油行业随社会发展全面进入重塑央企"中流砥柱"、担当尽责形象的新时代。三是石油媒介话语变迁呼应了媒介形态变迁。这四个重要时间节点既是国家发展和石油行业转型突破的转折点，也是石油行业媒介话语历史变迁的分水岭，每个阶段又与报纸、电视、网络、融媒体这四个媒介形态分别主导传播的阶段相契合，且主导传播的媒介形态对媒介话语的变迁产生了重要影响，因此，综合国有石油企业发展阶段、石油话语变化节点和媒介形态发展阶段，共同确定了本书研究的时间纵轴。

本书研究的横轴是费尔克拉夫话语与社会变迁理论[1]和保罗·吉的话语分析理论，即话语文本、话语实践、社会实践和话语的七项任务在言说、行为、认同三个维度的实践，分别对文本、话语实践相关事件、对话语产生影响的社会环境要素进行研究，然后再横向、纵向进行同类比较，形成网状脉络，并进一步提炼总结，对理论创新进行初步探索。同时，在论文中分别对两个时期的石油行业媒体《战报》和《中国石油报》做话语分析，并进行相互比较，总结同一种媒介形态下的话语变迁特点。本书的分析框架是费尔克拉夫话语与社会变迁理论和保罗·吉的话语分析理论的综合，即用保罗·吉的话语分析理论从话语言说及认同功能对意义、活动和身份认同进行建构；从话语指导行为和产生认同的功能对立场、策略、符号系统和知识进行建构，进而阐释话语实践过程和成果；从话语言说及指导行为的功能建构关系、联系及相关性，并解读社会实践的历史过程、分析社会环境及相关语境。

---

1 Norman Fairclough. The dialectics of discourse [J]. Textus. 2001，14：231–242.

第一章 "我为祖国献石油"使命驱动下的石油行业话语实践与形象建构（1949—1978）

第一节 石油"大会战"过程中"战斗型话语"生成的语境分析

一、新中国成立至改革开放中国石油行业发展环境分析

（一）新中国成立后30年间石油工业面临的社会环境

新中国成立最初几年，国家处于十分艰难的阶段：在国内，经过几十年持续不断反帝反封建的革命战争，国民经济百业凋零亟待恢复；已经溃败的反动势力仍蠢蠢欲动寻找颠覆新生革命政权的机会，新政府通过一系列清除、镇压反革命势力的国内人民运动和非公有制生产资料和生产关系的社会主义改造来巩固政权基础。在国外，以资本主义国家联盟为主体的西方反社会主义阵营政治孤立、经济封锁新中国。美国还直接披袍上阵，搅动朝鲜半岛局势，挑起朝鲜战争并将战火烧到中朝边境，迫使中国在艰难条件下参加抗美援朝战争，"打得一拳去，免得百拳来"。回顾那段时期的历史，中国共产党领导下的人民政权当时是顶着内外交困的巨大压力在摸索社会主义发展道路，其间的破与立、压制与反抗、匮乏与恢复的博弈十分突出尖锐。

新中国接过的是本就蹒跚起步、基础薄弱的石油工业，又因常年战乱发展停滞，原油产量持续下滑。新中国成立伊始的石油工业是其发展历史上的最低谷期。"短缺"是描述石油工业当时发展状况的关键词，物资设备短缺，人力资源短缺，资金短缺，对地下石油资源的认知短缺，掌握的勘

第一章 "我为祖国献石油"使命驱动下的石油行业话语实践与形象建构（1949—1978）

探开发技术短缺……全面短缺，直接导致了全方位"摸索"。新中国成立后第一个10年，中国社会从社会主义改造到初步建成社会主义经济制度，之后的社会主义经济建设却又很快走入了以"大跃进"为标志的全面冒进时期。对新中国来说，这10年各行业都是艰难起步，是在一穷二白的基础上摸索尝试。石油工业因为摊子小，又是官办的重工业部门，因此跳过了社会主义改造环节，从管理体制上直接被纳入国家行政序列，由燃料工业部石油管理总局领导。1955年石油工业部成立，管理规格的提升，国家扶持力度的加强，为石油工业快速恢复并得到初步发展提供了组织保障。

经历了1957年反右派斗争扩大化，大庆油田被发现的1959年正是中国社会主义生产大跃进运动如火如荼开展的岁月，中国社会的政治环境更加"左"倾激进，"大跃进"运动就是经济建设领域"左"倾化的最典型例证。赶英超美的盲目膨胀和反科学的一哄而上，导致生产秩序和生态环境遭到严重破坏，经济形势严重恶化，农业欠产、连续三年自然灾害导致饥荒产生，中国经济遭受挫折。面对严重经济困难，党的八届九中全会决定对国民经济实行"调整、充实、巩固、提高"的八字方针。此时，工业生产急需能源，石油勘探在20世纪50年代初期和中期先后发现克拉玛依油田和青海油田后，又经历了川中会战的挫折，石油系统为祖国找到大油田的渴望在国家的经济困顿期显得更加强烈。就在此时，石油工业部做出勘探战略东移的决定，并成功地在松辽盆地发现了大庆油田，并从1960年拉开了大庆石油会战的序幕。

从当时的国际环境看，中国正处在被资本主义阵营封锁和社会主义阵营打压的双重孤立之中，中苏关系破裂，苏联对中国社会主义建设的援助终止，苏联专家全部撤出，中国的大国外交全面停止。中国能够从外部获得的经济支持几乎为零，国内的经济探索又出现挫折，新中国成立10年尚未积累起足够的社会主义建设经验，内外交困中只能选择"自力更生、艰苦奋斗"。大庆油田的发现既让举国上下群情振奋，看到了建设国家的物质基础依然存在，但也让石油系统的干部员工深深感到巨大的挑战正扑面而来，必须抛弃一切幻想，完全凭借自身的力量来开发建设大油田。对当时参与大庆石油会战的干部员工来说，能不能行完全不知道，心中只有初生牛犊不怕虎的万丈豪情，是那种迫切要为祖国为民族争一口气的强烈渴望，这种豪情正是大庆精神铁人精神的源起。

从国内的政治环境看,大庆石油会战高歌猛进的阶段正是全国政治极"左"意识形态正在逐步形成的时期,经济领域的冒进就是极"左"思想的具体体现。1957年开始的反右派斗争扩大化,导致国内的政治环境持续"左"倾化。"阶级斗争为纲"成为政治生活的主线,突出地表现为意识形态领域的阶级斗争,媒介话语充满斗争色彩,在全社会营造出高亢、激昂的语境,话语表达如檄文,情绪宣泄如匕首,政治成为个人生活的"主菜",言必称党中央、毛主席,当进入极"左"思潮高峰的"文革"时代,社会话语一元化的表达方式是政治极"左"化的写照[1]。

大庆石油会战正是在国内外环境异常艰难的困境中展开的,时代塑造精神,越是困难的环境越需要精神。马克思主义哲学经典原理指出,意识能够反作用于物质,推动物质生产进步。在物质条件极度匮乏的环境中,靠人拉肩扛、聚水成河的精神伟力,创造了人间奇迹。精神建构、精神凝聚和精神传播都建立在话语感染的基础上,一句话能让人热血澎湃、不畏艰险、奋勇前行,这就是大庆精神铁人精神话语建构产生的效果。国家困难、工作条件艰苦,精神决不能滑坡,这是石油会战员工的共识,也是现实的需要,让精神激励转化为战胜物质困境的强大力量。在当时社会语境下,精神建构是提出解决困难方法的源头,这是其突出的现实意义。大庆精神铁人精神体系中包含大量方法论话语,也是自力更生的社会语境推动的结果。

（二）新中国成立后30年间石油工业发展回顾

石油工业的崛起是中国社会主义建设事业的一项重大成就。原油产量从新中国成立伊始的12万吨到2019年我国的国内外原油产量为1.91亿吨,与1949年相比增长1575倍,年均增长11.3%[2]。70年来,中国石油工业的发展与巨大成就成了中国经济高速发展的强大引擎,发挥了不可替代的支撑和保障作用,并深刻改变着中国人的生活。新中国成立之初,石油工业基础薄弱,百废待兴。1949年末,全中国的石油职工只有1.1万人,从事地质的技术干部仅20余人,钻井工程师10余人,石油专业技术力量

---

1 Norman Fairclough. Critical Discourse Analysis[M]. London：Routledge. 2010：25.
2 王俊岭. 中国原油产量由1949年的12万吨增加到2018年的1.9亿吨,增长1574.9倍——石油工业,为高质量发展加油[N].《人民日报》海外版,2019,09：第03版.

第一章 "我为祖国献石油"使命驱动下的石油行业话语实践与形象建构（1949—1978）

十分缺乏[1]。新中国的石油工业就在这样的条件下艰难起步。到20世纪50年代末，全国已初步形成玉门、新疆、青海、四川4个石油天然气基地；1959年，全国原油产量达到373.3万吨，其中4个基地共产原油276.3万吨，占全国原油总产量的73.9%。经过第一个五年计划期间的建设，我国石油工业已经成为一个新型的、初具规模的能源产业。

以大庆油田发现为标志，中国石油工业进入高歌猛进的快速发展期，其显著特点即采取集中有限资源、打歼灭战的形式，在已探明油区开展石油大会战。会战形式并不是首次在大庆采用，克拉玛依油田和川中气田的开发分别在1955年和1958年使用了会战模式，但大庆会战却是规模最大、成果最大、积累经验最多的会战，同时，在大庆会战之后，石油战线开启了会战在祖国大地遍地开花、如火如荼持续开展的"大会战时代"，胜利、大港、四川、华北、长庆、辽河、河南，在近20年时间中，石油会战呈现星火燎原之势，展现了石油工业大干快上、成就卓著的发展态势[2]。对石油工业来说，20世纪60年代前半期是一个具有深远意义的重大转变时期。当时，石油工业在经历了50年代的较快发展之后，又面临着严峻的形势。首先，原油和油品产量远远不能满足需要，国内石油产品只能自给2/5。其次，几乎全部天然石油基地和主要加工能力偏居西北一隅，远离东部经济较发达的主要石油消费地区，加大了石油供需矛盾。尽快在我国广大地区，特别是主要石油消费地区，找到足够的后备储量，已成为当时石油工业的突出问题。

在这种情况下，地质专家李四光、翁文波等对我国东部地区的石油远景做出了论述和乐观评价。从1958年起，石油勘探的重点开始向东部转移。1960年2月，石油工业部确定把大庆石油勘探作为解决石油资源问题的突破口，经党中央批准，决定"以打歼灭战的方法，集中石油系统一切可以集中的力量开展大会战。"[3] 大庆石油会战的胜利，改变了中国石油工业的布局，是中国石油工业发展史上的一个重要转折。1963年，全国原油产量达到648万吨，我国实现石油基本自给。1964年2月，中共中央向全

1　焦力人．当代中国的石油工业[M]．北京：中国社会科学出版社，1988：19-20．
2　李润生．当代中国石油工业（1986～2005）[M]．北京：当代中国出版社，2008，上卷大庆油田篇（5）．
3　余秋里．余秋里回忆录[M]．北京：人民出版社，2011：77．

国批转了大庆石油会战的经验，振奋了全国人民自力更生、奋发图强的精神，推进了社会主义建设事业的发展。1965年生产汽、煤、柴、润四大类油品617万吨，石油产品品种达494种，自给率达97.6%，提前实现了我国油品自给。石油工业从国民经济中的落后薄弱环节，转变为一个重要的能源生产部门，从根本上改变了面貌[1]。

从20世纪60年代到20世纪70年代末，我国石油工业走过了艰难而光辉的历程。1973年，我国原油开始出口，为国家换取了大量外汇。1976年，大庆油田年产原油突破5000万吨。1978年我国原油年产量突破1亿吨，从而跨入世界主要产油国的行列。1966年到1978年的13年中，原油生产以平均每年递增18.6%的速度增长，原油加工量增长5倍多，保证了国家的需要，缓和了二十世纪六、七十年代时期能源供应紧张的局面，维持了许多重要工业地区和行业的生产，对支撑当时严重失调的国民经济，起到一定作用[2]。

二、"大会战时代"石油行业话语实践的媒介环境分析

新中国成立至改革开放这30年间，是中国媒介全面意识形态化，中国共产党全面领导国内传播平台的时期。媒介话语从本质上说是一种意识形态的话语生产[3]。这个时期媒介形式单一，以报纸和电台为主；媒介环境纯粹，意识形态高度统一。媒体是党的喉舌，按照党的意志发声，不仅没有杂声，而且上下完全同频共振。地方党媒转发中央党媒报道是新中国新闻传播事业起步阶段的常态，一方面说明信息传播不便捷，媒体采编力量有限，获取的信息量不足；另一方面说明媒介话语一体一面，具有很强的同质性。因此，研究此时关于石油行业的媒介话语，主流媒体主要聚焦《人民日报》、新华社等中央媒体，行业媒体关注最有代表性的大庆油田

---

[1] 梁华，刘金文，曾宪章，周润东，孙志芳主编.中国石油通史，卷三（1949~1978）[M].北京：中国石化出版社，2003，12（01），前言：崛起于世界的中国现代石油工业：（6）.

[2] 梁华，刘金文总编.曾宪章，周润东，孙志芳主编.中国石油通史，卷三（1949~1978）[M].北京：中国石化出版社，2003：前言.

[3] 石长顺，徐锐.媒介话语的历史性超越与重建——汶川大地震报道的电视话语分析[J].现代传播，2008（3）：55.

第一章 "我为祖国献石油"使命驱动下的石油行业话语实践与形象建构（1949—1978）

《战报》即可大致了解全貌。

只有弄清楚了新闻从业人员和读者是如何阅读、理解、再现和运用新闻话语和信息，我们才可能明确社会、经济利益和目标是如何转化成限定现实新闻制作的因素的[1]。这一时期媒体报道总体数量较少，这与媒体数量和媒体自身特点，以及当时的社会环境相符合。新中国成立后的30年间，中国媒体由《人民日报》、新华社、中央人民广播电台等国家级媒体和《解放日报》《北京日报》等部分地方媒体构成。媒体少但围绕党中央的大政方针集中发声，媒体报道聚焦在社会主义政治经济制度的改造方面。由于国民经济尚处于恢复期，工业战线各系统都处于摸索起步阶段，具有新闻价值的报道主题不多，媒体需要照顾到涉及国民经济的每个领域，加之媒体自身发展的局限性，媒体对工业战线的报道多为宏观性的成果消息，深入一线的调查类报道以及其他体裁的新闻报道较少，工业领域的媒体话语实践主要依靠各条战线的通讯员向国家宣传主管部门和通讯社的信息报送，再经媒体视角转换后的改写形成报道文本，只有重大选题才能协调媒体记者现场采访并刊发报道，这种模式一直延续到改革开放前。

在"短缺""摸索"的主基调下，反映石油战线干部员工在党和人民政府领导下，以国家主人的姿态为国家事业而工作，点滴进步都充满自豪感，并伴随着当家作主后的扬眉吐气和幸福喜悦。石油人对社会主义新中国的建立和中国共产党的领导发自内心地接受且追随，表现为行动和意愿的统一，这是真正的认同，是从内到外一致的表现。这种从内心到行动的认同，形成一种巨大的动力和能量，能够产生战胜一切的力量。认同产生的能量是一个组织或者社会运行的动力，为组织和社会实现认同提供了保障[2]。

在那个年代，现实中的困顿艰难并没有展现在媒介话语中，媒介话语描述的现实和真实的现实存在着一定差异。当时的媒介话语就是党的宣传话语，两者完全重合，因此，宣传话语中的意识形态正当性尤为突出，话语表达首先要符合党的意志：对外要鞭挞帝国主义的封锁压制，坚定支持社会主义阵营的革命建设，展现不屈不挠的国家形象和"一边

---

[1] 托伊恩·A 梵·迪克.作为话语的新闻[M].曾庆香译.北京：华夏出版社，2003：129.
[2] 刘辉.认同理论[M].北京：知识产权出版社，2017：25.

倒"的政策主张；对内要凝心聚力，鼓舞中华儿女斗志，按照党中央部署推进社会主义建设事业。媒介话语在实现意识形态要求时，必然要做出选择，不是有闻必录，而是按照党的意志组织话语，实现编排的逻辑合理性和政治正确性。

涉外发声要无情痛斥帝国主义的倒行逆施和无耻行径，积极展示社会主义大家庭在马列主义指导取得的伟大革命和建设成就，虽是涉外主题，但受众是国内公众，表明的是立场、态度和政策导向，对新中国真实外部环境可能导致的危险和挑战不做分析说明或深度解读，让公众从媒介话语中获悉的是中国人民在中国共产党领导下已经取得了一系列反帝反封建斗争的胜利，如今又有社会主义大家庭的坚定支持，因此，当下的对外反帝反修斗争必然能取得胜利。

对内宣传的目的在于鼓干劲、争上游，攻坚克难地推进社会主义建设的各项事业，媒介话语重在调动全国各族人民的主观能动性，困难、不足、落后、匮乏等但凡不利于实现凝聚并激励公众的事实，即使是普遍且客观存在的，也尽量不说或少说，侧重于国民经济恢复取得新进步、社会主义建设获得新成果的成就型、效果型报道。从石油行业这一时期的媒介报道看，几乎没有对石油工业新闻调查式的报道，就连涉及石油行业某一主题的通讯都较少，报道主要集中在消息体裁上，多为行业动态类的消息，新闻性不强，信息量也较少。可以说，这一时期的媒介话语很难全面展示石油行业真实客观的全貌。

正是在这一时期，大庆油田被发现并成功组织了国内最大规模的石油勘探开发会战，建成国内最大油田，满足了国内原油需求，并带动了石油勘探技术提高和新油田的不断发现，形成了著名的大庆精神铁人精神和大庆经验，得到毛主席肯定并发出"工业学大庆"号召。石油工业高歌猛进的发展态势是"大跃进"之后国民经济调整阶段难得的一抹亮色，在得到最高领导人肯定后，工业战线优等生的"修炼记"必须经过媒介传播才能形成可学可借鉴的经验体系，进而呼应向大庆学习的号召，因此，媒体报道除了数量增多，体裁样式更丰富之外，聚焦大庆和大庆精神是一个显著特点。

由于阶级斗争被作为国家政策，并进一步强化了意识形态对社会的控制，意识形态是"不言自明"的、社会共享的关于群体自身以及它们与其

第一章 "我为祖国献石油"使命驱动下的石油行业话语实践与形象建构（1949—1978）

他群体的关系的表征，包括成员资格的标准、活动、目标、价值和关键性的群体资源等范畴[1]。观察这个时期关于石油行业的媒介话语，能看到突出政治性成为表达的习惯，将意识形态与生产经验、人物精神、工作成绩结合起来，强调思想武装对生产实践的引领作用。1966年至1976年，石油工业受到一定程度的冲击，但由于毛主席树起大庆这面石油战线的旗帜，加上大庆自身就是讲政治起家，客观上对石油行业和石油人产生了政治保护，提高了全行业的政治地位，因此，这一时期的冲击是有限的，没有对石油行业迅猛发展的势头造成逆转。

三、大庆精神铁人精神培育中的形象建构

石油行业高歌猛进的年代与国家意识形态革命的火热年代重叠，交互塑造了石油行业的媒介话语表达特点。在石油工人满怀"当家作主"的喜悦摸索着走过石油工业"困难多于成绩"的最初十年后，发端于大庆油田会战并开启了石油工业迅猛发展的会战岁月，历时近20年。这一时期石油工业奠定了在国家工业体系中的支柱地位，发挥了旗手引领的作用，特别是毛主席"工业学大庆"的号召发出后，石油工业战线进一步燃起了"我为祖国献石油"的事业激情，并进一步塑造了以大庆精神铁人精神为主线的石油企业文化，初步形成了石油行业媒介话语"政治传播挂帅、塑造典型人物、建构行业精神、展示行业成就"的特点，这些特点一直延续至今。

与火热激进的时代相照应，大庆石油会战具有了荡气回肠史诗般的意味，那种"敢叫日月换新天"的壮志豪情转化为一句句大无畏的革命口号，豪气激发士气。话语中的笃定与自信，让一切困难都成为纸老虎。石油人还有一句名言："困难面前有我们，我们面前无困难。"为了国家而舍我其谁的英雄气概是铁人精神的魂，再加上科学实践总结的方法，就成为大庆精神的完整体系。

在大庆精神铁人精神的话语建构中，话语激发产生认同，并产生精

---

[1] 艾伦·贝尔，彼得·加勒特. 媒介话语的进路[M]. 徐桂权译. 展江校. 北京：中国人民大学出版社，2016：51.

神聚合的效应。按照巴赫金的话语传播理论,铁人王进喜喊出"宁肯少活二十年,拼命也要拿下大油田",向铁人学习的广大石油员工也随铁人喊出同样的话语,这是建构起了与铁人的对话语境;在集体齐声喊出的时候,又产生了员工个体之间的对话语境,这样的对话模式就会产生认同的心理暗示,并形成遵从的心理感应。

大庆石油会战时期,指挥部创办的《战报》和大庆油田各级组织经常召开的经验分享会、问题分析会、座谈交流会,都是大庆精神铁人精神的传播渠道,建构起全员对话分享的传播机制。客观来看,"左"倾的激进化政治环境对经济发展不利,但对建构精神、凝聚力量却有正面的推动作用。人们的生活被高度政治化,话语被层层格式化、整齐划一,强势的政治传播,让受众的思想也高度统一,这对于创业时期凝心聚力、攻坚克难具有突出作用。大庆精神铁人精神的建构还经历了由下至上,再由上至下几个来回反复建构。

大庆石油会战摸索出自力更生开发大油田的经验后,得到了毛主席的肯定,发出了"工业学大庆"的号召,中央发出在全国工业战线学习大庆经验的通知,大庆经验被国家最高领导人肯定,掀起了工业战线学大庆的热潮。这完成了大庆精神铁人精神第一次自下而上、再自上而下的建构。在此之后,《人民日报》等官方权威媒体又在不同时点刊发了介绍大庆经验的报道,并首先提出了大庆精神的概念,媒介话语系统阐释的大庆精神铁人精神再次获得了中央领导层的认可,周恩来、邓小平等多位中央领导在视察大庆和多次批示中再次肯定大庆精神铁人精神,并倡导按照毛主席的指示要求继续深入开展"工业学大庆"的群众运动,这完成了大庆精神铁人精神第二次自下而上、再自上而下的建构,是大庆精神铁人精神在全国范围深入人心的过程。

1977年以后,"工业学大庆"依然保持着它的权力话语地位。1977年1月,中共中央发出《关于召开全国工业学大庆会议的通知》,决定1977年"五一"节前召开全国工业学大庆会议,动员全党、全国工人阶级,把工业学大庆的群众运动推向新阶段,为普及大庆式企业而奋斗。同年4月20日至5月13日,中央分两个阶段,先后在大庆和北京隆重举行全国工业学大庆会议,党和国家领导人和来自全国各地的7000多名代表参加了

第一章 "我为祖国献石油"使命驱动下的石油行业话语实践与形象建构（1949—1978）

会议[1]。大庆在全国的标杆旗帜地位得到进一步确认。

第二节 "我为祖国献石油"使命驱动下的媒介文本分析

新中国成立到改革开放这30年，是中国石油工业从摸索起步到实现跨越式发展的时期，石油年产量从12万吨到1亿吨以上，成就令人惊叹。这30年，中国媒介话语对石油行业的言说主题聚焦，主线清晰，即中国社会主义建设缺油，要尽早尽快找到并开采出更多石油，为祖国献石油的奋斗过程就是媒介话语言说石油的核心。话语分析通常是一个从语境到语言，再从语言到语境的运动过程[2]。话语分析的主要目的是对我们称为话语的这种语言运用单位进行清晰、系统的描写。这种描写有两个主要的视角，简单地称之为文本视角和语境视角。文本视角是对各个层次上的话语结构进行描述。语境视角则把这些结构的描述与语境各种特征如认知过程、再现、社会文化因素等联系起来加以考察[3]。

话语分析的总体原则是：微观领域研究话语生成的结构、语义、修辞、类别等，宏观领域研究话语和社会语境、文化观念等互动作用[4]。从话语特点上看，这段时期石油行业的媒介话语严格遵循了之前分析的"差异化选择产生激励"的宣传技巧，刻意回避了石油行业蹒跚起步时的各种困难和问题，摸索过程中的烦恼没有了，只有获得结果时的兴奋和喜悦。从媒介话语的内容上看，都是事实的描述，没有过多的分析和阐释，但能看出石油行业的亮点。没有渲染和情绪表达，但对比变化和关键词修饰能产生认同和正向激励。

---

[1] 石油精神——文献石油70年编写组.石油精神——文献70年[M].北京：石油工业出版社，2020：173～174.
[2] 詹姆斯·保罗·吉.话语分析导论：理论与方法[M].杨炳钧译.重庆：重庆大学出版社，2018：15.
[3] 托伊恩·A梵·迪克.作为话语的新闻[M].曾庆香译.北京：华夏出版社，2003：27.
[4] 李欣.话语、建构与认同——少数民族新闻研究[M].北京：中国社会科学出版社，2016：35.

中国国有石油企业媒介话语的历史变迁（1949—2019）

一、主流媒体对石油行业报道文本的话语分析

搜集到《人民日报》、新华社 1949—1959 年间涉及石油行业的 32 篇报道，其中消息 29 篇，通讯只有 3 篇，都为新华社记者采写。这 3 篇通讯分别是 1954 年 4 月 14 日的《油井的主人们》、1955 年 9 月 26 日的《中苏友谊的结晶——新疆石油公司》和 1957 年 4 月 2 日的《春天来到了克拉玛依油田》。一篇是介绍采油工艺和不同工种作用的科普类文章；一篇是反映中苏友谊对石油工业产生推动作用的政策导向类文章；一篇是展现新中国第一个大油田焕发出勃勃发展生机的憧憬礼赞类文章。在 29 篇消息中：有 20 篇反映石油行业的动态，包括会议资讯和生产经营的新变化，属于中性客观的信息；有 8 篇展示石油行业取得的成绩，属于积极颂扬的信息；有 1 篇是介绍节油方法的科普类文章。梳理这 32 篇文章可以发现：只有 2 篇关于石油行业宏观性、全局性的报道，但没有深度分析，只有事实介绍；其他报道都是聚焦石油业务某个点上的成绩或动态，视角分散、内容零散，放在 10 年的历史中观察则显得碎片化，浅尝辄止，没有一个相对系统的关注领域，因而难以形成对石油行业较有深度的观察。

通过 1960 至 1978 年间历史文献的梳理，可以从宏观上把握中国石油工业高歌猛进的历程。总体上看，这一时期石油大会战在全国范围内遍地开花，原油产量跨越式增长；炼油化工厂新建、改扩建如雨后春笋涌现，石油加工能力迅速提升；管道建设长足进步，连接全国且较为完整的输油管网初步形成。这样的成就是在新中国成立后 10 年初步探索基础上，用了近 20 年的时间实现的，是从西方所谓的"贫油国"到世界主要产油国的颠覆性超越。因此，这一时期媒介话语对石油行业描写的主基调即"大干快上""高歌猛进"，数据箭头朝上，语词高亢激扬。

综合从新华社稿库中搜集整理出 1949—1978 年 30 年中，《人民日报》和新华社对石油行业的报道，保留了 51 篇报道文本作为研究对象（见附录 1），分析外部主流媒体对石油行业言说的话语。这 30 年国内主流媒体对石油行业的言说，主要集中在中央新闻机构，地方媒体对石油工业部所属厂、局会有报道，但碍于原始资料搜集范围太广且对本研究结论的客观性并不产生实质性影响，因此未将地方媒体的报道文本纳入其中。通过高频词分析软件对这 51 篇文本进行词频分析后，删除石油、油田、中国石

第一章 "我为祖国献石油"使命驱动下的石油行业话语实践与形象建构(1949—1978)

油等具有指代性质且不具有话语分析意义的高频词后,得到以下50个高频词的结果:

工人 164	毛主席 107	铁人 83	困难 56	精神 52	同志 45	干部 44
			学习 44	毛泽东思想 32	专家 32	任务 31	先进 31	红旗 29
		职工 83		社会主义 28	支援 25	斗争 25	产量 25	会战 24
生产 140	工业 104		群众 39		经验 24	供应 22	英雄 22	路线 21
		领导 66	伟大 38	人民 28	战斗 23	劳动 20	农民 18	阶级 17	恢复 17
				组织 28	质量 23	工会 19	联合 17	培养 16	创造 16
革命 108	建设 93	技术 59	苏联 34	节约 27	祖国 22	胜利 18	艰苦 16	战线 15	指示 15

注:本研究使用中国传媒大学高频词分析软件对热词词频和权重两项指标进行分析。

图 1-1 1949—1978 年《人民日报》、新华社对石油行业报道的词频分析

(一)文献的高频词分析

图 1-1 的前 15 个高频词建构起 30 年间石油工业战线的主要风貌。石油工业建设的主体是石油工人,他们是中国工人阶级的先锋力量,包括参加革命战争的退伍军人、翻身作主人的老石油工人和 1949 年后加入石油工人队伍的劳苦大众。这支脱胎于中国共产党领导的革命力量的工人阶级队伍,坚定拥护党的领导,遵循毛主席的教诲,一手抓社会主义革命,一手推进石油生产。向铁人王进喜学习,学习他攻坚克难的精神。领导干部和职工要同学习同劳动,建立同志般的革命友谊,共同推动技术进步,以技术创新解决生产中的困难;以"我为祖国献石油"为事业使命,为社会主义工业建设提供能源动力支持。

梳理图 1-1 其他高频词,可以勾勒出这样的话语主线:毛泽东思想是指导石油工业社会主义建设的理论体系,石油工业战线要遵循党的思想路线和伟大领袖毛主席指示,紧紧依靠广大人民群众的支援开展石油大会战,通过工会,组织工人阶级联合农民阶级共同开展艰苦斗争,恢复因苏联撤走专家而造成的损失,高举大庆红旗,用辛勤劳动和战斗姿态,努力提高石油产量质量,保障国家能源供应,培养出更多铁人式的英雄人物,不断夺取石油工业建设的新胜利,创造无愧于历史的新业绩。

(二)主流媒体文本表达的意义、关系及联系

新华社消息《我国不是石油"贫血"的国家》[1]《玉门油矿将逐步建设成为我国第一个石油基地》[2],从内容上看都是用数据和事实说话,证明新中国成立后石油行业取得了长足进步。除了自豪感,话语背后还蕴含着对发展前景的坚定笃信。消息还强调,新中国石油工业的快速恢复是在摆脱对帝国主义的依赖和独立自主、自力更生的历史条件下实现的。媒介话语传递的逻辑脉络是:外因是当家作主独立发展,内因是自力更生艰苦奋斗,产生结果是成绩卓著+信心满满。这个话语表达的逻辑在这一时期关于石油行业的媒介话语中具有普遍性和模式化特点。

《华东国营商业部门调运煤油下乡很受农民欢迎》[3]是一篇反映煤油在农村销售供应有广阔前景的消息,文章结合煤油供应情况的调查为读者算了

---

[1] 新华社北京1952年12月11日电:"人造石油方面的许多新成就,开辟了我国制炼各种油料的新的广阔途径。我国有举世公认的丰富的煤田,从烟煤制炼石油是我国未来的重要油料来源之一。""石油工业中的技术人员和工人们,两年来对我国石油工业的恢复和发展作了许多卓越的贡献。这是我国一向比较弱小的石油工业能够迅速发芽滋长的主要动力。""在炼制方面,我国现有的天然石油的炼油设备。百分之九十是解放以后完成的。某炼油厂就是利用国民党统治时代的废弃器材,由职工自己设计,自己动手,用四个月的时间建造成功的;这个厂的修建工程如在解放前得花两年的时间。""两年来我国石油工业的成就,是在摆脱了对帝国主义的依赖、走上了独立发展道路的新的历史条件下得到的。"

[2] 新华社西安1954年2月7日电:"矿区内各主要油层都将同时进行开采,原油的计划产量将比去年增加一倍,其中百分之四十六的原油将源源装上火车东运,供应东北和华东的炼油厂炼制各种石油产品。玉门油矿本身的炼油厂今年也将扩建,裂炼今年将添建一座减粘炉,使原油炼量提高百分之二十六。玉门油矿今年的汽油计划产量比去年增加百分之九,煤油增加一千吨左右。""为了有计划地扩大开采规模,今年玉门油矿的基本建设投资比去年增加了二点七倍,其中约有百分之八十的资金用来新凿生产油井。预计今年投入生产的新油井将比去年新建的油井增加四倍以上。"

[3] 新华社上海1953年12月1日电:"近年来,华东区农民使用煤油的数量日增,如以今年与一九五〇年比,增加了四倍多。另外,农村用煤油数量的增加,还因为煤油的价钱便宜。目前煤油的价格比一九五一年六月降低了三分之一。农民用植物油点灯不如用煤油合算。以上海、济南、南京、无锡、蚌埠、杭州六个城市牌价平均计算,一九四九年年底每斤植物油只能换煤油零点六二五斤,而现在已能换一点零八斤。山东省沂南县双侯村农民曾算了一笔账,全村一百多家,如改用煤油点灯,一年可节约六百万元,且可把植物油省下来增加食用。现全村已准备改用煤油灯。"

第一章 "我为祖国献石油"使命驱动下的石油行业话语实践与形象建构(1949—1978)

一笔植物油与煤油转换的账,说明煤油受到农民欢迎是因为价格便宜。同时,大量使用煤油不仅能节约大量费用,而且还可以把植物油省下来增加食用,可谓一举两得。"增加""便宜""合算""节约""改用"等关键词暗示,煤油广阔的销售前景预示着石油公司会扩大供给,消息在后面也交代了石油公司会克服困难满足农村地区源源不断的煤油需求。消息也从一个侧面说明了油品生产对满足人民生活发挥着重要作用,体现出石油行业对国民经济和人民生活的重要意义,进而对石油行业的油品生产产生激发动员的效果。

《大批人员和勘探器材赶运川中油区》[1]这篇消息展现了八方支援川中会战的壮观景象,主题就是:为了川中石油勘探顺利推进,人员、物资涌向川中油区。消息导语照应标题,表达了大批人员物资转运川中油区支援勘探的主题;消息后面几段都是分别描述各方面支援的具体细节,铁道部、四川石油勘探局、四川省交通厅、成都工学院以及青岛重晶石厂等不同单位对川中石油勘探的支援,除了物资调运和人员抽派,还有交通保障的具体举措和物资保证供给的承诺。"支援""赶运""赶赴""热情""急需""日夜不停""集中""派"等关键词营造出全国各行各业热火朝天地支持石油勘探事业的喜人景象,话语中也暗示了川中石油勘探会战正在如火如荼地展开,四川将是又一个富含油气资源的地方。繁忙景象勾勒的背后是欣欣向荣的事业,是石油事业振奋人心的未来。全国人民合力支持石油勘探事业,这是社会主义制度集中力量办大事优越性的体现,也是石油事业在国民经济体系中的支柱作用和重要地位的反映。这样的消息对石油系统广大职工来说,既无比温暖,又备受鼓舞。

---

[1] 新华社南充1959年3月25日电:"全国各地热情支援川中油区的石油勘探。来自西南、西北、华东等地的成千上万吨器材,一批又一批的工人和干部,正在日夜不停地赶赴川中油区。""川中油区喷油的消息传出以后,铁道部立即决定拨出一三〇个车皮,在最近二十天内将油区最急需的器材赶运到成都和重庆。四川石油勘探局为了把油区急需的物资尽快运到工地,最近集中了一百多辆大卡车,分别从重庆、江津、成都、德阳几个方向向川中运送。四川省交通厅根据油区运输上的需要,已经修改了今年的公路建设计划,把投资和养护重点放在川中地区,现在已开始主要线路的桥梁加固工程。成都工学院也派出了一百八十多名教师和学生支援油区的公路建设。"

《大庆精神大庆人》长篇通讯中有两段情感描写[1]都是记者在采访素材和情感积累后的提炼与升华，是对大庆人体现大庆精神众多事例的总结，是对大庆精神这个抽象概念的具体化。第一段是对大庆石油人之间关系的情感表达，是遵循毛主席教导的"三个互相"的人际交往实践。这段关于人际情感的描述通过援引毛主席著作的论述来诠释意义，是对权力体系中最高权力价值观的情感认同。第二段是对大庆石油人性格品质的总结：吃苦耐劳、为国尽责、无私奉献、爱人胜己的性格特质，记者调动起的情感依归即与社会主义建设事业需要密切联系，因此号召读者要向大庆人学习他们的大庆精神。这层号召之意就用情感推进来实现，让读者看到社会主义建设需要这种性格品质就不自觉地想成为具有这种性格特质的人，这也是情感描写"共情"效果的体现。

（三）主流媒体文本展示的活动及身份

随着石油工业在国民经济中的支柱地位日益提升，以及石油勘探开发不断取得新成果，自豪感逐渐转化为自信心。主人翁意识既是培育石油文化的主观动力，又是客观条件，"以我为主，担当尽责"的优良传统正是源起于石油工人从被剥削阶级到国家领导阶级的角色转变。

梵·迪克指出，由于所有的新闻话语几乎完全充斥着各种断言（而不是承诺或威胁），因此，对新闻话语进行严格意义上的语用描写，其主要内容就将只是解释说明合理完成这些判断所必需的条件[2]。从新华社在新中国成立之初发表的关于石油行业的消息《玉门油矿全体职工英勇护厂迎接

---

[1] 1964年4月20日《人民日报》长篇通讯《大庆精神大庆人》中写道：(1) 一切工作都是革命，所有的同志都是阶级兄弟。人们精神世界的升华，渗透到人与人之间的关系中去，谱成了多少扣人心弦的乐曲！在大庆这个革命的大家庭中，人们时刻铭记着毛主席在《为人民服务》这篇文章中的教导："我们都是来自五湖四海，为了一个共同的革命目标，走到一起来了。""一切革命队伍的人都要互相关心，互相爱护，互相帮助。" (2) 为了实现六亿五千万人民的远大理想，心甘情愿地吃大苦、耐大劳；为了对国家建设事业负责一辈子，事事实事求是，严格认真，一丝不苟；为了革命的需要，全心全意地充当一颗永不生锈的万能螺丝钉；在革命的大家庭中，人人关心别人胜过关心自己……这些，就是大庆人经过千锤炼铸造出来的可贵性格。在我们伟大祖国的社会主义建设事业中，是多么需要这样的性格啊！

[2] 托伊恩·A 梵·迪克.作为话语的新闻[M].曾庆香译.北京：华夏出版社，2003：28.

第一章 "我为祖国献石油"使命驱动下的石油行业话语实践与形象建构（1949—1978）

解放》[1]《全国石油工业重点恢复获显著成绩》[2]中可以明显地看出，石油战线干部职工当家作主人后强烈的责任感和使命感。没有命令，没有要求，他们发自肺腑地爱岗如家，把本职工作做到最好当成对中国共产党解放全国感恩式的回馈。"自动组织""积极工作""努力""最短期内""热烈慰劳""宁肯""毫无怨言""大大帮助"等关键词，以及"不避零下二三十度严寒""在废品堆中捡出""五个月内完成计划十个月的修建工程"等话语修辞或对比描写，生动展示了石油系统一线职工对工作的真实情感，真挚付出、舍己为公，点滴中都是国家主人的担当尽责。

《玉门油矿积极修复解放前遗留下来的废井》[3]这篇消息里，对油井修复前后的变化做了对比，突出了多出油、保护环境和节约费用这三个事实，"修复""复活""保护""节省"是消息中的关键词。消息用平实的语言陈述了玉门油矿变废为宝的事实，话语描述完变废为宝的好处后就戛然而止了，但给读者传递出三层言外之意：一是充分调动起人的主观能动性，平常认知中的废弃之物也可以变废为宝，发挥出意想不到的作用；二是玉门油矿是当时国家主要的石油生产基地，是石油行业树标杆、出经验的地方，玉门从废井中实现了挖潜增效，其他石油单位以及其他行业可以尝试

---

[1] 新华社兰州1949年10月10日电："早在九月二十五日玉门解放前半月，油矿全体职工即开始动员护厂，把贵重的机器拆卸埋藏在山谷中，并自动组织自治队放哨巡逻，防止国民党匪帮破坏油矿设备。""油矿全体职工，目前正以积极工作来庆祝自己的解放。炼油厂工人正在努力修建房屋，矿场新钻油井未完成者，工人们将于最短期内凿成，并计划开钻新油井。修理厂工人努力为解放军修理战车、汽车，从九月二十五日到三十日已修好战车、汽车三十二辆。十月一日，全厂职工和眷属六千余人，又自动把自己节约下来的毛巾、袜子、肥皂，热烈慰劳解放矿区的解放军装甲部队。"

[2] 新华社北京1950年4月30日电："在恢复过程中，广大职工的觉悟程度不断提高，发挥了高度的生产积极性。延长职工于一九四八年恢复生产时，因房子、炕全部为蒋胡匪军破坏，宁肯睡在废窑洞的地下，而从不耽误生产。当时厂内资金困难，甚至在半年内只有饭吃，暂不发薪，工人也毫无怨言。玉门油矿职工不避零下二三十度的严寒，抢修输油管，两天即完成过去八天至十天的工作。该矿全体职工曾于去年自废品堆中捡出可用的器材二百余吨，大大帮助了该矿的建设。上海中国石油公司职工曾在五个月内完成原计划十个月的修建工程，并自废品中清出可用的钢管一万四千六百公尺及油池钢板一百二十吨。"

[3] 新华社西安1953年5月25日电："甘肃玉门矿务局在苏联专家建议下，积极修复解放前遗留下来的'废井'，以保护油田，扩大生产。目前，矿务局油井大修队已经复活了七口废井，计划到年底再修复十口废井。""现在修复的七口井，大都出油良好；有一口井原来不出油，修复后每天能出十几吨油。原来在地下漏油的废井，在修理过程中已妥善地加以堵塞，原油不再任意窜流，因而保护了油田。同时，修复一口废井，一般比打新井可以节省五六亿元的费用。"

中国国有石油企业媒介话语的历史变迁（1949—2019）

从自己手中原本认为淘汰的东西里找到利用价值，给百业待兴的国家节约费用；三是兴废利旧是社会主义经济建设起步阶段各行各业重要的工作思路，吃干榨尽废旧物件的价值是勤俭节约的有效手段，不要轻易言废，多一点主动，多一份坚持，换一个思路，变废为宝完全有可能。这些话外之音当被读者领悟到后，结合当时摸索社会主义经济建设方法的现实语境，就会产生积极学习借鉴的激励作用——玉门有废井，我们这里有什么废旧东西可以二次开发利用？我们也应该试试从废品里挖潜，没准我们会比玉门做得更好。传播引发的思考产生了正向的鞭策效果。

《大庆精神大庆人》长篇通讯中描写了一名未婚女技术员对另一名同单位的男技术员纯粹地发自内心的阶级友爱，质朴真挚，没有任何的纠结顾虑，关心友爱他人胜过自己，只要能对别人好，自己受点苦都很开心，这就是革命岁月中纯真无私的阶级友谊[1]。陈淑荪对张寿宝的话之所以让对方感动，一是话语看似提问并要求对方选择回答，实则是关爱传递的命令，是问答话语结构中典型的认可型，即提问者的目的是渴望对方承认和接受自己的话语或行为[2]。提问者不由对方分说，对方也绝不会拒绝阶级兄弟给予的阶级友爱，这种必须收下的爱会产生巨大的情感冲击力。二是这种同志般的关爱是默默地，甚至是不愿意让被关爱者知悉，施爱者与被爱者之间没有任何亲缘关系，施爱者甚至要损害自己的利益来让被爱者受益。陈淑荪的话语也反映出一名女性的泼辣性格，展现出革命女性的道德风范和做事果断坚决的风格。她告诉张寿宝，她所做的是一个阶段战壕里的兄弟姐妹都会做的事，拒绝就意味着对彼此阶级身份的否定。

事件描写就是用特定人物以某种身份参与的特定活动来传递意义，并且任何特定的话语事件都应定位于话语及形塑它的社会力量的领域之中[3]。事件描写就是要运用小说思维，既要有新闻写作中"5W"的要求，同时

---

[1] 1964年4月20日《人民日报》长篇通讯《大庆精神大庆人》中写道：有一次，地质研究所女地质技术员陈淑荪，看到同一个单位的地质技术员张寿宝的被面破了，就把一床准备结婚时用的新缎子被面，从箱底翻出来，偷偷缝在张寿宝的被子上。张寿宝发现了，怎么也不肯要。陈淑荪对他说："你说说，我们是不是阶级兄弟？是不是革命同志？是，你就把被面留下。不是，你就还我。"这几句话，说得张寿宝感动极了。他含着两眶激动的眼泪，再也说不出不要被面的话了。
[2] 李悦娥，范宏雅.话语分析[M].上海：上海外语教育出版社，2002：153.
[3] 艾伦·贝尔，彼得·加勒特.媒介话语的进路[M].徐桂权译.展江校.北京：中国人民大学出版社，2016，1（01）：128.

第一章 "我为祖国献石油"使命驱动下的石油行业话语实践与形象建构（1949—1978）

还要有矛盾冲突的元素，让读者产生阅读后的心理起伏和情感认同，从而与作者讲述该事件想传递的主题思想产生共鸣。《大庆精神大庆人》长篇通讯讲述了中国石油现代工业史上的一个经典事件：铁人王进喜跳泥浆池，用身体来搅拌泥浆[1]。这个行动展现了石油人"天不怕、地不怕，改造世界雄心大"的大无畏英雄主义气概，与黄继光用身体堵枪眼的事迹有着异曲同工的震撼伟力。此类事件话语描述所呈现的画面被历史永远定格，成为群体图腾和精神的具象符号。

（四）主流媒体文本表明的立场与策略

《中苏友谊的结晶——新疆石油公司》[2]这篇新华社通讯的传播目的是向公众介绍新疆石油公司前世今生，但通篇看来，感受最强烈的是对苏联专家和苏联先进经验的由衷感谢和深深敬意。同时，该通讯的话语还表达出这样一层意思，即没有"苏联老大哥"的真诚和全方位的帮助，就不可能有新中国石油工业快速的进步，新疆石油公司是中苏友谊的结晶。这与当时媒介话语中"在摸索中获得自信"的语境形成鲜明反差，这篇通讯从另一个侧面反映出，我们在石油工业领域的进步不是完全的独立自主，只是独立自主于西方帝国主义，但还需要社会主义阵营兄弟的帮助。媒介话语中的自信与现实中的不自信形成鲜明反差，可以把种悖论式的语境理解

---

[1] 1964年4月20日《人民日报》长篇通讯《大庆精神大庆人》中写道：王进喜领导的井队在打第二口井的时候，出现了一次井喷事故的迹象。如果发生井喷，就有可能把几十米高的井架通通吞进地层。当时，王进喜的一条腿受了伤，他还拄着双拐，在工地上指挥生产。在那紧急关头，一面命令工人增加泥浆浓度和比重，采取各种措施压制井喷，一面毫不迟疑地抛掉双拐，扑通一声跳进泥浆池，拼命地用手和脚搅动，调匀泥浆。两个多小时的紧张搏斗过去了，井喷事故避免了，王进喜和另外两个跳进泥浆池的工人，皮肤上都被碱性很大的泥浆烧起了大泡。

[2] 新华社记者韩文慧在文中写道："苏联专家在帮助我国建立一座这样巨大的石油企业中，表现了高度的国际主义精神。前中苏石油股份公司初创时，没有一个中国技术工人，那时候，许多苏联工程师、技师等不得不抽身做一个普通工人和领班的工作，甚至连总工程师也不得不这样做。钻井专家在确定了井位、安装起井架后，就亲自充当钻井员和钻井技师，开钻生产井和探井。修建炼油厂时，从地基测量到管道、机器安装，也都是专家们亲自动手和指导中国工人做好的。在那些日子里，苏联专家为了帮助中国建设这个新的石油企业，发生了许多激动人心的事迹。""在建设这座石油企业的艰巨工作中，苏联专家用尽一切办法帮助中国培养技术人员和技术工人。""现在，新疆石油公司正在筹建一座设备完善的石油学院，准备更有计划地用苏联先进的石油工业建设经验，来大量地培养中国石油工业人才。新疆石油公司在苏联专家帮助下，正在迅速地建设成一个新的石油基地。"

为：所谓自豪感，是摆脱阶级压迫成为国家的领导阶级的幸福感，过去的石油工人成了国家石油工业的主人，但对石油工业如何发展还不能完全做主；所谓自信心，是在社会主义大家庭的关爱和帮助下，对石油工业的发展前景充满信心。这种话语与现实的差异，形成了较强的"情感势能"，进而转化为自我激励的"话语动能"，希冀由"话语动能"激发产生改变现状的"行为动能"。这就是话语产生的二律背反。

《大庆精神大庆人》长篇通讯中石油职工学习"两论"的场景[1]，表现了大庆会战将士以政治挂帅、理论武装，将延安革命精神发扬光大的积极实践。"夜晚"，表明是在工作之余，已经辛苦一天后；"篝火旁""没有电灯""没有住房""没有桌椅板凳"表明生活和学习条件艰苦；"三个一群""五个一伙""朗读着""议论着""孜孜不倦""专注精神"展现学习的状态；"实践论""矛盾论"介绍了学习的对象；"用毛泽东思想来组织油田的全部建设工作"说明了学习的目的。这一小段话语刻画了一个石油职工利用晚上工作之余的时间，在条件非常艰苦的情况下，依然热情高涨学习毛泽东思想的生动场景，表明了石油工人心向党，听党话跟党走，用党的意识形态指导会战实践的坚定决心，也是在社会主义和平建设年代依然传承并发扬延安革命精神的宣示。

《大庆精神大庆人》长篇通讯中关于取岩心做化验的语言描写[2]，刻画出石油人严细认真的工作作风和对国家担当尽责的职业立场。岩心是认识油田地下情况的重要依据，而只有准确认识了油田地下情况，才能科学有效地开发油田，因此对岩心的化验分析就至关重要，而岩心取样的完整性则是保障这个重要性的关键。文章首先说明了岩心及岩心取样完整性的重要意义，然后才描写了方永华当看到一小截岩心掉下井底时的反应"抱着岩

---

[1] 1964年4月20日《人民日报》长篇通讯《大庆精神大庆人》中写道："夜晚，在宿营地的篝火旁，人们热烈响应油田党委发出的第一号通知，三个一群、五个一伙，孜孜不倦地学习着毛泽东同志的《实践论》和《矛盾论》。他们朗读着，议论着，要用毛泽东思想来组织油田的全部建设工作。没有电灯，没有温暖舒适的住房，甚至连桌椅板凳都没有，但是，人们那股学习的专注精神，却没有受到一丝一毫影响。"

[2] 1964年4月20日《人民日报》长篇通讯《大庆精神大庆人》中写道：从地层中取出岩心来分析化验，是认识油田的一个重要方法。班长方永华，当时瞅着一小截岩心掉下井底，抱着岩心筒，一屁股坐在井场上，十分伤心。他说："岩心缺一寸，上级判断地层情况，就少了一分科学根据，多了一分困难。掉井里的岩心取不上来，咱们就欠下了国家一笔债。"

第一章 "我为祖国献石油"使命驱动下的石油行业话语实践与形象建构(1949—1978)

心筒,一屁股坐在井场上,十分伤心。"方永华的话语对他的反应做出了解释,成为全段描写的画龙点睛之笔,岩心因为重要所以取岩心的工作必须高度负责,岩心受损就意味着认识油田地下情况受到影响,油田地下情况掌握不清楚,油田开发就会受阻,国家利益进而就会受到损害,因此方永华会说:"掉井里的岩心取不上来,咱们就欠下了国家一笔债。"这个逻辑链条贯通后,也就理解了方永华的悲伤难过,话语对行为的解释凸显了大庆石油人爱岗敬业的品质,话语发挥了直击情感穴位的情绪升华作用,"欠下了国家一笔债"刻画出了"国家忠士"的形象。

《大庆精神大庆人》长篇通讯还写了一个被一代代大庆人持续传扬的故事,是学习大庆精神的必讲事件[1]。这个故事告诉我们大庆人的一个价值观标准:质量大于天,干工作要经得起子孙后代的检验。有事故不丢人,发现不了事故原因且无法杜绝才丢人。因自己错误导致的事故,改正错误的行动除了自己严防错误重现,还要让更多的人汲取自己的教训,让此类事故都不再出现。这种质量意识是大庆人对事业高度责任感和使命感的生动体现,"现身说法讲事故"看似在"扬家丑",实则在保护石油开发建设事业的安全,牺牲脸面换来更低的事故风险,这是石油人"唯公"格局的生动诠释。

(五)主流媒体话语表达中的符号系统和知识

这30年媒介话语对石油行业言说围绕铁人和铁人精神建构的符号系统,铁人符号是整个石油行业乃至中国工业战线最鲜亮的旗帜。《大庆精神大庆人》之后,媒介话语对石油行业的表达更多聚焦在传承精神与选树人物,这与大庆精神铁人精神获得了权力背书的话语建构,以及石油行业标杆旗帜地位对选树典型人物发挥示范引领作用的客观现实需求密切相关。另一个影响话语表达主题选择的重要因素是"文化大革命"对国家意识形态领域的深度改变,围绕人的思想、精神、行为等符号元素展开话语评论、描述自然是这一时期媒介传播的主要关注点。

---

[1] 1964年4月20日《人民日报》长篇通讯《大庆精神大庆人》中写道:一二八四钻井队有一次打的一口油井,发生了质量不合格的事故。这个队的队长王润才和工友们,把油井套管从深深的地层中拔出来,逐节检查,研究发生事故的原因。他们终于发现,有一处套管的接箍因为下套管前检查不严变了形。后来,队长王润才就背上沉重的套管接箍,走遍广阔的油田,到每一个钻井队去现身说法,给全体钻井工人介绍发生质量事故的教训。

中国国有石油企业媒介话语的历史变迁（1949—2019）

1968年12月27日，《人民日报》刊发题为《毛泽东思想指引大庆工人阶级前进》的报道，口号式标题和政治传播导向的话语表述，突出毛泽东思想成为大庆工人思想和行动的最高准则，讲述了工人们在抢险奋战中即使三天两夜只吃了两顿饭，在雨地等困难条件下学习毛主席著作也没有停的故事，这种精神食粮可以战胜一切物质艰困的传播是"极左"思想路线所营造语境下的话语呈现。铁人王进喜逝世一周年之后，1971年12月27日，新华社发表超长篇人物通讯《中国工人阶级的先锋战士——铁人王进喜》来缅怀这位石油战线的功勋人物、大庆精神最杰出代表和铁人精神的建构者。文章遵循了《大庆精神大庆人》的写作方法，从"一不怕苦二不怕死的铁人""捍卫毛主席革命路线的英雄""胸怀远大目标的革命先锋""为革命鞠躬尽瘁，奋战终生"等四个方面讲述了铁人的故事。

可以说，在关于石油行业的媒介话语中，讲故事的话语表达开启于《大庆精神大庆人》一文中，在这篇王进喜的通讯报道中达到了高峰，用多个政治性强、突出精神境界和胸怀格局的故事，来塑造中国工人阶级的时代风貌和先锋人物的崇高品格。文中几处平实而感人的话语描写[1]反映了铁人王进喜这种抛弃了个人和某个小集体的名利得失而只有利于大油田建设导向的集体主义大局观，是以王进喜为代表的大庆石油人的责任、担当与使命，它催生了无私奉献的精神。"本本上只记差距"，这种自我不懈求索的精神和淡泊名利、无私奉献的人生格局会让人产生直击灵魂的感动。无论多高的褒奖，严细实的作风不变，为油而战的奋斗不减。

《人民日报》和新华社在《中国工人阶级的先锋战士——铁人王进喜》以后，又陆续刊发了以人物和特定群体事迹为报道对象的通讯。1973年10月15日，《人民日报》刊发题为《活跃在大庆油田上的无产阶级先锋战士》的通讯，标题充满战斗性，文章缺乏事实陈述，新闻性较差。反复突出忠诚担当，该主题成为这一时期人物描写的主流话语所指。1977年5月

---

[1] 1971年12月27日，新华社发表超长篇人物通讯《中国工人阶级的先锋战士——铁人王进喜》：（1）王进喜带领的钻井队不仅自己井打得快，而且主动帮助别的井队打得快、打得好。别的井队缺少零部件，只要他们有，就马上派人送去；打井遇到困难，他总是亲自带人去支援。他说："我们一个井队打得再快，也拿不下个大庆油田，我们要让所有的队都打上去，超过我们，那才叫人高兴哩！"（2）王进喜经常向别人说："我是个普通工人，没啥本事，就是为国家打了几口井。一切成绩和荣誉，都是党和人民的，我自己的小本本上只能记差距。"

第一章 "我为祖国献石油"使命驱动下的石油行业话语实践与形象建构（1949—1978）

24日，新华社发表人物通讯《踏着铁人的脚印走——记大庆油田模范标兵高金颖》，标题就强调了对铁人精神的传承，通过人物事迹传递出这样的讯息：铁人精神在大庆这片热土上呈现星火燎原之势；铁人王进喜离开了，但有千百个王进喜似的人物涌现了；大庆石油人永葆工人阶级本色。1978年6月14日，新华社发表了石油系统劳模表决心的消息，题目《石油战线著名劳动模范的决心》。大庆油田"王、马、段、薛、朱"五面红旗除了王进喜之外的四面红旗再聚首，虽然岗位变了，工作的地点变了，但继承铁人遗愿和铁人精神的决心没有变，他们共同表达这样的决心，也是对全国石油战线发出了"继承铁人遗志继续奋斗"的倡议。

图1-2是对搜集到的主流媒体对铁人王进喜9篇深度报道文本（见附录2）作词频分析的结果，图中展示的30个高频词剔除了石油、大庆、油田等只具有指代意义的词语后的结果，能够初步反映媒介话语对王进喜人物特质的刻画：王进喜被称为铁人，他是奋战在石油工业战线的工人阶级队伍中的杰出代表。他把学习毛主席著作作为工作的动力和方法之源，他始终保持着昂扬的革命斗争精神、无惧一切困难的英雄主义气概，投身火热的石油大会战，始终保持艰苦奋斗的人民战士本色，以多打井快打井为使命，以尽早拿下大油田建设事业为目标，为祖国夺取同帝国主义斗争的伟大胜利贡献力量。王进喜是苦干实干出来的英模人物，他从玉门走来，在玉门油田工作时就是劳动模范，在大庆油田成长为"五面红旗"中的铁人，在北京获得了最高的政治荣誉并受到毛主席的亲切接见。他英勇跳进泥浆池的行为生动诠释了铁人精神，成为被历史定格的经典瞬间和被媒体反复言说的鲜活事例。

这一时期，主流媒体对国有石油企业言说文本中的知识建构，主要对石油工业宏观发展形势的判断和特定领域发展的分析，以及一些带有科普性质的文章。如1963年12月26日《人民日报》消息《我国石油产品基本自给》就是对当时国家石油产品供给的基本判断。1956年5月13日新华社对时任石油工业部部长李聚奎在全国石油工业先进生产者代表大会上的报告做了摘要报道，文本以"中国石油工业发展迅速"为标题，列举了勘探成果、技术力量增长、技术水平提高等相关支撑说明，对当时的石油工业发展形势做出判断。1952年12月12日新华社报道《我国不是石油"贫血"的国家——全国石油展览会介绍》列举了新中国成立三年来的发展成绩和相关数据,来证明标题提出的观点。这一时期,新华社还在1955年3月14日发表了《节约汽油的新方法》这样的科普文章,对公众石油相关知识进行普及。

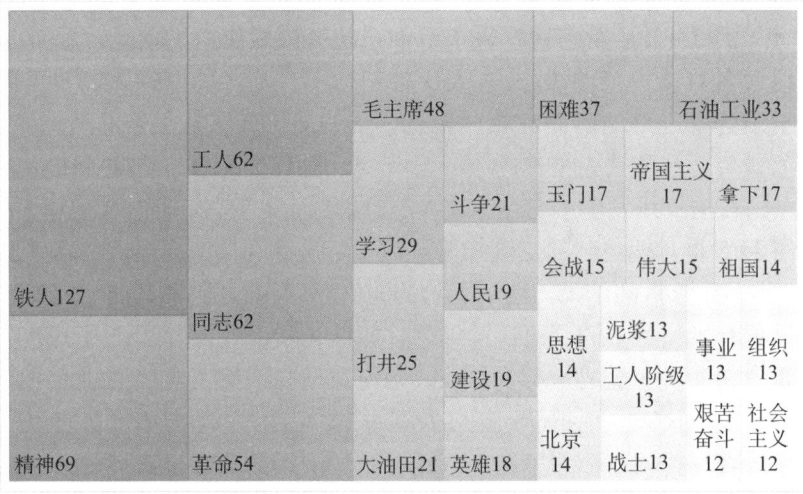

注：本研究使用中国传媒大学高频词分析软件对热词词频和权重两项指标进行分析。

图1-2 媒体对王进喜报道的词频分析

小结

精神品格是根,典型人物事迹是干,成就和动态消息是枝叶和果,这算是这一时期石油行业媒介话语的基本内容的"树状模型",精神传承及意识形态立场表达几乎存在于每一篇媒介报道的话语之中；典型人物或特定群体的报道成为主要的媒介题材,占到了几乎一半的数量,且分量重、传播力强的报道多为此类题材；成就和动态消息后二十年比建国头十年增多,这得益于石油行业快速发展,成绩多、亮点突出,但这些事实信息的意识形态的宣教味道变浓。

从以上媒介话语的分析中可以看出,在那个物质条件匮乏但"当家作主"使人的革命热情高涨的年代,用精神力量战胜物质困境的有效手段就是话语激励。朴素的事实比华丽的修辞具有更加持久的感染力,这也是新闻的力量。但平实无华的媒介话语也说明国家各行各业在蓄势起步阶段摸索前行的波澜不惊,有亮点但不多也不突出,有成绩但困难问题会更多,

第一章 "我为祖国献石油"使命驱动下的石油行业话语实践与形象建构（1949—1978）

在这样的背景下，如何运用话语激发获得"当家作主"身份认同的中国人民干事创业的热情，成为这一时期媒介话语的使命。在国家全面学习苏联经验、优先发展重工业的背景下，石油行业跨越两个时代在历史传承性和国民经济体系中的支柱地位得到凸显，工业战线共和国长子的社会认同和自我认同得到了进一步强化。

客观来看，除了几篇反映大庆精神和铁人王进喜的深度报道，其他多为碎片化的资讯。从这些资讯中无法获知当时石油行业真实的发展情况，这种碎片化的报道状况既跟社会政治环境相关，也跟媒体缺乏系统策划、业态水平较低有关。即使这些有限的媒体信息，也能从中观察到"激励+科普"的宣传导向，着力强调石油战线"攻坚克难"亦"成绩喜人"；同时还在向公众科普这个远离人口聚集区且不易被人了解的工业行当，涉及石油行业的媒介话语中，介绍与主题相关的石油工业生产经营领域的基本情况亦占据一定比例，这也说明当时社会公众对这个从地下开采资源、生产流程和运输线路都较长的工业部门还十分陌生。因此，在差异化选择的保障下，石油行业自我激励和受众在了解的基础上获得激励，成为这一时期石油行业媒介话语的主流特点。

二、行业媒体对石油行业报道文本的话语分析

从新中国石油工业发展史中观察，每个油田的开发建设，都伴随着行业媒体的建设，碍于时代和媒介技术手段的局限性，石油行业媒体建设主要体现在办报方面，尽管到改革开放以后，各油田都纷纷办起了电视台，部分油田还有自己的广播电台，并且不同媒介平台逐步在实践中实现了组织机构、传播内容和话语风格等方面的融合，但只有报纸贯穿了油田发展的全过程，具有油田发展史和内部传播话语发展演变史的档案和样本价值。大庆油田《战报》虽不是最早的石油行业媒体，但大庆油田的时代和历史地位，以及其存续的 20 年（1960—1980）与国家的石油会战历程高度契合，所以，大庆油田《战报》是研究 1959—1978 石油系统会战狂飙突进 20 年中会战话语形态的最佳研究对象。本部分以出刊的 3637 期《战报》作为行业媒体的样本（见图 1-3），对其言说石油行业的文本进行话语分析。

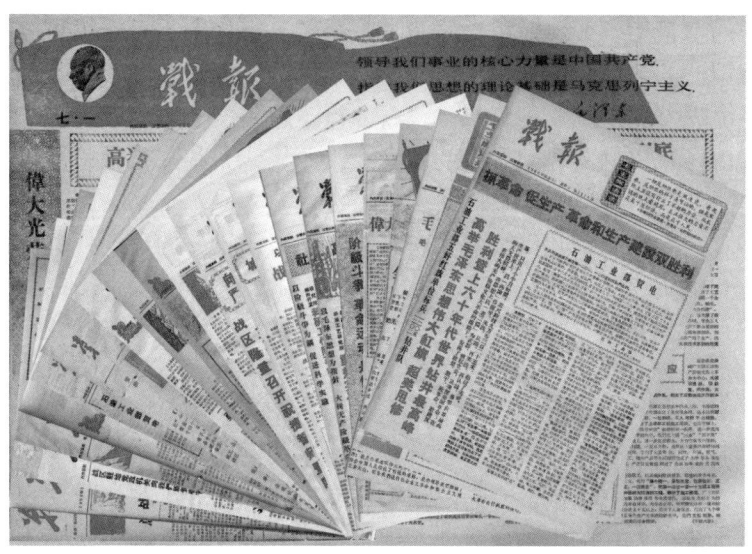

注：从大庆油田铁人纪念馆获取的 1960—1980 年《战报》电子图片资料中选择部分版面集中展示在此图中。

图1-3 《战报》版面展示图

（一）《战报》文本表达的意义、关系及联系

詹姆斯·保罗·吉指出，我们可以利用语言使事物有意义（赋予它们语义或价值），以某种方式建构意义[1]。话语同时指涉思想和传播的交互过程与最终结果，话语是制造与再造意义的社会化过程[2]。在人的话语中，人随意义而动，就像某些植物随光而动一样[3]。《战报》办报的意义就是为祖国社会主义建设贡献稳产高产大油田而"鼓与呼"，大油田建设的目标导向就是《战报》意义呈现的核心。《战报》顾名思义，即会战信息的报道或关于会战的报纸，是把大油田开发建设用军队作战方式来组织推进在话语层面的宣示。《战报》以事实陈述、工作部署、结果描述、建立联系、设问

---

1 詹姆斯·保罗·吉.话语分析导论：理论与方法[M].杨炳钧译.重庆：重庆大学出版社，2018：12.
2 约翰·菲斯克等.关键概念：传播与文化研究词典[M].李彬译.北京：新华出版社2004：85-86.
3 詹姆斯·保罗·吉.话语分析导论：理论与方法[M].杨炳钧译.重庆：重庆大学出版社，2018：95.

第一章 "我为祖国献石油"使命驱动下的石油行业话语实践与形象建构（1949—1978）

自答、奉献牺牲的反差对比、领袖语录的落实和具体化、回顾历史举例陈述、修辞产生的情景联想、拥护与批判结合树立政治正确十种方式表达意义。意义的层次并不完全由分享符码和编码的方向来承担[1]。

1970年7月1日《战报》当期全部四个版面只报道了先进人物李勋伟一个人，《一心跟着毛主席 一生革命加拼命——记无产阶级先锋战士、优秀共产党员李勋伟》的长篇人物通讯就占了三个版面的篇幅，突出反映了李勋伟为了革命事业奉献全部自己的事迹，是政治挂帅、意识形态引领的"文革"岁月对典型人物话语描述的标准模式，即思想紧跟毛主席、行动奉献加牺牲。在这篇人物通讯中，通过李勋伟对"苦与甜""公与私""牺牲与光荣"的反差对比描述来呈现艰苦革命岁月石油人的价值追求和人生意义。李勋伟说："干革命，就得拼命干，越苦越累越舒坦！""我字不沾边，公字抢在前！""为中国革命献身最光荣，为世界革命献身最伟大！"这就是以奉献牺牲的反差对比表达意义。

1975年10月4日《战报》头版刊发了回顾新中国石油工业发展史的长篇通讯《石油战歌》，文中写到，我国史书记载，早在秦汉时期，就曾发现高奴（今延安一带）河上有"可燃"物，甘肃酒泉有"石漆""燃极明"，这些都是石油。宋代科学家沈括在《梦溪笔谈》中写道，"石油至多，生于地中无穷"。十六世纪我国在四川嘉州开凿出世界上第一口油井。回顾历史得出结论性意义——我国是世界上石油资源丰富的国家之一，绝不是帝国主义散布的所谓"贫油国"。这就是以回顾历史的举例陈述表达意义。

仅有信息的交流只发生在机器之间，人之间不交流则罢，一交流就必有修辞，去掉修辞就去掉了交流[2]。不论是古典的还是现代的修辞都以语言运用的劝服技巧为研究对象，更确切地说它们都是描述各种使交流传播更具说服力的话语特征[3]。新闻修辞的形式完全是通过运用提升新闻特征的各种相关性或显著性的方式来实现强调具体内容的目的[4]。还是在《石油战歌》这篇通讯的结尾，在对石油工业给新中国带来的意义描述时，作者通过排

---

[1] 艾伦·贝尔, 彼得·加勒特. 媒介话语的进路[M]. 徐桂权译. 展江校. 北京：中国人民大学出版社，2016：176.
[2] 胡春阳. 话语分析：传播研究的新路径[M]. 上海：上海世纪出版集团，2007：61.
[3] 托伊恩·A 梵·迪克. 作为话语的新闻[M]. 曾庆香译. 北京：华夏出版社，2003：30.
[4] 托伊恩·A 梵·迪克. 作为话语的新闻[M]. 曾庆香译. 北京：华夏出版社，2003：114.

比修辞展示了石油工业高速度发展的景象，并在这种方兴未艾的事业发展局面中，对石油工业的意义做出总结。

作者写道："请看，一条条输油管道正在把滚滚原油从石油工业基地送往祖国各地；一座座石油化工厂正在我国的土地上兴建起来；而一个个新的油田又在不断地被发现、被开发……我国石油工业的高速度发展，为社会主义革命增添了巨大的物质力量，为社会主义建设输送了新鲜的血液。同时，也必将为支援世界人民的革命事业做出贡献。"作者想表达就是最后的这几句意义，"一条条""一座座""一个个"的排比就是要说明石油工业的高速度发展，没有这个排比句意思完整，但有了这个排比句修辞，就能产生语境营造和情境联想，增强传播的事实认同，让意义的价值更加凸显。这就是以修辞产生的情景联想表达意义。

话语分析理论中的关系，是指我们使用语言来表明我们与受话者或其他个人、组织、团体的关系，表明我们想跟他们建立什么样的关系或者正在尝试跟他们建立什么关系；也就是说，我们使用语言来建构社会关系[1]。《战报》作为大庆石油会战的内部报纸，具有工作动态简报的特性，具有明确的受众群体，即全体大庆石油会战参战职工，而传播者即会战指挥部党委，传受双方之间是指挥官和将士的关系，是指挥与遵从的关系。除了工作动态简报属性，《战报》还是大庆会战数万人的媒体，是不同战区、不同单位、不同业务领域之间学习交流的平台、经验分享的园地。当《战报》以行业媒体属性示人时，其话语建立的关系是多样的，包括：领导与服从的关系，战友间分享的关系，领袖与人民群众的关系，会战职工获取外部消息的传受关系，人人参与其中的反思警戒的教育互助关系。

需要对敌友间的身份关系做出说明。在政治挂帅且以阶级斗争为纲的岁月里，进行阶级分析，分清敌友是媒介话语的重点任务之一。当时，美帝苏修、侵犯我国领土的印度、逃亡中国台湾的蒋介石集团是遭到批判的敌人，而越南、古巴等亚非拉第三世界国家和社会主义国家是热情支持的朋友。《战报》的言说者并非上述主题的亲历者，是"离场"状态下的言说行为，因此往往采取转述的方式。媒介话语中，话语言说者身份出场与

---

[1] 詹姆斯·保罗·吉.话语分析导论：理论与方法[M].杨炳钧译.重庆：重庆大学出版社，2018：13.

第一章 "我为祖国献石油"使命驱动下的石油行业话语实践与形象建构（1949—1978）

身份离场，构成了话语表达的倾向性意味。"身份"的"在"与"缺"的不同，实质上，体现的是媒介话语表达者的社会性存在的特征。身份"缺场"的言说是一种自存的话语方式，它不可以谋求话语与身份之间的某种社会性联系，不谋求通过言说来表明身份，也不期望以身份来增加话语分量[1]。《战报》也承担着教育职工、为职工提供政治学习素材的职责，会经常转载《人民日报》、新华社的政论文章或时政消息，这也是在政治上与党中央保持一致的宣示，如《这是苏联人民的背叛》《铁托集团为谁效力》《反华大合唱中的印度反对派》《支持越南人民和平统一祖国的斗争》等。

我们使用语言使事物相互联系（或不联系）或彼此相关（或不相关），即构建联系或相关。即使事情之间看起来存在着内在的联系或相关，我们也可以用语言来打破或削弱这种联系[2]。相关性原则是指新闻工作者生成话语时，按照与话题相关程度的不同进行不同程度的突显，最相关的话语得到最好的突显。一般来说，相关的信息就是重要的信息，因而相关性原则又可称为重要性原则[3]。《战报》是会战指挥部党委向大庆石油会战职工传递信息的媒体，从报纸定位上，它首先要和传受双方建立起联系，即代表报纸主办方的观点和立场，服务受众的信息获取需求。在该定位上建构《战报》话语的联系网，形成国内外、战区内外以及国内工业战线之间、石油系统内部的普遍联系。这些联系包括：大庆战区各专业分工之间的业务联系；大庆油田与全国各油田之间支持与协作的联系；大庆战区与全国各工业战线之间的示范引领联系；大庆与全国各行各业之间的能源支撑联系；大庆与世界一切进步事业的间接强相关性。

（二）《战报》文本展示的活动及身份

我们使用语言来确认我们在从事什么样的活动，即建构活动[4]。在做出行动时，我们不得不使用语言向别人说明我们要做什么。《战报》即会战活动的情况呈报，作为大庆油田指挥部党委的机关报，它是向全体参与会

---

1 杨效宏.媒介话语，现代传播中的个体呈现[D].成都：四川大学，2006：4.
2 詹姆斯·保罗·吉.话语分析导论：理论与方法[M].杨炳钧译.重庆：重庆大学出版社，2018：13—14.
3 曾庆香.试论新闻话语[D].北京：中国社会科学院，2003：22.
4 詹姆斯·保罗·吉.话语分析导论：理论与方法[M].杨炳钧译.重庆：重庆大学出版社，2018：12.

战的干部职工宣介政策主张的窗口和开展工作的行动指南。《战报》是在全中国如火如荼开展社会主义经济建设的母活动体系中建构石油勘探开发会战的子活动体系，报纸中每篇消息和通讯又是会战大系统中各个阻击战、歼灭战、围猎战、攻防战等区域或局部活动的精准建构和详尽描述。这些活动包括：

1. 会议。会议政治是当代中国政治的一个重要特点，会议是完成政治活动的一个重要工具。会议所涉及的角色包括决策者和执行者都在努力地完成属于自己的政治活动[1]。如果把会战中参战职工的活动分为两大类的话，就是会战各项举措的执行活动和会战所要实施举措的准备活动，会议就是准备活动的一种形式。

2. 生产。但凡是在石油勘探开发一线从事与石油产业链相关的施工作业都属于生产，如地球物理勘探、钻井、采油、输油、油田地面建设等，因为《战报》是油田的报纸，主要反映的还是石油采掘相关的生产环节，对炼油化工生产介绍很少，而国家当时封闭的计划经济体制亦不存在石油销售经营业务。

3. 服务。这里所谓的服务是指《战报》中涉及石油产业链各环节生产之外辅助性质的活动，如发电、供水、运输、食宿保障、劳保物资加工制作等。在物质条件比较匮乏的会战时期，服务活动的重要性丝毫不输于生产活动。从服务的语词含义理解，即为俯下身子为对方提供支撑和协助的行为，是以低姿态、站在幕后或身处二线为台前一线工作者提供所需的支持。

4. 学习。会战岁月里，石油职工在从事本职工作之外，参与最多的两项活动：一是开会，二是学习。《战报》中有大量各单位组织职工集中学习的报道：学习毛主席著作、学习中央精神及相关政策、学习本岗位技术技能以及学习他人的经验和事迹。

5. 讲话。这里是指特定人物的公开言说，一般是领导在一定场合针对特定人群就某个特定主题公开发言的活动，而传播形式除了言说的具体行为，还表现为讲话稿文本的媒介传播。特定人物需要通过讲话对有关问题进行表态，对工作进行部署，对意图进行强调，对思路进行提示，对下属

---

[1] 刘杰.权力结构与个体行动：公务员日常公务行为研究[D].上海：复旦大学，2013：66.

第一章 "我为祖国献石油"使命驱动下的石油行业话语实践与形象建构（1949—1978）

进行激励约束等，都是该言说者意志的表达[1]。

6. 表彰。树立标杆旗帜，让模范人物发挥示范引领作用，用先进典型的名言金句激励广大干部职工，一直是大庆会战的工作法宝。而表彰正是典型选树的重要方式，也是通过话语传播典型事迹、鼓舞团队士气、激发干事创业激情的主要活动。如果把《战报》中的报道分为"说事"和"写人"两类的话，那么表彰活动是塑造人物的重要方式，报纸对表彰活动的建构主要有表彰会消息对个人和集体先进事迹的描述、某级组织表彰决定的正式发布、通讯中对描写对象获得荣誉的陈述。

7. 运动。这是一个政治术语，是指为达成某个政治目标而发动群众广泛参与的有纲领、有任务、有行动方案的群体性活动。革命是典型的运动，而大庆石油会战本身就是以运动方式组织的经济活动。哈贝马斯对社会运动的分析指出，"交往之流被以一种特定方式加以过滤和综合，从而成为根据特定议题集束而成的公共意见或舆论"[2]。运动是《战报》中的高频词，它已经变成了一种工作方法，是把大会战分解为不同领域的运动，这与当时政治挂帅的社会环境相符合，并具有较强的群众认同。

话语对身份的认同，是指我们使用语言以获得某种身份或角色，即构建身份[3]。只有在适当的时间地点以这种身份履行职责，并以职务角色陈述意见、表达观点，进而获得话语表达对象对其职责和社会分工角色的认同，这个认同过程即身份建构的过程，话语表达要符合言说者身份，因此对身份的建构往往都是从话语入手，也只有从话语建构起的身份才能够获得坚定而持久的认同。认同不是某个人"所有"（has）的东西，而是某个人"所做"（does）的事情，或者是通过人们之间具体的交流、话语和互动而展现和再创造[4]。《战报》中话语建构的身份认同是一种社会建构，主要可以归类为以下四个角色：

1. 群众。二十世纪六七十年代，中国的社会成员处于高度的组织化状

---

1 刘杰.权力结构与个体行动：公务员日常公务行为研究[D].上海：复旦大学，2013：50.
2 哈贝马斯.在事实与规范之间：关于法律和民主法治国的商谈理论[M].童世骏译.北京：三联书店，2014：445.
3 詹姆斯·保罗·吉.话语分析导论：理论与方法[M].杨炳钧译.重庆：重庆大学出版社，2018：12.
4 图恩·梵·迪克.话语研究：多学科导论[M].周翔译.重庆：重庆大学出版社，2015：237.

态，每个都是原子化的存在，因此国家对社会大众的政治动员可以达到前所未有的深度，社会大众对政治运动的参与成为社会生活的一部分[1]。《战报》中的群众身份既是话语描述的对象，也是报纸传播的目标受众。这里的群众是指参加会战的石油职工和相关的普通劳动者，它是涵盖范围最广泛的身份集合，但凡是在大庆参与油田开发建设的人都可以归入这个身份群中。

2. 领袖。这里专指毛主席。毛主席领袖身份的话语建构既有内容又有形式，内容是党中央对毛主席称谓的规范表述，即伟大导师、伟大领袖、伟大统帅、伟大舵手；形式是毛主席语录的引用，这与同一时期各大党报的做法一致既包括头版报眼每期摘引的毛主席语录[2]，也包括报道所涉主题对毛主席相关论述的引用，即把毛主席的论断作为话语表述的第一论据，甚至变换字体加以凸显。

3. 领导。温斯顿·丘吉尔曾经说："单纯的管理和领导力之间的区别就在于传播。[3]"领导者是对他人进行管理、指导、激励和鼓舞的人，因此，有效的领导是建立在有效传播之上的。组织传播中领导的意义在于创造一种态度、一种环境、一种共识和一个稳定、相互作用的过程[4]。《战报》中的领导是一个广义的身份概念，是不同层级、不同领域的管理者和负责人，领导身份是由其职务相关称谓、话语内容及形式建构的。

4. 英模。所谓英模，即英雄模范人物，是大庆石油会战中树立的先进典型，如铁人王进喜、忘我劳动的特车司机侯祖耀、优秀共产党员李勋伟、标兵管工班长李生福等，他们是群众中杰出代表，是其他群众学习的榜样，英模人物是大庆会战树立的工作标杆和思想旗帜，发挥着示范引领作用。社会主义建设时期的英模人物的最基本的形象特征是：热爱集体、忠于职守、埋头苦干、钻研业务、技术革新、吃苦耐劳、乐于助人[5]。英模

---

[1] 向前.政治身份体系下的社会冲突：文革初期群众行为的社会根源[D].上海：复旦大学，2010：194.

[2] 王晶晶，刘东建，郭致杰.新中国70年党报版面话语的变迁与经验启示[J].新闻爱好者，2019（8）：26.

[3] 德波拉·J·巴瑞特.领导如何沟通[M].孙立武，李容葳，靳绮雯译.北京：人民邮电出版社，2008：1.

[4] 胡河宁.组织传播学——结构与关系的象征性互动[M].北京：北京大学出版社，2010：6.

[5] 张明师.1949-1978：共和国英模人物群体研究[D].武汉：华中师范大学博士学位论文，42.

第一章 "我为祖国献石油"使命驱动下的石油行业话语实践与形象建构（1949—1978）

人物对大庆油田会战的突出贡献在于，创新了工作思路和方法，展现出强大的精神感染和凝聚力量。

（三）《战报》文本表明的立场与策略

话语分析理论中所指的立场与策略，即社会产品的分配属性，也就是我们使用语言来传达对社会产品分配性质的看法，即构建一个关于社会产品的观点[1]。从马克思主义哲学的视角解释，立场与策略即社会生产力基础上反映出的生产关系形态。按照福柯的理论，媒介话语是权力关系的反映，是意识形态化后的话语表达，而意识形态化的过程正是生产关系产生作用，形成社会动态连接并达到平衡的过程。但应当记住：许多意识形态表达的话语策略侧重的只是形式。反过来，在文本理解中，这些表达结构影响着语义的诠释，并因而影响到模式中的意见的建构[2]。《战报》话语反映的立场与策略，正是石油工人阶级在以"阶级斗争为纲"的意识形态指引下，建构并传播的价值。

1."两论"起家的话语表述确立了毛泽东思想指导会战实践的基本立场。《战报》首期报纸就刊发了石油会战职工点篝火学习毛主席著作"实践论"和"矛盾论"的文章，这篇报道成为后来对大庆石油会战评价中的著名论断"两论"起家的文本依据。起家意味着大庆会战是从学习毛主席著作中的这"两论"开始的，也就是说，会战是从统一参战人员思想开始的，即要用毛主席在"两论"中对唯物辩证法的系统阐释作为解决会战工作面临问题的思想工具，将毛泽东思想指导中国革命取得伟大胜利的成功经验运用到社会主义现代化建设的伟大实践之中去，大庆石油会战从学习"两论"发端并学习借鉴了中国共产党思想建党理论的精髓，要以理论武装作为方法论建构起全党的工具理性。用毛泽东思想武装全体参战人员就是选择了用中国共产党的意识形态来指引大庆油田的开发建设，说明大庆石油会战是中国共产党人运用其哲学思想开展社会主义经济建设的一次实验性尝试。大庆石油会战获得的巨大成功也反过来验证了最初立场与

---

1 詹姆斯·保罗·吉.话语分析导论：理论与方法[M].杨炳钧译.重庆：重庆大学出版社，2018：13.
2 艾伦·贝尔，彼得·加勒特编.媒介话语的进路[M].徐桂权译.展江校.北京：中国人民大学出版社，2016：37.

策略的正确。

2. 穷苦出身的先进人物选树明确了会战的阶级属性。《战报》是战区信息交流的媒介，也是先进人物光荣榜。"一定要抓典型"是毛主席对社会主义建设各路工作的最高指示之一，大庆石油会战一直把抓典型、用典型引路作为重要的工作方法。翻看《战报》报道的各个标兵能手、优秀共产党员等先进人物的事迹和履历：穷苦出身，在旧社会的苦难环境中长大，在新中国社会主义大家庭中沐浴党的阳光雨露，成长为工人阶级的一员和共产党员，对所从事的工作无比珍惜、倍感幸福，对自己为之奋斗的事业感到无上光荣、坚定笃行。这是《战报》呈现的先进人物所共有的阶级属性、精神风貌和品格特质，他们作为参战人员的杰出代表，其阶级属性则清晰表明了大庆石油会战是中国共产党领导下的、以工人阶级为主体的、以社会主义工业建设为主要内容的革命运动。

3. 问题导向的经验分享与反思自省回应了大庆旗帜的身份认同。大庆油田在高歌猛进的大会战中，原油产量逐年跃升并达到5000万吨以上，会战职工展现出的精神风貌、摸索出的管理经验成为全国工业战线的标杆和旗帜，并培育形成了大庆精神铁人精神。大庆石油会战取得的成就得到了毛主席的充分肯定，并发出"工业学大庆"号召，进而掀起了全国工业战线学习大庆的热潮。大庆得到领袖的认可和全国人民的褒扬之后，保持了清醒和冷静，在成绩面前大庆会战指挥部在《战报》发出了"全国学大庆，大庆怎么办？"的思考命题，号召全体参战职工认真思考大庆会战取得成绩之后的路应该怎么走，怎么能够始终捍卫住毛主席树立的这面旗帜。这种带有忧患意识的反思自省，成了《战报》展示大庆会战人不用扬鞭自奋蹄的持续开拓精神的话语特质，把不断发现问题、创新解决问题和实现更大进步作为大庆石油人对旗帜麾下一员身份认同的积极回应。

4. 劳动竞赛模式下的大生产运动确立了大庆经验的文化建构。会战顾名思义，即天南海北的战斗队伍会聚在特定地点，为了一个共同目标的达成而展开战斗的群体行为。生产企业参考其行业特点，组织有行业特色的一线劳动竞赛，以赛促学、以赛练兵，让一线的操作及技术人员得到锻炼的同时展示出色的技能，体现出专业价值[1]。石油会战是经济性的群体行为，

---

[1] 谢磊. 企业劳动竞赛的创新应用实践探究 [J]. 科技经济导刊，2020，28（20）：178.

第一章 "我为祖国献石油"使命驱动下的石油行业话语实践与形象建构(1949—1978)

是为了加速推进油田的开发建设,那么就必须在会战队伍开展同类生产业务领域的内部竞争,这种竞争即"战"的应有之意,却是互促互进的良性竞争,被形象地描述为"比、学、赶、帮、超"大生产运动,这既是管理模式也是管理经验,大庆上产5000万吨的史诗般成就正是在这样的管理模式下创造的,它也是大庆精神铁人精神孕育的主要载体。经过改革开放后市场经济引入的现代企业管理制度的打磨改造,高度计划经济体制和政治社会化运动盛行年代的大生产运动逐渐被改造成了符合中国特色社会主义市场经济体制和国有企业管理特质的劳动竞赛模式,它是综合公有制为主体、良性激励为目标、典型引路为方法等多重因素而形成的现代国有企业内部经营管理的重要方法。劳动竞赛与大生产运动一脉相承,它们既是方法的延伸,也是劳动生产文化的再建构。

5. 转发文稿即为政治站位与立场选择的形式强调。转发其他媒体的文稿体现了互文关系基础上的"跨文本性",是指涉一文本与其他文本发生或隐或显关系的一切方面[1]。一个文本可以渐渐与其他任何系统关联起来,这种文本间关系无任何法则可循,"唯有无限重复而已"[2]。在那个信息闭塞的年代,作为全战区职工放眼了解外部世界的窗口,《战报》会不定期地转发《人民日报》、新华社、《黑龙江日报》等媒体刊发的消息、评论或关于工业战线发展成绩和典型人物的重点文章,以此充当石油职工"资讯饥渴"的信息慰藉。但这只是形式和效果,其互文性真正的意义在于以转发文稿的形式表明报纸的党报性质,明确与党中央高度一致、工业战线旗帜的政治站位,是一种形式上的强调。《战报》中的转发文稿的选择聚焦在政论文章和工业战线动态消息两个类型,充分印证了立场选择的方向。这种转发文稿的形式是那个年代行业媒体的通例,亦都有政治表态和满足受众信息获取需求的双重目的,但转发文章类型即关注点有差异。

(四)《战报》文本表达中的符号系统和知识

詹姆斯·保罗·吉指出语言有许多种,每种语言都有许多变体,有些交际系统不是语言,但这些都是符号系统。此外,人类一直在这些符号系统中陈述知识和信仰。我们可以用语言来使某种符号系统与某种知识和信

---

[1] 张雪峰. 互文性理论的解构与建构[J]. 文化学刊, 2019, 9(09):104.
[2] 张雪峰. 互文性理论的解构与建构[J]. 文化学刊, 2019, 9(09):104.

仰形式在特定情景中建立相关或不相关、形成优势或劣势，也就是为一个符号系统或知识建立高于另一个符号系统或知识的优先权和威望[1]。《战报》是石油会战中诞生的媒体，是石油人交流表达的阵地，因此，《战报》首先要通过石油话语体系的建构来传递"油味"，这种"油味"就是一种符号系统，是石油工业产业链长、技术密集与劳动密集叠加、野外生产作业、对国民经济和外交国防发挥强支撑作用等产业特点综合建构的结果。在这套石油话语的符号系统中，建构石油文化和石油人的精神信仰。

1. 建构"铁人"等典型人物的符号系统。话语不仅体现为一种表意符号与社会交往的形式，还体现为运用这种符号、形式改变他人思想、行为的功能，进一步说，一种成熟的话语体系不仅体现为语言的学习，更体现为话语主体所蕴含的精神意志与核心价值等因素对受众客体所产生的影响力与规制力[2]。立标杆、树红旗，把各路工作的先进典型选拔出来，发挥示范引领作用，这是遵照毛主席社会主义经济建设"一定要抓典型"的指示而采取的工作方法，这也是中国共产党领导革命和经济建设的重要法宝。《战报》之名一语双关，既是战区的报纸，又是对作战情况的报告。作战情况既包括积极表现，还包括存在问题；积极表现中又包含人的表现和事的表现，而选树典型就是对人的表现的话语描述。通过人物通讯、故事、侧记、特写等新闻体裁形式组织语言，为典型人物画像，建构起埋头苦干、拼搏奉献、钻研创新、精益求精、勤勉尽责等不同的形象特质符号。经过人物形象传播的议程设置，形成媒介报道矩阵，正如传播学"散弹理论"所指出的那样，通过反复强化认识，形成对典型人物的模式化认知，即符号系统。"王、马、段、薛、朱"五面红旗的塑造就是《战报》用上述方法建构典型人物符号的实例。

2. 建构大庆精神铁人精神的信仰符号。典型人物符号系统建构起来后，人物精神特质的共性会在传播中汇聚生成高频的语词，经媒介话语归纳总结，逐步形成了大庆群英谱描绘的话语模式，再通过传播返回到受众的认知世界，成为对英雄模范人物精神风范的信仰。这种信仰体现在话

---

1 詹姆斯·保罗·吉. 话语分析导论：理论与方法 [M]. 杨炳钧译. 重庆：重庆大学出版社，2018：14.
2 李飞，李涛. 变迁社会中红色文化话语体系的表达、困境与重构 [J]. 理论导刊，2019（11）：68—69.

第一章 "我为祖国献石油"使命驱动下的石油行业话语实践与形象建构（1949—1978）

语上就是被模式化的表达，是典型人物符号系统的升级建构和再符号化。《战报》为先进人物画像后，"爱国、创业、求实、奉献"成为可以高度概括所有先进人物精神特质的高频词，经过新华社《大庆精神大庆人》这篇通讯的媒介话语提炼，把大庆人展示出的精神定义为大庆精神，并通过长期传播沉淀和官方认可，大庆精神逐渐形成了"爱国、创业、求实、奉献"的诠释表达，并将铁人精神与大庆精神并称，作为大庆精神的人格化。大庆精神铁人精神就是大庆人的信仰符号，从典型人物符号系统到信仰符号，话语是建构的载体，也是建构的主要内容。

3. 建构石油行业基层管理的知识体系。知识是通过各种特定技术和应用策略，在特殊的境遇、历史语境以及体制化秩序中加以运作的[1]。《战报》是战区各基层单位管理经验的汇集和交流平台，经验产生于基层，但经媒介话语包装后再传播，并得到他者学习背书后，就成为基层管理知识，再经过岁月的沉淀，就变成了优良传统和作风。基层管理的知识体系的话语建构是大庆经验的核心内容和石油文化的重要组成部分，其主体框架是"三基"工作，即加强以党支部建设为核心的基层建设，加强以岗位责任制为中心的基础工作，加强以岗位练兵为主要内容的基本功训练。其价值观和作风要求是"三老四严""四个一样"，即对待革命事业要当老实人、说老实话、做老实事，对待工作要有严格的要求、严密的组织、严肃的态度、严明的纪律，干工作要做到黑夜和白天一个样、坏天气和好天气一个样、领导不在现场和领导在现场一个样、没有人检查和有人检查一个样。其具体方法有：1) "两分法"前进，即形势好的时候要看到不足，保持清醒的头脑，增强忧患意识，形势严峻的时候更要一分为二，看到希望，增强发展的信心；2) 思想政治工作"两抓"，即抓生产从思想入手，抓思想从生产出发；3) "五条要求"，即人人出手过得硬，事事做到规格化，项项工程质量全优，台台在用设备完好，处处注意勤俭节约；4) "三个面向、五到现场"，即面向生产、面向基层、面向群众，做到生产指挥到现场、思想政治工作到现场、材料供应到现场、科研设计到现场、生活服务到现场。这些经验的话语描述朴素简洁，但意涵深刻，可学可借鉴，具有

---

[1] 胡春阳. 话语分析：传播研究的新路径[M]. 上海：上海世纪出版集团，2007，8 (01)：167.

很强的传播力,是大庆被学习的知识体系[1]。

小结

通过运用话语分析理论对《战报》话语形态的分析,可以大致勾勒出石油行业发展进入高歌猛进会战阶段时的话语风貌。《战报》是因搭建信息交流、统一思想、选树典型、部署工作的平台应运而生,但客观上孕育了石油话语的早期形态。石油话语从火热的会战生产实践萌发,伴随着石油大会战在全国范围如火如荼地展开和"工业学大庆"的持续深入而参与到大生产运动的社会实践中。《战报》是大庆精神铁人精神的话语建构、大庆典型人物的符号系统建构和基层管理知识体系建构的主要载体,借助官方认可和推动,《战报》向中央媒体传播大庆经验源源不断地提供素材,并塑造着媒介话语对石油行业的表达形态。

1. 立意政治化。这是中国社会党管媒体、党管意识形态的现实决定的,既是要求也是特点。但在政治挂帅的20世纪60～70年代,媒介表达的政治性是一种自觉和习惯。大庆会战"两论"起家,将毛泽东思想作为方法论指导会战实践,毛主席的指示和语录是报纸文本组织的方向和基本遵循。毛主席号召"工业学大庆",如何用政治引领社会主义工业实践就是学习的主线。政治话语通过将"被允许的""被提倡的"内容转换成"好的""优秀的"内容,从而转换为媒介道德话语[2]。《战报》将政治学习统一职工思想作为办报的方针之一,坚持与中央的政治发声同频共振,及时转载转发《人民日报》和新华社的社论、政论文章和政治声明;以是否符合中央的政治原则、是否有利于完成中央部署的政治任务和作为提炼先进经验和选树典型人物的前置标准。工作要围绕中心、服务大局,话语表达要讲站位、突出政治性。这种特点已经成为石油话语的传统,这与石油工业在国家经济体系中的基础地位和命脉作用紧密相关。

2. 表达模式化。模式化容易在传者和受者之间形成保守、僵化的互动模式,同时,各种类型的话语又具有互文性,特定的话语实践和特定的互

---

[1] 中国石油天然气集团有限公司企业文化部.中国石油天然气集团有限公司企业文化手册.北京:石油工业出版社,2017,6(01):13-14.
[2] 刘国强,林青.媒介话语的社会嵌入:"内容为王"的话语模式及其变迁研究[J].现代传播,2019,274(05):76.

第一章 "我为祖国献石油"使命驱动下的石油行业话语实践与形象建构(1949—1978)

文性链条与文本类型系列又会产生联系,即互文性的转换[1]。《战报》是行业媒介,从形态上更像简报,主要是会战工作部署、成绩总结、生产动态呈报以及典型人物事迹描写。话语的新闻性不足,要么是自上而下的指令性要求,要么是自下而上的成果汇报;新闻时效性、分析性不够,缺乏系统的传播策划和专题设计;版面分类不清晰,新闻体裁局限在消息和通讯两个类别,缺少鲜活的新闻特色和新闻故事;因技术条件限制,图片新闻很少。这些不足使得《战报》的话语呈现单一,用词硬朗,情绪高亢,与会战"大干快上"的主基调相符。工作消息突出成绩、鼓励先进、介绍经验、不回避问题;工作通讯坚持"两分法",总结成绩重经验、讲原因,剖析问题重举措、讲责任;写人物围绕"忠诚尽责、克己奉公、倾情奉献"展开,突出为公忘私,突出思想境界。常用口号式话语作为修饰定语来写人写事,实践举措总要有领袖指示或上级要求作为依据,为每个行为找到逻辑起点。《战报》话语表达的模式化可以用轮廓素描的方式概括为几句话:遵循领袖指示,保持昂扬斗志,拿出喜人成绩,严肃剖析问题,实干尽责担当,英模人物涌现,总结经验成果,传承革命精神,高举红旗拼搏,前进追求胜利。

3. 情绪革命化。革命化体现的是破与立的博弈,是打倒旧世界、建设新世界的颠覆性变革。而情绪说到底是意识形态在人的精神风貌中的展现,是文化心理、价值判断、道德操守综合作用的结果。对革命化情绪的调动,是具有外在可塑性的社会动员方法。中国革命的成功得益于中国共产党将马克思主义理论与中国以道德为本位的传统文化相结合,探索出一系列符合中国人文化心理习惯的社会动员方法[2]。翻看20年刊发的《战报》,无论是在会战早期,还是"文化大革命"10年,抑或是"文化大革命"结束到实行改革开放,这份报纸一直保持了"战"的姿态和革命英雄主义情怀,立标杆、举红旗、赞英模、批懈怠、鼓士气、抒豪情,整个报纸都在持续营造着革命激情,保持着高亢的情绪,符合会战环境中的话语调性。即使毛主席去世后的多期《战报》也没有刻意渲染悲痛情绪,而是在着力传递化悲痛为力量再创新辉煌的情感和期盼,号召战区职工继承

---

[1] 胡春阳.话语分析:传播研究的新路径[M].上海:上海世纪出版集团,2007,8(01):231.
[2] 王元.道德的革命化与革命的道德化——中国共产党革命动员的文化心理学分析[J].福州大学学报(哲学社会科学版),2017,137(01):56.

毛主席遗志,让毛主席树的大庆旗帜永远飘扬。《战报》的名字就意味着肩负了鼓舞将士们战斗意志的使命,客观上,《战报》话语也确实营造了"革命+拼命"的进取氛围。报纸的话语在"社会主义工业的大生产运动"上立意,时时处处以毛主席树的工业战线标杆来定位工作标准,所以大庆人常说"有红旗就扛,有排头就站""宁要一个过得硬,不要九十九个过得去"。以舍我其谁的豪情开展工作,以见微知著的细节追求来评价成果,以呕心沥血的尽责奉献来评价人,可以说,用燃烧的激情来追求极致的完美和持续超越,这是《战报》话语中始终营造的情绪氛围,就是在不断"破与立"的交替往复中实现油田开发建设的新跨越,说到底,还是由革命情绪激发的内生动力。

4. 文风通俗化。大庆学"两论"起家,既学了毛主席的哲学思想,又学了毛主席的文风。毛主席文风可以用"质朴但有力"来评价,《战报》的文章应如投枪匕首的檄文,这才能激发出斗志。虽然《战报》里的文章还达不到檄文的标准,但文风深受毛主席影响。《战报》话语通俗化,朴实接地气,短句子多,用词简单,很少用成语和古诗文。虽然很多都是大白话,人人都懂,但蕴含的思想性和哲理性却很丰富。从修辞看,《战报》使用最多的就是排比和对仗的修辞手法,这符合传递力量的短句子蓄势喷薄而出的需要;拟人、比喻的修辞使用较少,这跟在艰苦条件下会战的社会现实相符;写人时,语言描写是《战报》刻画人物性格和品格时最常用的方法,这个方法比起肖像描写、情境描写、动作描写、事例描写来更直击灵魂,可以用最短的语言塑造出最丰满的人物形象。要展示力量,话语就必须短小精悍,绝不拖泥带水,用简单的词让读者看明白的同时还能留下想象空间,这本身就是一种力量。比如写人物的标题"褚春霞是个好同志",这种完全是口语白话的标题却让读者产生了强烈的好奇心和阅读欲,因为给这个"好"留下了悬念,所以褚春霞的"好"被读者预设为"与众不同",这个标题与写三峡工程的"中国大坝"有异曲同工之妙。

5. 资讯文摘化。《战报》用转载转发中央与地方媒体刊发的国内各行各业的动态资讯、对热点问题的调查分析文章以及社论、政治声明等政论文章,来满足战区职工了解外部世界信息的需求。外部资讯的报道虽是文摘形式,并非本报记者的采写,但选择却代表了《战报》的立场和观点,所选资讯主要是全国工业战线各领域取得的新成绩和国外社会主义国家或

第一章 "我为祖国献石油"使命驱动下的石油行业话语实践与形象建构（1949—1978）

无产阶级政党的大事要情，传递的是石油人对兄弟战线或友邦战友取得进步由衷的祝福，表达对世界社会主义和无产阶级大家庭的关注和支持；也在勉励战区石油职工向取得进步的兄弟单位学习，站在标杆位置要时刻树立忧患意识，始终保持"不用扬鞭自奋蹄"的状态。而调查报告等深度分析文章和政论性质的文章，都以高度讲政治为原则，保持与中央的政治声音同频共振，转载《人民日报》和新华社具有重大政治方向意义、与工业战线关系密切或具有全局意义的社论以及政论文章。转载转发并文摘化处理，说明《战报》还不具备新闻媒体的队伍和技术条件，还只能靠拿来主义满足版面的多样性和可读性，但在那个信息闭塞的年代，这种行业媒体部分文摘化是通例，但《战报》无论是在丰富性还是持续性上，以及原创与文摘在数量和版面篇幅的平衡上，都做到了媒体编辑业务的专业水平。

总之，变化着的话语实践是社会变化中的一个重要因素[1]。《战报》是中国社会急剧变化时期，石油行业重要的话语实践形式；是中国石油工业进入以大会战为标志的大发展阶段后，媒介话语塑造的重要平台，它展示了石油工业战线媒介话语表达的所有形态，是石油行业媒体的雏形。同时，它也代表了当时石油行业对外媒介表达的最高水平，现在看来虽显粗陋，但它却是最真实的话语实践以及社会实践载体，最主要的石油话语淬炼的熔炉。《战报》是中央媒体和各地方媒体报道石油行业的素材来源，它积累了丰富的大庆经验，并在此基础上，帮助主流媒体用话语建构起大庆精神，并延展到大庆精神铁人精神，是研究20世纪60~70年代石油话语变迁的珍贵文献。

第三节　以行业精神培育为主要方向的话语实践

新中国成立到改革开放这30年的时间，是我国媒介环境以报纸和广播为代表，且由报纸引领的时期。国家意识形态高度统一，媒体都是党管党办，作为党和政府的喉舌对社会各个领域进行言说。媒介类型有限，话

---

[1] 诺曼·费尔克拉夫. 话语与社会变迁[M]. 殷晓蓉译. 北京：华夏出版社，2003：52.

语实践按照意识形态管理部门的统一要求进行，具有模式化特点。在社会全面政治化和社会运动此起彼伏的年代，媒介话语日益教条化、同质化，意识形态辩论文本越来越多，媒介变成了意识形态宣教的阵地，信息传播属性被弱化。对石油行业的言说以大庆精神铁人精神宣传和"工业学大庆"主题展开，话语实践具有培育石油行业精神的鲜明特点，能够把传播分发的各个环节串联起来，在波澜壮阔的大庆石油会战中培育出石油行业的代表精神——大庆精神铁人精神，并在系列石油会战弘扬，形成石油话语的鲜明特色。因此，以话语建构生成行业精神的维度来研究这30年的媒介话语实践，能够达到纲举目张的效果。

以大庆精神铁人精神为代表的行业精神是经基层生产一线生发、经会战实践提炼、借助媒体传播而建构起来的石油战线的世界观和方法论，具有突出的政治性和实践性，是石油企业文化的内容主体，在最高权力背书和媒介传播的推动下成为全国工业领域的翘楚，成为中华民族伟大精神的组成部分。以话语建构为基础的大庆精神铁人精神的传播所产生的巨大传播力源于特殊历史背景条件下的话语实践特色。

一、大庆精神铁人精神的文本建构

（一）大庆精神铁人精神的话语表述

精神话语表述的概括总结，就是话语的文本呈现。话语建构过程就是对其辩证逻辑的认知，这种认识对话语实践产生影响主要依靠它与过往的现实建构如何相互作用[1]。大庆精神铁人精神的话语总结是对大庆石油会战经验的系统总结。大庆精神的话语文本是：为国争光、为民族争气的爱国主义精神；独立自主、自力更生的艰苦创业精神；讲究科学、"三老四严"的求实精神；胸怀全局、为国分忧的奉献精神。概括地说就是"爱国、创业、求实、奉献"的精神[2]。铁人精神是大庆精神的典型化体现和人格化浓缩，主要包括："为国分忧、为民族争气"的爱国主义精神；"宁肯少活二十年，拼命也要拿下大油田"的忘我拼搏精神；"有条件要上，没

---

[1] 诺曼·费尔克拉夫.话语与社会变迁[M].殷晓蓉译.北京：华夏出版社，2003：18.
[2] 李国俊，宋玉玲.大庆精神[M].北京：中共党史出版社，2018：21.

第一章 "我为祖国献石油"使命驱动下的石油行业话语实践与形象建构（1949—1978）

有条件创造条件也要上"的艰苦奋斗精神；"干工作要经得起子孙万代检查""为革命练一身硬功夫、真本事"的科学求实精神；"甘愿为党和人民当一辈子老黄牛"、埋头苦干的无私奉献精神[1]。

大庆精神铁人精神是一个有机整体，但从两个维度作话语描述。大庆精神是对大庆石油会战以来所形成的思想认知和管理方法的系统归纳概括，铁人精神是以王进喜等典型人物为代表的石油员工队伍的价值观体系，大庆精神铁人精神被建构为石油人的信仰阵地和价值标准。培育精神实际上是在建构道德准则和行为规范，道德不是自然生发的存在，它是为了形成某种形式的联合而产生，对人的行为和价值判断具有普遍约束力；而且，道德的普遍性不是抽象的，它必然包含了明确的、对特定主体的规约性，"正是主体兼具主观的特性，使履行道德义务成为可能"[2]。大庆精神铁人精神话语表述的形成是从先进人物的思想认识、方法提炼的经典语录演变成具有辩证法意义和价值观判断的意识形态文本。这些文本经过凝合和再创作，生成了石油群体的价值观和方法论体系，再用代表性词语为其冠名，构筑起事业共同体群体认可的文化体系。

（二）精神话语培育的特点

培育表现为实际的建构。"建构"强调的是事物在获取自身意义时也成就了自己，也就是说，意义不是自发形成，是社会实践活动塑造形成的[3]。精神体现为人的内在气质，是价值观的体现，表现为文本符号的编码组合。詹姆斯·凯瑞认为："人类通过系统的符号编排来生发、言说、传播关于客观实在的知识和态度[4]。"精神培育的价值，即为权力传递激发内在动力，而培育者就是权力的实际拥有者。建构是在群体中开展的话语文本创作实践，是精神传承群体对自身社会实践的话语表现，可以产生情感共鸣的认同效果。

1. 精神培育具有天生且突出的政治性。精神从权力作用中产生，必然具有不可摆脱的政治性。精神为受众群体确立了价值标准，彰显精神

---

1 中国石油天然气集团有限公司企业文化部.中国石油天然气集团有限公司企业文化手册.北京：石油工业出版社，2017（06）：13～14.
2 李敬.媒介话语中的社会道德研究——基于知识考古学的框架[J].新闻界，2019（10）：48.
3 胡春阳.话语分析：传播研究的新路径[M].上海：上海世纪出版集团，2007：136.
4 韩朝，刘雅.仪式传播视阈下大众传播"新疆精神"的话语建构[J].新闻知识，2015（04）：9-10.

内核的人物被树立为榜样,即权力主体就特定政治正确的内涵和范围在向权力作用对象做出规制。社会中的组织、群体将当前政治体系中认可的思想、观念、价值规范和行为准则宣教、灌输给社会个体,把社会人塑造为政治人,从而传承政治文化、维持政治社会运行及延续[1]。在社会实践中,精神培育总是代表着统治阶级的行政组织行为,失去了精神的政治性将难以在群体中构筑集体认同。在大庆油田历史发展进程中,以铁人王进喜为代表的大庆石油人秉持"我为祖国献石油"的价值理念,在极端困苦的环境中战胜种种艰难挑战,拿下世界级特大油田,震惊了世界。大庆石油人展现出的精神风貌被最高领导人认可,并向全国发出"工业学大庆"号召;其精神内核被江泽民同志诠释为"爱国、创业、求实、奉献";2019年9月26日,习近平总书记在《致大庆油田发现60周年的贺信》中指出:"大庆精神铁人精神已经成为中华民族伟大精神的重要组成部分。"大庆精神铁人精神被最高领导人话语建构后,其政治性得到了最高定位。

2. 象征性也是精神培育中的显著特点。精神培育需要符号化的形象和话语来凸显权力和正当性。美国历史学家林·亨特总结了能够让政治权威具有正当性的"主导性虚构"或"文化架构",这些与特定文化甚至与更普遍化的文化产生共鸣的象征符号最终将建构起民众对于权力代理人的认同[2]。大庆精神铁人精神中包含的象征符号,就是具有大无畏英雄主义、被中国共产党意识形态武装的石油工人阶级群体,铁人王进喜是其中的典型代表。王进喜"跳泥浆池"的身影就是铁人精神的象征符号。这种形象正是中国共产党领导中国人民自力更生、艰苦奋斗的生动诠释,是意识形态正当性的意象表达。

3. 话语性是精神培育最鲜明的特点。生成话语文本是精神传播的基础和前提,是精神培育的核心内容,精神培育就是以话语表述系统解读精神内涵的过程。精神培育需要具象解构,需要被群众认知,并形成情感认同。这就需要将原本抽象的精神概念转化为可知、可感、可悟的具体话语描述,诠释表征性符号反映的核心内涵。精神符号是抽象的,但培育精神的过程是生动而具体的,培育精神形成的话语,是将精神具象化的载体,

---

1 周宇豪.政治传播学[M].武汉:武汉大学出版社,2013:160.
2 林·亨特.法国大革命中的政治、文化和阶级[M].汪珍珠译.上海:华东师范大学出版社,2011:107.

第一章 "我为祖国献石油"使命驱动下的石油行业话语实践与形象建构（1949—1978）

表现为含义明确的语句和凝练响亮的口号，语词朴实，受众可以理解并认同。建构精神的话语还要有力且有韵律，可以对受众产生情感冲击力，往往采用排比、对仗、押韵等修辞手法。

4. 精神培育需要自上而下的过程，建构精神秩序需要最高权力认可。话语秩序在生产性建构实践的同时，也在解释中获得新生。毛泽东、江泽民、习近平等历届党和国家最高领导人都对大庆精神铁人精神的培育给予了关怀，并形成了权威释义。2016年6月13日，习近平总书记把石油系统的精神体系概括为"石油精神"，做出大力弘扬以苦干实干、"三老四严"为核心的"石油精神"的批示，这为石油行业精神做了正式命名，把大庆精神铁人精神纳入行业精神谱系，成为"石油精神"的组成部分。过去，石油行业的精神方阵是图谱，在官方定义后则成为体系。从话语建构的历史看，先有大庆精神铁人精神，后有石油精神；从话语逻辑结构看，大庆精神铁人精神是支，石油精神是干，石油精神、大庆精神铁人精神是有机统一的整体。从"工业学大庆"，大庆精神成为大庆经验的主干；到并提大庆精神与铁人精神，大庆精神形成了人格化建构的具象标准；再到最高领导人给石油行业精神定义冠名，石油系统精神谱系有了统合的主脉。回顾大庆精神铁人精神话语建构以及再建构的培育历程，其始终融入社会话语实践之中，是中国石油工业发展历程的意识形态反映，也是中国社会变迁在工业领域的呈现。可以说，以大庆精神铁人精神为代表的石油行业精神的话语培育过程，是新中国从蹒跚起步到发展壮大的生动写照，也是中国工业化发展历程和人民生活境遇的历史样本。

二、大庆精神铁人精神的话语分析

（一）主流媒体中大庆精神铁人精神的话语分析

收集到以大庆精神铁人精神为主题的新闻报道28篇（见附录3），作词频分析后剔除大庆、铁人、精神、油田等只具有指代意义的词后选取了排在前30位的词语形成了下图（图1-4）。词频分析再结合文本分析，可以对媒介话语言说大庆精神铁人精神的内容作如下概述：

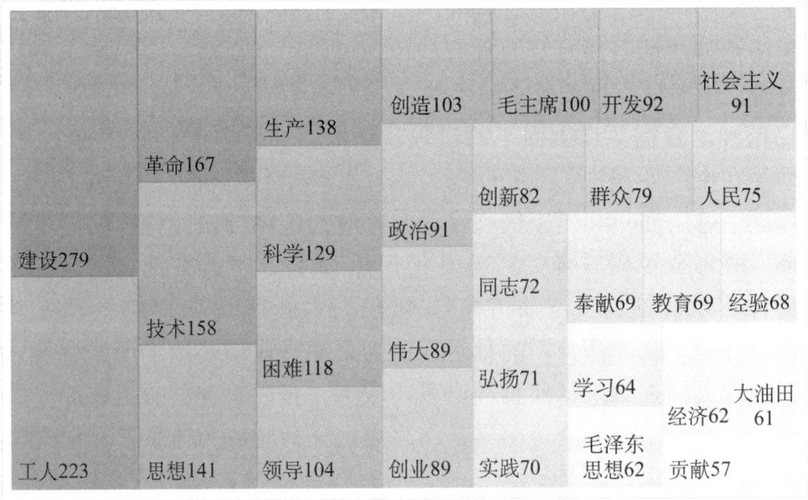

建设279	革命167	生产138	创造103	毛主席100	开发92	社会主义91
	科学129	政治91	创新82	群众79	人民75
	技术158		同志72	奉献69	教育69	经验68
		困难118	伟大89	弘扬71	学习64	大油田61
工人223	思想141	领导104	创业89	实践70	毛泽东思想62	经济62 贡献57

注：本研究使用中国传媒大学高频词分析软件对热词词频和权重两项指标进行分析。

图1-4 媒体对大庆精神铁人精神报道的词频分析

大庆精神铁人精神是在石油工业建设的革命实践中，由工人阶级从油气生产和大油田开发的过程中总结并生发，领导全体石油人开展技术创新、战胜各种困难障碍的思想精神武器。它是学习毛泽东思想和弘扬中国共产党光荣传统的精神再创造，是紧紧依靠人民，广泛发动群众，开展社会主义建设的科学方法体系。它是毛主席发出"工业学大庆"号召的具体指向，它突出了中国共产党领导经济领域各条战线创业的政治意涵，它教育员工以同志般的友谊开展合作，以为祖国贡献石油为己任积极奉献经验、奉献青春。经过几代石油人的传承，大庆精神铁人精神已经成为中国共产党和中华民族伟大精神的重要组成部分。

（二）大庆精神铁人精神的话语特点

精神建构的核心目标就是传播，效果导向是认同。传承、弘扬、学习、彰显等与精神搭配的动词都是要扩大精神的影响范围、提升受众接受度。大庆精神铁人精神在被广泛认同基础上的成功传播，得益于其话语的鲜明特色。

1. 马克思主义意识形态及方法论蕴含于话语内容之中。首先，大庆精神铁人精神体现了中国共产党的意志作风在石油行业全面继承发扬后的

第一章 "我为祖国献石油"使命驱动下的石油行业话语实践与形象建构(1949—1978)

风貌特质。直面生产建设解决矛盾冲突的方法论,是大庆石油职工哲学思考后的管理创新。通过组织员工参与内部讨论和辩论总结了解决问题的方法,统一了会战将士的思想。大庆人坚持普遍联系和"两分法"的哲学思考,在"讲进步不要忘了党,讲本领不要忘了群众,讲成绩不要忘了大多数,讲缺点不要忘了自己,讲现在不要割断历史。"这句名言中得到了鲜明体现。在求实品格的塑造中,大庆精神铁人精神孕育形成了"一个导向、一个标准、两个维度"的"三老"价值取向。一个导向即做人做事的求实态度;一个标准即做老实人的立身准则;两个维度即说老实话,办老实事,指明了为人处世价值观引领下的实践方向。其次,突出的集体主义是大庆精神铁人精神的又一特点。大庆人把忠诚于党和国家的事业放在首位,强调以个人的无私奉献来换取事业的进步。在集体主义价值逻辑中,个人利益忽略不计,只有集体成就感才能带来个体幸福感。通过极限对比的话语表述,突出个体反求诸己的严苛,"干工作经得起子孙万代的检查""宁要一个过得硬,不要九十九个过得去","克己文化"体现出强烈的主人翁意识。对油田倾注毕生心血的强烈归属感和负责一辈子的事业使命感,客观要求对工作必须倾注全部精力,必须精益求精。集体主义养成的责任感高度认同奉献,"宁肯少活二十年,拼命也要拿下大油田。"如果牺牲自己的生命长度能够换取油田建设的推进,这样的牺牲不仅值得而且光荣!

2. 话语风格具有鲜明的豪情满怀、激情澎湃、乐观昂扬的情感特质。大庆精神铁人精神是在大干快上的会战氛围中孕育的,蕴含丰富的情感。"石油工人一声吼,地球也要抖三抖。石油工人干劲大,天大困难也不怕。""有条件要上,没有条件创造条件也要上。"这些话语中蕴含着大庆石油人革命英雄主义的豪情壮志,不畏难,不怕苦,重实干,讲奉献,带着感情干工作。冲、干、拼、吼、扛、争等精神话语中的动词,尖刀、钢铁、红旗等具有象征意义的名词,都蕴含着丰富的感情色彩,彰显积极作为、无往而不胜的乐观精神,塑造勇往直前、顶天立地、舍我其谁的铁人形象。

3. 话语形式表现为便于传播与记忆的语录体。语录体通俗易懂又饱含深情,质朴又充满哲学的思辨,朗朗上口便于记忆,在大庆精神铁人精神话语文本中所占比例最大,其影响力和传播力也最大,是大庆精神铁人精神话语建构感染力的生动体现。大庆精神铁人精神话语建构的形式除了"多点集合"的经验体（如"三老四严""四个一样"）以外，还有铁人和大庆石油职工结合工作娓娓道来或慷慨陈词的语录体。铁人朴实而饱含激情和哲理的话语，总能引发思考与共鸣。如："这困难，那困难，国家缺油是最大的困难；这矛盾，那矛盾，国家建设等油用是最主要矛盾。""井无压力不出油，人无压力轻飘飘，困难越大干劲越足。"这些名言是大庆精神铁人精神历经60年依然具有很强传播力的关键所在。

4. 话语表达具有强烈的军事化色彩。大庆石油人是以战斗姿态、战争思维、胜利目标、献身情怀投入油田大会战的。参与大庆油田开发建设的领导和员工，有一大部分是转业军人，他们从枪林弹雨的战场转换到钻机轰鸣、大干快上的石油大会战现场，角色变了，但作风未变。大庆石油职工学习军人的优良传统，提出作风等于战斗力，按照石油会战即军事作战的思路，形成了"严、细、准、狠、快"的作风，严字当头，以最高标准投入会战。会战的传播媒介被命名为《战报》，该报话语集中体现了大庆精神铁人精神的媒介话语建构，战斗檄文式的报道包含着丰富的军事化语言，如"某区块由某大队包打，某大队配合"。这类话语的语词都很硬，副词"必须""绝""一定"，动词"打""干""冲""扛"的使用频率较高。这种军事化语言增强了绝对服从的心理暗示，提高了话语传播中的执行力。

5. 话语文本多为油田职工实践经验的话语总结。大庆精神铁人精神话语包含了一套管理导向的方法论。以岗位责任制为代表的大庆管理经验，就是把全部生产任务和管理工作，具体落实到每个岗位和每个人身上，保证广大职工的积极性和创造性得到充分发挥。大庆精神铁人精神话语建构除了价值观总结之外，还对工作方法进行高度凝练，并概括为排比、对仗等形式的"口号"。如：以党支部建设为核心的基层建设、以岗位责任制为中心的基础管理、以岗位练兵为主要内容的基本功训练被概括为"三基"工作；将面向生产、面向基层、面向群众和生产指挥到现场、政治工作到现场、材料供应到现场、科研设计到现场、生活服务到现场的大庆机关工作指导思想概括为"三个面向、五到现场"。

第一章 "我为祖国献石油"使命驱动下的石油行业话语实践与形象建构(1949—1978)

三、大庆精神铁人精神话语建构的社会影响及时代启示

(一)大庆精神铁人精神建构的社会影响

1. 创立了石油战线的意识形态"宪法"。大庆精神铁人精神是社会主义建设初期,中国为克服国际封锁和国内百废待兴的现实困境,凝聚干事创业的强大精神动力,而建构起的以成就事业为导向,以价值判断、行为规范和工作经验为内容所指,以话语为载体的意识形态体系。它是社会主义建设实践中工人阶级在革命认同中建构的"想象共同体",石油员工常说大庆精神铁人精神是他们共同的精神家园。大庆精神铁人精神经过几十年的话语实践,已经成为石油战线广大员工的意识形态"宪法",代表着正确的方向和行事准则。为自己和他人界定并维持某种情境的能力就是建构社会现实的能力[1]。大庆精神铁人精神是社会主义公有制的集体意识形态,它对国家的社会关系和思想文化有着强烈的聚合和统领作用。

2. 铸就了攻坚克难的思想武器。在新中国构筑工业体系急需石油和石油行业蹒跚起步、不能满足国家迫切需要的现实矛盾中,人的信念就显得格外重要,冲破这一矛盾唯一的出路就是迎难而上,用强大的精神动力激发出人的主观能动性,将不可能变成可能。大庆精神铁人精神的话语建构实践充分展现了奇迹产生的历史轨迹,塑造了神奇的经典。当时,在国家缺技术、缺资金、缺物资、缺人才等困难环境下,大庆油田从被发现到产量达到 5000 万吨仅用了 17 年(1959 年至 1976 年),实现了铁人生前"将贫油国帽子扔进太平洋"的夙愿,是石油系统和工业战线最可歌可泣的奋斗史。在物质条件"一穷二白"艰苦环境下,创造出如此伟大的成就,正是大庆精神铁人精神鞭策下人的创造力的"核聚变"在大庆这片热土上释放实践能量的结果,而精神实践说到底就是话语载体承载精神内核而激发人的能动性的全过程。

3. 培育了启迪未来的理想信念。大庆油田在艰苦奋斗中总结出的一系列管理经验、一整套合格工人和管理者的修炼标准、应对各种困难条件的方法论,这些都是大庆精神铁人精神时代内涵的丰富和延展,是民族精

---

[1] 戴维·阿什迪.传播生态学——控制的文化范式[M].邵志择译.北京:华夏出版社,2003:194.

神家园中的宝贵财富。大庆精神铁人精神的话语实践是在社会主义工业建设蹒跚起步、自力更生摸索前行的语境中开展的，其实践过程向世人昭示了：中国人在中国共产党领导下，运用共产党人的哲学思想和中国人民解放军的优良传统，在实践中深化认识、总结经验、建构精神，完全可以战胜一切困难。

（二）大庆精神铁人精神话语建构的时代启示

1. 有生命力的精神一定要与时代精神同频共振，传承核心价值。大庆精神铁人精神是在物质条件匮乏、技术手段不足等困难环境中形成的，通过调动人的主观能动性实现了精神动力对物质限制的超越。而在改革开放后，建立现代企业制度的客观要求推动工业企业对标国际先进管理经验，融入西方的企业传播话语[1]。大庆精神铁人精神一直随时代之变而变，既有传承又有创新。这种建构的与时俱进，使得大庆精神铁人精神一直能适应企业发展的现实需要，在国有石油企业创建世界一流综合性国际能源公司的当下依然被奉为企业精神之魂，历经60年传承而不衰，究其根本原因有二：一是大庆精神铁人精神的核心价值观"爱国、创业、求实、奉献"与社会主义核心价值观一脉相承，在中国政治和社会话语环境中，具有普适性；二是大庆精神铁人精神的传承坚持典型引路，始终回应时代命题，照应时代精神品格，用不断创新的话语表述丰富不同历史阶段的精神内涵，始终保持精神的时代性、创新性和实用性，让老精神永放新光芒。

2. 被成功建构的精神话语一定是借助媒介话语明晰完整表述并得到有效传播的话语。大庆精神铁人精神被成功建构的过程也是一个媒介话语呈现的过程。在自发孕育阶段，也即自下而上的建构阶段，精神话语在大庆油田《战报》以及油田宣传板报、宣传栏等传播媒介中呈现，起初是散见于报道中的人物语言描写，在被员工广泛认可并接受后，这些话语被转变为口号或标语，并被再传播，产生叠加的传播效果，进而形成固化的大庆经验，成为大庆精神铁人精神的雏形。当大庆油田被最高权力树立为工业战线的标杆后，《人民日报》等中央主流媒体对大庆精神铁人精神进行了再诠释、再升华，从精神风貌、工作经验、员工关系等多个维度系统全面

---

[1] Giuliana Elena Garzone, Walter Giordano. Discourse, Communication, and the Enterprise: Where Business Meets Discourse. [M] Newcastle: Cambridge Scholars Publishing. 2018: 480.

第一章 "我为祖国献石油"使命驱动下的石油行业话语实践与形象建构（1949—1978）

地进行了媒介话语表述和基于原生话语的媒介话语再建构，形成了具有赋权意义的权威表述。大庆精神铁人精神通过基层和中央两级媒介话语的诠释和传播，在媒介话语表述中成为社会主流话语，也成为精神传播的经典案例。

3. 精神的话语建构必须符合权力的价值观判断，突出政治正确下的情感共鸣。精神天然的意识形态属性，要求其必须符合权力的规制，在权力认可的价值观判断中建构精神话语表述，即所谓政治正确的话语意涵。大庆精神铁人精神在社会主义建设的火热实践中孕育，这是当时最大的政治。"拼命也要拿下大油田"就是石油产业工人在这种权力关系中的使命，对成功拿下大油田有益的精神动力和实践方法，都是符合权力规约的政治正确，是能够得到赋权的话语。在得到赋权后，精神的弘扬与传承还要得到特定人群的情感共鸣，从主观上认同精神的价值。大庆精神铁人精神在媒介话语呈现时，多以鲜活生动的故事为载体，通过典型人物的语言来建构，并以特定的场景或画面描写渲染烘托精神的可贵，引发受众的情感共鸣，进而产生自觉学习弘扬的主观能动性[1]。

4. 企业精神的话语构建是企业管理的文化之基和企业品牌的价值核心。在建构主义看来，话语、知识、历史、科学等同时就是社会行动，它们不但建构意义、精神，甚至建构社会主体、社会现实、社会关系乃至社会。企业精神的话语内容是企业文化之魂，将组织管理中的经验提炼升华为精神话语，形成与企业发展历程、愿景和使命、员工风貌特质等相契合的企业文化，从而建构起体现企业理念价值的精神体系。在企业内部，企业精神能够发挥引领作用，充分激发企业员工的内驱动力，形成凝心聚力的干事创业氛围。在企业宣传中，企业精神是塑造企业形象和扩大企业影响力的重要载体。

5. 利他性的精神话语是中国话语体系突破西方话语霸权的核心要素。国有石油企业的精神建构是中国话语体系自主建设的生动例证。国有石油企业精神话语建构是员工在攻坚克难的探索中，奉献自己的智慧、力量、青春等个人财富来换取利国、利公、利他的结果，进而在集体主义的胜利

---

[1] Jessica M. F. Hughes. Progressing Positive Discourse Analysis and/in Critical Discourse Studies: reconstructing resistance through progressive discourse analysis [J]. Review of Communication, July 2018 18 (3): 193–211.

中成就个人价值实现的过程。这种天下为公的意识形态逻辑，可以让中国社会以精神凝聚人心，集中力量办大事，在任何关键和困难时期，都可以做到全国一个声音，令行禁止。这是中国话语的强大力量，从中国文化大视野的角度诠释了中国话语能够绵延几千年，未被近代以来的西方话语霸权征服，并不断焕发生机活力的缘由。大庆精神铁人精神已经成为中华民族伟大精神的重要组成部分，是精神话语建构的典范。大庆精神铁人精神被广泛传播与认可的过程，即是精神话语和媒介话语被成功建构的过程。大庆精神铁人精神文本话语中的政治性、战斗性、克己利他性以及集体主义关怀和强烈的"唯公"色彩，借助媒介话语的传播，使之被建构为工业战线的意识形态"宪法"，被固化为企业管理的文化之根，成为百万石油人恪守的道德法则，对奋斗求索中的中国社会产生了强大助推力[1]。

第四节 "我为祖国献石油"使命驱动下的形象建构

从新中国成立到改革开放这30年，是中国社会蹒跚摸索并经历阵痛的岁月。社会高度团结，在领袖崇高威望的引领下，中国人民将社会主义集中力量办大事的制度优越性发挥到极致，在国力贫弱、被西方世界集体孤立、全凭自力更生的艰困条件下，实现了抗美援朝斗争的胜利、成功研制"两弹一星"、发现并建成了大庆油田。石油人干成的事业是共和国史册上可以彪炳千秋的伟绩，这丝毫不夸张，原油产量从新中国成立伊始的12万吨到改革开放前的1亿吨以上，这是一个被西方扣上"贫油"帽子的国家，仅凭自己摸索奋斗而实现的犹如乾坤倒转一般的绝地追赶，一跃成了世界第五大产油国。这也是国家领导人对石油行业的认可，向全国发出"工业学大庆"号召的基础所在，正所谓"有为才有位"，实力决定了石油行业在新中国前30年中的"江湖地位"，也依据这样的地位塑造了石油行业的形象。

---

[1] 本文第一章第三节引自任继凯. 大庆精神铁人精神的话语建构[J]. 中国石油大学学报（社会科学版），2021（01）：46–52.

第一章 "我为祖国献石油"使命驱动下的石油行业话语实践与形象建构(1949—1978)

石油行业在这30年中取得的骄人成就是石油人完全靠自己的拼搏努力干出来的,是让中国人在全世界扬眉吐气的不朽传奇。因此,这份成就的含金量才如此之高,才让几代石油人为之自豪。而支撑石油行业30年取得伟大成就的根基就是深入到石油人血液之中的"我为祖国献石油"的事业价值观。铁人王进喜每一句经典语录都是对这个价值观的反映,是石油人的集体信念、责任使命、事业理想、人生幸福最集中的体现。如果"我为祖国献石油"是根,那么"大庆精神铁人精神"就是魂,大庆精神铁人精神是在"我为祖国献石油"理念的驱使下而培育建构起来的、体现石油人价值追求和行事风格的意识形态。其中,"唯公求实""克己奉公"的精神特质与艰苦环境中拼搏奋起具有天然的契合性,因此,大庆精神铁人精神才能得到石油行业全员和国家高层的充分认可,并对社会实践产生真实有效的指导作用。

一、价值观政治化后的话语赋能

1949—1978年这30年石油行业媒介话语实践就是围绕大庆精神铁人精神的建构展开。在政治挂帅搞经济建设的社会环境中,经济组织的价值取向也必然政治化,组织机构的运营模式和管理理念都会以行政模式呈现。这对于在物质条件匮乏、国际环境复杂的背景下发展起步的石油行业,是最有效率价值和赋能作用的体制机制。让人力资源在高度统一的价值观驱动下,自觉激发潜能,以超过预期的结果争取事业最大的进步,用精神动能弥补自然动能不足,这就是在那个物质艰困时期开展精神建构话语实践的现实意义。从今天的视角,无论怎样批评那个时代意识形态极端化,都不能否认高度计划统一的组织运行模式和政治化的价值观驱动所产生的强大精神凝聚力、社会动员力以及实践的高效率。

1949—1978年这30年中国石油工业高歌猛进,是运用中国共产党意识形态组织实践而收获巨大成功的典范。在弱小与困顿中成长,凭借自力更生、艰苦奋斗而壮大,始终牢记使命而成就伟大的革命事业,这是中国共产党的发展轨迹;中国石油战线始终以党的发展经验作为参照,并且实现了完美复制。如果说,"为中国人民谋幸福、为中华民族谋复兴"是历史赋予中国共产党的使命,那么"为祖国献石油"就是祖国和人民赋予石油人的使命。石油人对这份神圣的使命表达了自己的态度，加上主语"我"，传递出对这份使命的喜悦与自豪，一个"献"反映出石油儿女对祖国母亲的忠诚。"我为祖国献石油"突出了石油战线广大员工的事业自觉和自我激励，展现了石油人的自身价值。

在国家自然能源十分匮乏的时代，这个群体在为国家贡献石油能源，那种被社会强烈需要的使命感和能为祖国奉献所需的自豪感在"我为祖国献石油"的语词中叠加碰撞，经那首传唱甚广的同名歌曲铿锵激昂旋律的烘托渲染，石油人那种为了给祖国献石油"天不怕、地不怕"的革命英雄主义气概、"四海为家、风餐露宿"的忘我奉献精神以及"精忠报国、无怨无悔"的事业情怀被展现得真挚而感人。这是在20世纪60年代就被媒介话语建构起的石油人形象，是铁人王进喜形象的扩展和延伸，是"我为祖国献石油"价值驱动下的理想追随、情感皈依和行动体现。始于使命，发于自觉，见于行动，兴于传播，立于形象。

在当时，一个以油气资源生产为导向的行业领域，其价值导向不是针对用户，为了效益；不是面向工业领域，为了经济发展；而是祖国，这是政治化导向的最高层次站位，祖国似乎可以包括一切价值目标，又表现出情怀与格局。向祖国献出自己生产出来的产品，是爱国主义与忠诚担当最完美的结合，石油人每天的工作就是在为祖国贡献着黑色的宝藏，而不是某个纪念日的仪式场合，石油人把每天都当作了给祖国母亲献礼的仪式，奉献产品的同时也献上了赤胆忠心。石油人的价值观被政治赋能，并产生了显著的内聚作用和外溢效应。在那个全社会被政治赋能的时代，石油人用政治逻辑把傲人业绩和精神特质结合在一起，既呼应了时代的意识形态的需要，又满足了公众的接受的心理预期，再加上国家领导人认可的加持，成功地实现了媒介话语社会实践而产生的形象建构和价值传播目标，为石油行业立起了新中国工业战线"旗手"的光辉形象。

二、精神建构配位形象建构的交互与照应

二十世纪六七十年代，中国社会运动风云激荡，意识形态在一浪高过一浪的运动潮中逐渐走向极端化。中国社会中各项事业要围绕运动展开，首要解决的就是思想问题，是关乎举什么旗、走什么路的问题，政治挂

第一章 "我为祖国献石油"使命驱动下的石油行业话语实践与形象建构(1949—1978)

帅就是要发挥引领方向的作用。"两论起家"的石油人选择了中国共产党"典型引路"的传统工作方法,将抽象的政治逻辑集中到个体的行为逻辑之中,以个体行动彰显的精神品质来诠释政治逻辑的合理性和必然性,以此来达成凝聚+管理的目的。个体典型的形象成为群体中的榜样,他的实践行动与他行动背后的精神品质形成呼应,媒介话语对典型人物的先进事迹的描述是在向公众介绍发生在这个人身上的事实,勾勒这个人的形象,彰显的却是这个人背后的精神品格。

从费尔克拉夫话语与社会变迁理论的视角看,精神与形象的建构逻辑,正是话语实践与社会实践两个维度的相互呼应与切换,而在这两个维度之间建立联系并产生交互作用的正是媒介话语文本[1]。石油群体在大庆油田开发建设过程中,积极响应中央提出的"调整、巩固、充实、提高"的国民经济发展的纠偏思路,用当时最鲜活生动且被中国革命验证的马克思主义理论,即毛泽东思想来指导油田开发实践,形成一套具有中国大油田开发特色的指导实践切实管用的管理办法、人才培养和队伍建设思路,即大庆精神的意识形态体系。这就是话语实践过程,各种高度凝练的精辟且赋有哲理的话语建构起大庆精神。

而话语实践上升到社会实践需要文本实现传播并产生社会影响力,大庆精神的传播是借助铁人王进喜形象对大庆精神进行人格化和具象化诠释,从而产生传播的影响力和感染力,在"工业学大庆"号召的强势推进下,王进喜的先进事迹从石油战线走向全国,形成工业战线学大庆经验的全国性运动,从反映铁人精神的具体故事切入,从铁人形象符号描画的过程中学习大庆精神和大庆经验。全国社会运动性质的学习大庆,又把铁人王进喜的具象精神特质和大庆精神抽象经验特质进行了有机融合,形成了二次建构,这就是社会实践对话语实践的反哺与再升华。大庆精神铁人精神最终形成的主脉与高峰、抽象与具象、群体与个体的建构关系,正是在精神与形象的交互照应的话语互动中完成的。表述大庆精神铁人精神的话语从初步的各自独立建构,到后来的彼此交互建构,都离不开铁人王进喜及铁人式的人物形象配位建构。

---

1 Norman Fairclough. Discourse, social theory, and social research: the discourse of welfare reform[J]. Journal of Sociolinguistics. May 2000, 4 (2): 163 – 195.

三、形象光环下的话语自信与自我激励

从新中国成立到改革开放这 30 年中，国有石油企业的媒介话语文本并不多，可以实现传播的媒介资源又十分有限，但却开启了最大规模的社会化精神建构和形象建构实践，以大庆精神铁人精神和铁人符号的建构为代表，形成了独特的石油文化和价值观。在"工业学大庆"号召的外在激励下，形成了强大的自我激励。狂飙突进的石油大会战正是在这种内外激励的共同作用下形成的，为石油行业带来荣光的同时，也形成了群体性的光环效应。

头带光环，自信中来。翻看石油史，所有经典的话语都来自那个自信满满的、奋斗的火红年代，不断自我激励盼望不辱"我为祖国献石油"的使命。自信激发话语创造力，石油人为国家贡献了石油物质资源的同时，还贡献了大庆精神铁人精神的文化资源，而承载文化资源的正是石油话语体系。那些出自文化程度很低却实践经验丰富的工人师傅之口的名言名句，都是在高度自信且始终保持自我激励的奋斗姿态时，才能领悟到的哲理真谛，并用最通俗的话语表达出来。铁人讲"成绩永远属于党和人民，自己的小本本上只能记差距。"这是经典的铁人语录，是石油人高度自信之时的谦逊，不懈进取之中的淡定，寻找差距之源的格局。

可以说，当家作主之后的石油工人真心拥护共产党，石油师的转业将士始终跟着共产党，新中国成长起来的石油工人"我为祖国献石油"，心中永远讴歌党。石油人在艰困岁月的媒介话语实践和由此引发的话语社会实践，形成了至今都在被国有石油企业继承和弘扬的优良传统、精神财富、管理经验等丰厚软实力家底。我们不禁会感慨，如今言说国有石油企业的文本远远多于那个年代，但话语实践还是在分发而不是建构，没有有效的话语创新。现在也没有大规模话语社会实践的政治土壤，只能在话语实践的有效分发和传播基础上，推动企业美誉度和公众认可度的提升，实现企业形象的转变或再造。从这个角度看，那 30 年是石油媒介话语立信、立威、立范之时。

第一章 "我为祖国献石油"使命驱动下的石油行业话语实践与形象建构（1949—1978）

本章小结

新中国成立到改革开放这 30 年，是中国社会政治运动持续开展并深刻影响社会发展的历史阶段。国际社会政治孤立、经济封锁，国内社会主义建设探索走向了政治挂帅的运动化发展之路，意识形态超越上层建筑范畴成为一切社会行为基本遵循和定性标准。中国石油工业在这样的社会环境中摸索起步，是在中国共产党意识形态指导和解放军优良传统帮助加持下，全面适应时代特征并基于政治正确实现跨越式发展的成功典范，因此得到了"工业学大庆"号召的充分肯定，使得石油行业成了中国社会主义建设的标杆，是中国社会学习的榜样，石油行业媒介话语表现为高度的统一性和示范性。

在那个政治革命年代，石油行业高举旗帜冲杀在前的形象深入人心，高歌猛进的"石油大会战"孕育了石油行业具有战斗性话语特点，以建构行业精神为显著特点的媒介话语实践为中华民族伟大精神中增添了大庆精神铁人精神，铁人王进喜的形象塑造开启了石油系统"铁人"话语符号系统建构的历程。主流媒体和以《战报》为代表的行业媒体对会战成就、弘扬大庆精神铁人精神的典型人物和事迹的反复言说，突出了"我为祖国献石油"政治使命的话语赋能，激励石油人投身以"克己奉公"的价值观奉献自己成就国家的石油事业。使命担当的话语激励转化为石油员工的价值观驱动，以抓典型带群众的方式推动价值观指引下的精细管理，形成了一整套中国工业企业管理经验的话语描述，建构起"又红又专"的示范形象。

这 30 年，媒介用成就、精神、学习、榜样等相关话语建构起国有石油企业的中国工业社会主义建设引领者的形象。"听党话、跟党走"成为石油工人的政治本色，政治性是国有石油企业媒介话语的突出特点。从"贫油国"到"世界产油大国"的沧桑巨变，树立起石油人战天斗地的自信，燃烧着石油人实现自我价值的创业豪情，"石油工人一声吼，地球也要抖三抖"的媒介话语挥洒着"敢叫日月换新天"的自我激励和集体自信。

第二章 改革转型中的国有石油企业话语实践与企业价值研判后的形象定位（1979—1998）

第一节 以转企改制为重心的语境分析

一、1979—1998年中国石油行业的发展环境分析

随着"文化大革命"结束，国民经济逐步摆脱僵化的政治体制，释放出难得的发展活力。恢复调整，是1976—1978年这两年中国社会的主题词。尽管有"两个凡是"的思想禁锢，政治体制还停留在集权和极"左"意识形态紧紧束缚的状态之中，挥之不去的"个人崇拜"笼罩在每一个经历"文化大革命"之痛的中国人心上，但压抑了许久的改革诉求被不断蓄积。各行各业在拨乱反正中，获得了思想解放，谋划发展、追求效益、提高产量可以被当成中心工作去思考，如何激发行业的发展动力成为各行业领导者的当务之急。凤凰涅槃式的蜕变，是压在每一个人心中最真实的呼唤。改革正呼之欲出！

在这种背景下，探索新路子的使命摆在每个行业领导者的面前。就石油行业而言，因为有毛主席"工业学大庆"的肯定和号召，石油行业在"文化大革命"中受到的冲击较小，总体处于高歌猛进的发展状态，石油大会战在全国遍地开花。发现并建设大油田成为在极"左"思潮激进政治路线指引下的石油行业发展目标，军事化的组织和管理，高度统一的思想意志，客观上确实保障了石油行业在艰苦自然物质条件和极化意识形态条件下的快速发展。现实似乎缺少迫使石油行业推动改革的动力，但有两个因素切实起到了激发石油行业改革的作用：一是按照"两个凡是"的要

第二章 改革转型中的国有石油企业话语实践与企业价值研判后的形象定位(1979—1998)

求,石油行业如何在毛主席逝世后依然保持"工业学习大庆"引领下的标杆旗帜地位?二是石油行业在1978年实现了原油产量首次突破1亿吨,这是中国从被扣上"贫油国"帽子到成为世界主要产油国之一的里程碑式事件,如何保持原油稳产高产,使石油行业继续发挥国民经济发展的强支撑作用。

1977年,中央在大庆召开了高规格的"工业学大庆"会议,是"文化大革命"后国家工业战线一次具有风向标意义的会议,继续按照毛主席所号召的对标石油行业的先进典型推进后"文化大革命"时代的工业建设。这让石油工业部领导下的整个石油行业备受鼓舞,但压力与困惑也更大。1964年毛主席提出"工业学大庆"之时,正是石油工业进入高速发展期的起步阶段,大庆人在提出"全国学大庆,大庆怎么办"的思考命题后,向全国交出了大庆精神和大庆管理的经验。而时隔13年后,国家经历了"文化大革命"浩劫,众多工业领域严重凋敝,但原油产量即将突破1亿吨,此时再举"工业学大庆"旗帜,以大庆为代表的石油行业还能向全国工业战线乃至正在酝酿解放思想和谋划改革的各行各业提供怎样的学习蓝本?拿过去的成果来一个二度重温,还是改革促变,来一场二次创业?石油人选择了后者。二次创业就意味着要在新形势下,走一条更能激发行业发展活力的新路。

引发石油行业改革转型的导火线,是原油产量突破1亿吨之后的产量徘徊甚至下降。1974年至1978年我国原油产量以每年1000万吨左右的幅度连续增长,到1978年原油产量突破了1亿吨的大关,达到1.06亿吨。但是,从此以后,原油产量徘徊不前,甚至有所下降。1980年降为1.05亿吨,1981年降为1.01亿。出现这种情况的主要原因是,十年动乱中资源勘探受到严重影响,勘探投资和勘探工作量大大减少,储量增长速度跟不上原油产量增长速度,老油井产量自然递减加快。这种情况如果任其发展下去,不要说作标杆旗帜引领工业发展了,就是支撑国民经济的基础地位都会被彻底撼动。用"共和国长子"来言说身份的石油人,早已在大会战中习惯了"高歌猛进"地提升产量,而此时他们突破1亿吨原油产量的自豪情绪正在转化为对发展中后劲不足的深深忧虑。

解放思想,推动石油行业体制机制的全面改革势在必行。在石油工业艰苦摸索的初期,靠战天斗地、众志成城、埋头苦干的精神力量尚可攻坚克难，在较大的成长空间中取得较快进步；但在全行业发展到 1 亿吨产量的阶段，成长的天花板已经可见，发展可释放的空间已经很小，如果没有根本性的创新推动，成长的内生动力缺失，产量徘徊就可能是常态。针对这种情况国家对石油工业实行 1 亿吨原油产量包干的重大决策，提出石油工业改革开放的政策，这是计划经济体制下重大机制改革，有效地激发出石油行业的活力。所谓 1 亿吨原油产量包干，即石油工业部在完成年产量 1 亿吨原油任务后，可以用超产、节约自用和降低损耗的原油出口，并将国际价格与国内价格的差额除上缴重点能源交通建设基金外，大部分作为石油勘探、开发基金，国家对石油工业的投资保持在 1981 年的水平上。这项政策解决了石油工业资金严重不足的困难，有力地提高了石油工业自我发展的能力，提高了老油田的调整和新油田的开发水平，打开了石油工业勘探开发的新局面。

同时，国家允许石油工业部通过开放建立起对外合作机制和引进机制。国家对海上大陆架实行对外开放，采取公开招标的方式开发石油资源；国家允许石油工业采取多种方式引进国外先进技术和国内一时不能生产的先进设备，并可向国外贷款，这等于给石油工业战线打开了放眼全球的窗口。在突破思想禁锢的大潮中，出国考察向西方取经成为当时各行各业改革谋变的突破口。石油经济理论工作者和实际工作者在对国外石油公司考察学习后，提出了我国国有石油企业管理体制改革的目标——"油公司"体制模式。公司化转型是建立以经济效益为中心的生产运行机制和推广应用现代管理理论方法的必然要求，也是中国各行业成为国际玩家、加入全球大市场的必由之路。摒弃高度集权的计划行政管理模式成为上下的共识。所谓"油公司"，是指专门从事油气勘探、开发、加工、销售业务的石油公司。这种体制模式，有利于集中精力抓生产，形成以勘探、开发为中心的发展道路；有利于开展国际化经营，参与全球范围的石油资源和市场的激烈竞争。油公司概念的提出，标志着我国石油工业管理体制模式及其运行机制的一次飞跃。

20 世纪 80 年代初，我国石油工业的管理体制按专业化分工和场域的要求，进行重大调整。1982 年 2 月 15 日，中国海洋石油总公司在北京成立，全面负责中国海洋石油勘探、开发等对外合作的业务，归石油工业部管理。1983 年 7 月 12 日，中国石化总公司在北京成立，对全国的重要

第二章　改革转型中的国有石油企业话语实践与企业价值研判后的形象定位(1979—1998)

炼油、石油化工和化纤企业实行集中领导，归国务院直接领导。1988年6月，国务院决定撤销石油工业部、煤炭工业部和电力工业部，成立能源部。9月17日，在原石油工业部的基础上组建中国石油天然气总公司，直属国务院领导，负责中国陆上全境（包括岛屿、海滩和水深0至5米极浅海在内）石油天然气资源的勘探、开发、生产建设及油气共生和钻遇的其他矿藏的开采和利用，同时承担中国陆上石油资源的对外合作，并探索和实施国际化经营。同时，将原石油工业部所属的中国海洋石油总公司分立。至此，中国石油工业"三大石油公司"的模式初步形成，这是中国石油工业管理体制向市场经济体制转变的重要跨越。

推进公司化转型和深化"油公司"模式下的体制机制变革，是中国石油工业改革的方向。1988年以专业领域划分确立了三大石油总公司后，经过10年的运行，新体制对提升石油行业的市场化和专业化水平起到了推动作用。20世纪90年代初，三大石油公司都已践行"走出去"战略，参与全球油气业务合作。此时，全产业链综合实力欠缺成了三大石油公司的硬伤，中国石油只有陆上浅海勘探开发业务，中国石化只有炼油化工业务，中国海油只有深海勘探开发业务，在专业领域竞争，实力还不够强；与综合型全产业链油公司竞争，三大石油公司业务缺项。最终的结果是，在国际合作中要么无法参与全产业链的大单竞标，要么只能拿到西方石油公司不愿意参与的小项目，很难成为油气合作领域的核心成员。为了更好地适应全球化和参与国际竞争，进一步解决管理体制和运行机制与市场经济和国际惯例不相适应的问题，国务院于1998年推动完成了中国石油和中国石化两大石油公司的专业化重组，形成了上下游、产供销贸一体化的石油全产业链的两大集团公司，并在重组基础上在境内外上市募资，实现了从体制到机制全方位的国际化融入。

从1978—1998年，是中国石油行业体制机制全面深化改革的20年。石油管理体制从高度集权的计划行政管理模式转变为现代企业管理制度支撑的上市油公司模式。这20年，石油行业是以体制机制之变来谋求竞争力提升，石油媒介话语也是围绕改革言说勘探开发的新成果和新发展成就。在这个历史时期，中国石油工业根据自己改革发展的不同特点可分为两个发展阶段：第一个阶段是从1978年底至1988年底。这一阶段主要是在改革开放中，探索富有本国特色的石油工业发展道路，使石油工业获得新的发展动能,从原石油工业部分立出三大石油总公司就是这一阶段的探索成果,1988年成为中国石油行业进入企业发展时代的元年。第二个阶段是从1988年至1998年。这一阶段,是中国石油工业建立与社会主义市场经济相适应的新体制阶段,即走有中国特色的油公司的路子,两大石油集团公司的全产业链重组就是这一阶段的改革成果,增强了中国石油工业的国际竞争力。

改革成为石油工业发展的强大动力。这20年是石油行业全面改革的20年,其中有四次改革在全国领先。其一是1981年,国务院首先对石油工业部实行1亿吨原油产量包干及石油工业体制改革,一举扭转了石油产量徘徊不前的局面,原油产量勘探储量稳定增长。其二是陆上和海上国有石油企业,在全国首先实行大规模地对外开放。20年来,仅海洋就吸引外资66亿美元,使海上原油产量由零提高到1600多万吨,天然气40多亿立方米。其三是中国石油工业于1998年6月实现了与国际油价并轨,被世界银行官员誉为"一个天才的创造"。其四是1988年石油、石化、海洋三大公司的分立,以及1998年的石油大重组及1998年后的石油、石化的持续重组、改制上市等,给石油工业注入了强大动力,推动了石油工业大发展。

二、改革探索时期石油行业话语实践的媒介环境分析

改革开放后,我国新闻事业摆脱极"左"意识形态的束缚,取得长足进步,内容的思想性提升,有血有肉的作品不时出现。媒介话语权不单纯指说话的权利;还指说什么,怎么说,谁来说,对谁说的权力[1]。媒体对行业和企业的观察开始以经济属性的价值作为衡量标准,国有石油企业的效益增长、勘探开发成果、科技创新成就以及发展前景预测都是媒体报道的关注领域,而改革开放则是串起企业不同领域发展成就的主线,其中改革的重点线索是石油行业体制机制的创新,开放的重点线索是"请进来"与"走出去"相结合的国际合作。

从石油文本的分发及传播看,可以分为两个层次,一是主流媒体的文

---

1 吴学琴. 媒介话语的意识形态性及其建设 [J]. 马克思主义研究,2014(01):118.

第二章　改革转型中的国有石油企业话语实践与企业价值研判后的形象定位(1979—1998)

本传播,这个维度包括纸质媒体和电子媒体两类,纸质媒体包括报纸和杂志;电子媒体包括广播和电视。主流媒体是指国有石油企业以外的中央、省区市和地市三级官方媒体。二是行业媒体的文本传播,这个维度主要是报纸和电视,即以《中国石油报》为代表的机关报和各大油田、炼化企业的油田报、厂报和电视台。从话语言说的主体看,以国有石油企业为言说对象的主体包括国有石油企业自身和第三方媒介。石油行业媒体是企业的喉舌和传播阵地,是代表国有石油企业发声,向内部员工群体传递分发工作部署和政策主张等相关文本的平台。第三方媒介无论属于哪个层级,都是独立于国有石油企业的观察者,是以党中央重大决策部署和国民经济发展的宏观导向与石油行业的关联领域,以及社会公众对石油行业的关注点,作为媒介文本生产的方向。从文本内容梳理的结果看,改革开放等相关举措推动的经济效益提升、收获勘探开发最新成果是第三方媒介对国有石油企业言说的内容主体。

　　对比行业媒体和主流媒体不同的话语实践,可以得出以下几点认识:一是行业媒体只针对国有石油企业言说,媒介空间及资源都属于国有石油企业,因此文本体裁丰富、数量繁多、聚焦点以业务领域划分并细化;主流媒体只关注石油行业改革发展的最新成果,以事实描述的消息为主,深度报道的长篇通讯往往是国有石油企业某个重点区域或重点领域的历史性时刻的纪念性、回顾性报道。二是行业媒体作为企业信息管理的载体,其传播附加了上传下达、统一思想、业务经验交流等管理职能;主流媒体对石油行业的信息传播一方面是呼应中央决策寻找到相应的产业例证,另一方面是面向公众传播石油资讯,客观上塑造了国有石油企业的公众形象。因此,要全面了解国有石油企业生产经营和改革发展全貌,就要读石油行业媒体的文本内容;要掌握国有石油企业的公众印象,就要研究主流媒体的文本信息。

　　1979—1998年,是电视在中国普及并成为受众最广泛媒体的历史阶段,那时网络媒体还没有出现,中国的媒介形态包括电视、广播和报纸、杂志。从国有石油企业媒介话语实践的考察来看,尽管电视的传播效果最好,但电视台的数量远不及纸质媒体,因此报纸文本量仍然最多。石油内部电视报道文本与内部报纸的文本具有高度的重合性,因此对石油行业媒体的研究可以聚焦于内部报纸,其不仅有与国有石油企业相同的历史积淀，还能用比较充分的版面空间和多样的体裁来系统言说，就一个主题可以分层次分形式分时段进行多维度的言说实践，具有更强的话语张力。电视视觉传播的优势在一定程度上弱化了话语的传播功能。因此，对话语文本的考察重点是纸质媒体，以报纸为主；电子媒体虽然引领传播风尚和重塑受众接受习惯，但对话语的影响主要还是在与视觉传播相匹配的话语风格塑造上，并重点体现在外部电视媒体的文本生产之中[1]。下面按照不同媒介形态作具体分析：

（一）报纸

这一时期，对国有石油企业进行言说的报纸分为四类：一是中央级报纸，如《人民日报》《光明日报》《经济日报》《中国青年报》等；二是官方通讯社，即新华社，虽然它不能算作报纸，但从历史关联性上，暂且把新华社放在报纸的媒介属性之中；三是地方报纸，是指各省区市党委机关报、地市的市委机关报、以及都市类晚报，如《黑龙江日报》《大连日报》《新民晚报》等；四是石油行业的内部报纸，如《中国石油报》《中国石化报》《中国海洋石油报》。尽管这一时期，电视抢占了报纸在媒介域中的风头，但从对国有石油企业传播文本生产的数量、涉及领域的广泛程度和话题的解读深度来看，报纸都超过其他媒介。特别是，大庆油田的《战报》、玉门油田的《石油工人报》、江汉油田的《江汉石油报》、兰州炼油厂的《兰炼报》等所属地区企业的内部报纸都已创办多年，积累了丰富办报经验，并在此基础上，抽调办报业务骨干在三大石油公司总部层面创办了本企业机关报，这是石油媒介话语实践的重大事件，它改变了国有石油企业在宏观层面缺乏自我言说，主流媒体又很难充分言说的尴尬局面。石油内部报纸在不同层次的普及，为主流媒体报道企业提供了文本素材的积累，也为10多年后网络时代的到来和20多年后媒体融合时代的到来做好了历史文本和话语风格塑造的准备。

（二）电视

电视在这一时期才在中国社会出现并普及，就迅速改变并引领了中国受众的信息接收习惯，并将整个历史阶段打下电视的历史烙印。电视无疑

---

[1] Martin Montgomery, Debing Feng. 'Coming up next': The discourse of television news headlines[J]. Discourse & Communication, 2016, 10（5）：500–520.

第二章　改革转型中的国有石油企业话语实践与企业价值研判后的形象定位(1979—1998)

是这个时代传播时效最快、受众范围最广的媒介。但从对国有石油企业言说的角度观察，电视媒介起步较晚，到20世纪90年代电视频道和栏目资源逐渐丰富，电视普及率很高的时期，石油行业资讯才会在综合新闻栏目和财经类新闻栏目中有相应的文本出现，往往是具有较高时效性的消息，专题报道或某个栏目围绕石油话题制作一期节目的情况还比较少。随着电视媒介的出现，国有石油企业所属的大型二级企业，如大庆油田、新疆油田、大连石化、兰州石化等企业都创办了企业自己的电视台，隶属于企业的宣传主管部门管理，按照下属单位建制运营，有专业采编队伍和专业设备，开辟不同栏目对企业大事小情进行报道，文本生产按照企业所属单位的建制和专业分工进行组织，同时还会转播其他电视台制作的文艺节目以及热播的电视连续剧，丰富企业职工的业余文化生活。企业内部电视台日常积累了企业大量的视频资料，是外部电视台报道本企业时所需素材提供的主要渠道。

（三）广播

广播要比电视出现早得多。在新民主主义革命时期就有了延安新华广播电台，新中国成立后，报纸和广播成为中国社会媒介传播主角长达30多年的时间，直到电视在中国走进寻常百姓家。广播虽然出现早，但由于受技术资源条件的限制和国家意识形态管控的现实需要，广播电台一直被看成是中央和地方党政机关的意识形态阵地，是国家公器，在改革开放前没有行业领域开办广播电台，只有中央和地方政府的人民广播电台。当时，电台的数量有限，受到社会极"左"意识形态的影响，加之收音机的社会普及率不高，受众范围和传播效果都不及报纸，并且对石油行业的报道很有限。改革开放后，广播逐步回归其媒体属性，虽然受到宣传部门的监管，但企业创办广播的门槛降低。但此时，由于电视的出现，其传播效果优于广播，企业开办本企业广播的现实动力不足，仅有大庆、新疆、辽河等几个油田与城市高度重合的特大型企业，才在开办电视台的同时开办了广播电台。改革开放后，石油行业内部广播和政府的广播都有对石油行业的文本生产，但其文本与电视文本有较强的同质性，虽然一个侧重于图像的解说，一个侧重于声音描述和还原，都是电子媒体的文本生产，都弱化了文本话语涵义的建构，都在话语表意的层面进行文本生产。广播文本资料的搜集难度较大，且中国社会舆论环境实际决定了，报纸文本话语的张力和意义表达更强，并能在态度立场上与广播电视保持高度统一，因此，本时期的话语文本研究也以报纸为主。

（四）杂志

杂志是根据一定的编辑方针，在特定主题和领域内，将众多作者的作品定期汇集成册并出版的文本集。杂志是媒介平台，但受众不具有普适性，往往是针对特定人群的传播。而对国有石油企业言说的杂志主要是油气勘探开发、炼油化工等领域的技术类期刊，其话语属于学术研究导向，与本论文以传播为导向的话语研究距离较远。另外，即使一些社会类、文化类杂志中有反映石油人物、石油文化和石油历史的传播文本，但篇目较少，不足以支撑话语研究的样本量，并且这类文本与报纸中的同类文本具有较高的话语同质性。因此本文只对杂志作媒介环境分析，不作文本分析。

三、企业价值研判后形象定位的话语描述

改革开放后，石油行业获得了放眼世界向先进学习的机会。在与国外石油同行的对比中发现：经过新中国成立后30年的自主摸索和艰苦卓绝的奋斗，我国已经从被西方扣上"贫油国"帽子转变成为世界主要产油国，原油产量在推行改革开放决策的当年即1978年突破1亿吨后持续保持在1亿吨以上，这是令世界惊叹的伟大成就，是石油工业战线奠定中国工业领域标杆旗帜地位和获得"共和国长子"身份认同最坚实的物质基础。同时，石油行业还总结提炼出一整套符合自身实际的管理经验，积淀形成了以大庆精神铁人精神为主体的石油特色文化。中国石油行业软硬两方面实力的发展成就值得充分肯定。

石油行业在管理体制机制上的行政化模式，与全球石油行业企业化运营模式截然不同，直接影响了我国石油行业与国际同行的合作，国家行政部门无法成为国际石油市场中的主体，"走出去"与"请进来"都要符合国际通行的规则和运作模式，推动"转企改制"和建立"油公司"模式的现代管理制度成为改革开放后石油行业改革的主线。同时，中国石油行业缺乏先进装备、技术相对落后、创新不足等差距还十分明显，这些都成为

第二章 改革转型中的国有石油企业话语实践与企业价值研判后的形象定位(1979—1998)

中国石油行业重新定位自己、推动改革的重要因素。

不改革无法增强发展实力、获取发展动能，无法融入世界油气市场、参与国际竞争，已经成为石油行业的共识。在三大石油总公司成立前，还没有国有石油企业的概念，是石油工业部行政领导下由油气田、炼油化工厂、管道等工程建设单位、勘探开发技术研究院所等业务机构组成的产业集群，没有参与国际石油市场竞争的独立法人身份。在推动石油行业"转企改制"的改革过程中，采取了分阶段推进，按照专业领域逐步分立的模式。

（一）从石油部到总公司——企业身份的初步确立

中国石油产业从行政管理的行业模式转向独立法人实体的企业模式肇始于1982年成立中国海洋石油总公司，虽然此时的海油总公司仍隶属于石油工业部，行政管理体制归口管理，但深海石油天然气勘探开发业务已独立运行，这是"转企"的初试牛刀。1983年，"转企"改革进一步深化，炼油化工业务独立组建中国石油化工总公司，完全独立于石油工业部，以部级国家公司身份直属国务院，比前一年的"海油模式"更进了一步。海油总公司和石油化工总公司分别独立运行6年和5年之后，1988年，石油工业部携所属陆上和浅海油气勘探开发业务直接转身为中国石油天然气总公司，中国海洋石油总公司完全独立，二者共同成为直属于国务院的部级国家公司。

至此，三大总公司成立确立了中国石油行业转变为国有石油企业，从管理体制上实现了突破，但这次改革还是粗线条的，有了公司之名和独立法人身份，有了与国际同行对等合作的身份，但管理和运行机制、管理者的理念还没有从行政模式转换成企业模式，权力高度统一，管得死，在市场经济环境下明显地表现出灵活性差、活力不足。三大总公司模式成为石油行业"转企改制"的1.0版，在随后10年的运行实践中，特别是经过社会主义市场经济和"走出去"战略的检验，认识到国家公司建立国际通行的现代企业制度的迫切性，这成为三大石油总公司进一步深化体制机制改革的重要推动力。

1993年开启的社会主义市场经济大潮，成为国有企业检测自身体制机制适应性的重要环境因素，但结果是普遍的适应性较差。企业的市场主体作用发挥并不充分，管理者用计划经济思维和行政命令管理企业还十分普遍，权力集中在总部，没有调动起成员单位生产经营的主动性和积极性。三大石油总公司当时分开分立是按照专业和区域领域进行划分，石油总公司和海油总公司负责油气产业链上游的勘探开发业务，石化总公司负责油气产业链下游的炼油化工业务；石油总公司负责陆地及浅海的上游业务，海油总公司负责深海的上游业务。三家总公司的业务领域如"马路警察各管一段"，分工明确，互不交叉，这就造成了三家企业在参与国际石油市场份额竞争时只能涉足专项业务领域，全产业链的总包竞标就无法独立参与的局面，这直接影响了国有石油企业的国际竞争力。机制上僵化，体制上缺乏综合性，成为20世纪90年代国有石油企业的硬伤，也是推动2.0升级版改革的剑指方向。

（二）从总公司到集团公司——确立"油公司"模式

1997年党的十五大报告中，明确把"建立现代企业制度"作为推动国有企业改革的方向。1998年，新一届中央政府把国有石油企业的专业化重组并推动上市作为国有企业建立现代企业制度的一项试点工程，目标是做大做强国有企业，增强其在国际市场中的竞争力。国务院拿出的国有石油企业2.0版的改革方案是：将业务高度互补的石油总公司和石化总公司实行业务分拆和专业化重组，将各省市区隶属于地方政府商业系统的石油公司按照南北区域分别上划到两大石油公司，并按照所属企业的南北地域分布和主力市场归属，将两大公司重新组建为上下游产业链完整、产供销贸一体化的以油气资源为主业的能源集团公司。中国石油天然气总公司更名为中国石油天然气集团公司，所属企业及国内主力市场在长江以北；中国石油化工总公司更名为中国石油化工集团公司，所属企业及国内主力市场在长江以南；两大集团公司在国内油气市场开发领域展开有序竞争，提升服务水平和保供能力。中国海洋石油总公司的管理模式、体制机制和业务领域保持不变。完成两大集团专业化重组后，国务院推动三大石油公司乘这次改革的东风在境内外募股上市，进一步提升国有石油企业的国际化水平，用国际通行规则、理念、模式来倒逼国有石油企业持续改革提升管理水平，增强核心竞争力。

21世纪来临前以建立现代企业制度为导向的国有石油企业专业化重组，以及后续的境内外上市，是我国石油行业转企改制的第二轮改革，也

第二章　改革转型中的国有石油企业话语实践与企业价值研判后的形象定位(1979—1998)

是迄今为止由中央政府顶层设计并主导的最后一次改革,这次改革也基本奠定了国有石油企业延续至今的组织架构、管理体制、运行模式和业务领域,正式确立了"油公司"模式,并通过上市加速了国际化融入,至此,经历了近20年的石油行业管理体制机制的改革,在宏观层面告一段落,尽管每个国有石油企业都有进一步的改革举措,但都没有突破此轮重组上市改革确立的体制机制架构。

(三)改革推进中的企业价值研判和形象定位

改革开放深刻改变了国有石油企业的自我价值认知和形象定位,从话语描述的变化中可以追寻到这种变化的轨迹。改革开放前,石油行业在国家集中统一的行政领导下开展石油上下游生产,依靠劳动密集型的组织模式和充分调动员工积极性的思想政治工作,凝聚起干事创业强大精神动力,用苦干实干扭转国家缺油少油的困难局面,"找到大油田""建起大炼厂"为国家贡献更多的石油能源,成为新中国成立后前30年间石油人的价值追求,谋求解决的是从无到有,从少到多的问题,石油人给自己的形象定位是"拓荒人"和"创业者",是用革命的精神和手段来实现"我为祖国献石油"价值的"石油战士",这是定格在那个年代的形象符号。

这30年,石油战线是以集中优势力量夺取稳产高产胜利的"会战"形式组织生产,以"战斗"的姿态投入石油勘探开发。员工大量来自解放军,工作作风继承解放军的优良传统,"先生产、后生活"讲奉献,风餐露宿,南征北战,"哪里有石油,哪里就是我的家"生动描述了石油人的奉献情怀,这也是毛主席号召"工业学大庆"后,在全国人民心中石油工业战线的形象,石油人的精神品格是学习石油的内容和方向。铁人王进喜跳进泥浆池用身体搅拌泥浆的画面与黄继光在朝鲜战场用身体堵枪眼的画面一样,被历史定格且固化为中国社会公众中的"刻板印象",即石油人能吃苦且工作条件太苦,讲奉献但对安全环保重视不够,有冲天干劲但多了几分鲁莽少了几分对科学的敬畏和运筹。

总体看,铁人王进喜的形象建构了公众对石油行业和石油人的形象,"有条件要上,没有条件创造条件也要上""石油工人一声吼,地球也要抖三抖""把贫油国的帽子甩到太平洋里去"这些铁人的口号式语录具有很强的感染力,再有最高领导人"工业学大庆"的政治加持,因而产生了较强的传播力。客观上看,尽管"战天斗地、忘我奉献"的形象和"高亢激昂、舍我其谁"的石油话语耳熟能详、深入人心，但因行业距离公众的生活较远，人们无法产生感同身受的情感共鸣，敬仰赞颂但难以学习复制，加之一些固有认知，石油圈总给人一种"吃苦耐劳但不够高级"的印象。在改革开放前，这种印象就是官方意识形态认可的工人阶级应有的本色，"干"字当头，朴实无华，也正是因为这些印象符合了权力的价值评判标准，体现出政治正确，才会在石油行业内部产生"我当个石油工人多荣耀""我为祖国献石油"的自豪感和使命感。

不同的社会群体在不同的发展阶段和时代环境下有着不同的价值诉求，随之也将产生不同的形象定位。媒介话语对一个特定行业群体的言说，其实就是对其价值和形象的描述。新中国石油工业起步之时参照了苏联高度计划性的管理模式，全产业链都在行政管理序列中。起初还得到了苏联的帮助，中苏关系破裂后，石油工业只能凭借自身力量在封闭的环境中推动发展，西方资本主义阵营的封锁和以苏联为首的社会主义阵营的孤立造成了中国只能在自己的国境内寻找并开采石油而无法进口补给的现实困境，在这种"外部无援、内部乏力"的局面下，为祖国贡献能满足国民经济发展需要的石油资源是国家对石油工业客观需要和全行业的价值所在，客观上必须凝心聚力、必须拼搏进取，要讲奉献、讲实干，这也是石油行业在那个时代建构起的形象。

进入改革开放新时代，国家工作重心和意识形态的调整带动了全社会各领域的"拨乱反正"和价值重塑，特别是打开国门放眼世界让国人看到了差距，也看到了各行各业的先进标准。此时，中国已经成长为世界主要生产国，已经解决了石油"由少到多"的问题，石油还能出口换取外汇，产业已形成一定规模。全行业面临的新问题是增产放缓，发展后劲不足，国家对石油工业的新需求是如何"由大到强"，参与到国际竞争中，能从全球石油市场中为国家获得更多资源。

打开国门后发现，中国石油工业缺资金、缺技术、缺现金设备、缺技术人才，体制机制难以融入国际市场。此时，仅仅靠实干奉献不足以实现做强的目标。优良传统必须传承发扬，但改革创新才是根本出路。从1979年到1998年，是中国石油工业全面改革融入全球竞争的20年，在计划经济和封闭环境下形成的管理经验已经不能适应市场经济和全球竞争的需要；国家工业领域各行业的全面快速发展和向世界先进水平看齐的导向，

第二章　改革转型中的国有石油企业话语实践与企业价值研判后的形象定位(1979—1998)

已经让"工业学大庆"变成了历史，石油工业已不可能在全面开放的环境中继续担当工业战线的旗手；而在国际石油领域，转型蜕变为国有石油企业的中国"油公司"仍是国际石油市场的"新来者"，仍在学习中努力成长为国际主要玩家。

可以说，无论从哪个方面看，过去"油老大"的光环都没有了。过去，王进喜的形象代表了石油行业，这是那个时代的需要；改革转型中的石油行业，王进喜的形象还能代表吗？回答显然是否定的，这个时代需要科技创新的引领，这也是中国石油选树科技创新带动大庆油田持续稳产高产的领军人物王启民作为第二代铁人的原因所在。过去是"奉献拼搏的石油"，此时是"改革创新的石油"。改革开放让国有石油企业"我为祖国献石油"的价值研判的外延扩大，过去是在国境内给祖国奉献石油，此时是要在全球范围内为祖国获取更多石油，同时还要为祖国获取更多的经济效益的回报，这是国有石油企业资源使命和效益使命的叠加。企业使命决定企业价值，企业形象必须与企业价值相匹配，而媒介话语对企业的言说，就是在研判企业价值、塑造企业形象。

第二节　行业改革实践与媒介话语差异化呈现比较下的文本分析

改革开放开启了中国社会媒体变革的进程。电视媒体在改革开放后逐步进入中国寻常百姓家，它在国内出现的时间晚于报纸和广播，但改革开放加速了电视的普及。由于电视是电子信息技术主导的迭代媒介形态，因此，电视一进入受众群体中就成了风靡的稀罕物件，在城市的街头巷尾十几人围坐在一台小电视机前集体看电视剧或女排比赛，成为20世纪80年代初中国社会中一道靓丽的风景线。电视的吸引力和传播力迅速占据中国社会媒介形态的首位，即使其普及率还不高、电视频道数量有限、播出内容还是除了新闻就是电视剧转播的时候，电视的收看率要远高于广播的收听率和报纸的发行量。电视是电子媒介时代绝对的王者，它引领着传播的方向和电子媒介时代的话语风格。

中国国有石油企业媒介话语的历史变迁（1949—2019）

虽然电视在改革开放后的 20 年中一直是受众群体最大的媒体，但是从信息容量来看，电视并没有超越报纸，电视受播出时长、频道数量和覆盖范围等因素的影响，其对信息的传播主要集中于具有重大社会影响力的新闻。因此，这段时间里报纸依然是对国有石油企业言说主力军，报纸对国有石油企业的报道是其媒介话语最主要的文本体现。其中，主要是两类报纸，第一类是中央、省、市三级党报，中央级主要是《人民日报》和新华社，从话语研究视角将通讯社视为与报纸相同的媒体；省市两级即省委和市委的机关报。第二类是石油行业报纸，即不同时期的石油系统的内部报纸，如大庆《战报》《中国石油报》《中国石化报》《中国海洋石油报》。这些报纸是这一时期言说国有石油企业的最主要且内容最多的媒体。本节运用詹姆斯·保罗·吉的话语分析理论，对言说国有石油企业的媒介文本进行分析。

一、主流媒体对国有石油企业报道文本的话语分析

从新华社稿库中搜集整理出 1979—1998 年 20 年中，《人民日报》和新华社对石油行业的报道，剔除属于中央清除政治流毒范围的部分文本，保留了 103 篇报道文本作为研究对象（见附录 4），分析外部主流媒体对石油行业言说的话语。通过高频词分析软件对这 103 个文本进行词频分析后，删除石油、油田、中国石油等具有指代性质且不具有话语分析意义的高频词后，得到以下 50 个高频词的结果：

（一）文献的高频词分析

从图 2-1 的分析结果可以看出，词频在 100 以上的前 4 位高频词都是直接与生产相关的词，主流媒体在这一时期关注的是国有石油企业如何通过技术创新获得资源量的情况，但企业以改革为主线的发展历程并没有在媒体中得到较高关注，改革的词频仅排在第 15 位，只有 36 次，说明主流媒体的报道并没有真实反映出石油行业发展的重点，而是从社会实用主义的角度聚焦在资源企业的实际贡献，即为社会多产出了多少资源。而技术创新则是企业贡献能力强弱的重要体现，因此，与技术创新相关的技术、专家、科技、科研、先进都在高频词之列，这反映出媒体是在通过技术进步这一视角来观察企业硬核实力的提升给资源贡献带来的变化。

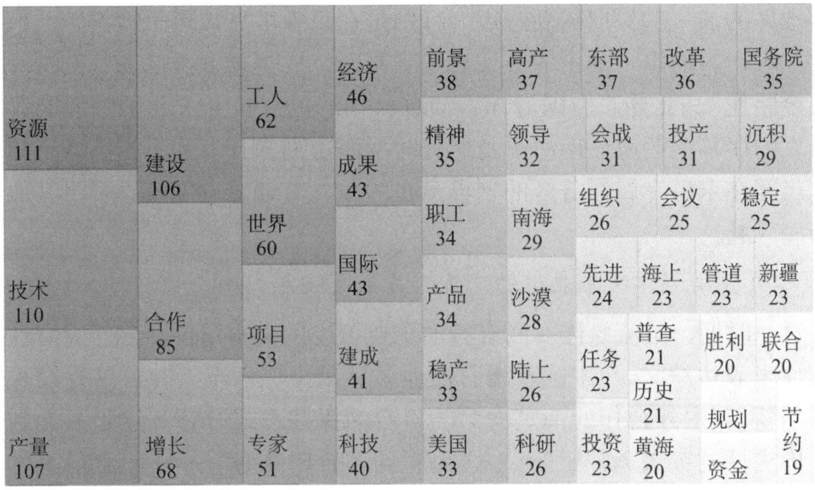

第二章 改革转型中的国有石油企业话语实践与企业价值研判后的形象定位(1979—1998)

资源 111	建设 106	工人 62	经济 46	前景 38	高产 37	东部 37	改革 36	国务院 35
			成果 43	精神 35	领导 32	会战 31	投产 31	沉积 29
技术 110		世界 60		职工 34	南海 29	组织 26	会议 25	稳定 25
	合作 85	国际 43	产品 34	沙漠 28	先进 24	海上 23	管道 23	新疆 23
		项目 53	建成 41	稳产 33	陆上 26	任务 23	普查 21	胜利 20	联合 20
							历史 21	规划	节约 19
产量 107	增长 68	专家 51	科技 40	美国 33	科研 26	投资 23	黄海 20	资金	

注：本研究使用中国传媒大学高频词分析软件对热词词频和权重两项指标进行分析。

图 2—1　1979—1998 年《人民日报》、新华社对石油行业报道的词频分析

与改革开放前话语表达明显改变的是"合作"成为高频词并排在前列，这是改革开放年代具有指标性意义的词，说明中国工业战线具有代表性的石油行业已经不再是单打独斗搞发展，而是在谋求合作；"世界"是之前没有出现过的高频词，说明中国石油工业是在放眼世界寻求合作；"美国"是曾被禁忌的高频词，说明中国已经向西方世界敞开了大门，石油工业是要向西方先进国家的行业标准看齐，寻求与美国这样的石油强国合作。同时，值得注意的是，"苏联"这个前一历史阶段的高频词此时已经退出了媒介话语的热词序列，说明改革开放后中国的外交转型，也说明此时即使是批评苏联，都缺乏必要性，石油工业战略采取的是漠视苏联的态度。

高频词表中涉及区域的词东部、南海、沙漠、新疆、海上、黄海有6个，这也清晰地勾勒出改革开放后的20年间石油工业重点开发的区域：自1958年党中央发出石油战略东移的指示后，石油勘探开发开始在松辽盆地、渤海湾、华北平原展开，并发现大庆油田，随后开启东部地区的系列会战。改革开放后，大庆油田、胜利油田、辽河油田、吉林油田、大港油田、华北油田等中国的大油田都在东部，全国一多半以上的原油产量都出自东部油田，石油勘探开发以东部为重点的战略并未改变。同时，中国西部地区的油气勘探取得新进展，特别是在新疆塔克拉玛干沙漠腹地取得重要成果，为塔里木油田的开发奠定了基础，成为国家西部油气勘探牵出的"金骆驼"。此外，中国海洋石油总公司的成立拉开了我国深海油气资源开发的序幕，黄海、南海正是这一时期海上勘探开发的重点区域，由于中日之间在东海专属经济区的划界存在纠纷，其开发进度一直慢于其他中国沿海区域。

（二）主流媒体文本表达的意义、关系及联系

这一时期，主流媒体对国有石油企业言说的文本用创新性、突破性和成就性来表达意义。《中国新增石油地质储量十亿六千万吨》这是勘探成果的创新，《中外合作的南黄海第一口石油探井正式开钻》这是从无到有具有历史性的突破，《从"死亡之海"到"希望之海"——纪念塔里木石油会战10周年》这是对比发展历程中的变化而展现出成就。意义表达体现的就是"新"与"变"，是石油行业自身价值的体现和具体贡献的成果。对以生产为导向的资源型企业，产品供给的充足性和有效性是主流媒体及其代表的公众对国有石油企业存在意义的理解。因此，在图2-1高频词表中，"资源"排名第一，资源正是国有石油企业贡献的产品，而排名第三的"产量"则是产品供给的真实体现，要实现资源供给的必要产量，就需要不断技术创新、推动油气田开发建设、积极开展对外合作、保障油气资源生产持续增长，"技术""建设""合作""增长"都是排名前列的高频词，实现意义是媒介话语表达的核心。

关系和联系是两个极易混淆的话语分析概念，关系是话语对任务的建构，是要在话语和任务之间产生相互作用；联系是话语与所建构任务间的连接，是彼此建立起了可以沟通的渠道。主流媒体言说国有石油企业所体现的关系，如《我国在华北盆地东濮凹陷发现油田》，这是一种隐含关系的新闻表达，在这个地质构造中发现油田意味着华北地区原油稳产有了资源保障，而这种保障的需要会推动这个新发现油田的开发建设，这就是新闻事实与其带来的后果之间建构起了相互作用的关系。再如《中国石油勘探开发部门用经济承包代替"大会战"》，经济承包与大会战之间建立起前者代替后者的关系，这个代替就是媒介话语所建构起的任务，表达出大会战已经不适合该部门的工作，需要新的更有效机制的意涵，因此经济承包应运而生，这就是二者相互作用产生的结果。主流媒体言说国有石油企业

第二章 改革转型中的国有石油企业话语实践与企业价值研判后的形象定位(1979—1998)

所建立的联系,如《南海石油对外合作开发前景广阔》,南海石油与对外合作开发之间建立起了联系,二者的连接点是前景广阔,是基于事实对未来的研判。《体制改革给我国石油化工工业带来勃勃生机》,体制改革与我国石油化工工业建立起联系,二者的连接点就是带来勃勃生机,是体制改革对石油化工工业产生的效果。可以发现,关系是彼此间相互作用,而联系是由此及彼的单向作用。媒介话语对国有石油企业涉及关系的表达往往是具有二元或多元交互作用的新闻事实,而涉及联系的表达主要是突出某个因素对新闻事实发挥的作用。

根据上述对关系和联系的分析,在图2-1高频词表中,合作、经济、国际、领导、组织、投资、联合,这些都是表达关系的词,展示出中国国有石油企业在党和政府的科学领导下,通过特定的组织或联合的形式与全球先进同行展开经济领域的国际间技术合作或投资合作,是主流媒体较为关注的企业新闻领域。世界、专家、前景、职工、美国、历史,这些是表达联系的词,说明主流媒体呈现给公众的国有石油企业正在放眼世界谋发展、依靠专家搞创新、服务职工讲关爱、对标美国求赶超,继承历史积淀下的优良传统,昂首阔步憧憬美好前景。明确了关系和联系,就能清晰地描绘出话语建构的任务,展现出主流媒体对国有石油企业的关注点,同时,也说明了实现意义的具体任务和方法。意义展现出的变化能够在关系和联系的建构中得到体现,如《中国原油日产量突破历史最高水平》的消息中,话语表达的意义就是标题的内容,消息正文讲述支撑这个突破的是建国35年来发现了200多个油气田和原油产量保持了稳产增产,资源储备量和产量的增长与日产量突破新高建立了紧密关系,以前的产量增长是现在日产量突破的前提,而日产量的突破又为未来的产量增长奠定了基础。同时,消息还介绍了我国具有蕴藏丰富油气资源地质构造的地域占国土面积一半以上,并且目前已勘探的区域还很小。因此,未来再找到油气资源的前景十分广阔,也就是说,日产量的新突破只是暂时的成就,未来还会不断有新突破,日产量的新突破与未来可期的勘探前景建立起了联系。消息中话语建构起的关系和联系正是其新闻意义实现的依托,因为有了这样的关系和联系才能产生这样的意义。

(三)主流媒体文本展示的活动及身份

展示企业的生产经营活动是媒介话语对国有石油企业言说的内容之

一,往往是对企业市场行为和管理行为的具体描述,也是媒介话语反映的新闻事实的主要内容。如《中国石油工业实行产量包干增产增收》,产量包干即原油产量1亿吨产量包干,是国务院对石油行业的政策,也是国有石油企业以生产为导向的活动。活动目的是要激发石油系统的积极性,取得增产增收的效果,蓄积未来用于勘探开发的资金,补充国家投资的不足,实现"国家得大头,企业得中头,职工得小头"。产量包干的活动一定三年,是改革开放后石油工业战线改革的先声,对原油稳产增产确实起到了推动作用。又如"中国石油化工总公司'双增双节'运动取得成效",消息题目就说明该报道的话语即对企业活动的言说,"双增双节"是活动的具体内容即增产适销对路产品和支农产品,节约压缩非生产建设投资和资源的使用。这项活动以运动来定位,是一种区别于一般企业生产经营活动的具有政治意义的活动。在图2-1的高频词表中,改革、投资、投产是言说企业活动的词语,说明在这20年的时间中,国有石油企业是在改革求变中推动发展,投资增长、新项目投产带动着企业持续做大规模、增强实力。

国有石油企业在媒介话语表达中以何种角色展现作为,即为话语任务中的身份建构。如《我国继续保持世界第五产油大国地位》的消息,世界第五产油大国是国家的一个身份,但当时我国石油产业发展实情决定了中国石油天然气总公司的产量几乎就是国家的产量。媒体采访的对象也是企业,说明在产油国规模上,国有石油企业身份与国家身份具有一致性。如《塔里木成为我国原油产量增幅最大地区》也是一篇对企业身份描述的消息,即塔里木油田成为增产幅度最大的油田,是上产的排头兵,消息对这一身份的表述是:塔里木探区去年采出原油420万吨,比上年增加110万吨,在全国陆上21个油气田中增产幅度最大。图2-1高频词表中,工人、专家、职工、领导是描写身份的词语,说明石油企业是以石油工人为生产经营主力军,依靠领导者的决策指挥、发挥专家的智囊作用以及全体石油职工的敬业奉献来推动各项工作,身份代表作用和地位,同时也预示了责任和使命。

(四)主流媒体文本表明的立场与策略

石油企业对待新闻事实的态度和方法就是立场与策略,它是企业行为倾向性和方法论的具体体现。如《中国建设一批引进的石油化工工厂》的

第二章 改革转型中的国有石油企业话语实践与企业价值研判后的形象定位(1979—1998)

消息中介绍,中国目前正在全国建设引进的42个石油化工项目都是1979年国家调整国民经济以来,花了30多亿美元陆续从日本、美国以及西欧国家引进的。这篇消息清晰地表明了中国国有石油企业推动炼化业务发展的立场和策略,立场即借助改革开放机遇与西方资本主义国家开展合作;策略即拿来主义,进口先进国家的先进设备,通过引进学习先进技术,提升自身的技术水平。又如《以气补油将成为我国石油安全战略重要部分》的消息就是阐释立场与策略的文本,标题就可以看出大力发展天然气业务是国有石油企业的立场,"以气补油"是推动天然气发展的立场所要采用的策略。消息引用专家观点指出,20世纪90年代后期到21世纪初,我国天然气工业将进入较快发展时期,天然气在能源消费构成中的比重将提高到5%左右。中海油明确提出"油气并举,向气倾斜"的方针,这是"以气补油"策略操作层面的另一种表述。

图2-1高频词表中,美国取代了改革开放前的苏联,说明国有石油企业在推动发展上的涉外立场发生颠覆性的巨变。改革开放后,中国坚持实事求是,向一切先进文明学习,这种立场的变化催生了石油工业的二次革命,特别是改革开放后前20年的持续改革和现代"油公司"治理体系的建立都是向西方学习的结果。图2-1高频词表中,合作、改革、联合、节约都是可以解读为方法的词语,因此都可以表达策略,对内是改革、节约,对外是合作、联合,媒介话语关于策略的高频表达基本符合国有石油企业在这一时期的发展形态。对外合作联合也在倒逼对内改革节约,国有石油企业进入快速发展期,但粗放式管理带来的资源资金使用上的浪费,落后的体制机制造成资源配置上的低效率,这些都难以适应国际间的合作联合,因此必须深化改革并倡导节约[1]。

(五)主流媒体话语表达中的符号系统和知识

国有石油企业的媒介话语中,形成符号并系统化的就是"铁人"。在中国语境中,说到"铁人"就能联想到石油工人王进喜和大庆油田,它已经成为石油战线的精神图腾,为了传承铁人精神并在不同时代赋予其不同

---

[1] Loizos Heracleous. Organizational Change as Discourse: Communicative Actions and Deep Structures in the Context of Information Technology Implementation [J]. The Academy of Management Journal. August 2001 44 (4): 755–777.

的时代内涵，中国石油于20世纪90年代和21世纪前10年在大庆分别选树王启民和李新民为"新时期铁人"和"大庆新铁人"，也就是第二代铁人和第三代铁人，让大庆精神人格化后的铁人精神更加具象化，让每个时代都有一个符合那个时代特点、并能被那个时代的人所感知的铁人。新时期铁人王启民是为大庆油田稳产高产保驾护航的科技带头人，与没有文化靠苦干实干的王进喜形成鲜明反差，也说明不同的岗位和角色都有铁人精神的传承，都给铁人精神赋予了新内涵。持续深化改革和以创新求突破的历史阶段，选树科研队伍中的代表人物作为"新时期铁人"，具有明确的符号指向意义。

在大庆油田党委宣传部的协助下，搜集到新时期铁人王启民先进事迹报道55篇（见附录5），是媒体对王启民报道的全部文本。经高频词分析软件抓取前100个高频词，剔除文本主题中用于指代且不具备词频分析意义的常用词汇，如石油、大庆油田等，再选取其中排在前50的高频词制成图2-2。对新时期铁人王启民的媒介话语描述，是对石油人新时期形象的塑造，也是国有石油企业发展目标和价值定位的符号化。"铁人"是形象，也是标准。国有石油企业作为国家艰难困苦时期的标杆旗帜，在工业战线全面进步的背景下，逐步回归到重点行业骨干力量的角色定位。全面改革开放中奋力追赶世界一流的国有石油企业，自身依然存在着体制机制、管理理念等诸多不足，只有苦干实干还不够，技术创新引领下的全面革新才是破局的关键，王启民正是引领创新的代表，创新是"铁人"的新符号。

从图2-2高频词表中可以看出一个科技工作者的事迹要点，作为"新时期铁人"，传承大庆精神铁人精神是先进事迹的魂；通过科技创新解决大庆油田高含水问题，提高采收率，保障油田稳产再高产，是事迹的主线；接受技术攻关任务，通过理论创新和无数次的试验，找到了解决影响油田稳产问题的办法，这是事迹的主要内容；将祖国和人民始终放在心中，紧紧依靠专家、职工群众的力量，坚持学习与创新，推动大庆油田二次创业，秉持"石油事业大于天"的信念，贡献自己的全部力量，这是事迹的精华。王启民建构起的"新时期铁人"形象是：保障大油田稳产再高产的科技英模，是国有石油企业所处发展阶段需要的引领力量，是"铁人"符号系统中的创新驱动的代表。

第二章 改革转型中的国有石油企业话语实践与企业价值研判后的形象定位(1979—1998)

词	频次
精神	413
稳产	230
含水	143
注水	132
创业	111
世界	108
高产	101
建设	97
英模	91
学习	164
贡献	89
先进	66
祖国	59
历史	58
英雄	55
事迹	53
创新	113
试验	85
分层	64
事业	53
感动	49
时代	49
地下	48
理论	47
传递	76
采收率	64
人民	54
榜样	46
世纪	41
实践	41
组织	41
奉献	60
成果	50
会战	44
模范	40
攻关	39
资源	39
温和	40
群众	38
授予	36
科技	277
新时期	162
铁人精神	111
创造	72
职工	60
专家	44
接替	44
发扬	40
任务	38
课题	35

注：本研究使用中国传媒大学高频词分析软件对热词词频和权重两项指标进行分析。

图2-2 关于王启民事迹新闻报道的词频分析

国有石油企业媒介话语中关于知识的表达即向公众宣介石油工业领域相关情况、相关变化以及具有科普意义的技术说明，往往是引用专家对外发布的信息，或是权威机构或出版物对外披露的内容，是对不了解国有石油企业的社会公众作报道主题相关领域的通俗版简介。如《中国石油天然气探勘前景十分广阔》的消息中，记者引用地质学家翟光明的发言介绍说，"中国的沉积岩面积达545万平方公里，占全国国土总面积的一半以上，都具有良好的找油找气的前景"。"目前，中国沉积盆地的勘探程度很低，大致平均230平方公里沉积岩面积内才钻了一口井，比较系统勘探的沉积盆地面积只占陆地总沉积面积的13%，刚刚开始勘探工作的盆地面积，也只占20%，还有三分之二的沉积岩面积基本上没有进行石油勘探。"这些专家介绍都属于知识的范畴。

再如《增强国际竞争力的重要步骤》的通讯介绍说，"八十年代初，我国对石油、石化工业管理体制进行过一次大的改革，组建了'中国石油'和'中国石化'，在当时有力推动了石油、石化工业的发展。但是，随着经济体制改革的深化，我国石油、石化企业的生产、加工和销售还存在互相分割的矛盾，比如石油的勘探、开发大部分归中国石油天然气总公司，少量在地质部门；石油的加工、乙烯、有机化工等大部分归中国石化总公司，少部分在化工部、纺织部、轻工部和一些地方政府。这种人为分割上游、下游的状况，导致企业的重复建设和盲目生产，难以形成合理的价格和有序竞争的市场。"这种对国有石油企业实际情况解读式说明亦属于知识的范畴。

改革开放对中国石油工业带来了巨变，被石油业界称为"第二次创业"期，媒介话语对石油工业的描述见证了这样的变化。最突出的变化是意识形态色彩浓郁的话语退出了媒介表达，向实事求是的新闻本质回归。媒介关注企业的聚焦点向企业社会价值转移，在社会主义政治环境中，国有企业价值排在首位的是对国家发展需求的满足及良好前景预期，其次才是利润回报这个企业本质属性的价值贡献。在国家从计划经济向市场经济转型的大背景下，国有石油企业既注重资源开发数量、规模和发展前景的言说，也兼顾企业利润、效益、税收贡献等市场经济主体角色的贡献。

实行改革开放政策的前20年是石油行业持续深化改革的时期，从部委行政化管理体制到西方"油公司"治理模式，中国国有石油企业完成了脱胎换骨式的巨变。尽管这种蜕变在思想观念上慢了几拍，但在组织架构、管理模式上都全面融入西方现代能源企业俱乐部，向西方一流能源企业看齐，从学习模仿者逐步向竞争者演进。这条改革之路走了20年，但值得注意的是，主流媒体话语表达上却没有达到与之分量相称的报道数量与阐释深度。主流媒体报道的高频词中"改革"只居中游，从内容看，涉及改革的报道基本都是涉及改革结果的事实消息，几乎没有对改革心路历程及背景的深度剖析的报道。这就说明，国有石油企业发展最重大的阶段性事件并没有在外部主流媒介话语中得到与其重要性相一致的言说频次和分量。换言之，外部主流媒介话语并没有真实反映国有石油企业的发展历程，它见证了变化，却没有书写历史，这是客观存在的遗憾。

运用话语分析理论解构外部主流媒体对国有石油企业的报道，身份描写从国内走向了国际，注意在新闻事实的说明中秉持国际视角、介绍国际环境中的身份归属。话语中关系与联系的任务都比较一致地集中在国际石油行业领域与国际大石油公司等业界同行中，而石油与其他工业领域、国民经济其他部分的关系联系，以及与中国国际政治经济博弈的关系联系则鲜有涉及，总体看，报道的深度和广度都不够。同时，意义的主题虽有变化，从追求数量向追求质量转变，企业从追求规模向追求硬核实力转变，

第二章 改革转型中的国有石油企业话语实践与企业价值研判后的形象定位(1979—1998)

但涉及意义变化的领域几乎只集中于能代表国有石油企业实力的勘探开发技术创新、企业发展有利外部条件等与资源贡献量直接相关的创新性、突破性和成就性的内容中，缺乏丰富维度。

媒介话语对国有石油企业活动的展示除了能凸显硬核意义的生产经营举措之外，那种引发思考、触及情感、展现情怀的软新闻、硬故事还很少，成就型消息的数量较大，很多报道都是点到为止，没有更进一步的解读。能够在这一阶段的媒介话语中称得上是符号系统的就是"铁人"，即不同时期不同岗位传承铁人精神的引领者，而最具代表性的就是国有石油企业特定时期需求最为突出的角色，新一代铁人的选树就是遵循了这样的符号选定标准。国有石油企业淡化了具有意识形态色彩的媒介话语表达，就是立场向务实、效率、业绩等可知可感的方向转变，与之相应的策略也是在破与立中求索，改革、合作、节约都是企业立场转向后推动发展的方法论选择。对于国有石油企业通过媒介话语宣介给公众的知识，还停留在背景说明、新闻事实的延伸阅读等具有简介信息特点的相关内容上，因为深度报道不足，导致了总体的知识量不够，没有让公众在通俗认知中掌握更多关于国有石油企业的资讯，这也为未来公众对国有石油企业的误读误判埋下了伏笔。

二、石油行业媒体对企业自身言说的文本分析

石油行业媒体不具有连续性，并不是从新中国石油工业创建之初就建立了行业媒体。石油行业媒体最初出现是在20世纪50年代末，最早是新疆石油管理局即克拉玛依油田创立的新疆石油报。之后，大庆石油会战伊始就创办了《战报》，上一章已经对《战报》做了详尽的话语分析。在20世纪60~70年代，原石油工业部下属的厂局都纷纷创办了自己的内部报纸，但原石油工业部并没有部属的内部报纸，直到1986年《中国石油报》创刊，作为部党组的机关报。

《中国石油报》在原石油工业部、原中国石油天然气总公司和中国石油天然气集团公司时期分别是部党组、总公司党组、集团公司党组的机关报，创刊至今一直是媒介传播石油的主力军，是石油石化行业媒体中的旗舰。《中国石油报》用全部的版面围绕石油行业、聚焦所属企业进行言说，具有专业性和权威性。在互联网出现前，《中国石油报》是通过邮政征订

的方式发行，主要在国有石油企业内部订阅，与国有石油企业有紧密联系的政府机关、企事业单位以及相关个人有部分订阅，其高峰时期有12万份的订阅量，是行业报纸中排名靠前的媒体。

同时，各大石油公司的所属规模较大、历史较为悠久的下属企业都有自己的行业媒体，《中国石油报》创办后，国有石油企业形成了行业媒体矩阵。地区公司一级的行业媒体主要还是发挥了企业内部宣传阵地的作用，绝大部分地区公司所属的行业媒体都没有报刊号，不具备全国订阅发行的条件。对国有石油企业而言的行业媒体，主要以媒体主管主办的隶属关系来区分，由石油企业自己主管主办的媒体称为行业媒体，反之则属于主流媒体。这种区分在互联网时代之前，还有传播范围的区分意义；在互联网时代，这种区分只有是否以言说石油行业和石油企业为主要对象的区别。在互联网出现之前，行业媒体主要是报纸，部分大型企业如大庆油田、新疆油田还有自己的电视台和广播电台。但当互联网出现后，行业媒体还增加了官方网站，官方微博、微信、抖音等自媒体。因此，在互联网时代区别行业媒体和主流媒体已经失去了传播学意义，这里基于文本研究需要，因此将选择《中国石油报》作为行业媒体文本分析样本，并按照话语分析理论的框架进行分析。

（一）《中国石油报》话语建构的身份、活动及意义

1979—1998年正好是《中国石油报》经历石油工业部、中国石油天然气总公司、中国石油天然气集团公司的三个主管上级的变化期，它见证了中国石油工业从行政管理向"油公司"模式转变的改革历程。《中国石油报》与其他主流媒体言说石油企业不同，它会以党组喉舌的身份来审视、评价所属企业的各方面工作，有着鲜明的宣传导向。作为内部观察者，报纸会选择正面褒扬的新闻线索，在展示积极作为的企业所取得成绩的同时，表达肯定、赞许与期盼。如《中国石油报》创刊第一期的头版消息《大庆油田实现连续十年高产稳产——十年间共生产原油五亿一千八百多万吨，完成财政上缴三百六十五亿二千多万元》最后一段[1]建构的就是一个

---

[1] 消息最后一段写道："面对成绩，大庆的广大干部、群众还是那句老话，成绩只能说明过去，只是前进的起点。去冬今春，油田党委与全体职工一道，认真贯彻党的全国代表会议精神，按照石油部党组提出的要求，自下而上地总结十年稳产的经验，研究制订继续稳产的措施。他们的目标是：继续延长油田稳产期，提高注水采收率，多产油，产好油，为四化腾飞做出新贡献！"

第二章　改革转型中的国有石油企业话语实践与企业价值研判后的形象定位(1979—1998)

奋发有为者的形象,这是行业媒体以宣传为导向的身份建构的普遍情况。

《中国石油报》所建构的活动要么是中国石油或所属企事业单位参与的生产经营、改革创新等涉及企业管理的具体实践,如油田某个风险区块的勘探活动,某项改革举措在某个油田的试点活动;要么是与国有石油企业相关联的外部单位或个人参与和国有石油企业相关的交流互动,如邀请多家高校石油化工方面的专家对兰州石化某项技术创新进行评审研讨。1987年2月4日刊发的通讯《坚实的第一步——来自胜利油田孤东的报告（一）》里对孤东会战的前期准备工作进行了描述[1],每项准备工作都是具体的活动建构。

行业媒体报道的根本目的是宣传,即上传下达,对所属企业的好经验、好做法及时在系统内分享,创造交流互鉴的可能。在这个时期,中国石油工业处在转型发展的历史阶段,打破旧机制束缚,革除从理念到方法再到举措的各种积弊,改革成为整个行业工作的中心。因此,《中国石油报》在这个历史阶段关于意义的话语建构,主要就是体现在改革创新上,而管理机制的创新又是其中的重点。1996年9月16日头版的述评文章《"油公司"正向我们走来——陆上石油工业改革与管理系列评述之一》用

---

[1] 通讯报道中写道:"胜利油田副总地质师、孤东会战领导小组成员余守德详细地给我们讲述了孤东会战的前期准备工作。1984年6月发现孤东油田后,胜利油田先后组织地调、钻井、测井、试油、采油、设计、油建、建工等各方面的力量,对主力油区进行了详探评价,对地面情况进行了勘查,还搞了部分前期工程。1985年初开始着手编制开发方案。油田坚持把地下情况的研究和地面条件的勘查相结合、眼前目标与长远目标相结合、技术论证与经济论证相结合、定性分析与定量分析相结合、自主设计与博采国内外众长相结合、计划方案的编制与实施方案的编制相结合的办法,在基本搞清油田构造、含油范围、断层分布和油层厚度、物性、渗流特征的情况下,综合应用18种具有国内外先进水平的新技术和新方法,吸收同类油田的开发经验,进行反复分析、研究和优选,选出了适合孤东油田地下、地面情况的最佳方案。油田还组织各专业技术干部,对孤东的气象、潮汐、水文地质、地裂强度、地形地貌、原油性质和天然气成分等14个方面进行了广泛的调查研究、现场测绘、勘查、设计,并在试验区进行了多次试验,这些都表明孤东会战打响前,已经做了大量的工作,一些必要的设施,如围堤、公路、排水沟等,也都具有一定的规模。"

了中原油田按照"油公司"模式推动改革的事例[1]，说明生产专业化、社会服务区域化、运行市场化是"油公司"模式改革的方向。这个方向的选择是基于两个方面的客观现实需要：一是建立现代企业制度的要求；二是建设具有中国特色的国家石油公司的总体框架和构想。最终，改革的结果也是其最终所要建构的意义：按"油公司"、专业技术服务公司、社会化服务公司三大块构建油田企业新体制，按国家公司、经济实体和国际化"油公司"的要求改革陆上石油工业管理体制。

（二）《中国石油报》话语表达的联系与关系

既然改革是这个时期石油企业的中心工作，那么就是要在破与立之间建立联系，在作用与效果的对比中形成关系。1997年5月7日头版报道"国有企业的希望之星——大庆油田深化改革持续发展观察记"把深化改革的内容与党和国家要求建立起联系，文中写到"大庆油田以重组内部机构、重建内部管理体系、重塑内部运行机制为主要内容的深化改革，充分体现了中央'三改一加强'的改革总体要求。[2]"党和国家的要求是提出如何破，大庆油田"重组、重建、重塑"是立的手段，在破与立的呼应中建构起联系。改革会产生牵一发而动全身的效果，改革发挥作用要把握好时、度、效，就需要处理好与相关领域的关系。文章小标题的"四个有机结合"就是要通过改革着力在这四个方面产生作用：即加快油田发展、结构调整重组、技术更新改造、企业管理创新。有机结合的表达就是建构关系，体现相关性。

在建构话语相关性方面，"变化内容＋效果内容"是《中国石油报》常见的表达方式，说明变化产生了效果，变化带来了提升。1998年8月28日刊发了一篇地区公司主要负责同志的学习体会文章"勇于实践 深化

---

[1] 述评文章写道："金秋8月，中原大地，一股势不可挡的改革冲击波，震动了全国石油战线。三年锲而不舍，埋头苦干，中原石油人已经把二级单位的社会服务和多种经营分离出来，由局里统一兴办，把辅助生产分离出来组成专业化公司，并对解体后形成的各单位进行集团化改造，基本实现了生产专业化、社会服务区域化、运行市场化，'油公司'轮廓已清晰可见。这些突破，不仅为中原油田的进一步深化改革开辟了广阔天地，而且为世纪之交整个陆上石油工业的改革展现出令人振奋的光明前景。"

[2] 国有企业的希望之星——大庆油田深化改革持续发展观察记[N].《中国石油报》，1997-5-7(1).

第二章　改革转型中的国有石油企业话语实践与企业价值研判后的形象定位(1979—1998)

改革 推进企业发展"[1]，文中的"调整"就是改革求变的内容，"优化""开拓""提高""减轻""实现""发展"都是改革产生的效果，改革与效果之间产生了因果关系，话语间产生了相关性。

(三)《中国石油报》话语展示的立场和策略

在以改革创新为主要工作导向的发展时期，石油企业把创新思路作为推动工作的出发点。以新思路带动工作方法的转变和各领域业务管理水平的提升，最终以油气产量、加工量、销售量和效益的增强来检验工作的实际成效，是这个时期媒介话语对石油企业言说的基本立场，特别是管理上求新求变成为媒体言说主题选择的方向，也是解决企业经营困难和亏损风险的现实需要[2]。如何来推动新思路的产生和落实落地是立场保障的手段，是媒介话语中要配套建构的策略内容，即立场落地的具体方法[3]。

(四)《中国石油报》话语建构的符号系统和知识

石油行业的发展具有较强的历史传承性，媒介话语中符号系统的建构保持了历史的延续，一直将"铁人"作为石油战线的话语符号系统。之所以是系统，是因为不仅有王进喜一个铁人形象，而是在不同时期选树了与企业发展要求和时代要求相契合的新铁人。铁人之后有铁人，铁人精神代代传，不同时代还赋予了新内涵。将"铁人"话语符号系统的建构当作企业意识形态阵地建设和队伍建设的一项重要内容，"铁人"符号系统的建构核心就是打造铁人式的员工队伍。在推进改革创新的时期，石油系统选

---

[1] 文中写到"探索调整产品结构，优化品种和提高产品质量的途径；调整资源结构，优化资源配置的途径；调整市场结构，开拓国际国内两个市场的途径；调整技术结构，提高技术水平的途径；调整投资结构，提高投资收益的途径；调整资产结构，减轻债务负担的途径；调整劳动力结构，实现减员增效的途径；调整企业结构，发展规模经济的途径。"

[2] 《中国石油报》1995年1月18日一版的社论"以新思路 创新业绩"里写道："我们面临着国际国内两个方面的激烈竞争，低效益、无效益甚至亏损的企业难以再继续生存下去了，只有采取新思路、新办法，才有可能在市场竞争中继续发展。陆上石油战线上的各级干部和广大职工一定要统一思想，统一认识，充分看到问题的迫切性和重要性。"

[3] 《中国石油报》1989年3月15日刊发的评论员文章"让八个大字化为行动——谈大力培育求实团结开拓奋斗的总公司企业精神"谈到，"在当前治理整顿和深化改革的大气候下，要特别善于把培育企业精神和开展形势教育结合起来。通过形势教育，广大职工认清形势，坚定信心，就会更加自觉地培育八字精神；同时，八字精神的培育，又有利于队伍素质的提高，激励广大职工推动石油工业形势朝着更好的方向发展。"八字企业精神践行是推动改革的重要保障，是企业推行文化管理的策略体现。

树的"新时期铁人"是大庆油田三次采油技术创新的带头人王启民。这个铁人式典型人物的话语建构，发端于行业媒体，并在主流媒体延伸，其文本具有一致性，前文已对文本进行了分析，这里不再赘述。除此之外，行业媒体对石油企业话语符号的建构还有企业精神统合下的企业文化和管理经验。以中国石油为例，就是以大庆精神铁人精神为主线的特色文化，包括了"思想与生产结合工作法""三基工作"等石油传统经验。这些话语建构了企业文化的符号系统，它们的话语建构主要在行业媒体，行业媒体和主流媒体都参与建构的只有"铁人"符号系统。

作为行业报，《中国石油报》聚焦石油行业和企业言说石油，知识建构也围绕石油。不同于主流媒体的石油知识建构，行业媒体主要面对业内人士传播，石油科普等常识不具有新闻性和传播意义。《中国石油报》将专家观点和高层观点作为知识建构的内容，特别是对改革方向和举措的认识，这对于石油企业内部员工来说具有重要意义，且具有学习、领会并指导实践的价值，因此具有知识性。《中国石油报》1994年9月7日一版刊发的《新的起点 新的希望——总公司机关石油工业发展新思路大讨论侧记》里记录了中国石油机关部分司局主要领导结合自身业务谈改革思路的要点[1]，这些观点都具有知识建构的属性。而采访业内专家，将其观点的话语表述作为文本证据来印证传播主题，是行业媒体文本知识建构常用的方法。

第三节　转型发展中的国有石油企业媒介话语实践解析

改革开放让石油行业摆脱了"左"倾意识形态的桎梏，将更多的注意

---

[1] 文章写道：开发生产局王乃举提出要以效益求发展，变过去堆工作量完成产量指标的"产量构成"模式为"量人为出"的效益模式。在油田开发部署和工作量的安排上，尽可能地加快资金回收，减少地面生产系统的备用设备数量，依靠市场机制，挖掘现有装备的潜力。基建工程局贾金会在发言中介绍了长庆低渗透油田开发建设的经验。他指出，这个油田坚持采用"量入为出，先算后干，定额设计，限额施工"的办法，初步实现概算控制预算，预算控制结算。他提出，油田地面建设应从简、从快、从省，采用适用新技术，做到建设快、投资回收快，全面提高经济效益。

第二章 改革转型中的国有石油企业话语实践与企业价值研判后的形象定位(1979—1998)

力放在了生产经营的主责主业上,从政治挂帅抓生产到生产之中讲政治,企业在回归本质属性。石油行业在原油产量突破一亿吨的历史发展高点走进改革开放新时期,头上又有"工业学大庆""大庆精神铁人精神"的光环,因此,石油系统是带着自豪跨入发展新阶段的,客观上说,这种状态下,尽管有原油产量突破一亿吨后的逡巡徘徊期,但改革的迫切性并不足。就在党的十一届三中全会召开前,党中央还在大庆召开了隆重的高规格的"工业学大庆"全国会议,工业发展还是按照毛主席确定的路线继续推进。即使改革开放对国家航向进行了拨乱反正,但并未改变既有的工业发展路线。但1979年11月发生的"渤海2号"沉船事件,让石油工业战线的光环蒙上阴影,也让刚刚打开国门放眼看世界的国人看到了让他们引以为傲的石油铁军其实跟世界先进水平的差距还很大。这次特大事故也成为石油系统推动改革的导火线。

刚刚起步的海洋石油勘探开发领域,本应借助改革开放的东风,通过引进国外先进技术和设备,开展国际合作,迅速提升业务能力。但缺乏涉外经验的石油部门从日本进口的二手钻井平台存在致命缺陷,该钻井船在日本使用期间就曾出过事故,被卖主刻意隐瞒下来。在调查出事故原因后,本应理直气壮地把日本卖家告上法庭,依法索赔蒙受的惨重损失。但在刚刚开放还很封闭的年代,石油管理部门既不懂得用国际标准衡量这件二手货是不是合格产品,也不懂得捍卫购买者享有的权益,甚至连索赔的意识都没建立起来。这次惨重的事故造成74人死亡,仅有2人生还,直接经济损失3700万元,原石油工业部部长宋振明辞职,分管石油工业的副总理康世恩受记大过处分,原石油工业部海洋石油勘探局局长马骥祥等4名责任人被判承担刑事责任,宋振明还在《人民日报》上公开向全国人民做了检查。对这起事故处理的严厉程度和由此产生的社会影响之大之深,在共和国历史上是都是空前的。1980年7月22日,《工人日报》刊载《渤海二号钻井船翻沉事故说明了什么》一文,首次披露渤海沉船事件真相,《解放军报》《人民日报》《中国青年报》《光明日报》《天津日报》《北京日报》等报刊也都发表了相关文章。经国家劳动局、全国总工会等单位联合调查后,国务院于8月25日作出严肃处理"渤海二号"翻沉事故的决定。这一媒介事件从此开创了中国媒介话语舆论监督的新局面[1]。

因为这次事故，部长在当时全国影响力最大的媒体上做检查，向全国人民道歉，这对石油行业的公众形象产生了巨大的破坏性影响。主流媒体纷纷对石油行业开展的批评性报道，也是新中国成立以来以正面宣传为导向的传播环境中极为罕见的传播事件，更何况石油战线一直是中国工业化奋进征途中的旗手，这种舆论批评带来了更加广泛的社会思考："渤海2号"事故暴露出石油系统存在的观念陈旧、管理疏漏等诸多问题绝不是一时突现的，而是长期存在的，但从国家政策到舆论导向，都是号召向石油工业战线学习。现在反思，这样的导向是否也把石油战线存在的问题进一步推广了？石油工业战线是否还能继续在改革开放环境中担负起引领工业化建设的使命？"工业学大庆"是否已经不合时宜了？一系列的社会质疑和反思也迫使石油工业系统痛定思痛地改革谋变，石油系统第一轮改革正是在这样的背景下毅然启动。

"渤海2号"事故对石油行业的触动是巨大的。在此前，全行业很少有人会认识到自身存在管理、意识、能力等诸多方面的不足，也很少有人认真思考改革创新的问题，从领导到石油干部职工，想得最多的是如何捍卫毛主席树立的这面"工业学大庆"的旗帜不倒，始终以生产指标箭头向上的状态继续引领中国的工业发展。这种想法对于长期居于工业战线老大哥地位的石油系统干部员工来说，合情合理，无可厚非。问题是在国门紧锁的封闭年代，常居第一者缺少了发现差距的参照。既然现有的行事模式得到了最高权力的认可，并号召兄弟行业企业都来向我学习，在我也没有找到自身短板问题的情况下，那我就按照既往的做法继续做好做到位，这就是石油行业在事故发生前的惯性思维。而"渤海2号"事故主观上的根本问题就是这种光环引领者的惯性思维，用常年陆上勘探开发的思维来处理没有经验可言的海上突发事件。

"渤海2号"事故正好发生在实行改革开放政策的第二年，是石油行业引进资本主义国家设备和开展海洋勘探开发的初始期，也是石油行业在新时期继往开来、踌躇满志、开拓新局的起步期。这犹如当头一棒让每个国人惊醒：打开国门前，中国工业的优等生怎么打开国门伊始就如此不堪

---

[1] 王洁，罗以澄.论新时期中国媒介的话语变迁[J].河北大学学报（哲学社会科学版），2010（01）：75.

第二章　改革转型中的国有石油企业话语实践与企业价值研判后的形象定位(1979—1998)

一击,海上的风浪大了点就酿成如此惨痛的事故,过去中国人心中"有条件要上,没有条件创造条件也要上"的石油铁军怎么在条件比以前更好的情况下也上不去了……在当时,这种铺天盖地的舆论质疑与批评,颠覆了国人心中榜样应有的形象,部长向全国人民检讨与铁人王进喜胸带大红花慷慨陈词,这两个事实在人们脑海中强烈碰撞,也让国人清楚地认识到中国跟世界的差距很大,即使石油行业这个共和国的优等生,在打开国门后也很难适应,改革促变迎头追赶是必由之路。

中国的主流媒介话语也因"渤海 2 号"事故,开辟了对国家骨干行业公开批评的先河。"媒介的议程设置功能是指媒介的一种能力,通过重复性新闻报道来提高某议题在公众心目中的重要性。[1]"这种公开批评的议程设置过去只针对阶级斗争的对象,主流媒体对石油行业都是众口一词的褒扬,会战突破、上产业绩、先锋人物、典型经验……党报党刊、广播电台的话语表达中,石油战线就是党的思想路线最坚定的捍卫者和工业战线抓政治促生产的标兵,也是用毛泽东思想取得光辉业绩的典型。可以说,在那个极"左"政治思潮统治中国的时期,石油战线就是又红又专又突出的宣传典型,毛主席都发出了"工业学大庆"的号召,这是最高权力的肯定,宣传机器怎么可以有批评质疑的杂音?但"渤海 2 号"事故后的舆论狂潮,就是国家权力授意下的批评和反思,是支撑国家能源命脉的石油工业部门第一次成了主流媒介话语表达的对立面,研究改革开放后的国有石油企业媒介话语实践必须从"渤海 2 号"事故开始,由此开启分析传播实践的过程。

一、对国有石油企业言说主体的分析

谁在通过媒介介绍、宣传、甚至批评国有石油企业,谁就是言说国有石油企业的主体,也就是媒介各种文本的创造者。从改革开放后的媒介形态看,报纸依然是言说国有石油企业的主力,广播、电视、杂志,以及部分出版物都是言说国有石油企业的载体,但从容量看数量有限。电视尽

---

[1] 赛佛林,坦卡德.传播理论——起源、方法与应用[M].郭镇之等译.北京:中国传媒大学出版社,2006:189.

管在20世纪最后20年中引领传播,是拥有最多受众群体的媒体,但由于其发展阶段和技术水平的限制,涉及企业的传播还局限于个别时段的新闻中和更少量的纪录片专题片之中,时长容量都非常有限。小小电视既是大众传播媒介,又是娱乐媒介,其中,娱乐的分量甚至多于资讯的传播。因此,电视对国有石油企业的言说是把有限的时间集中在了对社会贡献意义巨大的企业发展成就上,以新闻播报为主要的呈现形式,总体容量小、时长短,但影响力较大。

对国有石油企业言说的主体就是利用这些言说载体传播文本的组织或个人。从历史实践看,这个阶段还属于官办媒介时期,所有媒体都是各级党的宣传部门领导下的代表党和政府发声的组织机构,因此,除了石油文艺作品的作者之外,这个阶段对国有石油企业言说的主体都是组织,只是在操作层面和实际表现形式上是由该组织中的具体个人来执行言说文本的创作、编辑和发布的过程。报纸作为言说主体时,采访记者会按照本报拟传播新闻主题、体裁、立场的要求,对国有石油企业的新闻事实进行采访,在规定时间内完成文本创作,提交新闻主题所涉及版面的负责主编审核,并根据文本质量、策划需要、版面空间等实际情况进行修改,负责主编审核通过后交版面编辑进行上版编校或图文的二次创作,最后经第一读者审读后清稿,再经版面隶属部门负责人、副总编、总编等层层签版后付梓印刷出报,经发行到达各订阅单位和个人手中,经阅读实现传播。至此,报纸完成了对国有石油企业的一次媒介话语的言说。

改革开放后,石油行业的公司化改革后,治理体系向企业模式转变,但从国有企业属性和意识形态统一性的政治要求出发,石油行业在完成公司化转型后依然保留了行业媒体的设置,这是国有企业区别于国际同类企业的显著特色。国有石油企业的媒体设置经历了先基层后总部的发展过程,大庆油田、新疆油田、兰州炼油厂、抚顺石油二厂等地区企业在发展的初期就有了自己的内部报纸,如大庆油田的《战报》,承担起内部信息传递、教育凝聚员工的媒介作用。而在国有石油企业总部层面设立覆盖各地区企业的行业媒体还是推进公司化转型的20世纪80年代中后期的事,中国石油创建《中国石油报》是在1987年。石油行业媒体创立的初衷就是为了更好地言说企业,弥补主流媒体碍于言说主题和涉及领域多元对国有石油企业言说不充分的缺憾,同时也是企业通过宣传

第二章　改革转型中的国有石油企业话语实践与企业价值研判后的形象定位(1979—1998)

工作推动管理的一个重要手段。行业媒体代表国有石油企业党组和管理层的立场，展示整个企业生产经营动态和各类新闻，总结提炼基层管理经验和先进人物事迹，准确传递企业高层的决策和部署。行业媒体的具体言说者是媒体采编人员和基层通讯员，他们是行业媒体文本的创作者，而行业媒体的管理者则代表企业高层行使对文本把关的权力，保障行业媒体话语符合党组的意志。

从分析中可以看出，这一时期对国有石油企业言说的组织机构主体分别是外部的官办媒体和内部的企业报，分别代表了党和政府以及企业的立场发声，具体言说的执行者都是媒体的采编人员。由于国有石油企业的国有属性，党、政府、企业具有意识形态和立场的一致性，从言说的目的看，都是通过正面宣传企业的发展成就凝聚企业内部员工和全社会响应党的号召和政策，共同推动社会的发展。因此，主流媒体和行业媒体的言说立场具有一致性，只是话语表达的方式和言说视角有区别，前者是第三方言说企业，后者是自己人对自身的解析，后者往往内容更丰富、更注重细节、更有思考的深度。

除了组织机构类主体，还有个人言说主体，这类主体对国有石油企业的言说在涉及企业的整个媒介话语中比较小众，主要是以国有石油企业的人和事创作文艺作品的作者，一般是一些专业作家、国有石油企业内部宣传思想文化工作者、石油员工中的文艺爱好者。另一类个人言说主体是石油相关主题的论文发表者，如石油工业不同专业领域的学术论文和国有石油企业相关管理领域的实务性研讨文章，这些文本主要刊发在相关的期刊杂志上，受众亦主要是与论文主题相关的专业人士。另外，国有石油企业的领导、员工或业界专家在公开场合就国有石油企业的相关话题发表意见被媒介直接转录在相应的文本中并发布，这些个体也是言说国有石油企业的主体。

二、言说国有石油企业文本的形成过程

媒体中一篇涉及国有石油企业的新闻报道是如何产生的？这是媒介话语实践的一个实际问题，也是各级党的宣传部和国有石油企业新闻宣传主管部门以及媒体采编人员联合推动的结果，同时，也是企业新闻宣传工作

的一般性流程。传播学对"建构主义"研究的重点是,"分析媒介如何将各种意义、符号、文化因素以及政治议题通过从遣词造句到策划选题、确定编辑思路等方式组合建造成一个有机整体。[1]"弄清楚言说文本的形成过程,对于话语传播的背景、导向以及可能产生的效果都能清楚地把握。

(一)新闻线索获悉

国有石油企业的新闻线索获悉有三种渠道:一是企业内部明确知悉并提出传播意图。比如企业生产的历史性突破、某项技术获得重大进展、与国际合作伙伴签订了一项价格不菲的业务订单等,这些都是企业生产经营管理中明确的重要的新闻事件。企业新闻宣传部门会第一时间获悉并策划对外宣传方案,根据新闻自身的分量和企业高层对外言说想达到的目的,决定采用不同的文本制作方式。一种方式是企业写出新闻通稿,向企业跑口记者投递。如果是地区公司的新闻,总部通常会帮助地区公司联系国家级媒体并把关新闻通稿;另一种方式是组织媒体采访与新闻事实相关的工作部门或人员,设计成一个新闻采访活动,给媒体尽可能丰富的背景资料,希望媒介对新闻事实进行深度解析,往往针对那些企业希望产生较大影响力的新闻事实;还有一种是通过新闻发布会的方式对外披露信息,主要运用于一些突发事件或重大标志性事件之后,体现信息发布的权威性,这也是西方企业常用的媒介话语言说的实践形式,但国有石油企业在这一时期还运用得较少,并不是企业话语实践的主要形式。

二是企业内部并不明确知悉新闻线索,而是在记者采访过程中发现并补充采访形成文本后发布。在企业组织的媒体采访活动中,记者发现了企业并未事先知悉或准备的新闻线索,跟进采访后形成传播文本,在得到企业新闻宣传主管部门的首肯后对外发布。这种方式非主流但不少见,企业邀请记者参加的采访活动是事先确定的主题,但企业也欢迎那些勤奋的记者在采写事先安排主题的新闻之余,多多捕捉企业的亮点形成更多的报道文本。媒体对记者发稿量的考核,也让记者有主观能动性愿意"一餐多吃",去企业采访一次多找点新闻线索、多发几篇新闻稿。比如,《中国青年报》的一名记者去青海油田参加中国石油新闻办公室组织的"高原油田技术创新成绩斐然"的主题采访,在采访中,该记者发现了国内著名高校

---

[1] 邱林川. 多重现实:美国三大报对李文和的定型与争辩[J]. 新闻与传播研究,2002(01).

第二章　改革转型中的国有石油企业话语实践与企业价值研判后的形象定位(1979—1998)

的一名博士研究生毕业后自愿来到青海油田工作,并成为三项重大技术创新的科研带头人的先进事迹,又在这次主题采访之外创作了《奉献高原书写科研青春》的人物通讯并在《中国青年报》刊发。

三是企业的重大工程项目或特定生产经营成果涉及国家重大战略、重要合作以及国民经济重要领域,由党的各级宣传部牵头组织,向媒体派发宣传工作单,提供报道立场、口径和基本新闻事实。这种情况比较少,一种情况是国有石油企业参与的国内外重大工程竣工投产时,党和国家领导人要出席或与外国元首、首脑共同出席竣工投产仪式,为给该工程投产及相关活动营造舆论氛围,中共中央宣传部会组织媒体对该工程建设背景、施工情况、未来意义以及相关活动进行采访,并要求各大媒体及地方重点媒体对相关新闻做重点报道。另一种情况是与国有石油企业关系密切的重大事件、重要时间节点到来前后或重要活动举办后,对国有石油企业相关内容做集中报道。比如新疆维吾尔自治区成立40周年纪念日到来前,就石油工业对新疆经济社会发展做出的贡献进行报道;又如党的十五大召开前,就十四大以来中国石油工业取得重要成就进行报道。各级党的宣传部亲自部署涉企传播往往都是与国计民生、重大政治事件、国际合作等相关的主题,频次低,但传播影响力大,各媒体都会将此类对国有石油企业的言说当成是一项政治任务。企业新闻宣传部门也会在实际工作协调中着力推动党的各级宣传部将企业新闻线索或选题纳入其重点宣传工作清单之中,从而借由党和政府的力量来提升涉企新闻的传播规格和影响力。

(二)新闻价值研判及传播选择

对于国有石油企业这样的特大型企业,每家石油公司的成员单位就有上百家,每一天都会有众多大大小小的新闻发生,是每闻必录、每闻必报吗?显然这是不可能做到的,获悉新闻线索后新闻价值研判和传播选择,是国有石油企业新闻宣传主管部门和每个媒体的采编人员都必须要做的,要选择出那些新闻性强、社会影响力大、受众喜闻乐见、对企业形象建构有积极意义的新闻线索进行文本创作并传播。行业媒体和主流媒体会有不同的选择标准:行业媒体是集中言说国有石油企业,因此它对新闻价值研判的标准一般是至少要对成员单位具有一定价值,在公司内部传播具有交流互鉴意义;对主流媒体而言,国有石油企业的新闻只是其经济类新闻中的一部分，因此只会挑选那些社会意义较为突出、社会公众可知可感度高的企业信息。

对行业媒体和主流媒体涉企新闻的传播，国有石油企业的新闻宣传主管部门是重要的协调组织者和分发者。对于行业媒体，它赋有业务领导的职能，对其重要新闻策划和选题的价值研判和传播选择发挥主导作用。而对于主流媒体选择报道国有石油企业的哪些信息，存在两种企媒沟通的情况：一是媒体有涉及国有石油企业业务领域的选题，会主动找企业新闻宣传部门，希望提供相关的新闻素材。此时，企业新闻宣传部门会将自身策划的宣传重点与媒体的需求作交集筛选，把既符合媒体要求又与企业宣传重点相契合的内容推荐给媒体，实现企媒传播意愿的双满足。二是国有石油企业的新闻宣传部门根据企业高层意图或企业当年新闻宣传工作的重点，并依据媒体报道的侧重点和特色，有针对性地依主题选择合适媒体沟通，请求媒体将拟传播主题纳入其相应栏目或选题。行业媒体是企业策划对外传播时的重要资料素材库，也是企业外宣的重要智囊机构。同时，行业媒体也会是部分外宣文本的初稿创作方，特别是一些技术性、专业性较强或企业着急发布而媒体又没有时间深入采访的主题，行业媒体可以凭借其专业优势为主流媒体进行初稿文本的创作，主流媒体再根据实际需要，转换话语风格和语境来改写并发布。

（三）新闻文本的创作

媒体获得新闻线索并完成价值判断和传播选择后，就是传播文本的创作，其中各个环节都有企媒关系互动，也有行业媒体与部分主流媒体之间的合作，这也是国有石油企业新闻最终在主流媒体发布出来需要走过的流程。在文本创作环节，就是记者按照媒体策划的意图形成对国有石油企业新闻言说的文本，这个文本体裁是消息、通讯、侧记还是评论，通常由媒体自行确定，企业只会提出传播主题、立场、侧重点，对于表现形式和言说风格，企业不干涉媒体的专业判断。

从这一时期主流媒体对国有石油企业言说的实际情况看，企业发展成就、创新突破、合资合作、改革成果是文本聚焦的主题，体裁主要是消息，对新闻事实概要描述为主，缺少分析性的深度报道。而此时的石油行业媒体正好成为主流媒体文本表达缺憾的重要弥补。行业媒体主要是报纸，它们用各种新闻体裁来言说企业的各类新闻，第一时间知悉企业的重

第二章 改革转型中的国有石油企业话语实践与企业价值研判后的形象定位(1979—1998)

大新闻事件,会用消息预热铺垫、通讯深度解析、侧记呈现花絮、言论表达立场的组合式报道作重点宣传。遗憾的是,此时还没有互联网,无法利用网络来踏平行业媒体与主流媒体之间传播范围和影响力的鸿沟,因此,行业媒体无论文本创作如何精彩,也只是在石油人圈子中传播。

　　回顾这一时期,主流媒体对国有石油企业言说的新闻报道,风格平实无华,叙述事实,点到为止,报道多为600字左右的消息。与改革开放前意识形态话语充斥媒介话语之中不同,此时的媒介文本似乎是在充分展现其新闻专业主义,更注重导语中的新闻性,刻意回避任何可能带有意识形态色彩的词语,消息文本平实到几乎看不到华丽的词语或成语,文本的信息量增大、数据增多,文字的感情色彩减少,突出了文本的客观性。

三、对国有石油企业言说的接受与反馈

　　媒介文本创作完成后,经过各媒体的审核程序,部分重大选题还会经过国有石油企业新闻宣传部门的把关流程,最后正式发布进入传播渠道——报纸出版发行,电视播出,广播播报,杂志出刊。媒介文本随着媒介传播到达受众,但文本接收的情况如何?宣传是否起到了预期的效果?这就需要对话语接收与反馈作出分析[1]。

　　改革开放后,报纸和广播保持了既有的媒介形态,只是话语内容因时代环境的改变而发生了较大变化,但从订阅量和收听率上变化不大,由于报纸此时几乎都是党报或行业报,主要还是企业事业单位在征订,家庭订阅《人民日报》的绝对是少数;杂志期刊在改革开放后才得到了较大发展,期刊种类增多,文学文化类的期刊的销量增长迅速,这是思想禁锢被打破后人们文化和阅读饥渴的具体表现,但涉及石油的期刊以专业技术类为主,受众群体很小,传播有限。

　　八十年初,电视开始进入中国家庭,十年中迅速在中国的城市普及,电视成为引领整个时代的媒介,从普及率来说,很多城市家庭没有订阅报纸或杂志,但却拥有电视。但电视在社会普及阶段对企业言说的内容和频

1　Bill Doolin. Narratives of Change:Discourse, Technology and Organization[J]. Organization, 2003, 10 (4):751–770.

次是有限的，除了信息传播，电视还是大众娱乐和文化产品消费的渠道。这就造成了一种现实的尴尬，即传播力强、普及率高的电视，对国有石油企业言说较少；受众群体较小的报纸，对国有石油企业言说的内容较多。在中央电视台新闻联播中播发一条国有石油企业的消息和《人民日报》刊发一条同样的消息之间，所产生的传播效果差异巨大。这种尴尬决定了国有石油企业媒介话语的传播效果并不理想。

在媒体官办和正面宣传的媒介环境中，国有石油企业没有塑造公众形象和营造良好舆论氛围的必要性和迫切性，对内宣传目的是鼓舞士气、凝心聚力、统一思想；对外宣传是为了更好地彰显成绩。国有石油企业的国有属性决定了对意识形态工作的要求，各级单位的宣传部门有在内外媒体发稿的任务考核，但传播效果并不在考核范围内。在当时的条件下，企业也没有传播效果的评价手段，只能把发稿量的多少等同为传播效果优劣。存在选择可能的前提下，受众都是通过自己最方便、最感兴趣的媒体去获取信息，当时，人们主要是通过自家电视收看中央或当地省市电视台的新闻节目来获取新闻资讯，阅读报纸是部分领导干部的信息接收渠道，但普及率无法与电视相比。报纸刊发的国有石油企业讯息明显多于其他媒介，但当时报纸并不是迎合读者的阅读需求和兴趣创办的，都是党的宣传机器，感受过"文化大革命"时期党报充当意识形态宣教工具的社会大众，在改革开放后，普遍不愿意阅读官办报纸，对其还抱有政治说教、只会唱赞歌等刻板印象，因此，党报等官办报纸的个人订阅量并不大，都是企事业单位作为政治任务的摊派订阅。至于读者，有这样一句戏谑的话，"谁写谁看，写谁谁看"，但确是实际状况[1]。

这个时期，中国还没有企业传播的概念，国有企业只讲内外宣工作。在普遍设置行业媒体的情况下，国有石油企业更关注内宣工作，因为这涉及管理，行业媒体是上传下达信息和交流互鉴经验的载体，即使只有管理者阅读学习，内部宣传也能对企业的生产经营起到推动作用。但经历过"渤海2号"事故舆论之困后的国有石油企业，普遍希望在舆论环境中处于低调状态，不求高曝光度，只求没有负面的批评就行，至于正面报道的

---

1 Elena BUJA. The Discourse Analysis of a Newspaper Article [J]. Acta Universitatis Sapientiae，Philologica，2010，2（02）：259–271.

第二章 改革转型中的国有石油企业话语实践与企业价值研判后的形象定位(1979—1998)

多少,在中国当时的舆论环境中,对企业发展并没有实质意义。可以说,在那个时代,当不再讲政治挂帅时,宣传工作对于企业的意义就在减弱,舆论环境是党来营造的,企业宣传对自身舆论环境的作用十分有限,企业那时刚从政府部门转换身份,还没有企业公众形象的概念。在当时舆论环境高度统一但受众与媒介存在脱离的环境中,靠党报党刊的宣传提升企业形象和美誉度只是美好愿望。而当时企业加强宣传的初衷还是想在交流信息和经验的基础上加强管理、收获认同,并非要通过宣传来扩大影响和知名度。中国石油自那时起的对外新闻宣传的方针即"低调、稳健、正面",低调放在第一位,就是要"少说多做",绝不是想追求传播效果的策略。

第四节 价值传播自觉与形象建构无意识中的话语偏离

一、话语社会实践中国有石油企业自身价值的传播自觉

要做成什么样的企业,要在社会发展进步中体现怎样的价值,这是企业对自身价值的研判,也是企业发展战略选择的重要内容。国有石油企业在转型前,即还是原石油工业部领导下的石油行业阶段,就有很明确的行业价值判断——我为祖国献石油,这是石油工业系统至今都还在秉持和坚守的价值理念。但时代变化和石油工业发展的不同阶段,都对国有石油企业提出了不同的价值要求。在石油资源匮乏且西方资本主义世界实施封锁难以获得石油进口的历史环境下,石油工业系统为国找油是天经地义的使命,为国家提供经济建设、社会发展所需的充足石油,是石油战线唯一的价值追求。在"有和无""缺与足"之间奋斗时,实现"有和足"必然是心无旁骛的第一步,解决了"有"才能追求"多",这也是哲学法则[1]。

---

1 Chiapello E, Fairclough N. Understanding the new management ideology: a transdisciplinary contribution from critical discourse analysis and new sociology of capitalism [J]. Discourse and Society, 2002, 13: 185-208.

进入改革开放阶段，中国突破1亿吨原油产量成为世界第7大产油国，又经过10多年的发展，成为世界第5大产油国，石油"有"的问题解决了。此时，如果把"我为祖国献石油"仍作为唯一的价值标准，那么对企业的引领和推动作用自然要大打折扣。企业的价值定位应该根据企业发展阶段分层次确定，既有一以贯之的基本价值，如"我为祖国献石油"；又有特定时期的阶段性价值，如"对标一流增强国际竞争力"。在"渤海2号"事故发生后，国有石油企业清醒地认识到这种价值研判阶段性差异的重要性，开始自觉地将阶段性的价值研判与企业发展战略相结合，也就是将党和国家对企业的需求、社会公众对企业的期待、国际合作伙伴对企业的要求、企业自身未来发展的目标统一起来。

国有石油企业意识到，随着石油工业的发展和国家各项事业的全面进步，石油工业在国民经济的位置也在发生着变化，国家对石油工业的要求也在从供给充分到保障有力，又到效益优先，再到世界一流，每个阶段的要求都跟企业当时发展存在的问题以及国家现实需要相关。在打开国门后，国有石油企业放眼看世界，在对比中看到自身与西方同行存在较多方面的差距，一个中国的优等生在世界面前变成了后进生，这种反差迫使国有石油企业不停地在定位上校准自己，这也是求索状态中企业寻找内驱动力和改革方向的策略。改革开放为国有石油企业开辟了走向世界的路径，让企业在世界大舞台中找寻自身的位置，这跟中国全面融入世界的步伐一致。找到了综合实力的位置，才能明确自身当前的价值和未来应予追求的价值。

这一时期的主流媒介话语中，国有石油企业取得的发展成就和核心竞争力的提升是言说的重点，官媒话语体现了国家意志对企业的要求是"做强、做大"，具备国际竞争力并能在国际石油市场中取得效益并争取到更多资源。国有企业的发展战略与国家对企业的要求高度一致，这个契合点就是企业的价值标准，它的实现需要国有石油企业用改革手段持续推动创新，这也是企业这一时期各项工作的主线。但值得关注的是，媒介对企业改革的历程缺乏关注，主流媒介话语没有记录下石油行业转型的背景、动力、举措、甚至挫折，只是用平实的消息反映了个别的改革成果。究其原因，一方面要归因于媒介话语的价值结果导向。以企业对国家和社会的价值实现来作为企业新闻遴选的标准，改革是价值实现的手段和过程，尽管

第二章 改革转型中的国有石油企业话语实践与企业价值研判后的形象定位(1979—1998)

它能全景式地反映企业发展的历程,同样具有纪实性和新闻性,但没有体现企业价值的实现。另一方面就是国有石油企业的低调宣传理念所起的作用。改革这种涉及企业发展全局的重要内容要审慎披露信息,多做少说,不能在没有见到效果前就宣传改革,要为改革可能出现的不确定留有余地。

二、话语社会实践中国有石油企业自身形象建构的无意识

在那个刚刚解除封闭的年代,公众还在为告别物质紧缺而奋斗,人们的生活还在从温饱到小康的路上。这个阶段,公众对社会话题、公共事务等自己生活之外的信息获取需求比较少,对媒介的需求尚处于可有可无的阶段。企业对待主流媒体的认识是"同为党和政府领导下的兄弟单位",把行业媒体视为"下属的新闻事业单位",要么是社会分工不同的两个组织机构,要么是领导与被领导的上下级。企业向行业媒体和主流媒体提供新闻素材,一是出于企业宣传的需要,这是中国共产党的优良传统,是国有企业坚守意识形态阵地必须要开展的工作;二是企业有义务配合党和政府的喉舌做好言说企业的工作,这是国有企业支持党的宣传事业的责任。那时,企业的媒介话语实践很大程度上是在履行党和国家赋予其的宣传使命,是国有企业在党的领导下的一路工作,是为了完成宣传工作而开展宣传,宣传的质量、效果以及能对企业带来的影响并不是考核宣传工作优劣的标准。

这就可以理解,为何这个阶段国有石油企业波澜壮阔的改革历程并没有成为企业对外宣传的重点。国有石油企业对外宣传是在向党和政府汇报企业发展取得的成绩,也是在完成企业的政治任务,可以理解为企业对舆论的汇报。但汇报的多少,汇报的好坏,在当时的舆论条件下对企业产生不了任何影响,企业还没有通过媒介话语向公众塑造形象的认识,有的企业领导甚至会觉得宣传得越多企业会越被动,低调宣传理念就源自这样的认知。以铁人王进喜为代表的石油英模群体把石油战线塑造成以"苦干实干"为显著特征的行业,"多做少说"既是中国传统做人哲学的成功之道,自然也被以"埋头苦干"作为优良传统的石油行业奉为圭臬。经历过"渤海2号"事故后的舆论批评,国有石油企业对"保持低调""宁可少宣传也不能有负面声音",有着"痛一般的领悟"。可以说,国有石油企业的外

宣长期处于缺乏主动性和积极性的被动状态，新闻报道中鲜有几篇能与20世纪60年代《人民日报》"大庆精神大庆人"相媲美的作品，以企业动态简讯为主要内容的主流媒体报道并不能描绘出石油行业20年的改革转型的奋斗历程，这无疑是新闻见证历史的遗憾，更是媒介话语的历史缺失。

石油行业在改革转型中纷纷创立了自己的行业媒体，除了国有企业政治使命的客观需要外，这也是低调外宣理念推动下的必然结果。国有石油企业的历史需要书写，内部的经验需要总结提炼和交流互鉴，企业管理也需要"下情上达、上情下传"，加上地区企业又有创办行业媒体的经验，"高调内宣弥补低调外宣"就成为国有石油企业媒介话语选择的必然。拿出同一个时期行业媒体和主流媒体对国有石油企业言说的作品进行比较，行业媒体在记录石油、思考石油、研究石油，除了发挥媒介传播的职能，还在发挥智囊作用；主流媒体仅仅是在展示石油，而且是浅尝辄止式的展示，无论从内容丰富性、文字生动性，还是从思想深度，主流媒体都无法与行业媒体相比，这当然是行业报纸专业性和行业媒体先人一步的优越性使然，也是创办行业媒体初衷的应有之义。对于尚未建立起传播观念、也未尝到外宣甜头的国有石油企业来说，与其在主流媒体上发篇"豆腐块"小稿点到即止地说，不如在行业媒体上往深说、往细说，还不必有言辞不慎导致宣传事故的顾虑。行业媒体还成为国有石油企业外宣工作新闻素材和采编力量的有力支撑，主流媒体涉及国有石油企业的重大新闻的部分初稿就来自石油行业媒体的采编团队。行业媒体因其对国有石油企业言说内容的丰富性和专业性，塑造着企业媒介话语的风格和特色，为互联网时代的到来储备了石油历史，积淀了话语实践的经验。

从国有石油企业话语社会实践的历史看，无论内宣还是外宣，媒介话语完成宣传工作任务的同时，推动企业生产经营各项工作的管理水平得到提升，这是媒介话语社会实践的根本目的。在当时，国有石油企业对形象塑造是无意识的，自认为舆论环境塑造与己无关。那个时期，媒介环境和社会环境决定了国有企业没有现代传播理念，只有履行党的宣传工作职能的意识，通过意识形态工作推动生产经营工作。至于企业形象，那时媒介话语中绝少有这样的概念，因为积极正面的宣传导向，每个国有企业都是近似的形象，不存在多面的企业形象；在当时环境中，国有石油企业的干部员工认为企业形象就是党和政府的形象，二者高度统一。媒介并不能塑

第二章　改革转型中的国有石油企业话语实践与企业价值研判后的形象定位(1979—1998)

造企业形象,企业形象是党和政府塑造的,国家把国有石油企业定义为中流砥柱,媒体就会按照这个形象来刻画国有石油企业,因此,企业对媒介话语客观存在形象塑造功能是无意识的。

三、自觉与无意识之间的话语偏离

对企业价值持续调适与定位,自觉地找寻企业在不同发展阶段的角色和位置,在媒介话语中具体表现为价值结果的导向,以企业价值实现作为话语言说的聚焦点。对企业形象建构的无意识,是国有石油企业低调宣传理念和对企业宣传工作的阶段性认识指引的结果。在国内舆论环境高度统一,官办媒体承担主流媒介话语实践的主体责任,行业媒体是国有石油企业媒介话语塑造的主导力量。对于媒介言说企业,国有石油企业并没有通过传播影响舆论场的意识,也没有这样的现实需要和可能。因此,企业把宣传定位在党的重要意识形态工作,履行宣传职责是国有企业的属性决定的,是国有石油企业应尽的政治责任,并没有将此上升到企业形象建构和声誉管理等软实力建设的高度,当然这是与现代企业制度所匹配的观念认知,也与当时的媒介条件和环境密切相关,说明当时国有石油企业的改革还在路上[1]。

理念决定作为。国有石油企业的话语社会实践遵从了价值导向和低调的宣传理念,找寻到二者之间契合点,即在主流媒体言说企业发展的喜人成就,在行业媒体展示企业生产经营管理中总结出的典型经验和先进人物。如果从形象塑造的角度去策划宣传,企业发展中的改革探索过程和经验教训的提炼是最有传播力的新闻素材,但却是国有石油企业外宣中被刻意回避的内容,这种话语偏离被解读为"稳健的需要"。在公共语境中要言说积极且确定的事实,改革尝试与研究探讨等带有主观色彩的内容可以在内部语境中分析,并被认为是不合适对外披露且会带来误解误读等舆论风险的内容。既然宣传只是完成政治任务,媒介话语的影响力和传播效果都不是要点,价值导向才是关键,没有凸显价值再出彩的话语都是没有意

1　Avenarious H. Introduction：Image and Public Relations Practice [J]. Journal of Public Relations Research，1993，5：65−70.

义的，甚至可能是不牢靠的。

因此，国有石油企业改革的 20 年，主流媒介话语却鲜有呈现改革的内容，即使有改革成果的展示也没有改革背景、举措、过程的描述，企业真实的发展过程与外部媒介环境的描述是"两张皮"。而行业媒体对企业的言说内容又缺少互联网这样能够打通两个舆论场的渠道，这种结果导致了公众对国有石油企业的认知和变化只停留在个别的成就片段上，固有的刻板印象不仅没有被打破，反而因透明度不够变得更加固化，这也为进入互联网时代后舆论多元化且向负面化流变埋下了隐患。

本章小结

从改革开放到新世纪前夜的 20 年，是中国石油工业告别"大会战"走向改革转型的新时期。在改革开放的实践中，真实感受到了国内工业领域的标杆旗帜与国际先进的技术和管理还相差甚远。对比中产生的强烈使命感危机和价值观疑虑，迫使石油行业向"油公司"模式的现代企业管理体制机制改革转型。这 20 年是石油行业向石油企业转变的时期，改革是中国石油工业领域发展的主线，国有石油企业完成了从行政管理体制，到国家石油公司，再到专业化油气供应商的"两步走"改革，并开启了"走出去"发展的新征程。但全行业如火如荼的改革却没有在主流媒介话语中得到体现，媒介围绕企业价值贡献言说生产经营成就依然是媒介话语的主要内容，石油行业媒体对企业改革的记录又因传播范围的局限而无法转化为话语力。

主流媒体的话语偏向主要是国有石油企业长期形成的宣传思维并没有因管理体制机制改革而改变，在企业公共关系的建构上还沿袭了改革开放前的价值自觉和形象建构的无意识，强调企业社会贡献，关注权力认可，但忽视了企业自主自觉的公众形象建构。企业认为，企业形象就是国家认可的形象，媒介话语遵循官方意识形态给企业画像，体现价值获得权力认可即树立起良好的企业公众形象。国有石油企业在主流媒体中的话语实践历程与企业改革发展历程并未有机融合，而是在反差中表现为不同的话语系统，分别在主流媒体和石油行业媒体中呈现，即主流媒体中的成绩喜人和行业媒体中的改革突破。在长期"低调、稳健、正面"的宣传思路指引

第二章 改革转型中的国有石油企业话语实践与企业价值研判后的形象定位(1979—1998)

下,国有石油企业并没有将改革探索的非"稳健"话语内容向外披露,主流媒体并没有真实记录下企业改革的心路历程,公众也就无从知晓。公众心目中的国有石油企业还是"工业老大哥"的顶梁柱形象——产量增、效益好、规模大、实力强。企业客观存在而亟需改革突破的问题被屏蔽在媒介话语之外,这就为日后问题集中曝光形成舆论反差、公众形象坍塌埋下隐患。

这20年是国有石油企业低调改革逐渐褪去光环的时期,"渤海2号"事故让刚刚放眼世界的石油人就遭受当头一棒,清醒地看到政治赋予的光环背后是落后的管理和技术装备力量。事故发生后的舆论风暴也让石油行业管理者明确了今后"多干少说""不成熟的事情坚决不说"的对外言说的原则,导致国有石油企业管理者因忌惮"说不好会出事"而长期把宣传作为政治任务来应对,缺乏与国际接轨的企业传播理念,并保持着形象建构和声誉管理的无意识。也就是说,媒介话语的偏向其实是企业传播理念的缺失或偏离所导致的。低调改革为企业下一个发展高峰期的来临奠定了基础,但主流媒介话语对改革历程记录的缺位却导致了企业形象建构主动意识回归后的话语尴尬。

第三章　国有石油企业对标一流走向国际化的话语实践与多元舆论冲突下的形象转变（1999—2012）

第一节　业务国际化与舆论多元化叠加下的语境分析

一、21世纪第一个十年中国石油工业的发展环境分析

1998年国有石油企业完成专业化重组后，全国石油行业进入后改革时代，这一发展阶段一直延续到党的十八大召开。这一时期正是媒体行业和石油行业都迅猛发展的叠加期，信息技术手段的进步，特别是互联网的发展，让麦克卢汉"媒介即信息"和"地球村"[1]的论断变成现实。完成专业化重组形成全产业链生产经营模式的集团化石油企业显著提升了国际化综合竞争的实力，在随后的境内外上市完成后，国有石油企业普遍建立起国际通行的油公司模式，真正实现了全球化融入，以拥抱全球化和市场化倒逼改革的目标初步实现。

其实，国有石油企业要走国际化、市场化的发展新路肇始于改革开放之初，打开国门就发现了出路在哪里，推行"油公司"模式改革的设想在20世纪80年代初就被提出，但真正建立起来却用了20年的时间，这也从另一个侧面反映出计划经济下的行政管理模式在石油工业领域的顽固性。20世纪90年代初，在国有石油企业完成1.0版改革具有了独立法人资格后即开启了"走出去"的探索，尽管那时国有石油企业的实力还无法参与国际石油市场的核心圈的竞争，只能在国际大石油公司不感兴趣或"吃剩

1　马歇尔·麦克卢汉.理解媒介——论人的延伸[M].何道宽译.南京：译林出版社，2011：16.

第三章　国有石油企业对标一流走向国际化的话语实践与多元舆论冲突下的形象转变(1999—2012)

下"的区块上试试身手，积累国际化经验，也在"走出去"的探索中发现了需要推进2.0版专业重组改革的必要性。

全面融入国际石油市场的国有石油企业获得了难得的借助外力倒逼改革提升核心竞争力的机会，形成了对标世界一流水平的战略自觉，有效扭转了20世纪90年代走出去之初产业链短板造成的竞争困境，迎来了海外石油勘探开发和国际合作的跨越发展时期。进入新世纪，石油行业迎来了第二次产业发展高潮期，第一次高潮期是二十世纪六、七十年代，大庆油田发现以及随后的"石油大会战"时期。第一次发展的高潮期，是"从无到有"的高歌猛进；第二次发展高潮期，是"从大到强"的纵横捭阖，是对标一流国际化的全面跃升。

完成专业化重组后的国有石油企业的综合实力显著提升，按照国务院国资委的统一部署，随即开启了境内外募股上市和与国际油价全面接轨的改革行动，这是石油行业体制机制改革具有战略意义和里程碑性质的举措，让传统的生产型企业向生产经营并重的企业集团转变，使"国内业务为主、海外业务为辅"的发展方向转变为"国内外双轮驱动"，市场化和国际化的分量持续加重。此时，国家已度过亚洲金融危机冲击实现了"软着陆"，开始了国民经济新一轮的高速增长，国际油价也在1998年底至1999年初跌至每桶10美元后，持续在10～30美元之间徘徊直至2003年，而后全球石油产业进入第三次石油危机时期和高油价时代。

从2003到2008年，受伊拉克战争、美国墨西哥遭遇"卡特里亚"飓风重创等外部因素以及行业生产、国际供需等经济因素影响，国际油价从30美元一路飙升至2008年的每桶147.27美元的历史最高点。2009年受国际金融危机影响，国际油价才大幅回落，虽然在2011年仍冲到每桶114.83美元的近三年高位，但2009年之后的国际油价总体呈徘徊下降趋势，逐步告别了高油价时代。

完成战略转型的国有石油企业，恰逢高油价时代来临，犹如"久旱遇甘霖"，改革的内生动力和外部机遇期叠加，催生了国有石油企业的跨越式发展期。以中国石油天然气集团公司为例，天然气需求的持续增长和资源勘探捷报频传的双引擎拉动，天然气业务迎来迅猛发展期，长庆、塔里木、西南三个油气田的天然气当量产量大幅超越原油产量，实现了原油和天然气两种资源的比翼齐飞，扭转了长期以来"重油轻气""油多气少"的局面；天然气大发展直接带动了管道业务和液化天然气（LNG）业务的成长，西气东输、陕京管道、中亚天然气管道、中缅管道等连接境内外的天然气干线管网在十年左右的时间铺成，并铺设复线、进口 LNG，建成了西北、西南、东北、海上四大能源通道；海外业务也进入扩张期，中国石油在伊拉克、伊朗、南北苏丹、尼日尔、乍得、哈萨克斯坦、土库曼斯坦、委内瑞拉、俄罗斯等全球主要油气资源国开展全产业链投资作业，获得权益产量或作业费用，也是在重组改革后十年左右的时间，建成"海外大庆"，即海外油气权益当量产量超 5000 万吨。

中国石油工业的第二次大发展期赶上了世界经济持续增长期和原油供不应求的高油价期，形成了对产业的正向拉动，石油成了能源产业发展的旗舰和最赚钱的行业。这一时期，石油行业大发展与信息技术革命叠加，互联网在改变媒介环境的同时，也深刻改变了国有石油企业的媒介话语，进而催生了多元化的舆论生态和国有石油企业形象。改革开放前，毛主席"工业学大庆"指示深入人心，石油行业是工业战线的旗帜，铁人王进喜是石油人的形象代表，"爱国、创业、求实、奉献"的精神特质得到社会公众的普遍认同，媒介话语与公众认知是匹配吻合的。改革开放后进入新世纪前，石油行业擎起改革大旗，解决自身发展的内生动力和国际市场的融入问题，但媒介话语对石油行业的言说仍然保持了历史的惯性，依然在围绕企业主营主业的成就和精神传承的这条主线展开。体制机制改革的探索没有在媒介话语得到充分体现，但在公众舆论场中"铁人传人""共和国长子""国民经济中流砥柱"的形象依然清晰明确。进入 21 世纪后，网络媒体、财经类市场化媒体大量涌现，媒介话语对国有石油企业的言说呈现内容和形式的多元化，在过去"官宣式"的正面高大形象之外，开始出现质疑、批评甚至指责的声音，带有政治正确意味的"央企骨干"的表率形象开始被一些"官僚、垄断、暴利、污染、事故"的杂音所裹挟，光鲜之上多了几片"阴霾"。

第三章　国有石油企业对标一流走向国际化的话语实践与多元舆论冲突下的形象转变(1999—2012)

二、网络时代国有石油企业话语实践的媒介环境分析

"大众媒介本身就是一种公众话语[1]"。在报纸和电视主导传播的时期，媒介就是官方舆论场，对石油行业的媒介言说是党的喉舌在言说党的企业，是官方意识形态阵地在权力之下的统一话语实践，称赞是不同媒介平台的多方位认同；批评是党和国家宣传主管部门统一定调后的集体表态，如20世纪80年代初的"渤海2号"事件。总体看，在官媒完全占据舆论场的情况下，对国有石油企业的媒介话语表达是出于"鼓励与鞭策"，即使是对问题的批评，也是出于"推动改进"的关爱。但在21世纪到来后网络媒介时代，商业门户网站的新闻传播功能超越了传统媒体。尽管这些网站没有新闻采编权，只能转载转发传统媒体的资讯，但网站对信源文本在不改变基本事实基础上的编辑再造，如改换标题和加粗字体突出部分事实等方式，刻意引导受众的关注点，加之新闻评论区的开放等于给公众提供了发酵新闻、延伸传播的平台。

由于互联网深刻改变了受众的信息接收方式和阅读习惯，成为受众最广的媒介。各种媒介的信息都汇聚到互联网平台，经过互联网媒介编辑和网民对信息的二次创造后再传播给更广泛的受众群体。这种互联网参与的媒介话语再加工和再传播改变了国有石油企业的舆论环境和媒介话语表达。官方媒体尽管是信息的主要生产者，但互联网却成为信息传播的主渠道，市场化媒体为了盈利会迎合舆论导向对国有石油企业的新闻事实作倾向性明确的深度解读，而舆论导向的研判基础就是互联网中的网民声音。市场媒体这种揭示事实背景的报道风格满足了公众的知情欲和深度阅读需求，其基于官方媒体所生产信息的再度挖掘及二次传播，有时会改变舆论的导向，可能将本来正面的信息引向负面。比如，国有石油企业的年度业绩发布时，官方媒体报道中的利润数字，经过网民的"暴利说"质疑后，个别财经媒体就国有石油企业如何获得该利润进行剖析解读，原本客观不带倾向性的事实消息，经过二次传播产生了对利润质疑批评的舆论。

互联网时代的媒介发展呈现多终端、移动化趋势，智能手机和自媒体的出现，加速了舆论场的进一步分化，众声喧哗成了媒介话语实践的新常

1　托伊恩・A. 梵・迪克. 作为话语的新闻 [M]. 曾庆香译. 北京：华夏出版社，2003：12.

态。国有石油企业的负面舆情在网络媒介时代开始增多，特别是 2010 年前后，以微博为代表的自媒体在突发事件中发挥了第一时间公布信息并直播进展的传播主力军作用，国有石油企业的安全环保事故和群体性事件已经不可避免地成为媒介话语实践的对象。自媒体爆料在先，传统媒体跟进报道在后，公众通过自媒体参与话题讨论发酵舆情，成为国有石油企业负面舆情产生及流变的基本模式。新闻生产者"只不过是接受了其他传达者传达的信息，并利用各种引语形式把其他传达者的话语转换成了自己的话语。[1]"互联网时代到来前，传统媒体的采编人员是媒介话语实践的主体，石油行业媒体的采编人员代表企业言说企业，主流媒体的采编人员则代表党和政府以及社会公众言说企业，公众被排除在媒介话语实践的主体之外。互联网时代到来之后，特别是自媒体诞生后，公众媒介话语实践的主体身份被确立并得到持续加强。舆论场分化的同时，民间舆论场的声音被放大，对国有石油企业非理性的、非新闻事实披露的、带有情绪宣泄性质的媒介话语会在自媒体中不时出现。国有石油企业部分内部员工也会因愤懑不平而借助自媒体对企业内部信息进行恶意曝光，以求达到报复企业的目的。

总之，进入互联网时代后，国有石油企业乘着重组上市的东风全面融入国际市场，互联网也让企业传播进入舆论场分化、媒介话语多元化的新阶段。言说企业的主体在增加，观点立场、话语风格各不相同，主体身份对传播力的影响越来越小。互联网推动下的媒体融合发展，让石油行业媒体和主流媒体仅仅是隶属关系上的区分，而不再像过去更多的是传播范围和话语影响力的区别。言说主体都在借助互联网建构媒介平台、组织媒介话语，彼此间的传播形式区别越来越小，传播影响力主要取决于媒介话语内容与受众关注点的契合程度。互联网带动的媒介环境变化给国有石油企业的舆论环境产生了"双刃剑"式的改变：一方面，从正面肯定及关爱批评为导向的官方舆论场一元化的媒介话语实践向"肯定、批评、质疑、恶意爆料指责"等多倾向媒介话语在多舆论场中实践转变，国有石油企业的舆论环境变得复杂；另一方面，国有石油企业借助自媒体平台获得了引导舆论的主动权，互联网给企业提供了与主流媒体平等融入舆论场的机会，

---

1 陈欣钢.身份、关系、角色：医疗改革媒介话语中的医患建构[J].现代传播，2015（05）：48.

第三章　国有石油企业对标一流走向国际化的话语实践与多元舆论冲突下的形象转变(1999—2012)

企业自媒体是顾客感知品牌形象的关键"接触点"[1],过去行业媒体的受众只是本行业职工,如今行业媒体的网络平台可以向社会公众传递信息。即国有石油企业的舆论环境复杂了,引导舆论的机会和手段也增多了,媒介话语呈现多样性生态景观。

(一)报纸

虽然进入网络时代,互联网成为公众信息获取的主渠道,但报纸依然获得了快速发展,并没有因为新媒介形态的出现而走向衰落。特别是都市报和财经类报纸呈现出如雨后春笋般的成长态势,这和国家经济高速增长,股市、房市高企,全民投资热催生了财经资讯的高需求,进而推动了财经媒体的成长。同时,互联网扩大了人们的视野和信息量,也改变了人们对媒介话语表达的接受口味,过去中国语境中主流媒体的宣传话语越来越远离受众的接受范围,并留下了"假、大、空"的刻板印象。公众借助互联网接触到了信息量大、观点独到深刻、有温度又有情怀的新闻报道,公众对这类媒介文本的青睐可以通过浏览量和网络评论互动情况反映出来。同时,也出现了像《南方周末》这样的优秀报纸。财经类报纸和都市报的大量创办,正是看到了公众对深度新闻阅读和新闻荟萃式的集合传播有较高需求,财经类报纸通过挖掘经济事件的背景,分析前因后果并做出前景预测,成为财经新闻的观察家和评论员,如《经济观察报》;都市报则通过聚焦热点事件深度解读并配发犀利言论,以及汇集国内外各类新闻报道,成为都市居民洞悉天下的万花筒,如《新京报》。此外,发行量较大的报纸还可以通过门户网站开展网上订阅,实现多平台传播。

对国有石油企业来说,报纸是媒介话语风格、形态塑造的主要媒体。20世纪最后20年,虽然电视媒体在国内兴盛并引领了媒体业态的发展,但报纸作为最主要的媒体形态地位并没有动摇,特别是对企业的报道主要集中在报纸,而报纸只有官办属性。这个时期,中国的媒介话语还是党和政府宣传喉舌的言说。党报、行业报等官媒在报道国有石油企业时,重结果轻过程,重成绩轻问题,重前景轻背景,重描述轻剖析。事实消息和企业动态报道占据主流,普通公众订阅党报并不普遍,报纸的发行

---

[1] 齐二娜.企业自媒体对品牌形象的载体作用及其传播管理研究[J].广告大观(理论版),2018(12):51.

对象主要是党政机关和企事业单位。党报代表党和政府言说,针对企业则是彰显企业的发展亮点,国有石油企业的发展成绩也是党领导下国家取得的进步,宣传导向明确。进入互联网时代,随着市场经济和全球化发展的深入,媒介也开始了市场化的尝试,党管和党办分离。在党管媒体原则不动摇的前提下,媒体可以按照市场经济原则运营管理,这一政策推动了市场化报纸和互联网媒体的诞生。互联网培养了公众的新闻素养和媒介阅读习惯,新闻性强,对新闻事件的前因后果进行全景调查式的深度分析报道深受公众青睐,具有较强的传播力,也成为市场化报纸媒介话语建构的方向[1]。

(二)电视

互联网兴起推动着电视传播内容和话语表达方式的转型。电视在中国社会兴起成为受众范围最广、影响力最大的媒体,并且是丰富人民群众业余文化生活的重要载体。一部电视剧《渴望》万人空巷,一年一度的春晚成为全国人民不可或缺的年夜饭。电视承载的媒介话语是多元的,其被附加的功能也是多重的。在互联网出现之前,电视媒介新闻传播的功能,主要依托各级电视台的新闻播报栏目,如中央电视台的新闻联播。受电视传播技术的限制,每个电视台的频道不多,辐射范围有限。除中央台有多个频道,信号能遍及全国外,省市地方台多数只有一个频道,并且覆盖范围只能在本辖区内。进入互联网时代,信息通信技术和互联网技术的发展也推动了电视媒介生态的改变,多频道、卫星传输的发展方向大大改变了电视媒介的传播容量和传播范围。电视台按照内容分频道,再以频道定栏目,各省电视台纷纷上星实现全国传播。电视传播内容和范围的扩展,带动了电视话语的多元化发展,新闻资讯、新闻调查、话题访谈、综艺娱乐、影剧播放、专题纪实、科普文教等内容聚合在电视的不同频道的不同栏目中,电视的"杂志化"特点和对公众的服务功能进一步凸显。

进入21世纪,电视对国有石油企业的传播也在电视媒介形态得到进一步发展中得到丰富。从纯粹经济类新闻的动态资讯播报,到覆盖多个电视频道和不同栏目的多种话语形态的言说。除了各级电视台新闻节目对国

---

1 Alison D. Newspaper discourse informalisation: a diachronic comparison from keywords[J]. Corpora, 5 (2): 109–138.

第三章　国有石油企业对标一流走向国际化的话语实践与多元舆论冲突下的形象转变(1999—2012)

有石油企业总部层面和地区所属企业新闻事件的报道，还有新闻调查类栏目对国有石油企业重大新闻事件的深度解析，访谈类节目对国有石油企业领导人员、技术专家、劳动模范、亲历当事人的对话采访，纪录片频道播放对国有石油企业参与的重大工程全程式回顾的纪实报道，以及科教类频道对石油工业各产业链工艺技术的科普介绍等。同时，涉及国有石油企业形象和产品的广告，也是电视对国有石油企业言说的表现形式。因为人的直接参与，以及实景画面的现场感，电视话语会更形象化、口语化，会有当事人、记者、相关方代表等不同的言说主体，从特定主题的不同角度去表达观点陈述事实，透过话语的多方建构向公众呈现出更加立体的企业形象。

(三)网络媒体

进入互联网时代，网络媒体代表了媒介发展的方向。从中国社会触网伊始，"网上冲浪"就逐渐成为触网人群一种信息获取方式，并进而成为一种生活方式。在互联网媒体的1.0时期，能够称之为网络媒体的平台就是以网站为形态的传播介质，最主要就是以新浪、搜狐、网易、腾讯、凤凰为代表的商业门户网站和以天涯社区、凯迪社区、百度贴吧等为代表的社交类网站，这些社交类网站也是自媒体的早期形态。商业门户网站没有新闻采编权，它们是将国内外媒体报道的热点新闻第一时间筛选后转发，充当了信息的集散地，让网民可以"一网打尽""读网便知天下事"，而且克服了报纸时效性差、受版面限制、阅读不便等不足，规避了电视受播出时段限制、无法自由选择等缺陷，可以同时满足受众"快餐速览"和"探究思考"的不同需求，也可以让受众自由切换文字、视频、语音的接收方式，还可以实现24小时不间断的滚动更新保证最高时效。可以说，互联网成为优点最多、缺点最少的媒体形态，它的出现即迅速改变了公众的媒体使用习惯，随着网络普及而成为使用率最高、传播力最强、影响力最大的媒介平台，并迫使其他媒体向"+互联网"的方向发展，人民网、新华网、央视网就是"传统媒体网络化"趋势下的产物，同时加速了以社交互动为方向的自媒体平台创新步伐。

从言说国有石油企业的媒介这一研究视角去审视，网络媒体在其中扮演了不同角色。对没有采编权的商业门户网站而言，它们是言说国有石油企业信息的二次传播平台，是各种负面新闻发酵形成舆情事件的扩散场。对人民网、新华网等有采编权的官方网络媒体而言，它们是正面宣传国有石油企业、客观传递企业资讯的言说平台，报道文本既有网站的源发报道，又有"母媒体"源发报道的网络版转发。由于网络媒体中对国有石油企业言说的文本主要是由非网络媒体产生，网络只是其分发的主要路径。因此，在网络中呈现的主要是文本源发媒体的媒介话语风格。在论坛、社区、贴吧等社交类网站的兴盛期，国有石油企业的负面信息多产生于此，多为内部员工或知情人的爆料，主要涉及违法违纪行为、内部管理问题、领导人员的私德等方面，也成为媒体获取新闻线索的信息源头之一。在自媒体成为网络信息传播的主角之前，各类网站还是网络信息整合、分发、接收的主渠道，自然也是国有石油企业网络传播的主力军。

（四）广播和杂志

在互联网出现之前，广播和杂志是与报纸、电视一样的独立媒体平台。电视的兴盛分流了广播的受众群体，也迫使广播内容变革向更贴近受众收听需求的方向转变。杂志是以特定专业领域为传播内容和以特定受众群体为传播对象的文本集合平台，具有学术性、专业性、受众群体集中等特点，由于杂志属于小众媒体，是内容导向的媒体，传播内容具有稳定性。而广播则是渠道导向的媒体，具有内容延展的较大空间，但对杂志传播的改变主要体现在杂志传播的渠道方面。互联网出现后，广播与杂志的传播途径都发生了改变，网上收听和在线订阅拓展了两个媒体的传播渠道，增加了与公众的交流互动，进而扩大了受众群体。互联网给发展困境中的广播带来了转机，借助网络扩展听的内容和提升听的体验。杂志则可以通过网络扩大宣传提升知名度，以此扩大发行量。可以说，网络对这两个受众群体较小的媒体产生了反向倒逼和正向推动两个力，即迫使改进内容扩大影响力和"+互联网"的联动传播。

但就对国有石油企业的传播而言，广播和杂志涉及的内容较少，且具有一定的局限性。广播的传播内容主要是在经济类新闻的播报中对国有石油企业生产经营的动态给予报道；杂志主要是涉及石油相关专业期刊的论文和部分石油专业以外的特色期刊对石油系统的人和事的深度报道。总体看，广播对国有石油企业的言说内容和电视、报纸的报道内容具有较高的

第三章 国有石油企业对标一流走向国际化的话语实践与多元舆论冲突下的形象转变(1999—2012)

重叠性，且受众群体要小于这两个媒体；杂志的言说内容又有一定的专业性，是针对特定群体的言说，因而广播和杂志对国有石油企业传播的影响力较小，也不是企业宣传策划时媒体选择的主要对象。

三、走向国际化与舆论多元化叠加下的企业形象转变

从改革开放伊始，石油行业用了20年的时间持续深化体制机制改革，完成了高度计划性的行政管理模式向国际化、专业化的油公司和油气供应服务商模式转型。石油行业的公众形象从工业战线的旗帜、工人阶级的先锋，逐渐转变为中国工业企业中的骨干力量，淡化了意识形态色彩，褪去了在国家困难时期基础重工业引领国家发展的政治光环，回归了企业属性，突出了国有身份附加的政治、经济、社会三大责任。进入新世纪，国有石油企业完成了专业化重组上市，在"走出去"初步探索的基础上，走向全产业链参与国际竞争和合作的全面国际化，迎来了中国石油工业自20世纪60～70年代第一个发展高潮期后的第二个以全球业务拓展为特征的发展高峰期。这与国家加入世贸组织全面拥抱全球化浪潮，并保持经济高速增长的发展阶段相契合。媒介话语在言说国有石油企业的国际竞争时，展现出话语民族主义的一面，民族主义话语总在二元化的叙事框架中得以建构：一是时间的二元叙事，即介于民族"自我"与"往昔自我"之间的叙事；二是空间的二元叙事，即介于民族"自我"与"他者"之间的叙事[1]。通过民族主义话语的建构来展示国有石油企业在超越过去中赶超世界一流的进取姿态。

国有石油企业走国际化之路是国家发展战略和经济发展阶段的必然选择，也是企业获得全球市场资源、学习并赶超一流保持可持续发展动力的客观要求。中国三大石油公司的国际化战略是以资源为导向，以石油工程技术服务为支撑，以国际间合作为途径，重点在中东、中亚、非洲、南美等油气资源富集区开展地球物理勘探、钻井测井等技术服务、管道和炼油化工装置等工程施工作业、油气田区块权益的独立或联合并购等涉及石油工业各产业环节的竞争与服务，从而获取油气权益产量或作业服务费。同

---

[1] 熊慧.民族主义话语的媒介建构策略研究[J].厦门大学学报（哲学社会科学版），2011（04）：134.

时,在欧美主要国家的油气资源的交易市场参与贸易,保障国内的油气资源供给的进口渠道畅通。国有石油企业征战海外市场的另一个背景压力就是,中国经济的高速增长促使油气资源的对外依存度逐年升高,1998年石油的对外依存度是17.22%,之后每年上升,2012年石油的对外依存度达到58%;我国从2006年开始进口天然气,到2012年,短短7年我国天然气对外依存度上升至29%。充分开发海外市场、努力获取海外资源成为国有石油企业"国有"身份所担政治、经济、社会三大责任的必由之路。

进入21世纪,国际油价快速高企,国有石油企业的利润回报率也持续攀升。充足的资金为国有石油企业海外拓展,购买油气田开采权和油气资源储备创造了前提条件。2000~2003年,国际油价在每桶30美元上下徘徊,2003年开始,世界迎来的第三次石油危机,国际油价20年左右的稳定期被打破,进入了一个全新的上升通道期,从每桶30美元开始一路飙升,在2008年7月国际金融危机到来前达到每桶147.27美元的最高峰。随后,虽受国际金融危机影响大幅跌至每桶33.2美元,但在短期低位震荡后,又于2009年下半年开始上升至每桶80美元,之后又持续上升,在2011年初再次冲上每桶100美元以上的高位,此后三年国际油价一直保持在这样的高位运行,但自2009年后,国际油价是总体下降的走势。总的来说,21世纪的前十余年,因受地缘政治博弈和自然灾害影响,原油供给不足引发石油危机,全球石油行业进入高油价时代。

高油价带来的高利润催生了国有石油企业傲人的经营业绩,中国石油在2007年被媒介话语定义为"亚洲最赚钱公司",国有石油企业上缴国家的利税也连创历史新高。高油价利好了国家,利好了国有石油企业,却没有给社会公众,特别是油气产品的用户带来利好。水涨船高,原油价格持续攀升,用户汽柴油消费的价格也在不断上涨;高油价也加大了工农业生产成本,导致社会产品价格普遍上涨,老百姓的生活成本进一步增加。因为国家经济的高速发展,生活成本增加的同时,人们的收入也在增加,只是人们预期的盈余变化不够显著。高油价、高房价是那个时代中国人心中的"怨",对高房价而言,由于获利的房地产开发商众多,房价的区域差异又很大,公众难以对房价的怨聚焦,在媒介话语中对房价的言说不会针对房地产商展开,而是从宏观经济政策和区域经济特点的角度去分析。但由于石油行业的天然垄断性,中国石油消费市场的成品油主要是中石油、

第三章 国有石油企业对标一流走向国际化的话语实践与多元舆论冲突下的形象转变(1999—2012)

中石化两家企业供应,加之私家车的普及,成品油价格直接关系到公众钱袋子的支出,因此,公众对油价高企带来的对加油贵的不满,会直接迁怒于国有石油企业。公众对油品消费价格、质量、数量的关注更加普遍和常态化,互联网又给公众提供了表达意见的平台,因此,油价及其相关联的服务质量的优劣就成为国有石油企业的舆论开始出现多元化的源起,也说明,国有石油企业与公众利益的关联越来越紧密。

新世纪伊始,中国国有石油企业成功在境内外上市,这是走向国际化的重要举措。通过融入全球资本市场,倒逼企业对标世界一流标准推动管理模式转型,按照国际通行规则行事,能够更便利地与国外行业伙伴开展国际间合作。上市为国有石油企业打开了国际化发展的一扇门,叠加国内经济的蓬勃发展和国际油价持续走高,国有石油企业走出去的动力更强,海外布局的领域更宽、业务更多、受益更大。经过10多年在更高起点之上的海外深耕,2011年,中国石油天然气集团公司海外油气作业当量产量超过1亿吨,权益产量达到5170万吨,相当于在海外建成一个大庆油田。自1993年实施"走出去"以来,中国石油海外油气合作从秘鲁项目起步,到早期获得苏丹、哈萨克斯坦和委内瑞拉的一批规模项目,实现了从无到有、从小到大的跨越式发展。中亚—俄罗斯、非洲、中东、美洲、亚太五大海外油气合作区初步建成,西北、东北、西南和海上引进境外资源的四大油气战略通道建设快速推进,亚洲、欧洲和美洲三大油气运营中心初具规模,油气投资业务与工程技术等服务保障业务一体化协调发展的格局已经形成,国际业务进入规模发展的新阶段。

国有石油企业大踏步、高水平走向国际化,赢得国际业界的较高评价,海外媒体对中国国有石油企业的评价客观正面,是对国有石油企业成为国际业界主要玩家的认可。西方主流媒体曾客观地说,中国石油企业在苏丹、哈萨克斯坦等转型发展的油气国家的投资作业,实际是在将石油天然气资源转化为带动社会转型发展的血液,中国石油公司是这些国家社会进步的重要推动者之一。国有石油企业海外发展获得好评,但在国内舆论场中,企业却成为饱受诟病的对象:

一是在成品油定价机制尚未形成的情况下,公众看到原油价格的涨跌并没有跟成品油价格的涨跌保持一致,而是涨一致跌不一致,定价本是国家主导的事,但被公众误解为国有石油企业利用未市场化且不透明的成品油定价权力,为企业牟取暴利。二是企业的高利润是因高油价而不是因技术和产品创新而得,在公众眼中产生了"暴发户"的印象,另外,企业获得的高利润没有让公众产生获得感,反而是不断上涨的加油支出,这种反差导致对国有石油企业缺乏尊重与信赖。三是国有石油企业上市本是公众希冀借助企业出色业绩获得企业发展红利的机会,但中国石油的沪市股票上市迅速涨到48元后,一路下跌,不仅跌破发行价,而且在个位数股价长期徘徊。众多股民抱持"买涨不买跌"的心态,预测中国石油股票肯定能上冲破百,在48元最高点蜂拥进场,导致大量股民要么被长期深度套牢,要么愤然割肉离场。中国石油的股价严重背离了企业业绩,给公众留下了"中国石油从股市卷走老百姓积蓄"的主观推断。

在石油行业第二个发展的黄金期,企业生产经营的国际版图持续扩大,企业效益不断提升,但企业的舆论口碑却在变差。过去,国有石油企业跟普通公众的交集很少,媒介都是官办属性,公众只能通过这些官办媒体获取信息,因此,国有石油企业的公众形象就是媒介塑造的形象,亦是官方认可的形象。但在互联网时代,中国社会已是私家车大量普及,天然气的城镇气化率接近50%,公众与国有石油企业的交集越来越多,网络扩大了公众获取信息和表达意见的渠道,国有石油企业的形象已经不能完全由官媒来定义,而是更多地由互联网传递出的公众声音来塑造。社会成员是否有通过传媒发表意见的自由和了解信息的自由,是一个国家的公民是否享有和在多大程度上享有政治自由和权利的重要衡量指标[1]。遗憾的是,国有石油企业商场中的优异表现没有换来国内舆论场中的好评。在网上石油企业消息下方的评论区里,时常出现对国有石油企业批评指责的言论;社区、贴吧、论坛里也会不时出现对石油企业产品、服务质量提出批评,出于发泄私愤和内心不平而披露个别企业管理者腐败行为或个人作风问题。这些互联网中的负面信息具有较强的传播力,部分都市类和财经类媒体还会以网民的网络爆料为线索跟进报道,对负面舆情产生升级发酵的作用。

互联网蓬勃发展时期,各媒体形态围绕互联网谋划转型,媒体加速升级迭代发展,传统产业遭遇信息化手段的高速变革,感到了明显的不适

---

[1] 董慧敏. 网络时代媒介话语权的延伸变迁[J]. 今传媒, 2012 (07) : 95.

第三章　国有石油企业对标一流走向国际化的话语实践与多元舆论冲突下的形象转变(1999—2012)

应，应对媒体的方式还停留在"官办媒体"时代，总认为党的媒体一定会为党的企业做好宣传。但市场化的媒体不会以宣传企业为导向，而是以市场需求来选择报道的角度，网民在互联网上发声也只会遵从内心的价值判断。当舆论中出现负面舆情并受到社会广泛关注时，市场化媒体会跟进报道负面信息满足公众迫切了解相关背景和进展情况的需求，网民也会在互联网各类平台上展开讨论、补充信息或发出行为动员，进而升级舆情热度对石油企业形象产生负面影响。此时，国有石油企业还会沿袭过去的做法，向上级新闻和互联网主管部门汇报，协调其向相关媒体发出停止进一步报道的指令，同时，在互联网平台上删除部分对企业不利且失实的言论。石油企业还是在用"封堵"方式应对媒介话语可能带来的负面冲击，对积极发声引导舆论的"疏导"方式并不适应，更不擅长，因为这种方式存在时间周期和不确定性，没有"封堵"来得立竿见影。

面对不时而至、难以把控、又多以负面呈现的网络舆情，以及媒体属性和载体形态变化带来的倾向性和话语特点的变化，国有石油企业的应对准备不足，尚缺乏对传播规律的把握和必要的技巧。随着主流媒体以宣传为导向话语的传播力不断下降，市场化媒体新闻性强的深度报道和黏性强的社区论坛中知名博主的主题文章具有更高的传播力和影响力。主流媒介话语中对国有石油企业描述的"国之中流砥柱"的形象，并没有转化为对舆论正面影响，传播力更强的与主流媒体观点不同的其他倾向性观点牵引着国有石油企业在舆论场中的形象发生改变。

在舆论场中，"中国工业战线示范引领者""民族自强奋斗精神的代表""社会主义经济建设巨大贡献者"的形象和光环在逐渐弱化和消退。取而代之的要么是"凭借垄断地位不求创新只求高利润"的唯利贪婪形象，要么是"管理效率低下、高薪低能、消耗纳税人钱财养闲人"的守旧倾颓形象，要么是"财大气粗、生活腐化"的落后"暴发户"形象。社会学家埃利亚斯提出"污名化"概念，即一个群体将人性的低劣强加在另一个群体之上并加以维持的过程[1]。污名化研究指出，被污名程度完全取决于社会、经济和政治权力的可得性，劣势群体因其在权力中的弱势地位，而

1　李红涛，乔同舟.污名化与贴标签：农民工群体的媒介形象 [J].二十一世纪，2005（07）.

被主流群体"毁誉",从而被歧视并丧失地位[1]。总的看,主流媒体、市场化媒体和民间社交媒介中存在着不同的国有石油企业形象。即使是正面形象也是回归到普通企业身份后,一个优秀企业应该具有的特质呈现,减少了附加意识形态的宣传和所谓"高大上"的话语描述;而负面形象则更加多元,从不同的维度批评质疑国有石油企业的管理、市场行为以及员工的素质和操守。国有石油企业的正负形象在舆论场中冲突碰撞,一方面提升着国有石油企业的关注度和公众参与讨论国有石油企业话题的热情,让国有石油企业处在舆论的风口浪尖;另一方面,舆论多元冲突也在消磨着国有石油企业品牌、口碑等软实力,并导致企业的舆论环境更加复杂。

从企业和网民的因素看,石油企业日趋复杂多元化的舆论环境与全行业扩张式的发展密切相关。获得新区块开发权、开工建设新炼化厂、输油气管道同时建设推进等国内外诸多项目上马推进,高油价、高需求,让石油企业所属的各类成员单位都开足马力加快生产,努力缩短产能转化周期,争取更高利润。但业务开拓与精细管理之间确实存在一定矛盾,需要管理者做到必要的平衡,可是在这段发展的黄金期,这对平衡还是被打破了。因为安全管理不到位,石油企业的安全环保事故接连发生,重庆开县"12·23"事故、吉林石化污染松花江的"11·13"事故、大连石化连续两年"7·16"事故等,以及出现了大连、厦门、昆明等多地民众因"邻避效应"而反对石化企业上马PX项目并自发组织的散步抗议活动。作为易燃易爆的高危行业,安全环保一直是石油企业的痛点和软肋,一旦出现,无论如何应对,企业形象都必然受损。除了企业自身管理存在的问题外,公众的媒体素养在提高,利用互联网维权和表达观点的意愿越来越强,任何企业的负面事件都会被网民捕捉并集体发酵升温,有的负面信息曝光就是源起自网民爆料。

网络引领媒介发展的时代是舆论走向多元的时代。国有石油企业的媒介话语表达也会因媒介技术和媒介环境的变化而变得丰富多样。国有石油企业自身发展的阶段和特点,也影响着左右舆论的各方对企业的言说。对国有石油企业的舆论环境而言,这也是一个令人费解甚至愤懑的时代。企

---

1 张洁."富二代""官二代"媒介话语建构的共振与差异(2004-2012)[J]. 现代传播,2013(03):49.

第三章　国有石油企业对标一流走向国际化的话语实践与多元舆论冲突下的形象转变(1999—2012)

业持续做强、做大，无论从规模、利润，还是市场份额、技术实力，都对标一流实现了追赶甚至超越，但企业发展进步并没有换来在国内舆论中的好声誉、好形象，甚至比以前的形象更差了。就有石油业内人士引用狄更斯的名言打趣地就石油行业来评价这个时期，"这是最好的时代，也是最坏的时代"。互联网深刻改变了媒介发展轨迹和不同行业的技术创新，也深刻改变了企业的舆论环境和企业软实力建设的战略。

第二节　多元舆论冲突下的媒介文本分析

国有石油企业完成专业化重组并成功上市正好赶上国家对内推动国有企业扭亏脱困改革，对外积极加入世贸组织的历史时期。企业发展目标和价值研判向对标一流的国际化转变，企业多年持续不断的体制机制改革和融入全球资本市场带来的与国际规则接轨，为目标和价值转型奠定了基础。进入新世纪，在重组后新老业务、新老成员企业相互磨合的阶段，国际油价还处于40美元以下的低位徘徊，但重组上市还是给石油企业注入了发展的活力。进入新世纪的头几年，部分亏损多年的成员企业纷纷扭亏脱困，进入发展快车道。也正在此时，国际油价开始高企并一路高扬至2008年的国际金融危机前夕，就是在之后的5年时间里，国际油价也依然保持了高位运行，这让多年来奋战在扭亏脱困之中的石油行业迎来了发展的黄金时代；又有十余年走出去海外探索的经验积累和重组上市改革红利的加持，国有石油企业进入新中国成立以来第二个高速发展时期。

从媒介环境看，国有石油企业完成公司化体制机制改革恰逢互联网发展风起云涌之时，新浪、搜狐、网易等门户网站纷纷建立，移动通信和QQ、MSN等即时通信软件的普及改变着人们沟通交流和使用媒介的习惯。互联网办公逐渐成为标配，公众接受媒介话语的方式发生了革命性巨变，自媒体、市场化媒体的出现带来了舆论场的分化。互联网带来的质变深深影响着国有石油企业媒介话语的生产和实践，企业逐步改变了固有的宣传思维,引入了企业传播理念,以及新闻发布和新闻发言人制度。企业新闻宣传管理部门应对媒体的数量、属性,以及与媒体的关系也发生了改变。除了官媒,市场化纸媒、互联网媒体、海外媒体都成为石油企业媒介话语生产实践的主体,企业媒介话语的多元带来了舆论的多元。

一、主流媒体对国有石油企业报道文本的话语分析

从新华社稿库中搜集整理出1999~2012年14年中,《人民日报》和新华社对石油行业的报道,剔除属于中央清除政治流毒范围的部分文本,保留了78篇报道文本作为研究对象(见附录6),分析外部主流媒体对国有石油企业言说的话语。通过高频词分析软件对这78个文本进行词频分析后,删除石油、油田、中国石油等具有指代性质且不具有话语分析意义的高频词后,得到以下50个高频词的结果:

(一)文献的高频词分析

图3-1中外部主流媒体报道国有石油企业的高频词与前一个历史阶段相比,明显涉及石油的领域更广且更加分散,说明这个时期国有石油企业的业务在扩张,综合实力显著提升[1]。排在前八位的高频词都和这一时期国有石油企业的业务实践特点相关,国内外上中下游全方位的业务拓展是这一时期国有石油企业发展的显著特征,拓展就意味着众多新项目、新合作、新工程上马推进,如火如荼的建设是石油圈内最普遍的景象,新勘探区块、新炼厂、新管道,不同业务板块的新工程多点开花,呈现欣欣向荣的景象。国内油气资源勘探的战略重心向西部转移,四川盆地、鄂尔多斯盆地、塔里木盆地天然气勘探取得新的重大突破,新疆、青海、陕甘宁地区的原油勘探获得喜人成果,油气储量再创新高,大庆油田保持了稳产高产。

中国最年轻油田塔里木油田的开发速度加快,油气增产量多年名列全国各油田之首,带动了西气东输一线、二线工程建设,也由此迎来油

---

[1] Yoo Jung Hong, Donghee Shin, Jang Hyun Kim. High/low reputation companies' dialogic communication activities and semantic networks on Facebook: A comparative study [J]. Technological Forecasting and Social Change, 2016, 110: 78-92.

第三章　国有石油企业对标一流走向国际化的话语实践与多元舆论冲突下的形象转变(1999—2012)

气管道建设突飞猛进的发展阶段。长庆油田低渗透开发技术、大庆油田三次采油技术等技术创新保障了大型油田持续稳产高产。国有石油企业的国际化之路越走越宽，中东、中亚、非洲、南美四大油气作业区形成区域和产能规模，北美、亚太、欧洲三大海外油气贸易中心和通向国内的东北、西北、西南、海上四大油气战略通道初步形成，非洲的苏丹项目成为中国海外能源合作的典范。高油价、全球化的叠加推动，促使国有石油企业迎来新中国成立以来最迅猛的发展阶段，实现了质量和效益双丰收，综合实力和全球影响力的双增强，三大石油公司在世界500家排名中傲居前列。

词	频次	词	频次	词	频次	词	频次	词	频次	词	频次	词	频次
建设	120	工程	107	市场	81	安全	63	世界	59	战略	55	经济	51
				产量	68	供应	49	建成	46	投资	43	科技	43	合作	42
储量	116	西气东输	89			专家	41	稳产	34	精神	32	创造	30	价格	30	东部	29
				探明	67	资产	37	需求	34	节能	29	历史	27	铁人	26	进口	26
管道	112	塔里木	86	国际	65	新疆	36	减排	33	苏丹	28	收购	26	管网	25	储备	25
										油价	27	环境	26	西气东输工程	25	塔里木盆地	24
技术	112	项目	86	增长		稳定	35	结构	33	消费	27	会战	25	创新	25	成果	24

注：本研究使用中国传媒大学高频词分析软件对热词词频和权重两项指标进行分析。

图 3-1　1999-2012 年《人民日报》新华社对石油企业报道的词频分析

在涉及海外地域、国家的高频词中，有一个变化很值得关注：在 1949～1978 年，这个高频词是"苏联"；1979～1998 年，是"美国"；而 1999～2012 年，是世界。这个变化一目了然，第一个时期是意识形态指引，政治挂帅，石油工业依赖苏联老大哥的帮助和扶持起步，技术和管理都向苏联学习；第二个时期是改革开放后，封闭的中国放眼世界，发现自己远远落后开始奋起直追，国有石油公司瞄准世界石油工业的先驱亦是世界综合国力最强大的美国，学习其"油公司"的现代化管理模式，作为全行业深化改革的方向；第三个时期是融入全球化的新时期，国有石油企业推进全产业链的国际化运营，海外投资、并购、合作已遍布全球，与中国全面融入全球化同步。国有石油企业用不到 20 年的时间，海外油气权益当量产量突破 5000 万吨，建成"海外大庆"，此时的三大国有石油企业，每家都是在世界范围布局的跨国能源巨头，再也不是以西方大石油公司为马首是瞻的跟班小兄弟，国有石油企业的国际话语权显著增强，已是全球业界第一梯队的玩家。

安全、节能、减排、环境都是图 3-1 中的高频词，在之前两个历史阶段都不曾出现，这个历史性的变化是国有石油企业惨痛教训换来的。中国石油发生在 2003 年的重庆开县"12·23"井喷事故伤亡惨重；2006 年吉林石化"11·13"松花江污染事故产生了较大国际影响，两次事故都成为改变国有石油企业发展方向的重大事件，也是继"渤海 2 号"事故之后最严重的安全生产事故。由于这两次事故发生在媒体产业化发展、公众舆论监督意识普遍增强、信息传播手段选择增多的时期，事故产生的国内外影响对石油企业管理产生了强大的倒逼作用。企业把安全环保放在了更加突出的优先位置，企业发展要创造"人与自然和谐"的理念得到了强化。媒体与社会公众对企业的安全环保管理更加关注，媒介话语就此话题言说的内容也普遍增多。

这一时期，中国不断完善社会主义市场经济制度并全面拥抱全球化，促使国有石油企业推行市场化与国际化并举的发展战略。依靠国家经济强劲发展的拉动，通过技术创新加大油气资源勘探开发力度的同时，扩大资源进口，充分保障国内市场供应。国内油气生产在"稳定东部的同时大力发展西部"，油气并举且更大力度推进天然气发展，优化能源消费结构，推动管道、炼化、储气库等重大项目建成投产，并加大油气资源储备，保障国家能源安全和价格稳定。国有石油企业内部管理既要建立现代企业制度、遵循国际规则，又要继承并发扬大庆精神铁人精神等会战时代形成的优良历史传统，培育创造特色石油文化，增强助推企业发展的软实力。

第三章　国有石油企业对标一流走向国际化的话语实践与多元舆论冲突下的形象转变(1999—2012)

（二）主流媒体文本表达的意义、关系及联系

这一时期，配合石油行业的公司化改革，主流媒体对石油系统的言说从过去偏向行业整体往偏向具体企业转变，三大石油公司的确立，为具体针对企业言说创造了条件。从主流媒体报道的文本看，内容更丰富，视角更多样，引发思考的评论性文本和回顾历史、总结发展经验的文本明显增多。从意义的表达看，新闻报道更关注石油企业承担政治、经济、社会三大责任的事实和关乎企业发展战略的举措。比如，"中石油产业扶贫助力豫北老区'摘穷帽'"表达企业在履行政治责任；"中石油：千亿元利润主要用于回报投资者和基础性战略投资"体现企业承担经济责任；"中国石油:确保冬季供暖期间居民生活用气"反映企业在积极践行社会责任[1]。"天然气开发将有利于弥补我国石油缺口""中石油成功收购PK公司是能源战略重大突破"这些是介绍企业发展战略的消息，所采取举措对企业带来的积极推动作用即为意义所在。

由于石油企业国际化经营实践不断拓展，企业依托全球化加速发展，媒介话语中对关系和联系两项任务的建构也更多地瞄准了世界，反映中国的石油企业或石油工业与世界不同领域的关系。国内与国有石油企业建立关系和联系的媒介文本主要集中在社会关注度高、公众存在疑惑的领域。举例来说，"中国为石油天然气工业提供巨大商机"的报道要向公众说明，中国既是石油天然气的资源储量大国也是消费大国，中国和全球的石油企业都可以在这片土地上获得商机，无论是上游的勘探开发还是下游的贸易和终端销售，国有石油企业可以和全球的业界伙伴合作，共同开发这片富矿。在这篇媒介文本中，国有石油企业与国内的油气资源开发潜力、国内巨大的消费市场建立了关系，与国外业界同行建立了联系，反映出石油天然气工业全产业链蓬勃的发展生机。又如，"盛华仁：两岸可在国际原油采购等方面合作"反映在国际原油采购这个领域可以开展无涉政治的平等合作，这为海峡两岸在石油化工领域展开合作建立了联系。再如"成品油价：'外跌内涨'现象如何理解？"这是公众关注并存在疑惑的话题，媒

---

[1] Mauricio Andrés Latapí Agudelo, Lára Johannsdottir, Brynhildur Davidsdottir. Drivers that motivate energy companies to be responsible. A systematic literature review of Corporate Social Responsibility in the energy sector [J]. Journal of Cleaner Production, 2020, 247, 119094.

介通过解疑释惑的文本将石油企业与油价、公众都建立起联系,向公众告知石油企业与油价涨跌之间究竟是什么关系。

从图3-1高频词表中亦可以看出,这一时期能够展现意义并建构起关系和联系的热词很多,储量、技术、产量、建成、科技、稳产、安全、环境、节能、减排等等,这些词都反映国有石油企业的变化,展现发展进步的意义。建设、管道、工程、项目、塔里木、西气东输、市场、世界、供应、投资、合作等等,这些词都能与国有石油企业建立关系和联系,反映出企业实现意义的渠道或方式。总体看,国有石油企业是在开放环境的众多领域中搭建联系、建构关系、展现意义,除了在突破创新中展现意义,承担责任、凸显价值成为体现意义的新视角;国有石油企业建立关系联系的领域更大,在回顾过往的发展经验教训中与历史建立联系,与不同历史阶段的政治、经济、文化、媒体等环境因素产生关系;在描绘企业各业务领域的国际合作和海外发展成果时与国际业界伙伴、资源国、世界油气资源市场建立联系,与国际地缘政治经济形势、大国博弈、国际油价以及国际能源发展变局产生关系,展现出国有石油企业成长为国际大型跨国企业后的自信、愿景和作为。

(三)主流媒体文本展示的活动及身份

由于国际交往的增多和上市企业的身份,媒介话语对石油企业所从事活动的建构与其在市场、国内和国际社会中所扮演角色的紧密相关程度越来越高。企业的市场和社会角色也就是话语对企业身份的建构。进入新世纪,国有石油企业已经完全脱去了国家行政管理部门的身份,通过公司化转型和上市募股融资,已经蜕变成石油天然气产、供、销、贸、储、服一体化跨国企业集团。呈现给世人的是中国石油天然气集团公司、中国石油化工集团公司、中国海洋石油总公司这三大石油公司的身份标识,而它们共同的活动就是在国内所属矿权区域和海外资源国合作区域勘探开发石油天然气资源,并向国内外市场提供油气资源产品及其衍生品和相关服务。国有石油企业已经是市场经济环境中的一分子,存在不同的利益攸关方和监督方,需要扮演不同的角色来开展生产经营活动。这与封闭环境和计划经济条件下以生产为主的国有石油企业不同,国际化和市场经济条件下的国有石油企业则是以经营为主线,以市场需求和经济效益为导向来指引生

第三章　国有石油企业对标一流走向国际化的话语实践与多元舆论冲突下的形象转变(1999—2012)

产。时代和环境的变化，重塑着国有石油企业的活动和身份[1]。

在媒介话语的表现中，国有石油企业的活动和身份越来越多元，彼此的关联度越来越高。同一个活动，企业可以有不同身份；同一个身份，企业也可以有不同的活动。媒体报道"中石油如何走出井喷事故阴影？"向公众介绍中石油正在开展一场涉及全公司的以"12·23"重庆开县井喷事故为警示教育的强抓安全的管理活动。在这场活动中，中国石油是推行多项安全管理举措的积极作为者，又是曾经因忽视安全管理而造成严重事故的反面典型。它曾是安全的破坏者，给人民生命安全造成过威胁的加害者；如今，它又是痛改前非的悔过者和革新求变者，目的就是让自己曾经加害者的身份永远不再出现。在这项走出事故阴影的实践探索活动中，中国石油给公众展示着不同的身份，不同的身份背后是守护绝对安全的不变意志和决心。"中国石油多项举措保'三夏'农业用油供应""中石油南疆天然气利民工程开工"这两篇消息中，中国石油的身份是一致的，都是社会责任的积极承担者，但参与的却是两个完全不同的实践活动，一个是"三夏"农业用油，一个是新疆南部地区的天然气利民工程。也正是因为有不同活动的烘托，这个积极承担社会责任的有担当的企业身份才更有说服力。

（四）主流媒体文本表明的立场与策略

国有石油企业从国内市场大踏步地走向世界，在全球竞争中获取资源和效益，坚定的国际化和市场化方向是这一时期国有石油企业最鲜明的立场。虽然全球涉足、跨国经营，但根在中国，每个企业的名称前都有"中国"二字，明确地亮出自己中国国有企业的身份，为国家利益而奋斗的使命也是这一时期媒介话语中国有石油企业的立场。"中国石油集团力争跨入世界大石油公司前列"是一篇展示中国石油经济实力的消息，但文本字里行间透露着坚定的对标一流、融入世界的立场，表明中国石油十分看重自己在世界大公司中的位置，这是其参与国际竞争的身份。"中俄石油管道与中石油东北管道实现并网运行"是一篇介绍管道建设动态进展的消

---

[1] Floor van den Born, Vesa Peltokorpi. Language Policies and Communication in Multinational Companies：Aalignment With Strategic Orientation and Human Resourse Management Practices. [J]. International Journal of Business Communication，2010，47（2）：97-118.

息，但坚定支持国际能源合作、推动国家间能源管网互联互通的立场跃然纸上，清晰而明确。

这一时期是新中国成立50年后石油工业的发展阶段，有了半个世纪的发展积淀，既有接近2亿吨原油产量和排在世界大企业前列的硬核实力，又有大庆精神铁人精神和三代铁人持续传承的强大软实力，在面对新世纪来临、专业化重组上市和全球化、高油价带来的历史机遇，如何继往开来实现更好更快发展是国有石油企业战略思考的出发点和策略选择的落脚点。向人类发展生态文明的更高级阶段转型，追求合作共赢下的绿色可持续发展成为国有石油企业的策略主线。"中国石油与英国石化企业就在欧洲建立贸易炼油合资公司签署框架协议""中国石油：用节能减排推动发展方式转变""中石油继续扩大国际能源资源互利合作联合壳牌成功收购澳大利亚能源公司"都是清楚表明国有石油企业策略的媒介文本，推动全球范围内资本和技术领域的互利合作，推动低能耗、低排放、零污染下的绿色发展。

对于已经持续稳产高产多年的东部大油田，如何科学地推动可持续发展是国有石油企业核心竞争力的体现，也是重大发展策略的选择。大庆油田在原油稳产5000万吨以上27年后在2003年开始战略性递减，这也是实现油田可持续发展的战略举措。同时，大庆油田也将保持油田可持续发展作为核心发展战略和全部工作的主线，适时提出了"创建百年油田"的发展目标。为了更加准确地研究这个时期媒介话语对企业言说的策略表述，在大庆油田党委宣传部的协助下，本书搜集了以"大庆油田创建百年油田"为主题的媒体报道48篇，并做了高频词分析，形成了下图（图3-2）。这48篇文本包括《人民日报》、新华社、中新社、求是杂志、中央人民广播电台《中国经济时报》《中国经济周刊》以及人民网、新华网、中国网、中新网等中央主流媒体的报道，还有黑龙江日报、北方网等地方媒体和《中国石油报》《大庆石油报》等行业媒体的报道（见附录7）。

媒介文本从"创建百年油田"的现实意义、可能性及必要性、具体举措等多个维度，对大庆油田推动发展的策略作了阐释。但从文本内容看，主要是技术创新、资源保障等硬件条件和思想作风、精神传统、理念机制等软件条件的双重推动。图3-2中，技术、精神、创新、铁人、资源等排在前5的高频词就说明了这两条线索的实践方向。排在后面的高频词中，建设、生产、采收率、人才、自主创新、创造、创业、科学、科研、工程、专家、党员、三元（复合驱动采油技术）等这些指向科技创新、生产实践、人才队伍保障等方面的词语代表了硬实力的推动；战略、世界、优势、国际、旗帜、传统、市场、历史、政治、和谐、文化、理论、责任等这些指向战略理念、文化凝聚、机制保障、政治引领等方面的词语代表了软实力的推动。最终要达到的目标是：持续稳产，并再创辉煌。可以看出，媒介文本对国有石油企业的策略表述往往是具有体系性质的认识论和方法论的集合。

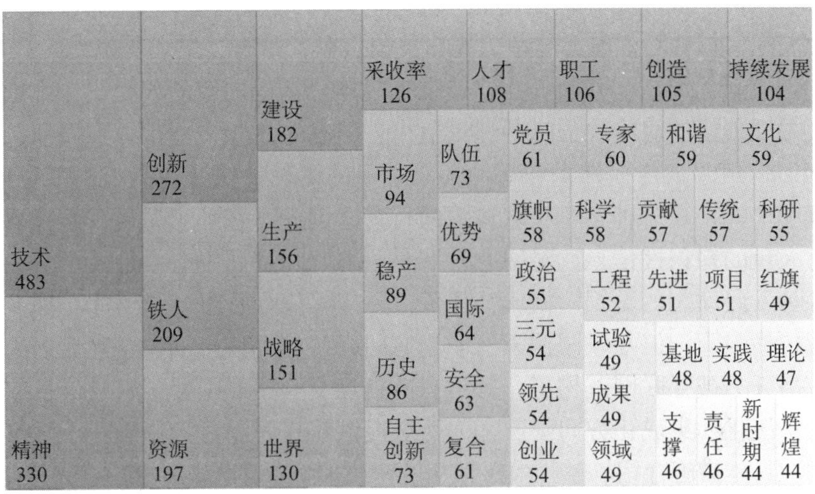

注：本研究使用中国传媒大学高频词分析软件对热词词频和权重两项指标进行分析。

图 3-2　关于大庆油田"创建百年油田"主题新闻报道的词频分析

（五）主流媒体话语表达中的符号系统和知识

这一时期，国有石油企业还是将铁人精神新时期内涵和铁人新形象的挖掘阐释作为媒介话语符号系统建构的主要内容。中国石油在 20 世纪 90 年代选树大庆油田三次采油技术的领军人物王启民为"新时期铁人"，也被称为第二代铁人，是以技术创新引领油田稳产的科技工作者作为这个时期铁人形象的代表符号，向外传递出技术创新是那个时期石油企业发展的核心引领力量，也是要着力倡导和热情推动的方向和工作重点。到了 21 世纪，国有石油企业发展的新机遇新要求也对第三代铁人的选树提出了新命题，什么样的先进人物可以成为第三代铁人的代表符号，成为铁人符号系统中从新世纪走出来的成员？

内部长时间讨论形成的共识是：第三代铁人必须兼具前两代铁人的拼搏奋斗精神和开拓创新精神，还要具有新世纪对标一流追求国际化的实力和眼界。最后确定的第三代铁人是李新民，他是中国石油大庆钻探伊拉克哈法亚项目部经理、1205海外钻井队队长。媒介话语对这个铁人符号的描述是：他参加工作23年来，始终传承弘扬大庆精神铁人精神，团结带领新一代1205钻井队全体职工，不仅在国内打井最多、创纪录最多，还成功走出国门、挺进海外，实现了"把井打到国外去"的梦想，为保障国家能源安全、提升石油核心竞争力作出突出贡献，被誉为"大庆新铁人"。

进入新世纪，互联网日益普及带来了媒介话语内容的改变。在报纸和电视主导传播的时期，信息传递渠道少，信息容量和传播都受到局限，媒介话语承担起了传播知识和帮助公众学习的责任，在公众意识中"看报"跟读书一样，是一种学习获取知识的行为。因此，在那个时代，媒介话语中有大量的知识性信息，对国有石油企业的媒介言说中有大量关于石油工业各种发展动态的数据、概念、评价、展望等简介资讯，是给非石油系统读者传播知识。但互联网搜索引擎是有问必答的百科全书，媒介话语的知识传播任务被互联网解构了，把常识性信息交给搜索引擎，媒介信息的传播向系统化、集成化方向发展，为受众提供兼具问题背景分析、矛盾焦点研判、具体措施介绍、前景效果预测的深度阅读文本[1]。

媒介在这一时期对国有石油企业的报道中，用回顾性、总结性的专题通讯来比较系统地介绍某个领域的知识。比如新华社通讯"奏响西部开发最强音——写在西气东输管道工程全线建设之际"，报道对西气东输工程立项背景、建设意义、工程概况、未来商机等方面做出阐释和说明，媒介文本都是对知识的普及，系统且全面，对于外行人具有可读性和教育功能，这是常识性搜索不能替代的。再比如"中国西部的地质之光——塔里木油气资源勘探开发纪实"，记者对塔里木油气勘探开发以来的变化作了概貌式的描写，通俗明了，让不知道塔里木的人读了报道后就能知道油气

---

[1] Nicholas W. Jankowski, Klaus Bruhn Jensen. A Handbook of Qualitative Methodologies for Mass Communication Research[M]. London & New York：Routledge，1991.

第三章　国有石油企业对标一流走向国际化的话语实践与多元舆论冲突下的形象转变(1999—2012)

勘探开发给这里、给新疆、给国家带来了什么，国有石油企业在这里都做了些什么，将知识蕴藏在新闻的系统建构之中。

小结

进入网络媒介时代，主流媒体对国有石油企业言说的维度更多，聚焦后更深入。回顾性、系统性的集成式通讯报道明显增多，向公众表达的意义和知识更丰富，国有石油企业与国内外市场建构的关系和联系更绵密。以三大综合性跨国石油公司的身份参与媒介话语的建构十分明确，媒介报道的题目就会直接以企业的简称或市场地位来描述企业的身份。互联网时代正好与国有石油企业在重组上市等体制机制改革红利和高油价机遇叠加下，全面融入全球化，对标世界一流推进国际化的历史阶段相对应，因此主流媒介话语中建构的企业活动会更加凸显成功企业应有的责任担当和社会情怀，将国有企业履行的经济、政治、社会三大责任的活动作为媒介话语展示的重点。话语在行为、判断、知觉上的不自足性决定了话语本身不是一个独立自主的存在物，而是一个控制其他又受其他控制的场[1]。在市场化和国际化方向中追求世界一流，是国有石油企业这个时期发展的坚定立场，而可持续发展以及符合生态文明的绿色发展则是企业的策略选择。在媒介话语符号系统的建构上，国有石油企业坚持了铁人精神和文化的传承，持之以恒地在铁人精神内涵挖掘和形象建构上丰富和创新，推出李新民，为这一时期国有石油企业的媒介话语符号系统打上深深的国际化烙印。

与电视主导传播时期的主流媒介话语相比，这个时期的主流媒介话语无论是在话题的多元性上，还是文本可读性上都明显更优。后浪总能在前浪的起势奔腾之上实现超越，不仅获得了前浪的动能，而且浪头还冲击到更高的高度。这个时期主流媒介话语对国有石油企业的言说明显增加了温度，特别是企业已不是以往那种"只知道埋头生产"的形象，而更多地展现出获得更强实力之后的自信。同时，可以明显感到，这个时期基于深度采访和精心策划对国有石油企业的媒介报道明显增多，说明此时国有石油企业的宣传理念发生了变化，向更积极、更有作为的方向转变。在互联网引领传播的时代背景下，主流媒体声音也借助互联网扩大了传播范围，自

---

[1] 姜飞.从媒体(media)转向媒介(medium)：建构传播研究内生话语系统[J].新闻与传播研究，2011(04)：38.

媒体培育形成的民间舆论场的声音客观上产生了对冲平抑官方舆论场声音的效果。国有石油企业需要主流媒体更多有质量有影响力的发声来增强官方舆论场对舆论环境的把控力。因此，国有石油企业的新闻宣传主管部门需要借助外部主流媒体和行业媒体的媒介话语，通过互联网传播的力量来扩大影响力，营造有利于企业发展的舆论环境。

官方主流媒体对国有石油企业言说的声音在增强的同时，互联网自身的传播力量也在增强。除了作为官方主流媒体再次传播的转载转发平台和自媒体的主阵地，互联网还培育出以门户网站为代表的互联网业态的主流媒体。虽然这个媒介形态在这一时期刚刚出现，但成长迅猛，很快就成为不同舆论场域源发信息的集散地和受众阅读媒介话语文本的主要终端。一网可使各路信息尽收眼底，深刻改变了受众的信息获取习惯，网上冲浪的人多了，读报、看电视、听广播的人少了，也倒逼各类媒体寻求叠加互联网开展联动传播。传播方式的改变，也推动着媒介话语向更加符合网络传播和受众网上阅读习惯的方向转变，阅读空间扩大了，时效性更强了，对新闻全景式深度解读的需求更高了。为了追求传播的最佳效果，一些报纸把同一条新闻分为报纸文本和网络文本来创作，并分别在对应的媒介平台上发布。这种"＋互联网"传播形态和媒介话语形态的变化，为媒体融合时代的到来做好了准备。

二、石油行业媒体对企业自身言说的文本分析

该部分继续将《中国石油报》作为话语分析的研究对象。虽然石油行业媒体还有电视、自媒体等媒体形态，但电视的研究样本很少且不具有话语研究的代表性。内部官方自媒体的文本与内部报纸的文本具有话语建构任务的强关联性，而且内部自媒体亦会采用自媒体特有的话语风格来进行言说，因此对自媒体言说石油企业的话语分析放在一起研究，不再区分行业媒体和主流媒体。而仅把内部报纸作为研究对象，这也是基于文本代表性的考虑。

（一）《中国石油报》话语建构的身份、活动及意义

这个历史时期中国石油行业完成了专业化重组和境内外募股上市，开

第三章 国有石油企业对标一流走向国际化的话语实践与多元舆论冲突下的形象转变(1999—2012)

启了国际化发展的新时代。《中国石油报》作为中国石油的党组机关报，因此聚焦本企业言说企业和行业发展动态，传递中国石油党组的声音。由于此时国有石油企业已经从国家石油公司转变为国际石油公司，发展视野和产业格局都站在了国际化的新方位，面向世界谋求发展，所以媒介话语将企业建构为全球化的弄潮儿，通过改革实现了与国际接轨，国有石油企业已全面开启了融入国际石油市场的积极参与模式。媒介文本开始具有国际眼光，放眼世界观察石油行业的发展态势从而谋定今后企业改革发展的方向，文本中有时会直接以"世界公民"的角色来建构企业的身份[1]。

作为国际化经营的国有石油企业，其开展的活动必然要符合国际市场竞争参与者的身份。也就是说，此时媒介言说国有石油企业要选择国际化企业应该或必然要参与的活动，才具有新闻价值和传播影响力，比如境内外上市就是这样的活动。2000年4月9日《中国石油报》1版刊发了题为"'石油航母'乘风起航"的述评文章，文章把上市作为公司制改造的一项重要举措[2]。上市根本目的是推动建立以全新的经营理念、管理体制和运行机制为基础的国际化大公司，参与上市活动也是践行新管理运行机制与国际接轨的承诺。

一个全面融入国际市场的中国石油工业的旗舰企业，而且是世界上最大的石油公司之一，中国石油应在媒介言说中建构起怎样的传播意义才与其身份相称？2001年9月21日《中国石油报》1版的社论标题就很好地回答了媒介话语意义建构的方向问题，即"让世界了解中国石油 让中国石

---

[1] 1999年9月9日《中国石油报》经济周刊1版的"每周聚焦"栏目刊发"中国石油工业：建造世界级'航空母舰'"的述评文章，文中写道："面对这些严峻的挑战，石油工业只有进行重组，建造自己的世界级'航空母舰'，才能经受住国内外形势的巨大变化和严峻考验。""中国石油工业建造'航空母舰'，必须转变四个观念：一是变内部竞争为一致对外；二是变各自为战为协同作战；三是变立足国内市场为立足国际市场；四是变区域经济为融入世界一体化经济。"

[2] 文中关于参与上市活动的作用是这样描述的："中国石油发行股票和上市，具有筹集资金、化解风险、促进机制转换等功能。上市后，可以凭借中国石油的实力和商誉，直接进入国际资本市场，筹措建设资金。上市成功，可以有效地解决资金缺乏、负债率过高等问题，从而加快发展步伐。"

油走向世界"[1]。站在拥抱世界积极开展互利共赢合作的维度来建构意义,是这段历史时期中石油企业媒介话语意义的建构特点,这是发展壮大后的中国石油工业所展示的自信,是历史对现实的召唤,也是面向全球发展必须具有的胸怀。

(二)《中国石油报》话语表达的联系与关系

走向世界的中国石油工业所面对的中国能源的需求形势是:1993年,我国从一个石油出口国变为石油进口国;2000年,石油进口达到7000万吨,而此时中国已成为世界第四大产油国。不断增长的石油产量和不断提升的企业发展实力,却无法满足国家的石油消费需求,这种现实的困境是石油企业与世界其他资源国、国际石油市场建立联系的外部压力。中国是一个产油大国,又是一个石油进口大国,这对矛盾决定了,与国际"石油圈"形成良好互动的合作共赢关系,是中国石油企业实现可持续发展,有效履行国有企业政治、经济、社会三大责任的必然选择。2004年4月1日《中国石油报》1版的通讯报道"走出去,前面是一片蔚蓝的天——长庆石油勘探局国际市场开发的调查"从一个地区公司国际市场开拓的实际情况,展示了国有石油企业走出去与国际市场建立联系所带来的喜人发展局面[2]。对于中国石油企业与国际石油市场的关系以及中国石油市场与国外石油企业的关系建构,前文提到的"让世界了解中国石油 让中国石油走向世

---

1 评论写道:中国石油工业从无到有,从小到大,从贫油国到产油大国的发展历史,很多国家的石油同行还不甚了解,中国石油工业能在地质条件较为复杂的地区找到有效益的油气田的勘探开发技术,还不太为人所知。市场经济的现实也告诉我们:在国际市场中,所有经济与技术的合作双方,都是在彼此了解、信任的基础上签合同的,即使是风险投资。按照国际市场惯例,我们到了应该进一步采取积极有效的方法,宣传中国石油工业优势的时候了。
2 文章写道,"国际市场开发由最初的'无米之炊'发展到目前的选择性进入阶段。长庆局根据本企业现有技术装备服务能力,优选重点目标市场,与合作伙伴和有实力的大公司保持畅通的联系,建立了国际市场开发的基础体系,使国际市场开发迈入选择性进入阶段。近3年来,长庆局在中东、中亚、南亚、东南亚、非洲、南美等重点目标市场上,组织了15家代理公司为本企业进行市场开发工作,初步建立起完善的市场开发网络。"

第三章　国有石油企业对标一流走向国际化的话语实践与多元舆论冲突下的形象转变(1999—2012)

界"的评论给出了很好的诠释[1]。中国石油工业的发展依赖于国际合作和全球市场的开发,靠自力更生、艰苦奋斗包打天下的时代一去不复返了。

（三）《中国石油报》话语展示的立场和策略

参与国际竞争的国有石油企业热情拥抱全球化,是这一时期媒介话语言说石油企业的基本立场,全面接轨国际规则,采取国际通行的"油公司"管理体制机制,并对各产业板块进行专业化重组,同时在境内外募股上市,都是秉持这一立场的具体体现。要更好地展示融入全球发展的立场表述,媒介话语建构起"做强、做大""打造世界级航母"的策略表述,其基本要义就是增强参与国际竞争的核心竞争力。在"'石油航母'乘风起航"的报道中,将策略具体表述为五大战略,即加快主营业务发展战略、低成本发展战略、市场营销战略、科技创新战略和持续重组战略,并对完成重组后的中国石油进行了画像[2],亦是策略实践的具体结果。除了战略层面的策略,人才队伍建设是另一领域的策略建构,是重要的保障机制。1999年3月27日《中国石油报》一版刊发的题为"为科技谱上效益旋律——集团公司1999年科技工作会议侧记"的报道中阐述了人才培养的新思路,让人才成为创效的中心,以资助人才的方式带动科技项目的创

---

[1] 文章写道:"让中国石油走向世界是中国石油工业持续发展的需要。根据中国加入WTO时间日益临近,中国石油市场必然要向世界开放的现实,结合中国人均石油资源拥有量不足,有必要到国际市场上去分享石油资源的实际,中国石油工业都到了唯有走向世界才是最好选择的时刻。""中国经济高速发展造成石油消费的速度同比增加,中国石油工业的发展速度再不提高的话,将使中国石油进口量的箭头继续向上,如遇世界局势发生突变,将会出现国家石油安全问题。为此不断扩大境外份额油的比例,补充国内石油产量不足,不但是中国石油工业持续发展的需要,也是国民经济建设的需要。"

[2] 文章写道:"按照现代企业制度的要求,中国石油建立起了规范的法人治理结构,包括股东大会、董事会、监事会以及总裁负责的管理机构。在管理上实行董事会领导下的总裁执行制。同时,采用国际通用的管理方式,实行一级法人为主的管理体制,对下属公司分级授权管理;集中投资决策,严格项目管理;集中资金管理,严格财务预算,权责统一,逐级负责,严格考核,奖惩分明。这彻底突破了长期在计划经济条件下形成的'多级法人制'束缚,彻底消除造成石油企业'大而全、小而全'和重复建设的基础,展现出具有国际标准的全新的石油公司形象。"

新创效[1]。

(四)《中国石油报》话语建构的符号系统和知识

这一时期,以《中国石油报》为代表的石油行业媒体延续了一贯的"铁人"符号系统和以大庆精神铁人精神为主要符号的企业文化的话语建构的传统,继续从这两个方面来建构媒介话语中的符号系统,并将符号系统建构与企业形象建构联系起来。这两个方面的话语符号建构都是以典型人物事迹为载体,经过系统传播策划和媒介持续言说,而最终建构起来。进入新世纪,中国石油面对企业跨国经营和推进国际化战略的新形势,选择在海外市场中把井打出世界级水平的铁人钻井队队长李新民,作为第三代铁人,展现企业这一时期发展的价值定位、策略选择和精神风貌。对"大庆新铁人"李新民的媒介文本建构,行业媒体和主流媒体的文本具有同质性,主流媒体的人物通讯很多都是改编自行业媒体报道的文本,前文已有分析,这里不再赘述。

这一时期行业媒介话语对知识的建构与立场、意义的建构保持了一致,重点对全球石油工业发展形势、历史沿革以及同类石油企业发展经验教训等知识性内容进行介绍,要么由记者直接从权威资料引述,要么借专家之口言说。前文提到的"'石油航母'乘风起航"报道在分析中国石油工业重组面临的严峻挑战时,记者介绍了西班牙 Repsol 公司的经验很值

---

[1] 文中写道:"科技的进步、发展、改革和管理等各项工作均离不开优秀人才的执行和运作。人才问题始终是代表们关注的焦点。中国工程院院士、西南石油学院院长罗平亚在谈到这个问题时说,目前的一些科研立项,都脱离不开由项目定人的老路,从某种意义而言也阻碍了优秀人个人能力的发挥和好的想法的产生,是否可以考虑以一种新的机制来改变这种状况,通过资助人而不是资助项目的方式来促进科技项目的开发。两院院士、原石油工业部老领导侯祥麟也持相同的观点。他认为,审查项目必然受到审查人思想框框的约束,由于注重强调成功率,反使新思维在还没有形成时就被扼杀了。尽管资助人的方式有风险,但是,要想获得大的收益就要敢于冒大的风险。"

第三章　国有石油企业对标一流走向国际化的话语实践与多元舆论冲突下的形象转变(1999—2012)

得我们借鉴和深思。对西班牙 Repsol 公司经验[1]的描述就是知识性话语的建构。

三、自媒体对国有石油企业言说的文本分析

自媒体是互联网时代的产物，它让普通民众及时反映生活中观察到的问题、宣泄内心的情绪、参与信息传播成为可能。它也激发了公众媒体问政和舆论监督的热情，并逐步形成了民间舆论场。在有些热点舆情事件中，自媒体平台成为事件背景调查、特定关系人"人肉搜索"、甚至进行"舆情审判"的阵地，暴露出网络媒介时代舆论与法律、伦理的诸多问题。自媒体的出现自然也使其成为言说石油媒介的之一，让社会公众成为言说石油企业的主体。在自媒体发展起步的 1.0 阶段，表现得主要形态是论坛、社区、博客、贴吧，要么是依托门户网站的子栏目或子板块，要么是独立的社区商业网站，它们给公众提供了发布信息、提问咨询、交流讨论的平台，即时交互性还不能跟同时代的 QQ、MSN 等社交软件相比，但可以汇集成千上万的民众就特定话题进行在线讨论，在信息交流分享中形成舆情。

在论坛、贴吧、博客中对石油企业言说的文本主要是一些爆料帖文，只言片语说出一个事实，有时会配发图片，说明"有图有真相"。因为有

---

[1] 文中写道："80 年代，西班牙石油工业结构同我国非常相似，下游和销售由国家统一管理，产品价格由政府确定。Repsol 为国家综合性石油公司，经营各种石油业务。由于长期受国家保护，与国际石油公司相比，Repsol 公司当时并不具有很强的竞争能力。而且下属公司相互独立运作，自成体系，根本没有市场意识和客户意识。为了改变这种情况，西班牙政府决定通过重组、民营化，在国内市场上通过逐步引入国际公司创造竞争，增强 Repsol 的竞争能力，在欧洲市场中求生存。经过近两年的重组工作，Repsol 于 1989 年 5 月在西班牙、美国和英国资本市场首次上市，融资额为 10 亿美元。之后又连续在资本市场上融资 7 次，总额为 65 亿美元（包括 46 亿美元股本金和 19 亿美元债券）。同时，由于效率提高，竞争力增强，使其创造利润的能力大大加强，很为投资者看好，这使 Repsol 资本的价值持续上升，从上市时的 43 亿美元到了目前的近 160 亿美元，10 年内增长了 2.7 倍。目前 Repsol 的资本价值在上市石油公司的排名中为第 11 位。1999 年 1 月，Repsol 购买阿根廷国家石油公司 YPF 的 15% 股权。最近，又在国际石油界爆出新闻：Repsol 日前以支付 130 亿美元并承担 30 亿美元债务的代价，对 YPF 公司进行了进一步的收购，并最终控制了 YPF 公司 98% 以上的股权，胜利地完成了对 YPF 公司的收购，由一个地区性石油公司一跃成为世界第 9 大石油公司。"

"隐身"保护以及相关法律法规的不健全，网民的自媒体言论完全是其个人素质的晴雨表。网民通过自媒体披露的信息有本人亲眼所见的事实，也有道听途说来的耳闻。既有秉持责任心和正义感，实事求是地反映客观事实；也有出于私愤、恶意的情绪宣泄和打击报复。所以，发展初始阶段的自媒体平台鱼龙混杂，充斥着真实内幕和各种谣言，让普通网民真假难辨。部分谣言迎合了公众心理，刺激了转发传播导致舆情发酵。自媒体发展到 2010 年前后，进入到 2.0 发展阶段，微博的迅猛发展是标志性事件。微博的实名认证机制，提升了信息传播的质量，对谣言源头追索和抑制谣言传播都起到积极作用。同时，微博除了是敞开式信息发布的公共平台，还是即时的社交平台，信息互动分享频次和速度都显著提升。微博传播的热点事件具有从"事实信息"到"多元观点"再到"议题论争"的发展路径与演化特点[1]。此外，微博短、频、快的传播特点决定了，其对国有石油企业的部分突发事件和内部敏感信息的披露较多，不适合长篇幅的深度解析，那种对企业领导干部有事实有证据的举报，以及对某些事件内幕起底式的介绍，都不适合在微博平台上传播，还是以贴吧或论坛为主。但微博的出现，让自媒体发展初期的论坛、贴吧、博客等载体的传播力明显下降，并保持了使用者的忠诚度[2]。这一时期网民在自媒体中对国有石油企业言说产生的都是负面舆情。概括起来有以下几类：

（一）内部员工对石油企业内部信息的披露

这类自媒体文本即内部知情人的爆料，多出于不满的心态，但这样的信息多数是真实的或者其中大部分内容是真实的，但这些信息在传播后容易引来公众的二度不满与质疑，进而引发持续讨论和舆情升级，这类信息的发布人为了保护自己，不会暴露自己的个人信息，因此会选择贴吧或论坛来发布。

比如 2010 年 11 月、12 月因中国石油涨工资而引发的员工爆料，百度贴吧中有这样的帖文"我是大港油田的一名工人，这次涨工资工人每月涨

---

[1] 孙少晶，王帆，刘志远，陶禹舟. 新冠肺炎疫情语境中多元媒介的微博话语表达 [J]. 新闻大学，2020（03）：20.
[2] 黄京华，金悦，张晶. 企业微博如何提升消费者忠诚度——基于社会认同理论的实证研究 [J]. 南开管理评论，2016，19（04）：160.

第三章　国有石油企业对标一流走向国际化的话语实践与多元舆论冲突下的形象转变(1999—2012)

245元，管理岗每月涨320元，科级干部（包括副科级）每月涨400元，以此类推级别越高涨得越多。这次涨工资又拉大了我们之间距离！""工资上涨的幅度永远也跟不上物价上涨的速度""要公平！物价都涨了，工人的积极性和利益要保证"等。文本中包含两类信息，一是发帖人观察到的事实，如不同级别不同岗位涨薪的幅度，物价上涨与工资上涨之间的关系；二是发帖人的态度和倾向，如涨薪导致差距拉大不公平，工人的积极性和利益要保证等。

（二）社会公众对国有石油企业信息的发布和评论

媒介话语是当代社会生产公共空间的唯一成熟机制，媒介话语依靠一定的标准在判断事实，同时给事件一种理解的方式或者赋予它一定的意义[1]。这类信息存在两种情况：一种是公众看到了真实发生的事实并客观地纪录、披露；另一种情况是对国有石油企业有刻板印象或固有成见，在听闻与其印象和成见一致的企业信息时夹杂个人情绪和观点转录转发，要么是把自己掌握的真实信息经过恶意或倾向性地改造后发布。可以说，公众在自媒体平台对国有石油企业的言说存在大量的不实信息，除了起火爆炸等突发事件的直播，其他涉及企业的信息由于信源间接，传播中的失真和个人私货夹杂后的信息走样都会导致公众对国有石油企业的误解误读。

比如2011年3月24日，网民"万水千山"在天天红火网（常州）论坛发布题为："猪头配洋酒给力啊！实拍某石油公司作业船祭海仪式真可乐"的爆料帖文。帖文同时配发与祭祀相关的照片两张（见图3-3，网络引用图）：

此爆料帖文一出，立即引发网民的争相围观及大量转发，在包括天涯社区、猫扑、西祠胡同、中华网论坛、百度空间、网易论坛、杭州19楼等众多网站论坛均发现该帖文。有网民回帖称："你们拜这个还不如朝老百姓拜，求他们能够忍受现在油价""猪头配洋酒，不伦不类""作为中国屈指可数的大企业，竟然也这么迷信，这让我等屁民情何以堪……""产不产石油岂能是上上香就能祭拜出来的"。也有网民对此表示理解，回帖称："其实很正常没什么说的，跑船出海的都会有这一套。

---

[1] 潘琼，田波澜.媒介话语与社会认同[J].当代传播，2005（04）：77.

图 3-3 网络论坛曝某石油公司作业船祭海仪式配图

祈求顺利平安。他们也不容易啊！""该石油公司每年在海上死的人不少，上面那个仪式也可能是祭奠死者，我在该石油公司也待过一段时间，似乎没有什么官方的祭海仪式。另外，那所谓的五粮液，似乎也不是什么真正的吧，现在超市里100多2瓶的所谓的××茅台××五粮液多了去了，都是那个包装。"经调查了解，照片反映的是某石油公司一个海上作业队伍在集体祭奠亡故战友，纯属自发的民间行为，不是祭海搞迷信活动。自媒体信息披露后的网民误读，将一个民间行为解读成了该石油公司的公务行为和施工前的惯例，引发公众对国有石油企业管理水平、人员素质和技术能力的质疑。

由自媒体爆料而引发的网络事件在情感表达上，大致有两种：一种是以悲情为主，常叠加义愤和同情；另一种则具有戏谑特点，其风格是幽默和调侃，总体效果近似于网络狂欢[1]。自媒体形态的蓬勃发展，主流媒体和各类组织都纷纷介入，开设组织机构的官方微博账号，自媒体成为不同主体和各类信息汇集的平台。自媒体平台对国有石油企业的言说也打通了企业外部和企业内部的界限，中国石油的官微首发国有石油企业的相关信息后，《人民日报》的官微转发该信息，就完成了国有石油企业信息在行业媒体和主流媒体自媒体平台的一次联动传播。网民个人在微博平台的爆料，也会被感兴趣的媒体捕捉，就爆料线索深挖背景，跟进形成媒体报道并再次回到互联网进行传播。网络成为媒介信息集散地，个人的、企事业单位的、媒体的信息都在这里交汇并形成舆论，无论是官方舆论场还是民

---

[1] 吴果中，李菲.网络事件中网民的情感抗争[J].表达逻辑与意义建构，湖湘论坛.2016（03）：128-133.

第三章　国有石油企业对标一流走向国际化的话语实践与多元舆论冲突下的形象转变(1999—2012)

间舆论场，其中的观点都在网络中碰撞，自媒体为各类信息交互和文本融合创造了条件。

第三节　多元舆论冲突下的国有石油企业媒介话语实践分析

新世纪带给媒介环境新变化、新气象，也给进入第二个发展高峰期的石油企业带来了复杂的舆论环境。这种复杂源自舆论的多元，而舆论多元主要是因为互联网提供了多元主体参与言说与传播的平台，多元主体必然产生多元观点；同时，国家媒体管理政策发生了向市场化迈进的重大转变，"管办分离"原则打破了官办媒体的通例，在遵循党管意识形态阵地的前提下，允许企业创办、投资、经营媒体，媒体亦可进行公司化转型成为市场经济主体。媒体观点再也不能直接跟党和政府的观点划等号了，换句话说，党和政府在推动有原则的舆论多元化。特别是那些对意识形态并不会产生影响又能丰富公众信息获取需求的财经和都市生活领域，涌现出众多市场化较高的纸质媒体，如《财新》《经济观察报》《证券日报》《华西都市报》《新京报》《京华时报》《21世纪经济报道》等，这些媒体都接受当地党的宣传部领导和主办上级的指导，同时又是按照市场主体进行公司化运作，有的就是传媒集团中的子媒体。

媒体形态和环境的变化，以及媒体内容的丰富，带动着媒介话语对国有石油企业言说也变得更加多元。媒体对国有石油企业的新闻报道主要包括：主流媒体的正面宣传、财经类媒体对企业市场行为的分析性报道、都市类媒体对企业热点事件的深度报道以及行业媒体对行业新闻的报道。同时，门户网站还会对这些新闻报道进行筛选，选取部分公众感兴趣的内容转载转发形成再次传播，非网络媒体的新闻报道也会在其官方网站上同步发布。自媒体平台中，网民的个人言说和相关信息转发，媒体的自媒体账号对其国有石油企业相关新闻报道网络链接的转发，或者自媒体账号间关于国有石油企业信息的互转与互评。这些都是国有石油企业媒介话语言说的形态,同一个新闻事实会出现多个不同角度、不同言说主体、针对不同受众群体的文本,自然也会产生不同的传播倾向性和传播效果。

一、对国有石油企业言说主体的分析

基于言说主体与前一个时期相比的变化,来分析这个历史阶段对国有石油企业言说的主体。从历史发展的延续性看,信息传递手段是在继承中丰富,是一个新旧叠加的过程,而不是一个推陈出新的过程。比如纸质书籍存世已有千年历史,即使是在如今电子书蓬勃发展的情况下,纸质书也没有被淘汰,依然是出版市场的主力军。同理,分析后一个历史时期的话语实践,可在前一历史阶段充分分析的基础上,着重分析后一个历史时期发生变化的方面,相同方面具有历史的继承性。从言说国有石油企业的主体看,这一时期完全继承和延续了上一历史阶段的言说主体,即绝大部分的组织机构类主体和以文艺作品作者为代表的个人主体,组织机构主体包括外部的官办媒体和内部的企业报,分别代表了党和政府以及企业的立场发声。进入 21 世纪,这些言说主体依然存在并且继续保持着正面宣传的言说视角,由于互联网的出现和媒体技术的进步,对国有石油企业的言说主体又增添了新成员[1]。

(一)市场化运作的纸媒

在组织机构类言说主体中增加了市场化运作的纸媒,这类媒体是在这一时期才大量出现,成为追求新闻专业主义的先锋力量。它们很多是脱胎于党媒,是报业集团中经过细分目标受众而以特定传播内容和导向进行市场化探索的子报,也是大型报业集团或地方宣传部门为了应对互联网时代带给传统媒体的挑战,经过市场调研和政策争取而创设的媒体。它最大的特点是以报道内容的专业化来追求阅读的价值,充分发挥报纸的媒介优势,在权威观点、深度分析、专业研判上下功夫,它的目标受众是随中国现代化进程而崛起的中产阶级群体,他们是整个社会的中坚

---

[1] Weiss G, Wodak R. Critical discourse analysis: theory and interdisciplinarity[M]. New York: Palgrave Macmillan, 2003: 47-62.

第三章 国有石油企业对标一流走向国际化的话语实践与多元舆论冲突下的形象转变(1999—2012)

力量。这类媒体的代表有《南方周末》《21世纪经济报道》《财新》《新京报》《经济观察报》等,它们都善于对新闻事件作解构分析,形成解读式的新闻报道,展现的是新闻理性和专业主义的客观性,这也是西方主流大报的话语风格,跟主流党报党刊的宣传体截然不同,它们更注重新闻事件的背景、过程和对未来的研判,更注重不同观点的综合平衡而不是一边倒的倾向性。

它们对国有石油企业的言说会从专业视角的小切口深入,在记者采访观察、不同专家分析解读、利益相关方观点引入等综合研究的基础上,上升到国家能源政策、国际政治博弈、石油产业布局、能源市场竞争等宏观战略层面,形成一篇具有研究报告属性的新闻报道文本,新闻性、可读性、专业性都较强,一改过去主流媒体更注重结果的成就式宣传文本风格,具有较强传播影响力。它们会对国有石油企业海外并购、资本市场表现、国际合作、安全环保事件、重大工程进展、科技创新突破、国家能源政策等话题作深入解析,由于这些话题迎合了目标受众的阅读心理预期,话语风格客观理性,引入专家观点和多视角分析,不事先设置立场,因此其媒介文本具有较高的公信力。这也是市场化专业化媒体一出现就能够获得较高市场发行量的原因所在。

市场化运作媒体的出现一方面扩大了国有石油企业被媒介言说的范围,拓展了言说的深度和质量,让受众更全面深入地了解国有石油企业的发展,这对国有石油企业的传播而言是积极的正向推动。另一方面,媒体综合各方面观点追求客观性报道的新闻理念,必定会有对国有石油企业质疑批评的内容出现在文本中。受众和转发媒体对企业负面信息的引用、评论等二次传播,也会给国有石油企业带来舆论冲击。在市场化程度较高的都市类媒体中,媒介话语会被平民主义话语策略绑架,国有石油企业的形象通常会偏向负面[1]。但是站在社会进步的视角看,这种一改过去主流媒体赞许肯定的宣传,把成绩和问题都摆出来分析的报道,是对企业有益的监督和鞭策。当然,媒体有时并不准确客观的报道也会给企业带来伤害,因误解引发的舆论迫使企业回应并由此引发再传播,这种为媒体纠偏的应对

---

[1] 柳珊.《人民日报》中私营企业主形象变迁研究[J].同济大学学报(社会科学版),2012(06):62.

过程可以达到以正视听的效果,也可以形成推动国家产业经济发展的舆论力量。

(二)自媒体中的个人

自媒体出现让人人手中都有了"麦克风",个人传播不仅可能,而且拥有百万级以上粉丝量的个人传播者的影响力甚至可以超过一个中型媒体,这是网络媒介时代带给信息传播领域最具革命性的变化。个人言说的参与,让信息传播更接近事实真相,让各种倾向性言论和谣言在全民舆论场中得到自然纠偏,这也是媒介技术进步对公众言论自由权利的充分保障和最有力捍卫。个人言说的参与也极大提升了信息传播的时效性和客观性,特别是在突发事件中,现场目击者的自媒体直播就能弥补媒体无法第一时间亲临报道的缺憾,个人的视频直播反倒成为媒体播发该突发事件新闻的第一手素材,为相关部门第一时间掌握事件现场真实情况并争取应对的充分时间创造了条件。可以说,个人成为舆论场中的言说主体,是社会文明进步的重要体现,是公众知情权的重要保障力量。

在市场经济环境中,企业是社会经济运行的主体。政府为公众生活的方方面面提供政策保障,企业则提供物质支撑。市场化程度和经济发展水平越高,公众与企业的关联就越紧密。在计划经济时代,石油及其衍生品都属于战略物资和工业原料,私家车还只是梦想,国有石油企业的生产作业区域和产品用途都离普通民众较远。除了在媒体新闻报道中看到国有石油企业的消息,再很难有渠道去了解相关情况。除了国有石油企业员工或业务关联方,公众很难对国有石油企业有感性认知,更不用说进一步去理性认知了。但随着国家市场经济发展和国力增长,国有石油企业的产品已经与普通民众的生活息息相关,企业新建的工程项目要么经过他们身边,要么就在他们身边,是否安全、环保、有益,都成为普通民众关心的话题。国有石油企业再也不是他人口中的存在,而是民众可知可感的、对自己有影响的真实力量。

与个人利益密切相关就会引起个人关注,这是人性使然。当个体具有言说条件时,自然会将自己关注和疑惑的问题以及相应的情绪表达出来以获得回应和释惑。个人对国有石油企业的言说,包括主动发声,即提出问题、表达观点、宣泄情绪;也包括被动的回应和转发,即对不认

第三章 国有石油企业对标一流走向国际化的话语实践与多元舆论冲突下的形象转变(1999—2012)

同信息的正面交锋和对赞同信息的助力传播。自媒体中个人对国有石油企业的言说,既有企业内部员工和其他利益攸关方(或概括为知情人)对企业信息的爆料;又有企业以外关注者对企业的观察或听闻的反馈,看到自己感兴趣的相关企业信息或与自己观点一致的相关企业评论及时转发。自媒体形态的特点决定了个人言说方式的多样性,以及观点的丰富性,因此个人在自媒体平台的言说成为国有石油企业重大新闻事件或突发事件舆情升级的主要原因。同时,因为个体素质的差异和互联网法律法规不健全,自媒体平台的个人言说也成为谣言的主要来源,舆论场中关于国有石油企业的不实信息多源自个人的言说,特别是一些恶意的爆料和不满情绪宣泄的文本。

(三)网站类媒体

这里涉及的网站类媒体不包含主流媒体中的互联网媒体,如人民网、新华网等;也不包含自媒体功能的网站或网络应用,如天涯社区、新浪微博等。而是指不具有采编权,以转载转发信息和集合式功能服务为主的大型商业门户网站,如新浪、搜狐、腾讯、网易等;和地方门户网站,如北方网、天山网等。这里提到的网站类媒体是重要的信息集散地和二次传播平台,虽然商业门户网站没有采编权,但网站编辑对源发文本的标题改造后转发,即所谓的"标题党"操作,可以实现对原新闻立意与倾向性的改变,相当于对原新闻的二次创作。

这种改标题而因题害意的做法,有时是出于恶意,更多时候只是为了达到吸引眼球扩大传播的目的。互联网本体特质使它具有更宽松的话语环境,公众在互联网冲浪时不愿再思考严肃问题,一切以"眼球"为中心,以"注意力"为卖点,一切以"快乐"为原则[1]。比如2011年3月中国石油股份有限公司发布2010年度财报,公布归属于母公司的净利润为1399.9亿元,同比增长35.4%。新华社发布的消息是"中石油实现净利润1400亿元同比增35.4%",但凤凰网将此消息的标题改为"中石油2010年利润大增日赚3.8亿",内容完全转引新华社消息文本。网站编辑将1400亿除以全年365天,得到日赚3.8亿的结果,消息标题似乎只是换了一个说法,并没有实质性改变其内容,但日赚3.8亿比年净利润1400亿更吸引眼球,

---

1 申亚萍,郑保章.从媒介话语权角度透析媒介歧视[J].文化学刊,2010,3(05):111.

更让人有点开链接看原文的欲望。编辑完全是出于扩大传播提高点击率的目的，并非具有恶意，但却引发了网民对高利润的负面评价，指责中石油的暴利是源自对普通消费者的盘剥，这种"标题党"改变舆论导向的事件并不鲜见，商业门户网站是始作俑者。

地方门户网站是区域性政务、商务、便民、信息交流等综合服务类的网络平台。该平台的新闻信息具有鲜明的地区性，主要是转发地方媒体的信息，经济类新闻以当地企业为言说对象，国有石油企业驻当地的下属企业在当地多数都是骨干支柱型企业，其相关信息自然是地方门户网站发布的重点内容。因此，国有石油企业的地区公司发生重大新闻或突出事件，除自媒体，地方门户网站经常是当地重要事件的网络信息源发平台，是对国有石油企业局部言说的重要主体。同时，地方门户网站也会转发主要商业门户网站或其他媒体发布的关于国有石油企业的信息，它也是国有石油企业重要舆情的二次传播推手。

（四）海外媒体

国有石油企业"走出去"到海外发展开始于20世纪90年代初，进入21世纪，海外业务进入快速发展阶段。在海外业务发展初期，国有石油企业初来乍到，还是跨国经营和国际化发展的"实习生"，实力和影响力都没有进入到西方主流媒体的新闻观察视野，只有中国国有石油企业涉足的资源国当地媒体会关注中国企业加盟本国油气资源开发者的行列，并进行零星的报道。随着国有石油企业完成专业化重组和境内外上市，国际化发展进入快车道，海外业务呈现扩张发展态势，国有石油企业逐渐成为全球油气市场的主要竞争者，并且无论是技术实力还是施工质量效率都已与西方主要石油企业并驾齐驱，此时，西方主流媒体开始关注中国国有石油企业在海外业务的拓展情况，特别是亚非拉地区油气合作项目对中国政府和项目所在国政府间关系的影响，西方媒体曾经曝出中国利用油气资源合作推行"新殖民主义"的报道就是在中国海外油气合作跨越式发展的时期。发达资本主义国家借助其媒介垄断地位向其他国家"润物细无声"地传递其文化意识、经济模式以及政治制度，充分发挥了这些价值理念、规则制度的"软权力"，形成了其意识形态话语霸权[1]。

---

1 王玉鹏. 媒介帝国主义与资本主义意识形态话语权批判[J]. 马克思主义研究，2020（05）：132.

第三章　国有石油企业对标一流走向国际化的话语实践与多元舆论冲突下的形象转变(1999—2012)

西方媒体除了在中国国有石油企业海外油气合作项目所在国的记者站会关注中国企业的这些项目，在中国的记者站也会设法从总部层面获得中国国有石油企业海外发展战略和全球资本运营方向等方面的信息，作为境外项目相关采访内容的补充，形成可以相互呼应的报道内容。海外媒体除了关注中国国有石油企业的海外业务及其对中国外交的影响之外，还关注国有石油企业对中国社会能够产生较大影响的领域，特别是安全环保。这一时期因炼化企业上马PX项目和油气管道工程引发当地居民的"散步抗议"，西方主流媒体都作了报道。总体看，西方媒体对中国国有企业的效益、改革、发展成就等话题并不感兴趣，它们只对企业关涉中国政治和中国社会稳定的界面，以及可能对西方伙伴产生竞争威胁的领域感兴趣。但是海外媒体对中国国有石油企业的言说与中国境内的舆论场绝缘，在西方世界又几乎引不起多少关注，因此对国有石油企业的媒介话语变迁影响很小。

二、言说国有石油企业文本的形成过程

网络媒介引领传播的时代，文本言说的主体增多，文本形成过程也更多元化。前一个历史阶段文本形成过程中的新闻线索获悉、新闻价值研判及传播选择、新闻文本的创作、对国有石油企业言说的接受与反馈等各环节的做法在这个历史时期多有继承，本节点只对新变化做出分析，相同之处不再赘述。

（一）新闻线索获悉

一般情况下，国有石油企业新闻线索最先获悉的是企业自身，媒体一般是从企业的新闻宣传主管部门或更高级别的新闻宣传主管部门获悉新闻线索，并在企业的组织或配合下进行采访，将线索扩大为文本素材，最终形成传播文本。这是在互联网出现以前，媒体获取企业新闻线索普遍途径，即使是媒体在对企业的采访中自行发现而未被企业事先发现的线索，也还是存在于企业内部且企业可控的线索，并且这种情况十分少见。但在互联网出现之后，企业的新闻线索会通过自媒体呈现在公众视野之中，已不只是企业新闻主管部门可以根据企业宣传需要向媒体分发宣介的事了。媒体可以通过自媒体平台，获悉大量关于国有石油企业的新闻线索。一个

跑口石油的记者每天上班的第一件事是：打开微博账号，搜索石油、天然气、中石油、中石化、中海油等等涉油的关键词，看看网友有没有什么相关的最新爆料，有没有相关话题的讨论，看能否在公众言说的话题和传递的信息中发现有新闻价值、可以跟进采访报道的线索。自媒体为媒介传播提供线索，是网络媒介时代话语实践的重要变化，它大大提升了新闻传播的速度和新闻所涉内容覆盖的广度[1]。

另外，石油行业媒体的报道也是主流媒体涉油话题报道的线索来源。石油行业媒体的报道是主流媒体跑口记者重要的参考资料和新闻线索来源，互联网也让这些报道内容的获取变得更加容易。石油行业报纸的网络版和企业官网的新闻栏目，都是通过网络便捷获取石油行业媒体报道内容的渠道。同时，在平时石油业界相关主题的采访中，石油行业媒体记者和主流媒体记者之间就已经建立起了工作互动关系和个人友谊，彼此间会有经常的业务交流。石油行业媒体记者获得企业内部新闻线索要比主流媒体记者容易，因此，当主流媒体记者策划选题时会咨询行业媒体记者的意见。行业媒体记者在分享新闻线索的同时也会向主流记者咨询政策环境、国际影响等相关分析视角认识，追求更加客观专业化的报道。此外，国有石油企业的内部管理人员也是主流媒体记者获得新闻线索的来源，即所谓的新闻"线人"。主流媒体的跑口记者在日常采访中，结识了石油业界的领导、专家和相关的管理人员，他们都是主流媒体报道国有石油企业时的被采访人和观点分享者，也是主流媒体记者获取国有石油企业新闻线索的"线人"和报道观点、角度选择的智囊。

（二）新闻价值研判及传播选择

互联网时代更丰富的言说主体和更多元的传播平台，给国有石油企业新闻价值研判提出了更多样的标准，带来了更多的传播选择。前一个时期的新闻价值研判主要是看是否有利于宣传企业价值，由于媒介环境中只有官办媒体，媒介话语都是积极正面的宣传鼓劲，鲜见负面的批评和质疑，舆论声音高度统一。互联网催生了多元舆论环境，媒体的市场化发展趋势让国有石油企业被言说的话题和领域更加丰富，舆论再也不是一边倒的肯

---

[1] A Asmawi. "Working with Blog Discourse." [J]. The International Journal of Learning：Annual Review. 2010，17（4）：459–468.

第三章　国有石油企业对标一流走向国际化的话语实践与多元舆论冲突下的形象转变(1999—2012)

定赞扬，各种声音交汇，不同观点碰撞。国有石油企业被不断地形象建构，企业声誉也在不同新闻事件中发生着变化。国有石油企业的新闻宣传部门开始从企业声誉管理的角度去统筹研判新闻价值，从传播效果的角度来选择传播手段[1]。

上一个时期的舆论场中只有官办媒体的声音，而且是正面宣传的声音，媒体是在帮助企业发声。在这样的媒介环境中，企业就没有主动发声、积极发声的必要性和迫切性，把专业的事交给专业的机构，都是党和政府的所属单位，让媒体去为企业发声就是代表了企业自己的意愿和态度。但进入新世纪，舆论场中的声音变得多元而复杂，除了官办媒体在为企业作宣传，市场化媒体会从专业和市场的角度去分析企业的管理得失，网民会从消费者的角度去评价企业的服务，国有石油企业的员工还会出于个人不同的目的在自媒体平台爆料企业内部的各种问题。国有石油企业新闻宣传主管部门所承担的营造企业发展良好舆论氛围的职责，客观上要求对这些舆论场中的声音做出回应，企业必须及时有效发声，回应舆论关切、消弭误解、证伪谣言、营造正向积极的舆论环境，这成为国有石油企业新闻宣传主管部门研判新闻价值的标准。

从传播方式的选择看，主要是基于传播目的和传播效果的综合考量，正面宣传继续以官办媒体和行业媒体为主渠道。对于偏向负面报道的回应坚持"同质反向"的原则，网来网去，报问报答，即负面质疑批评来自怎样的媒介，就借助怎样的媒介做出回应。比如新浪微博有网友对中石油某加油站的加油数量提出质疑，该加油站所在省的销售公司会在新浪微博的官方账号中回答网友提出的疑问，并@提问人；如果该质疑在自媒体中形成话题，出现了其他类似的提问，并涉及中石油整体终端零售业务领域，中石油新闻宣传主管部门会协调终端零售主管部门系统梳理整合相关问题，中石油官微会在该话题区域一并做出回答。为了更好地在舆论场中发声，汲取多次重大事故和突发事件舆情应对的教训，积极有效引导舆论，国有石油企业在这一历史阶段都纷纷建立了新闻发言人制度和新闻发布会工作机制，这成为对新闻价值和传播策略做出研判并付诸实施的组织

---

[1] Craig E. Carroll (Ed.). Corporate Reputation and the News Media: Agenda-setting within Business News Coverage in Developed, Emerging, and Frontier Markets[M]. New York and London: Routledge, 2011: 293-316.

形式保障。

以上是站在国有石油企业的角度分析,即由企业把控并积极主动地策划、实施传播的过程,在新闻价值研判的基础上做出传播选择。而站在传统媒体和自媒体中传播个体的角度分析,传播选择已定,但言说国有石油企业的新闻文本价值却各不相同:官办主流媒体判断的价值标准是文本是否对社会某个或某几个领域能产生影响或具有一定意义;市场化媒体判断的价值标准是文本是否对媒体的目标受众或投资股东的决策、行为或预期结果产生具有积极意义的影响;自媒体中传播个体判断的价值标准是文本是否能满足个人的传播动因,比如不满情绪的宣泄、质疑问题的解疑释惑、正义感和社会责任感的有效释放等。

(三)新闻文本的创作

互联网时代的媒介文本创作都会产生全网传播的结果,因此,无论源发创作是在什么媒体,其文本都更加注重在可读性和吸引人上下功夫。梵·迪克指出,建立新闻事实之间的联系是增强新闻话语劝服效果的有效策略之一。在熟识情境中放入新闻事实,使用某领域广为知悉的概念或说法,以及尽力把新闻事实编辑到公众熟知的结构中等都是建立新闻事实联系的方式[1]。上一个时期主流媒体中关于国有石油企业消息的导语基本都是"5个W"的平铺直叙,保证新闻要素不缺即可,明显这就不是追求宣传效果的话语表达。而进入21世纪以来的企业消息会借鉴西方媒体讲故事的新闻写作手法,用场景、语言、动作或冲突的描写让读者产生带入感,然后再介绍新闻的背景要素,并把新闻事实放在一个故事或一个采访场景的叙述之中,对国有石油企业的"硬新闻"作软化处理,干巴枯燥的数据和术语在减少,取而代之的是打比方式的通俗解读,新闻性不仅未减弱,可读性、传播力还大大增强了,这是企业传播文本创作的进步。另一个明显的进步就是市场化媒体出现后,对国有石油企业市场行为专业化分析的报道出现并且得到受众的广泛认可,这类报道思辨性、专业性、可读性都很强,是对国有石油企业高质量的言说,其中客观的质疑和批评是对企业有益的诤谏和监督。

从传统媒体层面看,这一时期企业新闻文本的创作过程与上一个时期

---

[1] 托伊恩·A 梵·迪克. 作为话语的新闻 [M]. 曾庆香译. 北京:华夏出版社, 2003:87.

第三章　国有石油企业对标一流走向国际化的话语实践与多元舆论冲突下的形象转变(1999—2012)

并无差异，变化主要是在上述的理念和方法上。但从新媒体（自媒体）层面看，这一时期是从无到有的开创，自媒体中的新闻文本创作是出于传播者的表达欲、正义感、责任心等动因，以亲历者的身份，用口语化的叙述话语呈现观察到新闻事实并传播出去的行为。因为它具有新闻性，有的还是第一时间的传播，所以即使在自媒体平台传播也依然是新闻文本，只是自媒体中的新闻文本与传统媒体中的新闻文本存在差异：一是表达缺乏规范的新闻体例，尽管有新闻要素，但明显不是出自职业新闻人之手的文本，有时甚至还有错别字、语句不通顺、语句重复繁冗，传播者只是说出了新闻事实，他完全不追求如何更好地表达而达到更好的传播效果；二是文本经常会流露出作者的情绪，不够客观中立，会让读者对其真实程度产生怀疑，但自媒体平台"有图有真相"的传播潜规则，使得这里的新闻发布者多数都会配发现场照片来佐证自己发布的事实，也是对其文本所流露情绪的弥补和纠偏。

三、对国有石油企业言说的接受与反馈

网络媒介时代言说的丰富性和积极性，客观上要求传播能获得更大范围的接受和更及时有意义的反馈。网络空间中传播涉及国有石油企业的文本除了官办媒体的宣传型文本，还有市场化媒体的新闻解析型文本，门户网站类媒体中同一新闻综合各路报道的荟萃型文本，以及自媒体平台中的个人言说文本。这些不同话语风格、不同聚焦领域、不同言说倾向的文本共同营造了国有石油企业的舆论环境。此时的舆论环境与报纸、电视主导传播的时期相比已发生本质变化，由高度统一的一元舆论场变成了众声喧哗的多元冲突舆论场。

对国有石油企业的话语评价从"工业战线老大哥""共和国长子"等一致的赞许、尊崇，逐步回归到对普通企业的客观分析，不吝啬表扬也不忌惮批评，国有石油企业不再是自带光环的存在，跟其他国有企业并无本质区别。客观地说，改革开放前对待石油系统那种近乎歌颂的媒介话语表达，并非只因为石油战线表现如此优异，其他战线也一样存在值得歌颂的事迹和经验，说到底还是毛主席的充分肯定，是国家最高权力背书的先进典型。但改革开放后，过去的歌颂已经变成了正面宣传，特别是"渤海 2

号"事故之后,国有石油企业似乎"跌落神坛"。再到21世纪,正面宣传也只是国有石油企业媒介话语的一部分,质疑、批评、指责,甚至谩骂造谣也都成为其媒介话语的内容,这对于很多经历过20世纪60、70年代石油大会战的业界老前辈,是难以接受的现实,这也是国有石油企业广大干部职工包括许多企业高管很不适应的地方。

舆论环境的改变,让社会公众对国有石油企业的认知也发生了改变。曾经媒介话语为公众描述的共和国工业建设的中流砥柱、为现代化奉献发展动力的骨干力量,虽然为中国社会夯实了经济发展基础,贡献了作为中华民族伟大精神的大庆精神铁人精神这样的宝贵精神财富,但也给社会带来了安全事故和环境污染,国内上市的股票套牢了看好企业发展纷纷在48元买进的广大股民,部分石油员工在公众场合的豪横、炫耀、铺张等言行被自媒体曝光后颠覆了铁人队伍在公众心中的形象。石油战线的光荣历史、优良传统、巨大贡献,成了媒介话语中公众审视国有石油企业的伦理参照,正是因为拥有辉煌的过去,就难以接受如今的各种瑕疵,媒介话语对国有石油企业这些瑕疵的关注和描述,让公众对国有石油企业形成了管理粗放、大而不强、以利为先等刻板印象。随着媒体和公众舆论监督意识不断增强,问题导向逐渐成为媒介话语的主流,官办媒体对社会热点问题也会参与讨论,对国有企业也不再始终保持"宣传腔",对国有石油企业的安全环保类事故也会客观发声。公众更是聚焦国有石油企业的问题行使社会监督权,捍卫他们的知情权。

国有石油企业面对媒介话语传播形成的舆论新态势、媒介新格局,起初是不习惯、不适应,在调试中寻找与媒介打交道的新方法,学习如何反馈舆论对企业的关切和质疑来有效引导舆论,学习如何有效地塑造企业的良好形象。过去,媒体是帮助企业鼓与呼的兄弟单位;如今,不同属性的媒体从不同角度言说企业,有宣传、有批评、有质疑,企业必须接受这种新常态并积极适应。首先,是接受媒体客观的实事求是的批评监督,内省反思,从管理上提升,杜绝同类问题的出现;其次,是更加透明地向公众和媒体开放,策划更多媒体活动和宣传主题,"一媒一策"主动给媒体"喂料",引导媒体聚焦企业发展成就作传播;此外,网络媒介时代的话语表达具有传受的交融性,即传者和受者达到了高度的交汇融合[1]。用网络思

---

1 仪修通.网络媒介行动中的话语权博弈[J].新闻传播,2020(10):32.

第三章　国有石油企业对标一流走向国际化的话语实践与多元舆论冲突下的形象转变(1999—2012)

维及时回应公众关切，学习用新媒体语言和方法发声，建设"+互联网"的传播矩阵，争夺舆论话语权和主导权。

第四节　多元舆论冲突下的国有石油企业形象转变

　　互联网时代唤醒了传统企业的传播意识。更加宽松的意识形态环境和迅猛发展的信息技术催生了媒体的市场化和多元化，进而形成了不同的舆论场和多元的舆论声音。每个企业都置身于舆论场中，接受着舆论的审视、评价和监督，也承受着舆论的塑形。一个社会的基本文化价值观、社会形态、政治环境、同时发生的其他事件等因素，会令某些议题较为受人关注，某些观点较容易被表达出来，某些说法较能够产生共鸣[1]。从传播心理学角度分析，受众都有"窥丑""探秘""反思""启智"的媒介话语的接收心理。从话语实践来看，影响力大、转载转发量大的媒介文本无不是满足了受众媒介信息接收心理的作品。如果你不屑于或者没有勇气去揭露"黑幕"、起底"黑历史"，那么就请展示你敏锐的观察、渊博的学识、缜密的思辨和整合信息的能力。如果这些都没有，只有显示"大""强""好"的文本描述或数据排布，让国有石油企业自己看了很醉心、很满意，但在公众那里不仅读者甚少，认同者就更少，不仅没有传播力，长期这种正面宣传还给国有石油企业留下了信息"假、大、空"的刻板印象，也给公众造成了对其难以容错的心理，一旦国有石油企业有事，公众难以认可媒介话语中如此"完美""光鲜"的企业会出现这样的情况。传播思路错误其实就是在给企业的形象建构挖坑，舆论环境中能够形成对企业的多元观点，不出现一边倒的舆论倾向，各种观点能够相互制衡，这是对企业最为有利的舆论局面。

1　Ferree M M, Gamson W A, Gerhards J, et al. Shaping Abortion Discourse: Democracy and the Public Sphere in Germany and the United States[M]. New York: Cambridge University Press, 2002.

中国国有石油企业媒介话语的历史变迁（1949—2019）

一、多元舆论冲突下媒介话语的社会实践

所谓多元舆论冲突，就是不同舆论场之间对国有石油企业不同观点、不同倾向的言说所形成的碰撞，包括针锋相对的驳斥、互为补充的融合、殊途同归的互鉴等等。当媒介话语文本在互联网联动整合下实现全球传播时，实际上是在进行受众争夺的竞争。阅读量大的文本被转载引用就多，由该文本引发的评论会多，针对该文本观点的再创作同样也多，一个被受众聚焦的媒介文本会引起广泛的话题讨论和延伸传播，这就是不同观点在碰撞中传播所引发的社会效应。没有冲突碰撞、没有杂音的观点没有传播力，这就是为什么会有网络炒作，会有"芙蓉姐姐""凤姐"等审丑现象的原因。不怕抨击、谩骂和斥责，只怕没有关注度，只要不断有各种声音在话题语境中聚集，就有舆论热度和关注度，就能产生知名度，在市场经济条件下，知名度就能产生经济效益。

纵观国有石油企业舆论环境的发展变化，在改革开放前意识形态严格管控的年代中，舆论环境和国家的意识形态环境一致，国家舆论只有一个声音，这个时代是国家机器在宣传，媒介话语就是权力的体现和对意识形态的注释，石油系统还是行业体制，所有涉及石油行业的宣传都是在用石油行业的发展成绩来证明国家意志和决策的正确性。这个时期的传播不是传播学规律下的传播，而是国家权力灌输式的宣传，是极端化的传播形态绝非正常状态。

改革开放后、21世纪到来前正面宣传的传播思维依然保持了历史和政治的惯性。对国有石油企业的宣传是党和政府意志的体现，出现"渤海2号"事故后的舆论批评也是党的宣传工作的需要和安排。除了这种情况外，媒体对国有石油企业不会有负面的报道。经历过"文化大革命"的中国民众对官方的正面宣传心中存有排斥和芥蒂。因此，从普通民众阅读新闻类报纸和电视新闻播报类节目的数量就可以看出，那个时期公众对官办媒体一个频率的正面宣传是漠然的。国有石油企业此时的媒介话语总体平淡且同质，可以用同一个模板来缩写当时主流媒体涉及国有石油企业的新闻消息，即"我国石油工业又取得了……新成绩＋成绩内容＋数据表现＋专家评价＋现实及未来意义"，不多的通讯报道也都是聚焦在成绩与经验的总结上。这种基本可以预测出话语风格、表达模式和观点倾向的媒介文

第三章 国有石油企业对标一流走向国际化的话语实践与多元舆论冲突下的形象转变(1999—2012)

本,不会有舆论场中的交锋,即使是国有石油企业内部员工也没有多少阅读的意愿,企业以外的人就更没有兴趣了。

进入21世纪,国有石油企业的媒介话语告别了宣传无力的平淡期和无意识期,进入了真正的传播时代。互联网引发的信息技术革命创新了媒介形态,改变了人们使用媒介的习惯和对信息的依赖程度[1]。过去因为技术限制,社会对信息的分享有限,人们只能被动接收,人们对信息不存在精神和现实需要上的依赖,可以长时间不接触媒介。互联网改变了这一切,信息大爆炸,传播平台和信息接收选择都变得多元化。受众可以选择自己感兴趣的信息去阅读,媒介文本的创作者要迎合受众的口味选择传播内容、梳理核心观点、设计表达方式,没有受众认可的媒介话语就会被网络淘汰。意义不是传送者"传递"的,而是接受者"生产"的[2]。信息之于互联网,犹如产品之于市场。通过媒介获取信息成为每个人日常生活的组成部分,信息传播媒介属性的不同导致了不同舆论场的产生,不同观点交汇形成冲突与交锋,进而产生话题,引发讨论和媒介文本的再创作,提升话题热度,拓展传播广度。

面对真正的传播,习惯宣传思维的国有石油企业并没有意识到自己在信息传播的理念、方法、话语等各方面已全面落后。当几起安全环保事故和生产经营中的负面信息被完全不受控地披露在市场化媒体和自媒体中时,国有石油企业才意识到正面宣传时代的结束和用一个声音说话的单一舆论场的消失。企业不能被动应对传播,而要在掌握传播规律的基础上,运用传播智慧来争夺舆论场中的主动权和话语权,进而影响舆论。国有石油企业每天都会看到各种跟企业相关的信息,客观的事实信息是主流,这是作为上市企业需要展现透明度而希望公众了解的;市场化媒体和自媒体中涉及负面倾向的报道和信息需要公司积极回应澄清,消弭误解;只有官办主流媒体中的正面宣传是企业最渴望呈现给公众的,并且作了大量传播准备工作的,但恰恰又是公众阅读兴趣和传播力都最小的媒介话语。当经

---

[1] Cukier W, Ngwenyama O, Bauer R, et al. A critical analysis of media discourse on information technology: preliminary results of a proposed method for critical discourse analysis [J].Information systems journal: An international journal promoting the study and practice of information systems, 2009, 19(2): 175-196.
[2] 胡明宇. 受众解读与媒介文本——文化研究派对受众的研究 [J]. 当代传播, 2002(04): 45.

中国国有石油企业媒介话语的历史变迁（1949—2019）

历过舆情危机事件后，国有石油企业才恍然发现，企业的新闻主管部门将最多的精力投在了最擅长最熟悉的宣传策划上，而对舆论场中负面声音的回应和舆情危机应对不仅缺乏经验和方法，更缺乏积极应对的勇气。

之前的分析已经阐释，舆论场中对国有石油企业的言说有多元声音冲突碰撞是常态，对于企业传播也是好事，它有利于观点平衡和保持较长时间的舆论热度。但国有石油企业并没有接受这个观点，企业当时的主要领导和管理层成员对企业传播有着这样的认识：正面宣传的声音多与少并不要紧，舆论场中完全没有言说企业的声音也能接受，但关键是不能有负面声音，无论这个负面声音是否客观真实，只要在舆论场出现负面声音就是对企业声誉和形象的伤害。企业高层的这种认识让企业新闻宣传主管部门压力陡增，因为领导最关注的点企业无法控制，媒介话语中是否有负面信息取决于企业内部是否发生了导致负面信息的事件，这跟新闻宣传管理部门关联性不大，但仍需要其应对处置负面信息引发的后果，处理不好还要被上级追责，内心十分委屈。领导的要求是不要有负面信息，而不是很好地应对负面信息，化解舆情风险，所以针对负面信息，新闻宣传部门把精力放在了如何"堵"而非如何"疏"上，明知在做不可能完成的任务但还要坚持去做，最后还很难得到上级的认可。这就是典型的出力不讨好，是国有石油企业面对多元舆论冲突环境选错了方向[1]。

客观正确地理解不同舆论声音对企业产生的影响，才能确立企业传播正确的方法和导向。只要舆论声音中超过一半的媒介话语是正面客观的内容，负面内容少于一半，这就是对企业发展的舆论环境无害的状态。企业新闻宣传部门的职责就是要将正面客观的内容尽量向100%逼近，将负面内容尽量向清零的方向努力。由于国有石油企业的领导层已经建立了传播塑造企业形象的观念，他们认为负面信息传播就会损害企业形象，因此要求清除舆论场中的企业负面信息，这是个完全违背传播常识、纯粹官僚主义的做法。企业新闻宣传主管部门并没有试图去改变高层对传播认知的误区，碍于高层对企业负面信息的认识和态度，他们对舆论中的负面信息不敢及时回应，生怕助燃了负面舆情热度反而扩大了传播，因此还是继续做

---

1 STALLINGS R A. Media Discourse and the Social Construction of Risk [J]. Social Problems, 1990: 80-95.

第三章 国有石油企业对标一流走向国际化的话语实践与多元舆论冲突下的形象转变(1999—2012)

着找官方删除、找当事方撤稿的"封堵"努力。这也是为何那个时期国有石油企业的高热度负面舆情此起彼伏的重要原因。

二、媒介话语碰撞下的国有石油企业形象转变

中国视域下,媒介话语变迁、大众文化兴起与社会文化结构演变是同一过程的不同层面,其实处于同构关系中,具有共同的社会历史根源。它们都是中国社会进入转型期社会各领域由"合一"走向"分离"、由一元到多元的结果[1]。在互联网时代,国有石油企业的管理者清楚地看到,媒体与企业是博弈关系,既要依靠媒体又要应对媒体。媒介话语对企业的言说犹如雕刻用的斧凿,在舆论场观点的交锋碰撞中塑造着企业的形象。在改革开放后的舆论环境中,国有石油企业经历了"渤海2号"事故后主流媒体的批评,这还是在全国高规格"工业学大庆"会议后两年多的时间里发生的舆论变化,这在中国社会是罕见的,对国有石油企业来说更是绝无仅有的带来企业形象冲击的舆论风暴。

这个教训让国有石油企业醍醐灌顶地认识到:舆论可以改变形象,营造良好舆论环境对企业至关重要。但当时的媒介环境和信息技术条件决定了党和政府是舆论的调控者。因此,国有石油企业把营造良好舆论氛围的路径定位在对企业发展成绩做好宣传,让党和政府及时掌握并认可,只要企业的上级权力不提出批评和质疑,主流媒体就不会有不同的声音。此时,国有石油企业要紧紧依靠媒体去宣传企业,展示企业欣欣向荣的发展景象,突出企业对国家和社会的价值贡献。应该说,这个思路符合当时的现实。

在当时的条件下,国有石油企业认识到了舆论对企业形象的作用,但塑造企业形象的根本权力在党和政府,而不在媒体和公众。因此,党和政府认可企业,定位了企业的形象,媒体就会按照这个形象去塑造企业,那时的媒体都是党和政府的喉舌,会坚定地按照党和政府的意志去言说企业。这也就很好理解,为什么那个年代国有石油企业意识到舆论对形象的

---

[1] 王洁,罗以澄.论新时期中国媒介的话语变迁[J].河北大学学报(哲学社会科学版),2010(01):79.

重要作用，但却没有树立起企业形象建构的自主意识和主动意识，这是那个时代的局限性。

在21世纪的互联网条件下，已经全面融入全球化、实现跨国经营的上市企业在公共关系建构方面也与国际接轨，需要定期向媒体披露业绩、重大资产和人事变动信息，上市公司有责任及时回应投资者对企业市场行为的质疑，企业有义务向公众公开不涉及企业商业秘密的信息，保障公众和投资者的知情权。此时，企媒关系已不是过去纯粹的宣传与被宣传的关系，监督与被监督的关系成为主流，媒体市场化发展催生出的众多市场化媒体成为对企业开展舆论监督的主力。同时，自媒体的出现彻底改变了舆论的格局，让每个人都成为国有石油企业媒介话语的言说者和传播者。企业形象成为每个言说者雕琢下的作品，主流媒体对塑造企业形象的作用已显著下降，党和政府对企业的评价已经不能左右舆论的评价，这是社会的进步。国有石油企业只能通过自身的形象建构努力去主动参与舆论生成的过程，加入讨论自身话题的媒介话语创作中，争取话语权和舆论主导权，进而影响企业的舆论生态。

互联网引领下市场化运作的媒介生态环境，尽管都在中央和地方的宣传部门和网信办指导和管理下，媒介话语内容要符合党和政府的意识形态要求和法律要求，但在这个尺度之内，媒介话语的自由裁量空间是较大的。主管部门也希望媒体能够充分发挥其舆论监督的作用，客观地反映社会各领域的新闻事实，主管部门只把握原则和方向，不过多干涉媒体新闻采编业务。只有当舆论中的企业舆情出现谣言、涉及国家安全声誉以及企业重大商业秘密时，企业可协调主管部门对舆论进行干预。只要是在舆论监督边界范围内的信息，即使是对企业形象可能造成重大影响的负面信息，公权力不会出手为企业管控传播，企业通过建构和谐的企媒关系来回应舆论、引导舆论是唯一可行的选择。

进入21世纪后的头10年，国有石油企业经历了重组上市、全面融入全球化、迎来长时间高油价、开展国际化经营、业务扩张式发展、出现多起重大安全环保事故、股票套牢大批股民等众多热点事件。这些事件都在舆论场中被媒体和公众言说，被互联网扩大和延伸传播，成为描绘国有石油企业形象的一支支画笔，将国有石油企业一笔笔画成了与20世纪完全不同的形象。专业化重组展示了"做强、做专"企业的努力方向；境内

第三章 国有石油企业对标一流走向国际化的话语实践与多元舆论冲突下的形象转变(1999—2012)

外上市、参与国际化经营展示了开放、融合、追求现代化的企业形象；新工程新项目纷纷上马推动业务扩张反映了国有石油企业正在持续做大；长时间高油价与股票价格持续下跌的结合把国有石油企业刻画成贪婪追求利润、盘剥公众财富、缺乏社会公德的"能源大鳄"形象；多起安全环保事故把企业塑造成管理粗放、徒有国际化之表、大而不强的形象和社会公共安全破坏者的形象。国有石油企业部分导致负面结果的行为引发了一定范围内的集体道德恐慌，也即公众对其愤怒对象的标签化过程。带着怨气的公众不仅把某些群体定义为有道德问题且对社会构成威胁的群体，而且预判该群体将有可能对社会造成更大危害[1]。

媒体越多元开放，舆论的声音就越纷繁复杂，国有石油企业的形象就会随之流变而以多面示众。而这不同的侧面和维度也是企业自身优劣得失的真实写照，舆论中好评源自企业卓越表现得到公众的认可，差评源自企业自身的问题受到公众的指摘。站在企业的角度，肯定希望舆论中没有负面差评，只有正面的好评，但在开放社会中的舆论场中不可能存在这样的情况。遗憾的是，国有石油企业的领导一直在寻求无负面的舆论环境，有负面就要清除掉，不管企业的新闻宣传部门是否有这样的能力。这也为删帖处置负面舆情的咨询机构带来了商机，越是那种"不差钱"的企业越愿意花钱平事，客观上也激励了那些给企业制造负面的机构和个人，恶性循环让本来是舆论监督的积极力量变成了盘剥企业的舆论毒药。如果都是阳光下的舆论监督，企业尽管不愿意看到负面批评，但若是实事求是的客观批评，虽是负面但对自身的管理确有推动的正向作用，经过一定时间的磨合适应，企业也会欣然接受。之所以没有形成对待负面舆情的平常心，就是因为存在可以处置的负面舆情，其客观公正性就打了大大的折扣，国有石油企业的领导者就认为，负面舆情就是舆论讹诈的一种形式，要么打击要么合作。

因此，国有石油企业只有看清楚，舆论导致的形象变化是正常的传播现象，是需要像央行用利率调节金融那样，通过企业管理水平的提升，再配合传播策略和技巧的运用，来应对调和舆论场中的负面舆情，并借助负面舆情倒逼企业自身的管理提升。但国家新闻传播领域的立法不足，以及

---

1 景军．艾滋病谣言的社会渊源：道德恐慌与信任危机 [J]．社会科学，2006（08）．

企业在应对影响其形象塑造的负面舆情时的实用主义立场,没有给当时信息技术革命和媒体产业迅猛发展背景下的舆论场带来秩序性的互动机制和透明正向的游戏规则,这导致国有石油企业把形象转变当成了对企业软实力的冲击,而采取了并不正确的应对措施,最终形象转变并未得到扭转反而进一步固化了。这也说明,网络媒介时代国有石油企业的形象建构是一个从理念到方法,再到行动的系统工程,要有"不以物喜、不以己悲"心态,就像面对一个个体"有优点就会有缺点"一样,一个企业在舆论场中有褒扬的宣传就会有恶意的攻击,在摆正心态、理性分析的基础上科学应对是唯一选择。那种耳根清净,听不得批评和指责的声音,妄图舆论场中只有异口同声的赞誉,是专制主义余毒留下的幻想症。企业作为市场经济的主体,其自身的传播同样要遵循市场规律,真正达成舆论场的供需平衡、观点制衡、利益均衡。

本章小结

进入 21 世纪,完成专业化重组并在境内外上市的国有石油企业全面融入全球化发展浪潮,在国际化经营中,对标一流提升管理水平和技术创新能力,从走出去的学习者向主要竞争者转变,中国国有石油企业越来越走近国际石油市场的中央。在国际油价持续高涨的背景下,实现了企业的扩张式发展,迎来了新中国成立后石油行业第二个发展高峰期,国有石油企业的油气合作中心、油气输送通道、国际运营中心等全球战略布局完成。国有石油企业的扩张发展期与信息技术和媒介形态变革期叠加,特别是互联网的出现和普及,深刻改变了国有石油企业的媒介环境和舆论环境,网络技术催生的社交媒体平台让公众参与到传播中,导致媒介话语多元化,官方与民间两个舆论场就此诞生[1]。市场化媒体的出现,让舆论的多元碰撞更加剧烈,市场化媒体在两个舆论场中游走,成为舆论导向的重要加持力量,国有石油企业的公众形象在多元化舆论生态中持续转变。

国有石油企业并没有随媒介形态和舆论环境的变化而及时调整媒介言

---

1 Danuta Szwajca. The Role of Social Media in Corporate Reputation Management – The Results of the Polish Enterprises [J]. Foundations of management,2017,9(1):161-174.

第三章 国有石油企业对标一流走向国际化的话语实践与多元舆论冲突下的形象转变(1999—2012)

说的思路,宣传理念并未被传播理念所取代,"低调、稳健、正面"仍是对外宣传的基本遵循。低调就决定了企业并不会主动设计企业形象建构的传播方案,更不会积极自觉地开展声誉管理。当舆论场中企业言说自身的权威话语缺位时,公众就会通过自媒体及时补位。互联网让信息传播无死角,企业安全环保事故发生后,公众不仅是信息的传递者还是舆论的制造者,企业的宣传思维无法应对各种舆情突发事件,不及时发声遭受批评,发声不当备受指责,何时说?怎么说?话语权缺位、话语力缺失的尴尬与国有石油企业因扩张发展而导致安全环保管理疏漏频发相遇,迅速引发国有石油企业形象的跌损。管理机制与国际接轨、传播理念与国际惯例偏离的现实,导致了国有石油企业被动应对舆情而无力赢得话语主动权的困窘。

在多次安全环保突发事件的应对中,国有石油企业媒介话语实践不力,导致公众舆论中企业"傲慢""管理落后""垄断低效"等标签化符号被话语建构,企业公众形象与第二发展高峰期的社会价值贡献严重背离。在舆论话语权争夺中的被动困境,迫使国有石油企业唤起了形象建构和声誉管理的积极性和主动性,但宣传思维积重难返的实际决定了唤醒后的调试具有长期性,是在新媒介环境下充分学习话语建构技能的基础上逐步转变的过程。"贡献很大但形象不佳"的现实矛盾,给国有石油企业上一堂生动的软实力影响核心竞争力的案例分析课。国有石油企业管理者认识到,企业形象建构和声誉管理是个战略与策略并重的问题,需要顶层设计,建构起符合传播规律和媒介生态环境的话语体系,在科学运用媒体特点开展媒介话语实践活动中掌握话语主动权。

第四章 "夕阳产业"战略困顿中的话语实践与回归传统的形象重塑（2013—2019）

第一节 产业角色和公众形象双重调整期的语境分析

一、2013—2019年的中国石油行业发展环境分析

（一）国内发展环境分析

党的十八大开启了中国经济社会的新征程，特别是全面从严治党，加强对政治纪律政治规矩的执纪要求，加强了党对国有企业的领导，对党的建设长期存在的弱化、虚化、边缘化问题进行了全面纠正；也是国有企业，特别是中央企业长期追求国际化和国际接轨，为避免国际合作中的意识形态冲突而有意淡化党的领导的全面回归。

对国有石油企业而言，讲政治、听党话跟党走是从会战时代就形成的传统，但石油行业全面融入国际市场与国际油价接轨后，高油价和行业垄断地位使得国有石油企业获得了较高利润，业务持续扩张，企业高管手中的权力越来越大，掌握的资源越来越多。在过去执纪问责不够严的情况下，国有石油企业的高管放松了对自己思想行为的要求，面对企业高利润时，少了进取心多了个人私欲，不同程度的腐败现象开始出现。在党中央严厉打击腐败的行动中，国有石油企业高管的塌方式腐败成了媒介话语言说的焦点，国有石油企业的公众形象被进一步滑向负面，石油员工"我当个石油工人多荣耀"的自豪感蒙上阴影。

进入互联网媒介时代后，国有石油企业媒介话语和舆论场的多元化促使企业形象和舆论评价也走向多元化。主流舆论客观正面，但不时夹杂

第四章 "夕阳产业"战略困顿中的话语实践与回归传统的形象重塑（2013—2019）

负面声音，这是 21 世纪第一个十年国有石油企业舆论环境的主要特点。2012 年党的十八大召开前后，媒介技术又取得进一步发展，微博、微信广泛运用以及随后移动短视频平台抖音的诞生，推动民间舆论场持续走强，成为新闻信息传播、舆情产生发酵、突发事件直播跟进的主要媒介平台。在传播史上，技术发展引发和推动着传播方式改变，并不断产生新的传播学话题和研究[1]。人人都是记者、人人都有"麦克风"的传播生态和融合发展的媒介环境，让全社会"无死角"地处于聚光灯下，国有石油企业生产经营管理、对外合作、资本市场表现、安全环保事故、高管腐败丑闻等各类资讯自然都会经融媒体平台得到传播，并借助今日头条等利用大数据算法的信息集合分发平台实现迎合受众喜好的精准传播。

国有石油企业的媒介话语更加多元复杂，信源多观点分散，信息内容会依据受众需求实现多次加工。对国有石油企业进行媒介言说的主体也更加多元复杂，国有石油企业自身、不同类型的媒体、自媒体平台中不同利益群体的公众以及企业利益攸关方，不同主体会站在不同立场从不同视角对国有石油企业进行言说，建构起的国有石油企业形象也更加复杂，在国有石油企业自身腐败问题曝光后，其媒介形象更加偏向负面。2013 年 8 月 26 日，中国石油 4 名高管被查，拉开了国有石油企业腐败舆情井喷式爆发的序幕，集团党组成员即领导班子成员先后 6 人被查，多名股份公司管理层成员和地区公司主要领导被查；中国石化同样也有多名高层管理人员因腐败落马。国有石油企业高级管理人员大面积的腐败被媒体曝光后，迎合了受众"窥丑"的接受心理，深度解读、背景分析、细节披露的信息多次加工持续引发全媒体舆情热度和高频次传播，媒体记者、网站小编和网民在舆论场中的集体讨论，给国有石油企业打上"腐败沃土""贪婪堕落""吸吮民利""高薪低能"等刻板烙印，同时，给国有石油行业贴上腐败的"石油帮"标签。"贴标签对新闻媒体而言，可以用最简练的文字传递出最丰富的信息，遵循了新闻报道的简洁性原则；同时，标签的神秘模糊效应可以产生联想甚至煽情效果，易吸引读者眼球。[2]"

国有石油企业在受到中央执纪问责的追究后，管理粗放、用人失察、

---

1 杨学明.新媒介时代数字技术语境下的话语问题研究[J].新闻知识，2014（05）：10.
2 谢季康，曾艳梅.新闻报道中的"富二代"标签效应[J].新闻世界，2012（02）.

丢失传统等问题被媒体放大，跟腐败事件叠加，产生了与铁人王进喜截然相反的形象反差。有网民调侃，"过去的石油人是跳泥浆池，如今的石油人是跳金钱池。""过去的石油工人一声吼，地球也要抖三抖；现在的石油工人一声吼，腐败高管全露头。"中央的反腐风暴让国有石油企业蒙羞，曾经是中国工业战线旗帜的光辉形象被贪婪地吸吮"黑金"的背叛者形象所取代。网民讥讽道，国有石油企业"我为祖国献石油"的初心已经转化为"我为祖国喝茅台"的使命。今昔对比中，国有石油企业部分高管对石油光荣传统的背离已经产生了"一只老鼠害了一锅汤"的形象颠覆效果。2015年，中国石油提出开展"重塑良好形象"大讨论活动，并将其作为员工主题教育的一项常态化内容。腐败问题的媒介话语呈现对国有石油企业形象的冲击不可谓不大，让"作党和人民最可信赖的骨干力量"变成了有一定距离的目标。有网民在自媒体中慨叹，"石油的沦落令人唏嘘！"对国有石油企业而言，形象重塑成为比找油找气更加艰巨的任务。

从国内政策环境看，国家打破行业垄断，创造更加公平的市场竞争环境，希望通过打破单一所有制结构，在国有资本控股的情况下，提升民营资本占比，以混合所有制改革促使国有企业进一步激发内生动力和创新活力，增强企业的核心竞争力。国有石油企业作为骨干能源企业，且长期居于国内自然垄断地位，竞争压力小，利润回报高，持续改革的动力不足。吸引民间资本进入石油行业就是要打破垄断，引入良性竞争，以此带动"国资民资互动"，扭转"国进民退"的局面，提升国民经济的整体活力。

进入石油领域的民营资本主要集中在炼油化工和零售领域，上游勘探开发业务的技术和资金门槛较高，民营资本在上游业务的涉足主要在钻井、测井、油田地面工程等技术服务领域。在炼油化工业务领域，国内市场竞争十分激烈，东部沿海地区的民营炼化企业无论从规模、产能还是技术装备，都不输国有石油企业，且企业员工精简、地方有税收优惠保护，因此民营炼化企业的成品油和化工产品更有市场竞争力。在终端零售市场，民营企业在各省市成品油和天然气销售市场中都有一席之地，有的地方民营市场占比超过三分之一，过去国有石油企业有资源优势，但随着民营炼化企业的崛起和液化天然气（LNG）进口量增大，民营企业油气终端销售领域的短板逐步补齐，再加上价格优势，其在国内市场的竞争力显著跃升。总体看，国内油气生产及销售市场在逐步放开，"国民竞争"日趋

第四章 "夕阳产业"战略困顿中的话语实践与回归传统的形象重塑（2013—2019）

激烈，国家也在推动国有石油企业的资产所有制结构进一步多元化，过去国有资本在石油行业一统江湖的局面已经一去不复返了。

从对比变化中看，国内石油行业从过去封闭搞建设，到转企改制后逐步融入国际市场，并在管理机制上与国际接轨。石油行业从单一行政管理的生产型模式向多企业竞争的经营型模式转变，市场化、国际化程度显著提升。民间舆论场中对国有石油企业批评最多的即"垄断""效率低下""腐败"等问题。通过国有石油企业自身改革和国家政策引导，逐步打破行业垄断并引入民资、外资参与竞争，一方面降低了国有石油企业的生产经营风险和社会油气保供的压力，另一方面也倒逼国有石油企业提升管理水平和效率。经过几十年的发展，对国有石油企业的媒介话语评价从"共和国长子""工业战线的标杆旗帜""央企骨干"向"世界一流综合性国际能源公司""全球石油公司排名前五""亚洲最赚钱公司"转变，淡化了意识形态色彩，回归了企业属性本身，国有石油企业在媒介话语表达中更接地气。

（二）海外发展环境分析

从国际市场竞争看，中国国有石油企业的国际竞争力以及油气市场的份额占比都显著提升，在国际石油行业的话语权也明显增强，三大石油公司已经成为国际市场的主要竞争者。石油即政治，国有石油企业在海外的业务拓展和市场竞争与国际地缘政治博弈、国家间政治经济关系直接相关，石油的政治性意涵在国有石油企业海外业务中表现得很突出。中国三大国有石油企业涉足油气业务的资源国主要是经济社会发展相对落后、政局并不稳定且急需资金和技术支持开发本国油气资源的亚非拉第三世界国家，或者是左翼政党长期执政、与我国政治关系紧密的友好国家，如委内瑞拉。

国有石油企业的海外业务实践是国家间政治的延伸，也是国家意志的体现。因此，受到西方国家政府的阻挠和掣肘，中海油收购美国优尼科石油公司最终失败就是美国政府干预的结果。中国国有石油企业在西方世界的业务主要集中的资源进出口贸易领域，并且中国国有石油企业的海外业务受到西方媒体的关注，特别是在亚非拉国家的油气资源开发常被西方媒体话语描述成对当地资源的掠夺，而合作资源国的当地媒体会更加关注中国油企生产作业中的安全环保和推动就业等关涉民生的话题。可以说,中国国有石油企业走出去开拓海外市场的难度较大,与其他中国企业的海外发展相比,附加了太多的政治因素。

从中国国有石油企业走出去30年的历程看,第一个十年,从20世纪90年代初到专业化重组上市,主要是进入国际市场向西方同行学习,是一个尝试摸索、寻找差距、借助外部环境压力倒逼自身改革的时期。第二个十年,从21世纪初国有石油企业完成体制机制改革、通过上市融入国际资本市场到党的十八召开,国有石油企业的海外业务得到突飞猛进发展,从二三线的参与者迅速成长为国际石油市场的主要竞争者,凭借自身迅速赶超的技术优势和普遍低于西方同行的价格优势,塑造了中国国有石油企业高性价比服务的核心竞争力,在头十年的基础上再用了不到10年的时间,就建成了"海外大庆",即海外油气当量产量超过5000万吨。进入海外拓展的第三个十年,随着中国国力的持续增强,中国在国际舞台逐渐步入了舞台中央,海外油气业务也进入了平稳增长期。但由于中美大国博弈的烈度加剧,中东、委内瑞拉等油气资源富集区的政局持续动荡,中国国有石油企业的海外业务面临的外部风险加大,各种不确定性增多,进一步限制了企业海外业务的扩张。

党的十八大后,由于国有石油企业暴露出部分高管的腐败问题,企业形象受到严重损害,部分腐败问题也涉及海外业务和负责海外业务的高管,企业的海外生产经营不同程度地受到负面影响。为了降低腐败问题对公司海外业务的冲击,提高海外业务管理效率,中国石油对海外业务的管理机制和结构做了改革,加强了区域业务整合,成立中东公司、拉美公司等大区管理机构,将相关区域内的内部甲乙方企业统一纳入大区管理,形成合力并提升中国石油的品牌影响力[1]。同时,涉外的管道业务发展迅速,中缅管道、中俄天然气管道上马并建成,标志着中国东北、西北、西南、海上四大油气能源通道正式建成。从海外业务形态看,在苏丹、哈萨克斯坦、伊拉克、伊朗等资源国,中国石油已经形成了地球物理勘探、钻井、测井、试油等工程技术服务,油气田开发,管道等油田工程以及炼油化工

---

1 Kip Becker, Helena Nobre, Vijay Kanabar. Monitoring and protecting company and brand reputation on social networks: when sites are not enough [J]. Global Business and Economics Review, 2013, 15 (2/3): 293-308.

第四章 "夕阳产业"战略困顿中的话语实践与回归传统的形象重塑（2013—2019）

全产业链业务的集群式发展模式，对部分油田实施设计、工程建设、开发、外输、炼油化工生产的总承包作业，彰显着中国石油工业已经具有世界一流的技术水平。

二、媒体融合时代国有石油企业话语实践的媒介环境分析

习近平总书记对全媒体发展曾有过这样的论述，"全媒体不断发展，出现了全程媒体、全息媒体、全员媒体、全效媒体，信息无处不在、无所不及、无人不用，导致舆论生态、媒体格局、传播方式发生深刻变化，新闻舆论工作面临新的挑战[1]。"从网络媒介时代到媒体融合时代，实际上是互联网媒介从 1.0 版跨越至 2.0 版再进入 3.0 版的发展历程。所谓互联网媒介的 1.0 版是指以门户网站主导、兼具论坛、贴吧、博客等通过 PC 端操作传递信息的网络传播模式；2.0 版是指 PC 端和移动端并存，PC 端网页与智能手机 APP 借助大数据技术在全网中实现精准传播的模式；3.0 版是指媒体融合发展，以"网联网+"集成各种媒体形态，实现全部媒体的互联互通，媒体间的区域壁垒、形态差异、传播特质等都被打破，媒体的传播力差异只取决于内容的吸引力和公信力，各种媒体形态在保留自身特色的基础上实现互联网化。理论上说，媒体融合时代的受众个体可以通过任何一个互联网终端获取全球任何一个媒体的信息。"所有人"可以随时随地与"所有人"进行话语互动：时间不再是问题，空间亦不再是障碍，话语内容更加多元[2]。传播者与受传者之间的关系因网络传播而改变，过去"以传播者为中心"的传播模式被网络传播颠覆和解构。在网络平台上，传播者和接受者处于看似平等地位，但是，网络资源拥有者将"把关人"的社会角色进行重新定位，从过去的让人们"看什么"变为教人们"怎么看"[3]。

面对一个从信息互联到智能物联无处不在的世界，企业必须把自己

---

1 习近平. 推动媒体融合向纵深发展 巩固全党全国人民共同思想基础[N].《人民日报》2019 年 1 月 26 日.
2 冯春海. 全媒体时代的"媒介话语力"建构[J]. 新闻知识，2015（11）：36.
3 吴晓明. 媒介传播中的话语权倾向[J]. 烟台师范学院学报（哲学社会科学版），2004（09）：90.

的发展置身于互联网引领的信息技术变革之中，无论是主营业务领域的技术支撑，还是借助媒介言说的传播途径，互联网已经超越了诞生之初的媒介功能，成为以万物互联为显著特征的时代之基。当互联网的作用已经远远不止于信息传播时，媒介也就只拥有互联网本身了。尽管此时报纸、电视、电台的媒介形态依然还在，但受众接受这些媒介信息传播的方式完全改变了，通过网络在线阅读每期报纸、收听在线广播、收看网络电视已经成为受众最普遍的媒介使用习惯，家中的电视机更多的作用是装饰和摆设；"订阅报纸"已经几乎等同于订阅网络版报纸的意思，选择订阅纸质报纸主要是单位的公务行为或者是部分老年人的个体行为，并且纸质报纸的订阅已经逐年减少，一些报纸已经取消了纸质版而只发行网络版；智能手机中以听播为主要形态的APP出现后，如喜马拉雅，彻底改变了人们收听资讯的习惯。

以往的媒介形态都吸附于互联网之中，仅将各自的传播优势展现出来，形成附着于互联网之中的媒介应用模块，也就像智能手机上的一个APP。受众选择哪个互联网中的媒介形态来接收信息，一方面取决于个人习惯，有调查表明，文化程度较高的群体，更喜欢通过阅读文字来获取信息；另一方面也取决于信息的特点，一个正在进行中的突发事件，受众更愿意通过视频直播的方式来了解事件的最新进展，电视就是这类信息获取的首选媒介形态。而无论选择哪种媒介形态，受众主要是通过互联网终端，如借助智能手机作为主要的媒介形态呈现平台，这也是全媒体所谓"全"的基本意涵，即通过互联网实现各种媒介形态的全覆盖、全兼容，以及传播内容的全交互、全融合，这也是媒体融合时代媒介融合发展的具体体现。在媒介融合传播的发展趋势下，网络新媒体正以其强大的个人话语发布功能挑战着传统媒体的话语权威[1]。

对于国有石油企业而言，媒介环境发生了本质变化，对企业的言说向互联网平台集中，不同媒介都在向原有媒体形态＋互联网的模式转变，报网、视网、台网以及互联网不同终端之间的联动成为媒介的新生态。企业的宣传部门对企业的宣传策划多采取企业官媒与传统主流媒体同步发声，

1　顾杨丽, 吴飞. 从央视"3·15"晚会看传统媒介话语权的消解[J]. 当代传播, 2013 (06): 48.

第四章 "夕阳产业"战略困顿中的话语实践与回归传统的形象重塑（2013—2019）

协调其他媒体网络平台转发或跟进深度报道的组合方式，希冀产生传播的矩阵式效果。同时，企业在媒体融合发展的环境中，都着力做强自己的官方网络平台，包括官方网站和官方微博、微信、抖音等新媒体，借助自身平台发声引导舆论成为企业媒介传播的首选方式。新媒介环境让企业传播获得了主动权，互联网让企业和媒体获得了平等的传播机会，改变了过去企业传播要依靠媒体的局面。尽管企业要获取最佳传播效果，还需要借助主流媒体发声，但重要信息的首次发布多会选择自己的官方媒体以提高其媒介的权威性和影响力。在媒体融合发展时期，对言说国有石油企业的不同媒体形态作出分析：

（一）报纸

媒体融合时代媒体高度产业化，不论何种媒介形态，借助互联网都可以实现无边界传播。换言之，互联网催生了媒介平台商业化、产业化的蓬勃发展。即使报纸这个历史最悠久、传播力影响力下降最为显著的传统媒体，在媒体融合时代依然呈现多元发展态势，财经类、都市类报纸数量不减反增，如《经济观察报》《证券时报》《新京报》《南方都市报》等这些报纸都有不俗的市场订阅量和传播影响力，因为它们善于聚焦热点新闻事件进行深度解读和剖析，这满足了文化程度较高受众群体的阅读需求，社会中的精英群体也是报纸最主要的传播对象。不论媒介技术如何发展，只要人类还有阅读的需求，报纸这种媒介形态就不会消亡，只是纯纸质的报纸受众在减少，网络报纸的读者在增加。因此，具有专业研究属性和特色风格的报纸，依然具有其他媒体难以替代的吸引力和影响力。比如《经济观察报》对经济事件的调查式报道深受企业界和经济学界青睐；《新京报》对社会热点新闻事件的评论拥有众多粉丝，其针砭时弊犀利话语和鞭辟入里的独到见解获得社会各界的好评。

作为社会经济主体的国有石油企业，报纸对其的报道主要集中于因企业属性而产生的新闻，涉及科技创新、利税贡献、社会责任、重组并购、重大工程等等。具体来看，财经类报纸对国有石油企业在资本市场的表现，油气产业领域新突破新成就，以及国际市场竞争中的新举措新收获较为关注，报道形式多为经济学视角的产业分析通讯，既有一定篇幅也有一定深度。聚焦特定群体的报纸会把国有石油企业中相应特定群体作为报道的对象，比如《中国青年报》《工人日报》在以国有石油企业作为言说对象时，会把石油青年和石油工人中的典型人物事迹作为报道的重点，报道形式多为人物通讯。而《人民日报》和各省市的党报，则会把国有石油企业关涉的具有重大社会意义的标志性事件作为关注点，追求新闻背后的政治性，比如油田重大勘探成果、油气产量的历史性突破、天然气供应对某地经济带来的转变等。对于国有石油企业的内部报纸而言，虽然各版面都是聚焦石油说石油，但不可否认的是，媒体融合传播促使其日益"杂志化"，即追求可读性超越新闻性，消息在减少，专题报道、背景分析报道、访谈式报道以及调查式报道在逐渐增多，这也是互联网带动报纸转型的必然结果，既然报纸出版周期等客观条件决定了消息的时效性永远比不过互联网媒体，那么就把可读性、观点性、特色化做充分[1]。

（二）电视

媒体融合时代电视的信息传播功能在下降，网络直播的时效性和便捷性都优于电视，在视频信息传播方面正在取代电视。但电视在"影像志"方面的专题报道、电视杂志式的深度新闻调查、娱乐节目制作等特色传播方面具有优势。过去连续剧播放是电视的独特优势，但随着流媒体平台的发展和移动终端的泛化，网剧正在取代电视剧，制作方也根据网络播映的特点来策划编排更适合网络使用群体，特别是年轻人欣赏视角的连续剧。电视台制作的文艺晚会，如一年一度的春晚，网络终端的收看率超过了电视机的收看率，更有民间团体举办网络春晚通过流量获利，并获得巨大成功。这些因传播生态变化而产生的对电视媒体形态的影响，倒逼着电视台向网络电视转型，台网互动、视网互动、电视节目杂志化成为电视媒介发展的新业态。

电视媒介对国有石油企业的言说主要是企业的内部电视媒体和国内各级的电视媒体。国外电视媒体对中国国有石油企业在海外业务经营的报道数量十分有限，主要是资源国和西方主流的电视媒体，其多数为事实性消息，主要关注我国石油企业在海外生产经营中重要新闻事件，如新的竞标和并购、经营项目对当地社会经济产生的影响等。中央电视台、各省市自

1　John E. Richardson. Analysing Newspapers：An Approach from Critical Discourse Analysis[M]. New York：Palgrave Macmillan，2007.

第四章 "夕阳产业"战略困顿中的话语实践与回归传统的形象重塑（2013—2019）

治区电视台以及地市电视台等国内各级电视台对国有石油企业的言说，主要集中于企业生产经营对经济社会产生的影响上，多为正面宣传，即使是安全环保方面的负面事件，各级电视台也是做事实性报道。从报道体裁看，主要是电视新闻和纪录片性质的专题报道。国有石油企业的内部电视媒体则会全景式地言说企业内部的新闻事件，传递企业管理层的决策部署，是内部报纸话语的音画呈现。但企业内部的电视台数量有限，只有在所属大型油气田企业和炼化企业才有电视台，总部层面没有电视台，因此电视报道的视野具有地域局限性和业务局限性，缺少全局性的报道内容，言说的信息量和视野范围相较于内部报纸要少许多。

由于电视媒介信息传播功能的下降，其宣传性的专题内容在互联网平台上传播也十分有限，企业传播选择电视媒介更看重其政治属性。国内各级电视台都是各级党委、政府的喉舌，且具有唯一性，其对国有石油企业的报道代表了官方的态度，企业有重大事件要对外宣传，能上中央电视台的新闻则代表该事件具有官方认可的全国性意义，能上哪一级的电视台传播则说明新闻本身具备了哪一级官方背书的影响力。因此，电视媒介在企业传播中的政治性考量要远大于对其传播力的需求。随着网络直播技术发展，组建企业自己的直播团队来解决电视传播问题成本低、难度小、效率高，满足企业自身传播需要的视频制作及传输队伍在萎缩，内部电视台和报纸纷纷合并组建新闻中心，一方面是媒体融合发展的需要，另一方面是内部电视媒介的价值在向影像历史记录和留存的方向转变。互联网让视频传播的终端多元化，把电视变成了网视，国有石油企业的媒介话语言说也在向适应网言网语的方向转变。

（三）网络媒体

媒体融合时代媒介全面网络化，这里所指的网络媒体是网络原生媒体，即门户网站、社交类网站和自媒体平台。这一历史时期的网络媒体已经与传统媒体的边界越来越模糊，已经在互联互通中实现了融合，网络成了媒体的集成载体，报纸、电视台、广播电台都开办了自己的官网，阅读报纸、收看电视、收听广播都可以在线完成，既可以在PC端亦可在移动端，互联网在改变传播介质的同时也在改变人们的接受习惯。在这个过程中，原生网络媒体的传播角色也在发生着改变。门户网站的信息集合承载功能被大数据算法的推送平台所超越，过去那种"一网打尽"的信息整合能力已经不在；要以寻找讯息的功能来看，门户网站又难以匹敌搜索引擎；而论"互联网+"的功能，其又不能像政务服务平台那样整合各种办事资源和功能，将商业门户转变为"生活指南"性质的多功能平台。因此，商业门户都在发展式微之时开始寻找新的价值替代产品，新浪率先推出中国"TWITTER"微博，就是在开发出新产品后，门户网站就成为通向新产品的路径，新浪模式是成功的[1]。由于门户网站没有采编权，其新闻资讯都是对其他有采编权媒体的转发，因此，在门户网站上出现的关于国有石油企业消息也多是转载其他媒体报道的二次传播。

随着受众自身的成长和觉醒，也开始注重自身话语在媒介上的表达。受众从被动的接受者变为内容贡献者、内容制作者或传播者，从而实现了话语主体的多元化与话语运用的自主化[2]。那些以PC端为主的社交类媒体平台在微博、微信、抖音等以移动终端为主的自媒体平台大行其道之时，黏性与活跃度都大幅下降。过去有创作欲望的网友会在天涯社区注册账号连载小说或撰写评论文章，可以让浏览社区内容的网友阅读。但如今微信个人公众号不仅可以达到同样的创作效果，还可以在朋友圈的转发和互动中实现更大范围的传播。同时，新媒体平台有更好的个体交互性，借助移动终端可以及时满足作者公开个人创作所渴望的读者回馈需求。另外，博客、贴吧、论坛等网络2.0版时的传播平台，似乎已经鲜有人去问津，过去用贴吧来求助，现在万能的朋友圈能更快地解决问题。但由于社区、论坛、贴吧等既有良好的私密性，又有不受限制的言说篇幅，这些是具有碎片化传播和知悉身份的朋友间传播等特点的新媒体平台所不具备的。因此，对国有石油企业负面信息曝光或以企业人和事为对象的个人举报，传播人往往会选择这类社交媒体平台来发布信息，可以敞开心扉畅所欲言，除非企业通过公安系统的技术侦查手段寻找爆料人，否则他的尽情表达是安全的。这类社交媒介平台也成为国有石油企业负面舆情的主要源头。

---

1 Ella Lillqvist, Leena Louhiala-Salminen, Anne Kankaanranta. Power relations in social media discourse: Dialogization and monologization on corporate Facebook pages [J]. Discourse, Context & Media, 2016, 12: 68–76.
2 顾杨丽, 吴飞. 从央视"3·15"晚会看传统媒介话语权的消解 [J]. 当代传播, 2013 (06): 47.

第四章 "夕阳产业"战略困顿中的话语实践与回归传统的形象重塑(2013—2019)

在媒体融合发展时期,微博、微信、抖音等网络 3.0 阶段的新媒体是媒介家族中的生力军,也是企业传播中投入最少却能取得最大效果的媒介资源,这也是技术进步给企业软实力建设带来的大福音。过去,国有石油企业创办自己的内部报纸和电视台,是以内部传播为导向,外部传播要依靠外部的传统主流媒体;在进入网络传播成为主流的时期,无论对内对外传播企业都获得了主动权,建设自己的网络传播阵地成为企业提升传播力的重点工作。在网络媒体起步发展 1.0 和 2.0 阶段,正是国有石油企业负面舆情增多,舆论场中观点多元交错,众声喧哗言说国有石油企业的时期,企业回应质疑和关切,引导舆论的迫切性显著提升,而最及时有效的办法即通过企业自己的官方网络平台发声,第一时间占据话语主动权。在新媒体出现前,这样的发声渠道要么是官方网站,要么是借助主流媒体,传播力和及时性都无法与新媒体相比。在微博、微信、抖音陆续出现后,国有石油企业纷纷开办了自己的官方新媒体账号,并组织专业人员运维,持续提升账号的粉丝量和活跃度,为此,国有石油企业的重大新闻披露或对重要事件的发声说明,都会首先在其官方新媒体发布,然后再协调主流媒体跟进报道或在其新媒体转发及评论。网络媒体方兴未艾的发展和日新月异的变化,给国有石油企业的对外言说和形象塑造创造了更加便利的条件,成为未来一定时间内企业传播的主要力量。

(四)广播和杂志

媒体融合时代的媒体网络化同样深刻地改变着在传统媒体时代也不愠不火的广播和杂志。广播在线收听、杂志网络订阅已经成为媒体融合时代的标配。如果不是为了排遣在早晚高峰驾车通勤堵在路途中的孤独并及时了解路况信息,绝不会有那么多人从车载收音机中收听交通广播。如今,使用收音机收听广播正在变得稀罕,甚至会被年轻的中学生嘲笑为"out 了"。杂志是特定主题或领域不同风格的文萃汇编,是专业人士和特定领域兴趣爱好者满足深度阅读的媒介,也是学术研究论文和专题深度解析的最佳载体,它给特定领域的专家和爱好者提供了充分言说相关领域话题的文本平台。媒体融合时代媒体空间得到延展,广播、杂志都借助互联网扩大了传播范围,实现了内容的多元化。在报纸和电视都借助互联网走向"杂志化"的背景下,广播在开发听觉服务方面取得了突破,除了广播新闻、音乐、生活健康科普等常规内容外，听书、广播教学、听旅游等创新服务，以及以喜马拉雅APP为代表的智能终端软件的兴起，为广播媒介形态带来了转型升级，形成了听觉集成服务的新模式。杂志在线订阅及网络阅读的出现，带来了杂志办刊理念的新变化，过去，读者和作者都是"圈内人"，是小众传播；如今，互联网让"圈外人"有了进入圈内参与讨论的机会，受众范围扩大，在专业领域得到进一步宣传推广的同时，办刊也更加注重与更广泛读者的互动与交流，杂志呈现出社交化和论坛化的新景象。

广播对国有石油企业的言说具有局限性，一方面国有企业新闻属于经济领域，广播此类信息都是以新闻播报的方式传播，对于重大事件和现场感较强的突发事件，会引入当事人或专家的原声介绍和点评，传播的形式单一；另一方面，广播的声音传播特性和公众收听广播的习惯决定了其更适合传播新闻点突出，关键信息明确的短、频、快资讯，不适合做深度分析性报道。因此，广播更倾向于社会新闻报道，经济新闻数量有限，对国有石油企业的报道主要聚焦在重大企业动态和关涉国计民生的重点工程项目。杂志对国有石油的言说具有专业化、领域性的特点和深度解析的文本特色，主要有两种类型：一是涉及石油专业领域的研究期刊，如石油勘探、炼油化工、石油经济等，是学术性的刊物；二是报道石油行业中人和事的石油行业以外的特色期刊，如《中华英才》杂志对石油英模人物的报道；《中外企业文化》杂志对石油文化的报道。

三、石油产业战略转型中的形象回归与重塑

进入21世纪第二个十年后，全球油价在前三年的高位运行后，逐步下降到每桶50～70美元的合理区间，并在2015～2016年跌到每桶30美元左右，国有石油企业的效益大幅下滑，生产经营和队伍建设遇到巨大挑战，正是在这一时期，习近平总书记于2016年6月作出关于"石油精神"的批示，鼓励鞭策石油战线发扬优良传统攻坚克难。随后几年，国际油价又回归到合理区间，石油行业又重新回到稳步发展轨道。从国际油价的趋势看，受大国政治博弈和地缘政治冲突加剧，以及能源产业革命性发展新动向的影响，近十年的价格从每桶100美元左右的高位震荡下跌，在

第四章 "夕阳产业"战略困顿中的话语实践与回归传统的形象重塑（2013—2019）

产业发展的合理区间起伏徘徊，并经历下探触底后反弹至合理区间。总体看，石油作为世界主要能源的地位尚未动摇，但全球经济进入下行周期减少了对石油需求，百年未有之大变局带来的国际冲突加剧和新能源产能蓬勃兴起也深刻影响了石油产业的发展格局和对未来的战略选择。

石油从被发现至今不过150余年的历史，全球石油工业是在第二次世界大战后的近70多年的时间里迅猛发展成为世界经济的血液和国际政治博弈的武器。基辛格曾说，"谁掌握了石油，谁就掌握了国际政治的话语权。"石油在政治经济领域的双重重要角色决定了中国国有石油企业的战略选择和形象定位。中国石油工业尽管起步晚于西方资本主义国家，但新中国成立后，在被封锁被孤立的艰难条件下，追赶的脚步从未停歇，在国际石油工业迅猛发展的阶段也从未缺席，并且在中国共产党领导下成为世界主要产油国和国际石油市场份额主要竞争者，这与当年被西方国家扣上"贫油国"帽子发生了沧桑巨变。这种变化背后是石油行业"产业报国"的价值选择和"石油带动工业化"的战略选择，也是国家赋予石油企业的历史使命。国有石油企业的员工凭借大庆精神铁人精神和几代人艰苦卓绝的拼搏奉献，完成了国家交付的战略任务，有力支撑了国民经济的快速发展。在此过程中，以王进喜为代表的石油人为"石油圈"树立起"国家忠士"的高大形象，石油行业确实在这些优秀石油人的努力中成为共和国发展的基石和国民经济的支柱，媒介话语对国有石油企业和石油人的描述积极正面，即使出现了"渤海2号"沉船事件重大事故后，主流媒体出现批评报道，但也没有产生负面舆论冲击。

但是在中国经济和媒介环境发展已出现深刻变化的21世纪第二个十年，中国众多产业都已跻身世界前列，特别是代表未来发展方向的信息技术、生物医药、新能源新材料、航空航天科技、"互联网+"经济等领域，中国都取得了全面进步，成为带动国家发展的新引擎，石油产业在国民经济中的支撑作用在减小，产值贡献在减少，这是国家发展壮大的必然结果。当年那个奋不顾身跳泥浆池的铁人王进喜所象征的"革命+拼命"的石油产业精神风貌是得到最高权力认可的引领中国工业发展的直接推动力量，如今，引领中国工业化进程的是一浪高过一浪的技术创新和迭代推进的产业革命。而石油产业作为资源采掘加工行业的属性，决定了其只能推动勘探开发手段和采掘技术的创新而难以实现产业形态创新的局限性，当新能源产业形态迅猛发展，新能源驱动逐步替代化石能源的趋势，让石油企业产生了"夕阳产业"的战略困顿，向社会更高需求的能源形态转型，成为倒逼之下的必然趋势[1]。

在人类生态文明进入到人与自然和谐共生的新阶段，全社会对安全环保的高标准、零容忍对资源采掘型企业提出了生产过程更安全、产品利用更清洁的要求。向清洁能源转型、向可提供多种能源的综合型能源公司转型，成为全球石油企业适应人类社会发展新趋势的集体行动和战略自觉。"油气并举""以气代油""综合型能源公司"成为国有石油企业接续提出的战略转型和再次创业的目标。从实践情况看，主营业务侧重点转移的战略推进较有成效，近年来天然气蓬勃发展的事实就是明证，但涉及资源形态转移的战略推进还只停留在口号层面，国有石油企业引入新能源产业推进综合型能源公司建设的脚步迟缓，一方面是油气资源在全球能源结构中的支柱地位尚未动摇，国家能源需求和资源战略客观上需要国有石油公司持续做强油气主营业务；二是国有石油企业缺少发展新能源业务的专业队伍。在迫切性和可行性都不足的情况下，国有石油企业的战略转型"雷声大，雨点小"，进展缓慢。能源产业领域仍还是专业化发展，跨界走综合型发展之路还没有形成气候。

从引领者变为追赶者，尽管国有石油企业给国家经济贡献的绝对值在增加，但随着新兴产业日新月异地发展，和由此带动的我国经济持续转型升级，国有石油企业在我国国民经济中的份额占比不断降低，其发展速度也无法与面向未来社会发展趋势的朝阳产业相比，在媒介话语的产业画像中自然就变成了"夕阳产业"。产业地位决定产业形象，企业贡献决定企业声誉，这是企业传播和声誉管理的基本法则。当企业战略转型尚未改变企业被需求度和竞争力的下行趋势时，企业原有的公众形象必然会发生改变，叠加密集出现的高管违纪被查的腐败案件，会强化国有石油企业"保守、僵化、暴利、贪婪、垄断"的刻板形象，会让"夕阳产业"公众认知进一步固化。

进入新时代后，企业战略转型与形象重塑的迫切压力是国有石油企业

---

1 Maxwell T. Boykoff. The cultural politics of climate change discourse in UK tabloids [J]. Political Geography, 2008, 27 (6): 549–569.

第四章 "夕阳产业"战略困顿中的话语实践与回归传统的形象重塑（2013—2019）

发展动力的最大源泉，也是媒介话语表达的聚焦点。大众媒介是一个具有一定独立性和意向性的话语生产系统，它在当代社会最重要的功能是重构社会认同，达成社会整合功效的主要基础是它生产着对于事件、背景和人物的描述和解释，在适当的时机和语境下赋予意义，从而粘连出一种意义上的共通感[1]。2015 年 5 月，中国石油新一届党组提出要开展"重塑良好形象大讨论"；2016 年底，为贯彻落实习近平关于弘扬"石油精神"的批示要求，中国石油将"重塑形象大讨论"活动转变为"弘扬光荣传统，重塑良好形象"的常态化工作机制，每年围绕该主题举办系列活动，并设定"重塑形象周"，集中开展与公众互动、增进了解的活动。当业务层面的战略转型存在政策层面、现实操作层面等诸多掣肘因素时，对企业形象的止损及重塑就成为企业软实力层面的战略转型，这是直接带动媒介话语转变的战略选择[2]。所谓"重塑良好形象"，就是对石油行业光荣传统的回归，希望重新唤起公众对石油行业当年作为工业战线引领者形象的记忆，即铁人王进喜所代表的为国尽忠、勇担使命、爱岗奉献的中流砥柱形象。但从企业传播的规律看，企业处于提振追赶阶段时，要获得处于引领阶段时的形象是困难的，因此必须理性定位重塑的标准，与中国石油在中央企业中的实际位置和对国家实际贡献相符。为此，中国石油将重塑形象的标准确定为"忠诚担当、风清气正、守法合规、稳健和谐"，是一个国有骨干企业应该具有的普适形象，过去那种自带光环的高大形象不再提及了。

向传统回归但提出理性自洽的重塑目标，这是国有石油企业推进软实力转型的战略选择，其具体举措就是通过广泛的内外交流，并借助媒介话语的变化来讲述不同的石油故事。国有石油企业媒介言说的思路是：要弘扬光荣传统，但不拘泥于传统，给传统赋予新内涵，让传统融入企业的新使命新作为之中，清晰明确地定位在"国有"和"企业"两个属性上。因为国有，所以要讲责任、讲贡献；因为是企业，所以要讲效益、讲创新。中国石油的企业宗旨是"奉献能源、创造和谐"，中国石化的企业使命是"为美好生活加油"——"奉献"既是大庆精神铁人精神核心内容，是光荣传统，也是国有属性"唯公利他"价值观的客观要求，同时也是企业属

---

1 潘琼，田波澜. 媒介话语与社会认同 [J]. 当代传播，2005（04）：76.
2 Vivien A. Schmidt. Speaking of change：why discourse is key to the dynamics of policy transformation [J]. Critical Policy Studies，July 2011，5（2）：106–126.

性决定了要向社会提供产品的具体行为，表现为接受社会监督，期待公众肯定的谦恭态度；"创造"体现的就是创新；"和谐"体现的既是责任也是贡献产生的结果。"美好生活"指向的是企业愿景目标，是国有企业秉持"为人民服务"价值理念的具体行动所努力达到的结果；"加油"一语双关，既指做好保障市场供应的加油服务，又要为美好生活的实现添砖加瓦、加油鼓劲。国有石油企业的使命和愿景表明，它们正从生产商向服务商的角色转变，更接近市场，更接近客户，也更接地气。

第二节 媒体融合发展中的国有石油企业媒介文本分析

党的十八大开启了中国社会发展的新时代，石油行业已进入原油年产量跨越 2 亿吨的发展阶段；行业发展的全球化程度进一步加深，海外原油权益产量已占据半壁江山；国内石油石化工业领域的市场化程度进一步提升，民营企业在炼油化工、油气终端销售、石油工程技术服务领域，已对国有石油企业构成了有力竞争，民营炼厂和加油站已成为成品油市场保供的重要力量，石油石化产业领域已不再是国有企业一统江山的产业格局。开放、竞争、新能源、综合性发展成为国有石油企业发展的新关键词。随着新能源、新材料技术的创新突破，传统能源产业是否已进入"夕阳"的发展阶段的疑问不绝于耳。媒介对石油行业的发展形势、产业环境的探讨明显增多，石油行业处在了能源产业的重要历史拐点。

以 2013 年作为研究时段的分界点，还有两个判断的标准：一是社交媒体迅猛发展，微信、抖音等自媒体形态引领了网络传播发展，并加速推进了传统媒体和新媒体的融合发展，企业传播进入了媒介形态带动媒体话语变迁发展的新阶段，就是麦克卢汉"媒介即信息"传播载体决定论所描绘的局面。二是在党中央的反腐风暴中，国有石油企业的多名领导班子成员和所属地区公司领导违纪违法被查，引起舆论持续关注，再次改变了公众心中的企业形象，给国有石油企业正常的业务发展带来了困扰，企业

第四章 "夕阳产业"战略困顿中的话语实践与回归传统的形象重塑(2013—2019)

的社会公信力、美誉度都大打折扣。倒逼国有石油企业将"重塑良好形象""形象提升"作为企业的发展战略[1]。

一、主流媒体对国有石油企业报道文本的话语分析

从新华社稿库中搜集整理出 2013～2019 年 7 年中,《人民日报》和新华社对石油行业的报道,剔除属于中央清除政治流毒范围的部分文本,保留了 42 篇报道文本作为研究对象(见附录 8),分析外部主流媒体言说国有石油行业的话语。通过高频词分析软件对这 42 个文本进行词频分析后,删除石油、油田、中国石油等具有指代性质且不具有话语分析意义的高频词后,得到以下 50 个高频词的结果:

词	频次	词	频次	词	频次	词	频次	词	频次
项目	98	市场	75	建设	67	价格	47	资源	46
技术	87	管道	72	油价	37	领域	44	销售	38
合作	85	交易	70	增长	51	改革	29	保障	29
		产量	67	创新	36	非洲	26	海外	24
				生产	50	世界	26	经营	24
				国际	47	民营	32	进口	22
				LNG	31	运行	25	储量	20
						储气库	24	供应	22
						业务	21	需求	21
						产能	18	收入	19
投资	28	安全	28	工程	27
苏丹	23	精神	23	加油站	20
一带一路	20	战略	20	政府	17
规划	16	员工	16	成果	15
稳定	15	环境	16	环保	13
一体化	14				

注:本研究使用中国传媒大学高频词分析软件对热词词频和权重两项指标进行分析。

图 4-1 2013-2019 年《人民日报》新华社对石油行业报道的词频分析

---
[1] Rong-An Shang, Yuan Sun. So little time for so many ties: Fit between the social capital embedded in enterprise social media and individual learning requirements [J]. Computers in Human Behavior, 2020, 106615.

（一）文献的高频词分析

图4-1中主流媒体报道国有石油企业的高频词的词频与之前不同历史时期的高频词相比明显下降，最高的词频也没有过百，而且不同词频之间的差距也明显减小，这说明主流媒体对国有石油企业的关注点进一步扩散细化，也说明企业的业务发展更加多元化。排在前十的高频词为项目、技术、合作、市场、管道、交易、产量、建设、增长、生产，说明在这一时期国有石油企业的媒介话语中具有最高曝光率的内容是：通过技术创新、国际合作、市场交易，推动油气主营业务生产和产量提升，加快管道等大项目建设。从图4-1中可以看出，这7年中，国有石油企业总体发展态势是：面向世界，以改革创新为动力，以资源为导向，推行国际化、市场化战略，积极践行"一带一路"倡议，加大海外投资经营和业务拓展力度。

图4-1还反映出，天然气成为国有石油企业油气并举战略中以气为重的新发展特点。加大天然气储量和产能建设、提高LNG进口量、增加储气库建设，提升天然气这一清洁能源在国家能源一次消费中的比例，满足社会日益增长天然气消费需求，努力保障供应，为环境保护贡献能源力量。随着大量民营资本涌入油气行业的众多领域，一直被国有企业垄断的局面被打破。在市场化程度较低的社会发展阶段，具有"高技术含量""大资金投入""产业链密集""高风险高回报"等显著特点的油气行业能够自然地形成垄断，但在全球化发展和更加成熟的市场经济条件下，垄断只会阻碍发展，民营经济的壮大完全无门槛地进入石油工业的全产业链。这对推动石油行业创新增收，提高效率，增强活力，具有重要意义。

海外业务仍处于快速成长的阶段，有了20多年"走出去"跨国经营的经验成果积累，有国家"一带一路"倡议的外力助推，还有国有石油企业在高油价时代海外并购打下的物质基础。国有石油企业在海外建成了非洲、中亚、中东、南美四大资源生产作业区，其中苏丹是历史最久、最成熟的海外油气综合示范区。安全环保仍然是能源企业最大的隐忧，是国有石油企业最大的痛点之一，曾经最具负面冲击力的事件都与安全环保有关，这也是媒体对国有石油企业关注的焦点。

"精神"这个曾经频次居于前列的高频词，在这7年的主流媒体报道中的频次虽已靠后，但仍处于前50高频词的中后位，说明继承优良精神传统，特别是大庆精神铁人精神是那些涉油人物通讯等"软新闻"经常会

第四章 "夕阳产业"战略困顿中的话语实践与回归传统的形象重塑（2013—2019）

提到的热词。这个历史阶段的媒介话语中还有一个变化值得注意，就是开始强调要将企业发展成果惠及员工，要稳步增长员工收入，这是多年强调奉献的企业文化所不曾涉及的，这也是公众将高油价、高利润与增加员工收入结合起来联想而建构起国有石油企业高收入的刻板认知，这也成为国有石油企业大面积出现腐败问题后被舆论诟病为贪婪的所谓"原罪"之一。尽管2013年以来，国有石油企业高管腐败事件频发，但主流媒体还是出于对企业的保护和国家发展大局的维护，刻意回避了对企业腐败问题的报道，保持了集体噤声。

（二）主流媒体文本表达的意义、关系及联系

这个时期主流媒体对国有石油企业言说的意义表达以"新时代的新篇章"为主线，突出国有石油企业站在新历史坐标上取得的新成就、新突破。这些意义的媒介言说是在国有石油企业暴露出严重的腐败问题后，很明显，前一个时期经常出现的回顾性、总结性的报道少了，用客观的能体现成绩的消息点到为止地说出意义，既体现了对企业的宣传，又在众所周知的腐败问题出现后保持适度低调，不至于招致公众对主流媒体涉嫌"包庇问题企业"的质疑。2018年2月8日的人民网发布了"中国石油集团天然气业务取得历史性突破 国内产量首超千亿方"的消息，阐明天然气产量突破千亿方对中国石油集团的里程碑意义，接着说明这个突破对满足国内日益增长的天然气消费量具有现实意义，然后展开介绍取得这个突破的原因是得益于天然气勘探储量连续11年增长、技术持续创新突破和国内外两种资源的共同保障。这是标准的以消息说明成就的媒介话语形态：有事实描述，有数据支撑，有不同层次的意义展示，还有取得意义的原因说明。

展示攻坚克难的意志和办法，以此来表达意义也成为这一时期媒介话语言说国有石油企业的特点。这是石油行业取得辉煌成就，已经奠定坚实物质基础的背景下的意义表达，之前用这种方式来表达意义还是在新中国成立初期和石油大会战的艰苦岁月里。因为之后石油行业告别了苦日子，迎来了持续的快速发展，但进入新时代，低油价和腐败问题的双重打击，让国有石油企业生产经营承受了前所未有的困难，过去的"苦"是因为物质条件、技术条件不足，但精神上的富足不仅弥补了物质上的匮乏，还创造了发展奇迹。但如今的"难"，是物质与精神叠加的冲击。低油价带来

企业亏损的高风险，高管腐败问题对公司形象和员工心理的巨大伤害，使得"我当个石油工人多荣耀"的自豪感蒙上阴影。这时，过惯好日子的国有石油企业不得不过"紧日子"，这种反差亦是新闻，表达出褪去光环的一个普通企业"能屈能伸"的生存韧劲。2016年4月9日新华社发表了"中国油企过'紧日子'应对低油价挑战"的报道，文章开头"独句成段"说明新闻意义："面对持续低油价，一向被认为财大气粗的国有石油企业不约而同过起'紧日子'。"文章以大庆油田为言说对象，将从中国石油总部获取的经营数据与记者在大庆油田采访获悉的过紧日子的做法结合起来，说明财大气粗的国有石油企业在困难面前也可以勤俭节约应对挑战。

突出社会责任，展示国有石油企业是负责任、勇担当的党和人民最可信赖的骨干力量，将企业的价值和企业形象一并凸显出来说明意义，也说明国有石油企业跟社会发展稳定的关系。2014年10月出版的新华社旗下的《财经国家周刊》刊发了题为"供油大如天——记中石油四川销售公司"报道，"量效双增的硬实力""山塌路断油不断""追求精细无止境"三个小标题反映了中石油四川销售公司如何将企业效益增长与保障油品供应的使命结合起来，通过精细化管理实现量效双增的发展成绩。这是一篇具有软广告性质、展示企业形象与价值的报道，为公众刻画了一个有责任、有情怀、有智慧、有能力的"销售旗舰"形象。2019年8月4日，新华社发自乌鲁木齐的消息"中国石油精准扶贫 马背民族'马上'脱贫"向公众介绍了中国石油瞄准马匹养殖产业，帮助新疆伊犁哈萨克自治州尼勒克县脱贫的实践细节，一语双关地讲述了国有石油企业秉持"家国情怀"，帮助马背上的民族在"马"上做文章实现马上脱贫的故事。

这个时期对国有石油企业言说的媒介话语中反映关系与联系的任务建构主要体现在对外合作上，展现国有石油企业与国际市场、资源国、国际知名石油企业都建立了紧密联系，将以"合作共赢"的关系建构实现企业和资源国效益并保障国家能源安全。2018年8月31日新华社发表的"助力非洲国家实现'石油梦'——中国石油在非洲开展石油合作综述"展现了中国石油在非洲大陆开展能源合作几十年来帮助非洲国家发展石油工业所取得的成就：携手共筑现代石油工业体系、积极推动人才本地化、跨文化交流凝聚中非情谊。对外合作在坚持"走出去"战略的同时，还坚持"引进来"，中国石油在国内六大含油气盆地与多家国际知名油气公司开展

第四章 "夕阳产业"战略困顿中的话语实践与回归传统的形象重塑（2013—2019）

对外合作项目36个，实现了千万吨的油气当量产量，为国内"稳油增气"作出新贡献。这是人民网2018年1月9日的消息"中国石油对外合作稳油增气剑指千万吨"中所介绍的国内油气产业在国际合作关系中与世界建立的紧密联系。

（三）主流媒体文本展示的活动及身份

这一时期国有石油企业在媒介文本展示的活动主要有油气生产、参与市场经营、捍卫国家能源安全、"一带一路"倡议下的能源合作、承担社会责任等。国有石油企业配合国家纪检监察部门对企业内部违纪违法问题的调查，接受中央巡视检查等活动并没有在主流媒体文本中出现。说明主流媒体并未将企业因部分个体腐败而参与的法律纪律调查活动作为企业正常的活动，并非是媒介话语对企业传播任务建构的常态，因此作了切割处理。对于中央巡视信息的传播并没有针对企业做出言说，而是对中央每轮巡视和每个巡视工作组的工作做整合报道。主流媒体反映的企业活动还是与企业的市场属性和国有属性密切相关的活动。"玛湖成为中国石油增储上产新增长极"建构的是油气主营业务的生产活动，"中国石油液化气产品云南出口通道正式打通"展示的是作为市场主体参与市场经营活动，"中国981钻井平台从西沙转场海南"显示的是国家能源支柱企业捍卫国家能源安全的活动，"中石油拉动'一带一路'能源合作引擎"反映的是响应国家号召开展能源合作的活动，"中国石油天然气冬季市场供应平稳受控"则表明骨干能源企业承担社会责任的活动。

活动与身份密切相关，国有石油企业都是以特定身份参与活动。上述活动中，国有石油企业充当的身份要么是国内油气资源的主要生产供应商，要么是国内能源产品流通主要服务商，还是国家能源安全守护职责和国内油气资源保供使命的主要承担者，同时还是国家对外能源合作和国家"一带一路"倡议的积极实践者。每一个被报道主体的身份都是多元的，与媒介言说的活动和阐释的意义密切相关，主流媒体报道国有石油企业的新闻时选择了其以国有市场主体参与市场活动的对应身份，反映出主流媒体对国有石油企业这些身份特质的认可。身份对企业而言体现的是责任，是对企业行为做出评价的参照标准，即企业行为是否符合其做出行为时所持的身份，关键在于是否履行了这个身份所应尽的责任。

（四）主流媒体文本表明的立场与策略

从媒介话语展示的国有石油企业所参与的活动，可以看出文本持有的立场。进入新时代，做党和人民最可信赖的骨干力量是国有石油企业媒介立场的核心，其他立场都是建立在彰显这份忠诚与担当的基础之上。从媒体文本看，这个核心立场延伸出：忠诚履行党和人民赋予的保障油气资源生产有序、供应充足、服务到位和消费安全的职责；积极响应国家"一带一路"倡议，开展全方位、多领域的能源对外合作；坚定不移地用企业发展成果反哺社会，广泛开展扶贫济困和社会公益活动，推动社会和谐稳定发展。这三个方面就是这个时期媒介话语所建构立场的具体体现，是企业发展到高级阶段的表现，已更多地将企业发展的视野聚焦在与国家利益、社会利益、公众利益高度关联的领域。

策略是将立场转化成具体实践的方法。在媒体文本中对这种方法的呈现有不同方式：有的是直接言说，如"中国石油能源开发向西东接替、绿色发展转型"的消息，题目即明确的策略，是忠诚履行资源保障职责这一立场的具体实践。有的则是通过多个文本的对比来反映出策略，如新华社2015年1月13日的消息称"中国石油产量连续5年突破2亿吨"，即2010～2014年，这5年中国的石油产量一致保持在2亿吨以上；同为新华社的消息，2017年1月20日题为"2020年中国石油产量力争达2亿吨以上"的报道，依据中国石油工业"十三五"发展规划预测了国内的石油产量到"十三五"末的2020年有望达到2亿吨以上。从这两篇报道的对比不难看出，我国的石油产量在2015～2016年降到了2亿吨以下，这与当时国有石油企业遭受低油价冲击，导致生产经营困难，大部分油田因吨油作业成本较高而陷入亏损密切相关。说明从国家和企业的共同利益出发，在低油价条件下，降低国内开采量，同时扩大海外采购量，是既能保障国家石油供给，又能维护国有石油企业可持续发展利益的策略。还有就是通过规划反映策略，说出未来要做的事等于间接表明了这些事是解决现有问题的手段。如人民网2018年9月27日发表的消息"中国石油川渝百亿方储气库群待建 调峰气量超8300万立方米"，可以从标题和导语中明确地获悉这样的策略：当前，用气高峰时间和事故应急时的调峰能力无法满足需求，缺口较大，需要通过建设多个储气库，构建储气库群联动调峰的

第四章 "夕阳产业"战略困顿中的话语实践与回归传统的形象重塑(2013—2019)

方式,来解决调峰能力不足的问题。

(五)主流媒体话语表达中的符号系统和知识

媒介还向人们提供模范,展示榜样的思想、情操和行为,鼓励其他个体效法模仿[1]。榜样就是话语中的符号,榜样群体就是符号系统。在之前的三个研究时段1949~1978、1979~1998、1999~2012中,主流媒体对国有石油企业言说的文本中一直都是把铁人形象作为石油战线旗帜性人物的符号系统来建构,每个时段都有一个铁人形象,铁人王进喜、新时期铁人王启民、大庆新铁人李新民,三个时期三代铁人,代表了不同时代石油系统不同的价值诉求和发展导向——苦干实干的王进喜、引领科技创新的王启民、开拓海外市场的李新民,铁人之后有铁人,铁人精神代代传。但进入新时代后,曾经建设了大庆油田、培育出王进喜的队伍,却出现了多名腐败分子,一时间"贪婪腐败"成了国有石油企业的符号,让曾经激励鼓舞了几代人为国奋斗的铁人形象黯然失色,让大庆精神铁人精神培养出来的石油铁军受辱蒙羞。在企业形象遭受重创的情况下,失去了继续打造第四代铁人的舆论氛围和发展环境,对第四代铁人的形象和品格特质也很难形成共识。修复形象成为企业的当务之急,回归传统继续弘扬三代铁人传承下来的精神品格是可以凝聚共识、启发反思的选择。

从这个时期主流媒体的文本看,鲜有新选树的典型人物报道,比起以往可以称得上是断崖式的下降,能在全国范围有过媒介报道的人物仅有两位:一位是海外坚守奉献的典型——中国石油苏丹公司副总工程师王杰;另一位是勤学成才的民族团结典型——中国石油新疆油田的肉孜买买提·巴克。在受到腐败事件冲击的情况下,国有石油企业媒介话语中对涉及人的符号建构不仅更谨慎,而且阻力和难度更大。而媒介话语将铁人形象作为符号系统建构已有传统,此时变换符号、另起炉灶,既难有统一认知,又缺乏上下共识。因此,这个时段既没有新的铁人符号加盟系统,也没有形成新的符号系统建构的开局,回归、继承、反思成为国有石油企业进入新时代后媒介话语符号系统建构的特点。

在国有石油企业发展进入到创新驱动和新能源产业发展方兴未艾的历史阶段,媒介话语的知识建构向领域创新成果、发展新阶段的描述转变。

---

[1] 倪握瑜.媒介话语中商人形象的变迁[J].青年记者,2007(07):50.

也就是要告知公众，国有石油企业找到了破解"夕阳产业"困局的办法。油气资源作为不可再生资源，可持续开发是相关企业获得可持续发展动力的关键，因此，勘探开发技术的创新就是把握这个关键的途径所在。2019年8月31日新华社在成都发布消息"中国深层油气勘探开发自主创新取得突破[1]"，在浅层油藏中的常规油气产量持续下降的背景下，当前世界石油工业正在向着深层、深水、非常规三大领域跨越发展。而国有石油企业和研究机构通过十余年自主创新，在深层油气勘探开发领域取得重大突破，使得深层油气理论与工艺技术处于世界领先水平。

2015年6月2日新华社的消息"中石油发布绿色发展报告推动天然气业务和油品升级"，介绍中石油在绿色发展新阶段的发展思路，推动天然气业务和油品升级就是践行绿色发展的两个手段，绿色发展是传统能源企业摆脱"夕阳产业"发展困境必由之路。这是国有石油企业对大众理念宣传和知识建构的内容，告知公众传统能源企业可以提供和新能源一样清洁的能源，传统能源中有清洁能源，我们可以开发并向社会提供这种清洁能源；我们还有让油品向清洁型能源产品转变的技术。这也是能源产业和能源企业的发展战略，媒介话语文本会将这种企业发展战略纳入知识建构的序列，这些知识集合阐释了企业价值和社会发展的关系。

小结

进入新时代，中国社会进入物质供给极大丰富，低层次需求已满足，高层次的需要还有待开发的发展阶段，推进供给侧改革，让社会供需在更高层次达到新平衡。党中央推动发展模式转型，追求创新驱动和高质量发展。在新能源新材料技术发展迅猛的背景下，传统能源行业的生存和发展面临前所未有的挑战，尽管很早就提出了"建设世界一流综合性能源公司"的发展目标，但国有石油企业依然在围绕油气主业谋发展，这也是国家能源安全的现实需要，满足了现实就可能伤及未来，当世界各大汽车制造商都明确了燃油汽车停产时间表后，也就给传统能源企业指明了未来能源产业的发展方向。媒介话语在这个阶段对国有石油企业的言说更加突出了企业发展战略的描绘和创新驱动的引领，关注未来也注重现在与未来的

---

1 消息介绍：我国碳酸盐岩勘探面积达60万平方公里，资源量大于25万亿立方米；特别是塔里木、四川、鄂尔多斯三大盆地成藏条件优越，但探明率不到15%，四川盆地海相碳酸盐岩待发现资源量近10万亿立方米，资源勘探潜力巨大。

第四章 "夕阳产业"战略困顿中的话语实践与回归传统的形象重塑(2013—2019)

关系,无论理念还是技术的创新突破都是主流媒介的聚焦点。

国有石油企业遭遇空前的形象危机,也是这个时期企业传播无法回避的问题。系统性、塌方性的腐败都存在,给企业各种正面传播蒙上阴影,对国有石油企业典型人物的宣传成了这个时期主流媒体的不好言明的敏感问题。媒体都忌惮宣传石油圈里的人物与腐败扯上关联,不仅犯政治错误,而且成为媒体留给公众的一大笑柄,所以媒体会尽量避免对国有石油企业人物的报道,即使报道石油人也会选择那些在国内外生产一线的基层人物。从国有石油企业重塑形象的现实需求看,希望主流媒体更多报道企业承担社会责任、在全球承担企业公民责任的内容,展示企业的先进性、责任感和使命感。主流媒体也总体迎合了石油企业的诉求,少谈成就,少谈过往的经验,多谈责任和给予,多谈因为国有石油企业的努力而给国内社会和第三世界国家带来的改变[1]。

二、石油行业媒体对企业自身言说的文本分析

对这一时期石油行业媒体文本的话语分析,依然以《中国石油报》作为研究对象。由于在中央的反腐风暴中,多名中国石油党组领导和几十名所属企事业单位领导班子成员违法违纪被查落马,2013~2018年刊发的《中国石油报》中还包含涉及有部分违纪违法领导干部的内容,根据党中央清除流毒的政治要求,这段时间的《中国石油报》被做了集中清理销毁,使得无法完整搜集研究样本,只能从零散搜集到的部分报纸和2019年的《中国石油报》来对这7年的石油行业媒介话语进行分析。

(一)《中国石油报》话语建构的身份、活动及意义

党的十八大开启新时代的伊始,中国石油就在党中央的反腐风暴中暴露出内部严重的腐败问题,中高层领导干部塌方式被查落马,企业形象和声誉遭受严重损害。同时全球经济进入下行期,国际油价持续下跌,企业生产经营遭遇严峻挑战,部分所属企业面临亏损,员工士气低迷。经营遭

---

[1] Baohua Liu, Pei-Yu Sun, Yongliang Zeng. Employee-related corporate social responsibilities and corporate innovation: Evidence from China [J]. International Review of Economics & Finance, 2020(70): 357-372.

中国国有石油企业媒介话语的历史变迁（1949—2019）

遇寒冬叠加形象危机，直接影响到企业的发展战略。此时，行业媒介话语明显收起了彰显成就的锋芒，而着力突出企业的责任和使命，建构党和人民最可信赖的骨干力量的身份认同，做新时期"听党话跟党走"的积极践行者[1]。

在行动上，响应党的号召，认真落实习近平总书记关于"持续加大勘探开发力度"的批示精神，把保障国家能源安全放在企业发展战略首位。在媒介话语对企业活动的展示和描述上，把企业履行政治、经济、社会三大责任作为重点。在跨国经营和国际化合作的实践活动中，更加强调政治站位和保障国家能源安全。在百年未有之大变局中，面对大国博弈和区域政治经济冲突加剧的形势，如何发挥好国有石油企业作为"走出去先行者"在国际合作中的压舱石作用，成为媒介话语建构企业活动时需要回答的问题[2]。

保障油气资源供应充足安全是国家赋予国有石油企业的神圣职责，也是企业履行政治责任和社会责任的核心内容，它也是这个时期行业媒介话语针对国有石油企业建构意义的主旨方向。把政治使命和责任担当挺在企业经济效益回报的前面，其意义就是要通过国有骨干企业与民营企业、外资企业在国家需求与企业利益存在矛盾时的差异表现来凸显。行业媒介话语在建构国有石油企业的意义时，隐含着这样的价值判断，即不能为党分忧、为国解难的国有企业不是好企业。企业各种光鲜的数据只有体现了这

---

[1] 2019年7月2日，《中国石油报》头版刊发消息"张伟在'不忘初心、牢记使命'主题教育专题党课上强调 牢记央企责任使命 做党和国家最可信赖的骨干力量"中写道："把贯彻总书记重要指示批示精神作为首要政治任务，态度坚决、行动迅速、不打折扣、全力以赴抓好落实，确保在油气供应、安全生产、党的建设等方面取得扎实成效。中央企业的根本价值就是为社会提供服务，提高人民群众的满意度，要坚持把人民对美好生活的向往作为奋斗目标。当前，我们在清洁能源生产供应方面与人民群众对美好生活的期待还有差距，必须着眼长远，坚持更高标准，努力向社会供应高质量产品，履行好社会责任，保护好生态环境，努力满足人民美好生活需要。"
[2] 2019年1月17日，《中国石油报》一版消息"中国石油风险勘探全面提速 投资从10亿元增至50亿元 已确定四大领域46口井"中写道："为进一步贯彻落实习近平总书记关于提升国内油气勘探开发力度，努力保障国家能源安全的批示，中国石油进一步加大风险勘探投资力度。""风险勘探机制实行以来，中国石油共部署风险探井208口，其中68口获工业油气流，探井成功率达32%，超出20%的既定目标。"

第四章 "夕阳产业"战略困顿中的话语实践与回归传统的形象重塑(2013—2019)

种价值导向,才能诠释媒介话语建构的意义[1]。

(二)《中国石油报》话语表达的联系与关系

这个时期,《中国石油报》紧紧围绕中国石油如何落实习近平总书记系列指示批示精神和中央巡视整改的要求来建构企业的联系,即企业的生产经营活动与党和国家政治意志的强关联,体现国有企业在政治上的绝对忠诚和绝对服从[2]。对于企业自身而言,则需要处理好政治上执行中央政令、战略上遵循行业发展趋势、经营上符合市场经济规律、管理上追求科学高效等相互之间的关系,需要在国有企业自身定位中找到工作的着力点。媒介话语在新闻事实的描述中,会从不同关系的协调处理展示意义[3]。

(三)《中国石油报》话语展示的立场和策略

行业媒体的话语立场总是跟企业的核心战略导向相一致,之前的改革创新、全球化国际化都是当时的核心战略方向。进入新时代,中国石油的战略方向转向全方位的形象重塑,让中央放心,让客户满意,让员工信任,让公众认可,努力从不同层面改变因腐败事件而遭受破坏的企业形象[4]。针对形象重塑的媒介话语立场,中国石油采取的策略是:对内回归传

---

[1] 2019年4月12日,《中国石油报》头版头条消息"牢记保障国家能源安全使命 争做全面建设现代化大油气田典范——王宜林张伟对塔里木石油会战30周年做出批示"中写道:"塔里木油田全体干部员工,要深入学习贯彻落实习近平总书记关于大力提升勘探开发力度的重要批示精神,再接再厉,勇于担当作为,不忘'立足大发现,建设大油田'的初心,牢记保障国家能源安全的使命,争做全面建设现代化大油气田的典范,为维护新疆社会大局稳定和长治久安做出更大贡献。"

[2] 2019年6月20日,《中国石油报》头版头条刊发了题为"凝聚起砥砺前行的强大力量——辽阳石化落实习近平总书记当好'种子队'重要指示推进高质量发展纪实"的报道中写道:"8个多月来,辽阳石化把贯彻落实习近平总书记两个'一以贯之'重要要求、当好'种子队'作为新起点,用党的建设更强、安全环保基础更牢、经济效益更好、改革发展更快、管理基础更实、转型升级更快,推动高质量发展,确保习近平总书记重要指示要求在辽阳石化落地生根、开花结果。"

[3] 2019年6月27日,《中国石油报》头版头条刊发题为"统筹谋划 分类推进 自我加压 迎难而上 集团公司'处僵治困'工作成效显著"的消息中写道"考虑到企业历史负担重、冗员多、负债率高等实际困难,集团公司总部制定实施了费用补助、注资减债、冗员分流、资源配置等方面的支持政策,为企业减轻负担。"

[4] 2019年3月22日,《中国石油报》头版刊发"吐哈油田正风肃纪从'头'抓起 杜绝'庸懒散'落实'马上办'"的消息中写道:"两级机关干部奔走一线,到欠产区块重点帮扶,加快产能建设项目进度,分析数据,优化气井增产措施,蹲点车间队站解决生产难题,坚决、及时、准确地把生产、安全等重点工作落到实处。机关各处室每天参加生产运行日协调会,确保基层生产问题解决不过夜。"

统，弘扬石油精神和大庆精神铁人精神，选树先进典型，凝聚员工士气[1]；对外开放企业，加大传播力度，让公众走进石油、了解石油、感知石油，建构良性的公共关系[2]。

（四）《中国石油报》话语建构的符号系统和知识

这一时期，中国石油话语在"铁人"符号系统的建构上出现了停滞，受企业形象和舆论环境变化的影响，企业没有再继续选树第四代铁人作为石油系统的时代榜样。这与该时期国有石油企业发展战略因偶发性因素被打乱有关，也与企业新定位、新意义建构的摸索有关。当代传媒对现实生活强的符号表述力，体现了其进行话语制造和意义再造的"社会建构能力"。[3] 基于稳健和谐的考量，石油行业媒介话语的符号系统建构继续在回归传统的精神、经验等文化领域着力，以习近平总书记关于弘扬石油精神的批示要求统领对光荣传统的再认识、再建构与再传播，权威解读石油精神与大庆精神铁人精神之间的关系，丰富了以精神为主线的文化符号系统。

由于这一时期采取了更加积极的传播策略，让公众更加客观充分地了解石油。为了达到这一效果，《中国石油报》作为传播文本创作的主力，参与国务院国资委和中国石油组织的各种媒体、公众走进石油的活动，制作融媒体传播文本为其他媒体提供素材，在报纸开设专版进行有深度的科普宣传。主要是结合历史、文化、世界产业格局、石油产业流程、石油技术发展进步等等来刊发既有知识性，又有趣味性和可读性的综合性科普类文本。

---

[1] Burton St. John. The "creative confrontation" of Herbert Schmertz: Public relations sense making and the corporate persona [J]. Public Relations Review, 2014, 40 (5): 772-779.
[2] 2019年6月20日，《中国石油报》刊发题为"华北石化环保设施升级排放指标提升从未停歇 走在国标前'添绿'京津冀"的消息中写道："华北石化地处京津冀核心区，距离雄安新区6公里、白洋淀10公里，执行的是国家和地方最严的环保标准。近年来，华北石化在绿色环保方面做了大量工作。2017年12月5日，取得河北省石化行业第一张新排污许可证；2018年总污染物排放比2013年下降一半，成为京津冀重要的绿色能源基地。"消息在结尾处还写道："2018年开始，华北石化敞开大门，欢迎新闻媒体、社会公众走进企业，实际感知石油、了解石油。'以前认为石油石化企业有污染、不安全，看了之后心里踏实很多。'参加2018年中国石油'弘扬石油精神、重塑良好形象'活动周的新闻媒体、社会公众纷纷表示。"
[3] 斯蒂芬·李特约翰.《人类传播理论》[M]. 史安斌，译. 北京：清华大学出版社，2004（01）：180、194.

第四章 "夕阳产业"战略困顿中的话语实践与回归传统的形象重塑（2013—2019）

三、自媒体对国有石油企业言说的文本分析

（一）文本传播的特点

2013年后，自媒体已进入到 2.0 发展阶段，智能手机的普及和移动应用软件（APP）的广泛应用，基于PC的论坛、贴吧、博客的热度逐步退潮，微信、微博、抖音短视频等社交软件成为公众具有依赖性的自媒体工具，信息传播、言论表达、即时交流都可以在自媒体平台上实现。大部分报纸、电视、广播、杂志都开设了自己的微信公众号、微博账户或抖音号，受众中有很多人都是通过自媒体平台接收其他媒体发布的媒介文本，传播的自媒体化越来越清晰地显现。国家对互联网特别是自媒体的管控力度在加强，公众互联网意识和文明素质都在普遍提高，自媒体信息传播的恶意诽谤、人身攻击、不实谣言都在减少。针对国有石油企业在自媒体平台言说的信息，比起自媒体发展初期要更加理性平和，众多媒体、政府机构、社会团体、社会企事业单位都纷纷加入自媒体平台，言说的客观性显著提升，对事实情绪宣泄的表达明显减少。自媒体是一种品牌社区，其价值会直接影响消费者的品牌认同、品牌社区承诺、关系持续意向和品牌推荐意向[1]。这里作为研究对象的自媒体文本是在自媒体环境下的原创文本，传统媒体文本或其他载体中的文本在自媒体平台转发不在研究范围之中。

中国石油 2013～2019 年的年度舆情报告显示，涉企媒介信息中的负面比率连续下降，2013年是有监测数据以来中国石油负面舆情最多的一年，因为腐败问题引发舆论哗然，自媒体空间中出现海量负面评论。从2013年开始，涉及国有石油企业的自媒体信息量和媒体负面信息占比开始双下降，自媒体中涉及企业的话题也越来越集中，过去经常出现的对某位领导的举报或负面信息披露明显减少，个别年份甚至没有监测到相关信息，这从一个侧面也说明公众对党中央打击腐败工作充分认可和信任，只要证据确凿，直接向纪检监察部门举报才能立竿见影。过去通过自媒体举报，那是正途未果才寻此偏门，或者没有证据只是情绪宣泄或恶意攻击。如今在自媒体

---

[1] Kwon, S. E., Kim, E., Sung, Y., Yoo, Y. C. Brand Followers：Consumer Motivation and Attitude towards Brand Communications on Twitter [J]. International Journal of Advertising, 2014, 33(4)：657-680.

恶意不实举报还会被追究责任，因此，举报类信息已很少出现。

（二）文本内容及话语特点分析

监测表明，2013～2019年源发于自媒体涉及国有石油企业的信息主要是负面内容，主要包含油品数质量、安全环保事故、内部管理问题、油气保供等方面的信息。自媒体中的相关信息主要是"公民记者"爆料，"公民记者"的出现是话语权平民化的一个典型代表[1]。爆料文本简短，只简单说明事件的基本要素，并没有过多展开，舆情发酵要么是网友的持续关注讨论，要么是部分都市类财经类媒体跟进报道扩大传播。自媒体文本举例说明：2013年11月18日，认证为"黑龙江省法学会消法研究会常务副会长"的微博用户王绪坤，以#微博维权#为话题标签披露说，"尚志市民高占军（18246655377）大清早乘火车来哈市申诉，中途因暴雪火车迫停在王兆屯站，换乘六次出租车来到工商局。10月27日17：40在尚志苇河镇中石油加油站为其解六挂车加了1900元0号柴油，次日24点车就坏了，换了6个油嘴后行驶100KM后，又出同样故障，又换了6个油嘴，两次共花2.58万元。经维修人员检查认为故障应由油质引起，29日从油水分离器中放出约4～5KG水……"这一篇关于油品数质量的爆料维权类自媒体文本，描述完基本事实过程，说明问题原因和维权涉及的对象，因微博字数限制，不再过多展开，也没有情绪表达，只是把事实讲述清楚（见图4-2，网络引用图）。

涉及国有石油企业内部管理的自媒体信息文本如：2017年5月9日17时44分，由新浪微博账号@新浪陕西咸阳频道（认证信息新浪陕西咸阳频道官方微博）发出"司机高速路偷油倒运 咸阳高速交警及时查缴除隐患"的帖文称，"一名从事中石油运输的油罐车司机在高速公路行驶途中，勾结他人偷油倒运，将油品卸给面包车。5月6日，双方在高速公路涵洞处偷油，被交警查获。目前，此案件已移交辖段兴平市公安局西吴派出所进一步侦办中。"这是网络媒体的自媒体账号，其播报的信息与其所属媒体其他信息载体同步发布，形成同频共振的传播效应，文本内容介绍了涉事主体身份和行为以及事件进展状态，并没有进一步的说明。2015年6月

---

[1] 王志永，鲁啸.媒介融合环境下公民话语空间的变迁[J].衡阳师范学院学报，2010（08）：115.

第四章 "夕阳产业"战略困顿中的话语实践与回归传统的形象重塑（2013—2019）

3日上午11时40分，认证为河南省新闻界联合会、副会长兼秘书长的微博账号@郭永亮发消息称，"中国石油周口分公司经理陈艳携代客户油款高达4个多亿潜逃。6月3日几百家客户聚集在中石油周口分公司门口维权，周口地区正处在准备麦收时期，目前警方已接入调查。"该微博在配发三张事件现场图片的同时还@了新华网、澎湃新闻、人民网、央视新闻等多个主流微博账号。

图4-2 微博维权的信息披露截屏图

源发于自媒体的言说国有石油企业的文本所传递的信息往往是其他媒体采访报道难以触及的"死角区"信息，它的传播意义除了满足公众的知情权，还为其他媒体的跟进报道提供了新闻线索。自媒体信息的传播为不同渠道的二次传播创造了前提，当前媒介环境中，各种传播载体在自媒体平台都有进驻账号，自媒体爆料可以实现为不同传播渠道提供新闻线索的可能，也就是让传播者与更广泛的受众和二次传播者建立起了联系，这也体现了借助自媒体传播的策略。国有石油企业信息的自媒体言说人是以监督者和批评者的身份，反映企业存在的问题，其所持的立场还是为了保护消费者和其他利益攸关方的权益不受侵害或及时止损。监测数据表明，源发于自媒体的国有石油企业信息在减少，客观监督、据实批评的信息在增多。

四、海外媒体对国有石油企业言说的文本分析

海外媒体对中国国有石油企业的报道始于走出去发展伊始，在企业海外业务扩张性发展阶段明显增多，党的十八大之后，特别是反腐风暴后达到最高峰，然后保持在企业有重大改革或市场行为就会有零星发声的传播状态。从海外媒体对国有石油企业报道的内容看，主要聚焦在与境外业务相关的市场行为上，比如海外投资并购、中标大型油气合作项目等，国内油气业务的重大突破、重大工程建设、重大改革举措也是海外媒体的关注点，比如勘探发现新油气田、中俄天然气管道建成通气、业务重组改制等。

（一）海外媒体言说中国国有石油企业的文本分析

2013年2月25日，英国路透社发布"中国海油完成收购尼克森"的消息[1]。该消息分三部分内容：一是告知收购完成、交易金额、收购后彼此关系三个核心信息；二是简要介绍从收购启动至今的重要过程节点；三是收购完成后收购方可以获得的利益。

2014年3月7日，路透社发布"中国石油、中国石化吸引民营企业投资惹争议"的消息[2]。该消息也分为三个部分：一是交代两家中国国有石油企业要吸引民营资本的事实；二是引用专家观点说明引入资本主要面向中国境内的民营企业，外国资本参与其中的可能性很小；三是对中国国有石

---

[1] 消息称，"中国海油于2月25日完成对加拿大尼克森公司的收购，此次交易金额达151亿美元。尼克森公司自此成为中国海油的全资子公司。该交易最初在2012年7月宣布，之后于12月获得加拿大监管机构批准，本月初中海油跨过了最后一道主要障碍，取得了美国外资审议委员会（CFIUS）的批准。至此，中国海油收购尼克森交易完美收官，获得尼克森公司位于北海、墨西哥湾、西非近海资产，以及美国中东部和加拿大的生产设施，包括加拿大阿尔伯塔省长湖油砂项目的控制权。"

[2] 报道称，"中国石油、中国石化及铁路部门在寻求民营资本、社会资本或者其他资金如养老金及保险公司等金融投资。有专家认为，这是国企改革首选的合作者，中国仅在外资有优势的情况下如需要高新技术时才会寻求外资合作，其他时候还是以吸引当地公司为主。但分析师对中国石化声称也对外资开放并不乐观，认为无迹象表明中国石化会寻求与国际油企合作。尽管中国国企逐渐走向混合所有制，但在关键的能源行业不会放开管制。根据中国石化的声明，一些已经与其合作的公司如壳牌和BP有望参加本轮下游零售业务的投资。"

第四章 "夕阳产业"战略困顿中的话语实践与回归传统的形象重塑(2013—2019)

油企业引入民营资本推动混合所有制改革做出展望,认为国外合作伙伴有机会参与到下游业务投资领域。标题中有引发争议的表述,而正文中并没有展示存在争议的观点,读者可以明显感到,所谓争议就是西方记者对西方石油资本没有参与到中国国有石油企业的混合所有制改革中不满意,心里有点"酸",展望中引用中石化声明让"酸意"多少得到些许慰藉。

(二)海外媒体对中国国有石油企业传播的特点分析

海外媒体对中国国有石油企业的报道主要是以财经类资讯的方式发布,一般都是西方消息体裁常使用的"三段论":即导语说明标题陈述事实的核心要素;引用专家或当事人观点介绍新闻事实的背景、过程及相关影响因素;对新闻事实后续发展、影响、意义等做出展望。从国有石油企业海外舆情监测的结果看,路透社、彭博社、美联社、法新社等西方几大通讯社以及英国《金融时报》、美国的《华尔街日报》、澳大利亚的《澳大利亚人报》等西方报纸比较关注中国国有石油企业海外业务动向,其中,路透社的报道量最大。

海外媒体对中国国有石油企业的报道总体遵循了新闻专业主义的原则,客观陈述事实,尽量引用专家观点和当事人话语来说明新闻事实的背景和相关影响因素,但会选择倾向于西方立场的第三方观点和旁证。从国有石油企业新闻宣传主管部门接洽媒体采访申请的具体情况看,海外媒体申请赴中国国有石油企业海外项目和国内所属企业实地采访明显增多,说明海外媒体开始关注中国国有石油企业生产经营管理中的话题,而不只是对公司披露的重大信息或海外项目所在国媒体报道的相关信息进行跟踪报道[1]。

2013年,国内出现大量关于国有石油企业部分高管违纪违法的报道

---

[1] 2016年11月14日晚21时,彭博社发布"中石油拟分拆非能源资产涉及约14万员工"的消息,文章主要以"由于信息未公开而要求匿名的知情人士的话"称,"根据上个月在北京召开的内部会议上的详细计划,中石油集团公司拟将酒店、医院、学校以及公用事业部门合并为地方单位,涉及约14万员工。知情人士表示,重组之后这些资产或者由地方政府接手,或者与外部投资者组建合资企业接管,必须在2019年之前完成。知情人士称,该计划涉及的大多数员工工作的部门效益低下,在中国的偏远地区为集团公司运营提供供应和服务。这些部门中多数都归属于集团公司,不属于上市公司。"文章还提及"中国石油集团一位驻北京发言人称,公司无法立即对该消息置评;负责监管国企的中国国资委尚未回复彭博发出的寻求评论的传真件。"

后,海外媒体聚焦中国国有石油企业腐败案件的新闻线索,挖掘与部分落马企业高管相关联的海外项目是否存在腐败问题,掀起了一波海外媒体就中国国有石油企业涉腐问题的报道潮,部分报道又再次引发国内媒体的关注和跟踪报道[1]。中国石油企业多名高管因腐败落马的事件曝光后,海外媒体改变了以消息报道中国国有石油企业重大新闻事件的传统,开始采用专题报道的形式深挖中国国有石油企业涉腐的项目,西方媒体"落井下石"的倾向性昭然若揭。海外媒体对中国国有石油企业的报道不断增多,客观上有利于国家形象海外展示和跨文化传播在经济领域深化,也是对国有石油企业媒介话语创新和话语体系建构有力的外部推动力量。媒介话语跨文化传播的目的是在精神层面平等对话,共享意义,开拓视域,在更多层面建构价值共识,化解矛盾与隔阂,达成相互间进一步的理解与认知,在国家、民族、文化、种群之间建立有效且有利于各方沟通的话语路径[2]。

第三节 战略转型求索中的国有石油企业媒介话语实践分析

进入新时代,国际油价已跌至 100 美元以下,并持续下滑,到 2015~2016 年下跌到 40 美元以下,石油行业全面进入严冬。在看到新华社内参关于石油系统干部职工在企业面临亏损压力情况下攻坚克难保障油气生产供应的报道后,习近平总书记做出了"大力弘扬以苦干实干、三老四严为核心的'石油精神'"的批示。在国有石油企业全面低油价挑战,

---

[1] 2014 年 12 月 19 日 11 时,路透社(香港)发布题为"中石油调查在印尼的'无价值'投资合约"的报道。该报道援引中石油集团的现任及前任官员们的话表示,"中石油集团除了调查旗下大庆油田有限责任公司去年在印尼做的 Limau 油田项目外,还在调查另外两个在印尼的石油项目,该集团为这两个项目共支付了 3.5 亿美元。"当晚(19 日)20 时 28 分,路透社(印尼)继续发布有关"中石油集团印尼投资项目疑窦重重"的特别报道。文章通过"太疯狂""大规模反腐""空壳公司""不太可能实现的增产目标"等四个小章节来深度爆料"中石油印尼项目"的更多信息。该报道还将本次事件的原因与部分中石油高管腐败案件相关联。
[2] 张力. 跨文化传播中媒介话语意义生产的理论思考 [J]. 中国人民大学学报,2013(06):142.

第四章 "夕阳产业"战略困顿中的话语实践与回归传统的形象重塑（2013—2019）

保障国家能源供应的同时，国有石油企业还在为高管腐败案件给企业带来巨大负面冲击和形象损害而展开治愈和疗伤，中国石油开展"弘扬石油精神、重塑良好形象"的主题教育活动，在全员大讨论的基础上开展软实力的重建工作。

国有石油企业在赶上中国社会发展进入新时代的同时，也赶上了能源产业和技术大变革的新形势。特别是新材料的创新带动了能源存储技术的革命，直接带动了新能源汽车的诞生和蓬勃发展。随着汽车制造技术和能源生产技术的持续提升，新能源汽车无论从续航里程、提速效率、智能化水平，还是环保和成本优势，都已全面碾压燃油汽车，国际知名车企都纷纷列出了停产燃油车的时间表，这对能源产业特别是石油行业产生了重大战略影响，标志着石油行业的夕阳化已经从预测变成了现实。石油的动力性价值已经显著下降，新能源汽车能够发展如此迅猛，公众已经开始大胆预测新能源飞机、轮船的诞生，并且预言石油将彻底退出动力能源行业，只会在化工领域继续发挥作用。

在产业替代危机和重塑公众形象挑战的双重压力之下，国有石油企业又迎来了信息技术革命迭代升级，自媒体进入了音视频交互的2.0时代，媒体融合发展成为媒介生态的显著趋势。在福柯看来，话语实践策略"被置于那些应用它们的技术中，那些由它们派生出来的实践中，那些通过它们而得以构成，或者被改变的社会关系中。[1]"即时性、社交化、形态交互、内容交融，原生的媒介形态都在向"＋互联网""＋多模态"的方向转型。中央电视台除了原生的电视传输模式外，还有官方网站央视网可在线收看央视各频道节目，还可阅读视频新闻的文字版报道；同时央视的官方微博、微信、抖音还会同步播发重要新闻视频或文字，央视官方微博还可以就央视播出的某个节目或某条新闻设置话题与网民进行交流讨论。专业媒体在持续推进媒体多模态融合发展，各个企业也在积极推动企业自有媒体的融合，从媒体融合发展到建设融媒体平台，犹如智能手机的使用从时尚追求到生活标配一般，企业把融媒体建设看成是企业现代化的"标配"。国有石油企业拥有丰富的行业媒体培育建设的经验，但那是基于纸媒而

---

[1] 蒋晓丽，郭旭东.社会化表演的网络文本世界——符号叙述学视域下美国总统政治的媒介话语分析[J].国际新闻界，2020（01）：104.

言，对于在全媒体时代建设融合发展的多模态媒体矩阵，进而推动融媒体建设和发展，国有石油企业还在摸索起步。

一、对国有石油企业言说主体的分析

在全媒体融合发展的新阶段，过去已有的言说国有石油企业的媒介载体继续存在并进一步发展的同时，又悄然增加了新载体。这些新载体代表了媒介融合发展的趋势，微博、微信和抖音是其中最主要的代表。国有石油企业都已经建立了三个自媒体平台的官方账号，并组织专职化的工作团队运维这些账号，有的则是外包给媒体的专业团队，比如中国石油将新媒体账号的日常运维外包给南方都市报的新媒体团队，企业新闻宣传主管部门有新媒体管理岗位负责内容的策划指导、内容审核把关。

（一）微博

微博先于微信、抖音诞生发展，经历了发展的黄金期，但在微信和抖音出现后明显日活率降低，但微博作为信息发布的公开平台，其作用难以被替代，至今依然是重要的自媒体平台。国有石油企业的官方微博是最早开设的自媒体平台，在突发事件信息发布、第一时间回应公众质疑以及辟谣等方面发挥了不可替代的作用。公众对国有石油企业的监督会选择公开的平台，爆料隐情、反映问题、提出批评都需要及时互动、形成讨论、大量转发，从而提升舆论热度实现最广泛传播。

过去的贴吧、论坛、博客是基于 PC 的自媒体形态，在移动互联时代，其即时性、社交性都无法与微博相比，因此渐渐淡出了人们的视线。由于媒体的融合发展，互联网引领、自媒体化都是这个发展阶段媒介生态的特点[1]。从前面自媒体文本分析中可以看出，针对国有石油企业的个人言说基本都是在微博平台，因为言说的目的是广而告之引发关注，并可以发挥短、频、快特点迅速形成转发的传播链条，因此企业对外发声会首选微博。

---

[1] Bosangit C., McCabe S., Hibbert S. Discourse Analysis of Blogs：Analyzing Language to Maximize the Value of Consumption-Oriented Blogs as Data Source. Proceedings of the Conference on e-Business, e-Services and e-Society, September 13-15, 2016[C]. Berlin：Springer, 2016.

第四章 "夕阳产业"战略困顿中的话语实践与回归传统的形象重塑（2013—2019）

（二）微信

微信是依靠朋友圈传播的半封闭自媒体平台，是基于人际关系的信任和相同圈层的认可，以分享为特点的传播形态。企业微信传播是借助公众号的文本和关注粉丝的分享转发实现文本浏览量的增长。随着媒介技术的进步，微信已成为集自媒体传播、社交即时通信、文件传输办公、期刊订阅等各种传播功能于一体，承载文字、动漫图片、音视频等各种信息形态的融媒体。媒介学研究表明，微信的多模态集成功能，使之成为公众使用率和日活率最高的媒体形态。国有石油企业已经开设的官方微信公众号就是以融媒体传播思路设计的传播产品，依托关注该账号的百万石油职工（这个稳固的首次传播力量）提升微信平台浏览量，微信的高使用率保障了它传播的影响力。

对国有石油企业而言，微信是宣传企业的优质媒介，它可以融合报纸总结提炼文字和分享强视觉冲击图片的优势、电视亲历一线和现场感带入的特质、广播传递新闻当事人真实心声的功能、动漫鲜活有趣表现手法的使用，形成组合传播形态。比如企业工作会议的传播，企业微信公众号会涉及一个融合多样媒体形态特质的组合报道，集合会议内容要点摘编示意图和会议现场组图于一体的"一张图读懂会议精神"，再嵌套进一个会议代表谈会议体会的现场采访视频或一个解读会议精神的动漫视频。让信息接收者可读、可听、可看，传播内容再不是以前枯燥的会议消息，文字量大大缩减，只有会议精神的核心要点，不仅提升了信息接收的效率，而且还增强了宣传的效果。

（三）抖音

以短视频为传播形态的移动应用软件抖音一经上市，便风靡全球，成为公众的娱乐杂志。影像话语由视觉和听觉符号构成，角度、色彩、镜头、景别的选择，配合上音乐和音响的运用，能够"立体化地表达现实图景"[1]。个体用户对生活片段、日常见闻的分享以及各种创意表演，让受众可以分享他人的生活，感受大千世界不同的精彩。组织用户对所涉信息的视频化展示，增强了内容的感染力，有利于扩大传播提升影响力。15秒的短视频融合了场景、音乐、人物行为和语言，并加入了创作元素，每个视频

---

[1] 马赛尔·马尔丹. 电影语言[M]. 何振淦译. 北京：中国电影出版社，1982：1-2.

犹如一个电视作品。为了吸引公众加关注，账号所有者会挖空心思制作精品视频，网红账号具有很高的商业价值，抖音聚集了一批靠经营账号为生的人。抖音的直播功能让每个人都可以做现场直播，李佳琦等网红为企业做直播带货收入颇丰。从媒体形态看，抖音也具有融媒体特征，充分迎合了人们追求视觉冲击和趣味性的传播心理[1]。

国有石油企业开设的抖音公众号为公众提供了观摩石油一线生产过程、员工日常工作和科普石油知识的渠道，成为展示企业和员工形象的重要窗口。抖音为企业传播创造了新话语模式和新文本形态，也改变了文本创作的过程。从实践角度看，国有石油企业把抖音打造成了公众感知石油的开放剧场，让石油员工在这个剧场中充当不变的主角，展示日常工作的点滴，表达石油人真实的情感世界。抖音短视频不同于直播，是经过创意、编排、制作的集音、话、声、效于一体的文艺传播作品，有观赏性和感染力，深受公众喜爱。国有石油企业通过抖音平台做企业和员工的风采展示，公众则通过它反映他们对国有石油企业的认知以及与企业产生互动关系的感受。

二、言说国有石油企业文本的形成过程

进入新时代的媒介标志就是融媒体形态的发展正在成为主流，不同的媒介体系和组织在合作的同时，不断吸收融合其他文化元素，这也成为未来媒介发展的必然趋势[2]。这种融合已不仅仅是不同媒介形态之间的融合，更关键的是媒介与人类生产生活的全面融合。媒介成为每个人、每个组织生产发展不可或缺的一部分，如今一个人出门可以不带现金，但不能不带手机，没有媒介建立沟通、支付、接收、学习的渠道，似乎已经寸步难行。迎合全媒体的融合发展已不仅仅是媒体产业的使命，而是人类社会文明前行的必然，是不可扭转的趋势，每个人、每个组织都必须适应。

与媒体融合发展相伴相生的是信息的大爆炸、大整合与大传播。媒介话语数量呈几何式增长，媒介话语形态发生着多样变化。媒介技术日新月

---

[1] Zhu, Y. The Expectation of TikTok in International Media：A Critical Discourse Analysis [J]. Open Journal of Social Sciences，2020，8：136-148.

[2] 陈高君. 媒介融合背景下的新闻传播变革研究 [J]. 传播与版权，2020（04）：17.

第四章 "夕阳产业"战略困顿中的话语实践与回归传统的形象重塑（2013—2019）

异，新媒体更新迭代，媒体存量保持活跃，增量引领时尚、驱动变革。媒体形态及数量的增加直接导致媒介话语的增加，媒介对企业的言说量是任何一个时代都无法比拟的。媒介融合发展加速了分散信息的整合力度，迅速完成整合的信息又倒逼分散的不同信源继续信息的再生产再传播，形成从媒体融合发展环境下的信息发掘、信息编码创作、信息传播、信息整合、整合信息再传播、再传播后返回初始信息发掘者的完整闭环。国有石油企业的媒介话语正是在这样的实践分发过程中被不断重塑，其风格、形态都在随媒介形态的变化而变化。

（一）新闻线索获悉

全媒体时代的信息传播是"新闻无处不在""线索无处不在"，乱花渐欲迷人眼的局面。在自媒体引领传播、媒体融合发展的媒介环境中，国有石油企业是自身信息的主要言说者和线索提供者，其他媒体和个人都是企业信息首次言说后的二次加工者和再传播者。存在国有石油企业没有第一时间自己言说的信息被其他媒体或个人披露出来的情况，但国有石油企业作为当事方会在信息首次披露后参与到回应初始信息、补充信息、二次创作整合信息的再传播之中。全媒体融合发展的环境给企业把握传播主动权创造了条件，前几章分析的新闻线索获悉渠道至此依然存在并发挥作用，但企业自身全媒体介入传播，各种媒体希望获取的国有石油企业新闻线索可以从企业自己的媒体平台中得到，即使没有找到，还可以通过企业官方社交平台直接询问。

全媒体融合发展改变了媒介话语采集分发的模式，一个传统媒体石油跑口记者完全可以利用一台连接互联网的电脑和一部智能手机完成新闻采集、制作、编发的全部工作。媒介的社交功能和信息交互功能，让采访不必是面对面、身临其境的沟通交流，考验一个记者更多的是在发现新闻基础上整合信息的能力。掌握自身信息权威性和传播主动权的国有石油企业，会根据企业传播的需要，选择信息分发的路径；对于不同的传播渠道还会创作不同的媒介文本。当媒介中出现不是源发自企业传播路径的信息时，企业可以对初始信息进行再创作，制造出新闻并以掌握话语权威性的优势进行媒体分发，与企业媒体联动传播，掌握话语权。法国社会学家布迪厄由"话语权"观点引申出"象征性权力"概念，提出象征性权力"通过影响世界的表象来影响世界"[1]，或者说是"凭借象征性内容的生产及分发，影响事件进程、干预他人行为甚至创造事件的能力"[2]。

全媒体时代提升了企业传播的话语权力。创办媒体再也不是媒介产业机构的特权，每个企业都能以全媒体形态介入，传播已经打破了垄断，谁掌握媒介谁就可以主导传播，但传播质量和效果与传播内容和策略相关，因存在技术含量而导致差异。国有石油企业具备主导自身传播的媒介条件和传播环境，至于最终是否能达到完全掌握舆论主导权的结果，则是企业软实力的体现。目前，国有石油企业都在积极推动企业内部融媒体建设，搭建融媒体平台，通过该平台整合行业媒体资源，策划融媒体话语文本和表现形式，从信息分发的源头掌握话语主动权。媒体机构也乐见企业的融媒体发展，因为国有石油企业新闻的初始创造就能在企业完成，并能在传播话语和传播形态上与媒体机构的融媒体传播直接对接，媒体机构成为国有石油企业媒介话语二次创作者和再传播者，其创作质量和传播效能都会大大提升，是企媒更高层次的互利共赢。融媒体的发展捍卫了企业信息分发的源头地位，从功能和形态上改变了新闻线索多头获取的必要性，突出了企业官方信息披露的权威性，保障信息企业信息传播的客观真实性和企业传播意图的贯彻。

（二）新闻价值研判及传播选择

国有石油企业是在中央反腐风暴的冲击中走进全媒体融合发展的新时代，这次史无前例的正风肃纪查处了一批国有石油企业的高管，中国石油9名党组成员5名涉腐落马，再加上若干名管理层成员和十多名地区公司主要负责人，仅中国石油一家国有石油企业就有超过20名高管因违纪违法被查。一时间舆论场中有了"石油圈里少有干净人"的言论，更有都市类媒体在深度报道石油系统腐败案件的文章里把涉腐的石油系统高级干部群体称为"石油帮"，用了一个政治污名化的词语，意味着国有石油企业的腐败具有系统性和广泛性。研究表明，当公众对急切想要了解的事情

---

[1] 石义彬，吴鼎铭. 论媒介形态演进与话语权力的关系变迁——以话语权为研究视角[J]. 新闻爱好者，2013（05）：4.

[2] Thompson J B. The Media and Modernity[M]. California：Stanford University Press，1995.

第四章 "夕阳产业"战略困顿中的话语实践与回归传统的形象重塑（2013—2019）

得不到应得的回应或满足时，便会产生污名化的先兆[1]。这对国有石油企业两百多万干部职工的思想感情产生了巨大伤害，很多在艰苦一线辛勤奉献且拿着并不丰厚收入的石油员工，被不了解国有石油企业的外部人士指摘为腐败队伍中的一员，有一线石油员工说，当听到"石油人没有几个干净的""领导腐败吃的是肉，你们跟着也能喝汤"等带有侮辱性的评价后，感觉以前所有在工作中的努力和付出都不值得。可以说，国有石油企业严重的腐败问题曝光对企业和员工的形象损害都很大，很长一段时间石油员工有一种抬不起头的挫败感，逢人都要为企业的腐败事件做出解释，有中国石油的员工就说"那段时间，在公众场合有人介绍我在中石油工作，顿时就觉得很丢脸，一直以来都很强烈的企业自豪感荡然无存"。

在这样的舆论差评中，企业首当其冲的发展战略就是重塑形象，让公众了解石油，打消对石油的误解，这也是这一时期国有石油企业新闻价值研判的核心标准。在企业国际化发展之前，国有石油企业处在国内舆论高度统一的环境中，企业宣传强调的是"我为祖国献石油"的价值，企业形象就是党和国家的形象，因此企业宣传没有形象的概念，当时的语境亦没有强调形象的必要。但在互利网时代，企业的形象传播在几个重特大安全环保事故后被唤醒；再到全媒体时代，腐败事件让国有石油企业上下都真切地感受到了企业形象严重受损那种刻骨铭心的痛。因此，传播要助力形象转变和美誉度提升，就是新闻价值研判谨遵的原则。

全媒体时代是否还有媒体选择必要？答案是肯定的。尽管媒体融合发展趋势，使得信息无论从哪个源头开始传播，最终都会汇入互联网信息海洋之中，但首发媒体和传播策略的选择会产生不同的传播效果。同时，企业传播不仅要遵循新闻价值研判的标准，还要符合企业的软实力建设战略要求，迎合企业生产经营的客观需求，满足国有企业遵循意识形态规则开展政治传播的现实需要。比如中俄天然气管道建成通气的新闻报道，因为习近平主席与普京总统共同出席通气仪式，所以在中央电视台、《人民日报》、新华社首发是必然，之后中国石油可将该重大项目建设完工并使用这一重要新闻事实当成新闻蛋糕来切割，追溯工程施工建设全过程，制作不同的传播产品，科技创新可以创作一篇专题报道在《科技日报》刊发，

---

1 陈卓．当代新闻传播中污名化现象研究[D]．吉林大学硕士学位论文，2018（05）：12．

中国石油官方新媒体账号转发；建设大军中工人典型人物事迹可形成一篇报道在《工人日报》刊发，其中的青年典型人物事迹可形成一篇报道在《中国青年报》刊发，中国石油官方新媒体账号转发等。考虑传播内容和体裁，选择与之相配的首发媒体，宣传型产品应首选主流媒体发表，回应社会质疑的产品首选官方新媒体平台和官网，不仅兼顾了媒体风格和政治性要求，而且还能产生最佳的传播效果。媒体选择是国有石油企业为了达成传播目标所采取传播策略的一种体现。

（三）新闻文本的创作

全媒体时代新闻文本的制作已不再仅仅是纯文字新闻稿件写作的概念，而是包含了文字、声音、图像、创意等一种或多种元素的传播作品。新闻被广义地延伸解读，一条拍摄驻守沙漠腹地石油工人如何工作的抖音短视频，对于石油人而言并非新闻，但对于完全不清楚石油工人在沙漠里如何工作的社会公众，这就是一条有新闻价值的传播作品。由于媒体融合发展的趋势，新闻文本越来越体现出融合多种媒介元素的特点。特别是在新媒体平台中，文字配图已是最少的元素组合，文字、声音、图片、视频、动漫各种传播形态在一个传播作品中集中呈现的文本已经越来越普遍。因此，全媒体时代具有融媒体传播性质的新闻文本创作已经很难靠一个人的能力完成，团队策划，分工创作，统筹配合，成为此类文本创作的主要方式。

国有石油企业在全媒体时代成为掌握各种媒介形态资源的主人，完全掌控了企业传播的自主权和主动权。因此，企业需要根据自身的传播意图来策划并制作新闻文本，需要根据媒体选择有针对性地创作文本。对于主流媒体采访获取信息并创作新闻传播文本，国有石油企业发挥的是提供新闻素材、引导文本创意、协助实地采访、把关文本创作的作用。对于一些党媒的正面宣传话题，国有石油企业会事先准备好新闻文本便于媒体记者改写，也能够先入为主地引导正面宣传的导向和立意[1]。对于自有媒体的新闻文本创作，采取日常依据媒体特性分团队自行策划创作，遇有重大新闻选题组织专班联合策划创作的方式。在新媒体的传播作品创作中，主要以文字呈现的作品在减少，以视频和图文组成呈现的作品

---

1 何小卫，张晓敏.融时代如何提升党媒产品的舆论引导力[J].新闻采编，2017（06）：13.

第四章 "夕阳产业"战略困顿中的话语实践与回归传统的形象重塑（2013—2019）

在增加，媒介话语文本以视频中主人公的语言表达和图示注解展示成为一种新常态；即使是纯文字的媒介文本，也更加简短、更加通俗和口语化。这些文本变化也是在融媒体发展趋势下媒介文本的创新，更符合人们媒介使用习惯和接收心理。

三、对国有石油企业言说的接受与反馈

媒介形态不断推陈出新是新时代媒介环境显著特点，新媒体从一种媒介形态变成了多个媒介形态的传播矩阵。国有石油企业掌握的媒介资源从报纸、网站到微博、微信、抖音，内部报纸也通过自己的网站和新媒体账号实现了全网传播。各种自有媒体资源之间的联合策划和融合式报道的内容越来越多，遇到企业重大新闻，国有石油企业的新闻宣传主管部门会牵头召开新闻传播策划会，确定媒介话语文本导向、形式及传播策略，分工或联合进行文本创作、外部媒体联络、组织采访等具体工作。国有石油企业以媒体为中心的传播策划与组织工作越来越专业化，也引入了外部媒体的专业队伍参与新媒体内容创意及运维。国有石油企业这样的媒介资源条件和运作管理模式，有助于生产出更易于公众接受的传播产品，也有助于舆论场对企业回馈的信息做出及时回应。

客观地说，新时代中央加强了对互联网的管理，规范了新媒体平台的话语行为，有效打击了网络谣言和恶意攻击对企业形象的伤害。国有石油企业增强传播的主动性，一方面积极利用掌握的自有媒体资源主动发声，及时回应舆论关切；同时，策划有趣味、有"油味"、有温度、有情怀的新媒体作品，主动抢占新媒体言说企业的阵地。另一方面积极与不同类型的外部媒体建立良性互动的企媒关系，把健康和谐的媒体关系作为企业形象重塑的重要着力点。国有石油企业意识到服务并引导媒体迎合企业的传播意图言说企业，再配合新媒体等自有媒体平台以权威企业资讯和感染力强的传播作品牢牢掌握企业信息传播的主渠道，企业形象会逐步转变[1]。

在2000—2019年的时间里，国有石油企业一直是中国舆论场中占据

---

1 Dowling, G.R, Managing your corperate images [J]. Industrial Marketing Management, 1986, Vol.15：109-115.

风口浪尖的国有企业，企业历史积淀形成的光环就是在这20年的时间里完全褪去，并在不短的时间里企业形象成了企业发展的"负资产"。一方面是自身管理、队伍建设出了问题，另一方面对企业传播和形象建设长期不重视也是重要的问题，在多次形象危机之后，国有石油企业把形象建设纳入了企业发展战略，对新闻宣传工作与形象建设的密切关系有了更深刻的体会。其中一个深刻转变即是，将传播接受与反馈情况作为传播效果评估指标和检验工作的参考标准。组建内部的国内外舆情监测专职工作团队，引入外部专业化的舆情监测机构作为补充，保障媒介传播中的企业信息无遗漏抓取。将微博粉丝数、微信作品的"10万+"阅读量、抖音短视频点赞量纳入传播效果的考评指标。对组织开展的新闻传播活动，前有策划后有监测评估，并及时总结，形成工作闭环。对于日常监测到的敏感信息，及时组织研判，拿出应对方案。

国有石油企业有两百多万的员工数量，是强大的传播有生力量，全媒体传播环境为国有石油企业把员工组织起来参与传播创造了条件。百万级的员工量是国有石油企业的官方新媒体的基础粉丝量，再加上石油员工家属和石油行业利益相关方，国有石油企业官方新媒体关注者能够在起步阶段就可达到可观数量。国有石油企业已经从员工队伍中选拔了一批对企业忠诚、热心新媒体传播、具有较高文化素质、熟悉企业生产经营且岗位具有代表性的网络评论员，按照总部指令以普通网民身份参与网络信息传播和评论引导工作。中国石油确立了"百、千、万网评员培养计划"，即建设一支拥有百名核心、千名骨干、万名基础的网评员队伍。在新闻传播和舆情应对的策划中，国有石油企业把网评引导作为有效引导舆论的手段，配合媒介言说文本，帮助公众理解并接受由企业主导的传播内容，通过监测获悉公众反馈，重点掌握公众对信息接受、对企业认同的程度，依此再研究下一步的传播思路。总体看，得益于媒介条件和传播环境的改变，国有石油企业在新时代的话语实践有明确目标，有清晰方向，也有具体方法。比起从前，更加积极有为，更加注重理念与手段的创新，更加重视话语文本遵循传播规律的与时俱进。用了不到10年的时间，国有石油企业的新闻宣传管理工作取得了长足进步，改变了这一路工作在企业管理序列中的地位。

第四章 "夕阳产业"战略困顿中的话语实践与回归传统的形象重塑（2013—2019）

第四节 战略困顿与求索中的传统回归与形象重塑

进入新时代，国有石油企业也进入到机遇与挑战并存的新发展阶段。信息技术发展带动的媒介形态和舆论环境的变化，给国有石油企业传播和形象建设等软实力提升带来了机遇，建成了国有石油企业有史以来最大规模的媒介传播力量，传播理念、传播方法都与时俱进地适应了媒体融合发展的趋势，这对长期秉持宣传思维从事企业传播的石油管理者而言，是巨大的进步。除此之外，国有石油企业的全球化经营水平和国际竞争力都显著提升，这得益于石油科技的持续进步和石油行业走出去近30年积累的经验。如今遍布全球五大洲的97个油气合作项目，接近1亿吨的海外油气当量产量，就是中国石油行业海外竞争力的硬核证明。

审慎地看到机遇的同时，国有石油企业面临的挑战显得更为突出。油价从2008年全球金融危机开始时的前所未有的历史高峰跌落，一直跌到2015年的每桶40美元以下，之后虽有上升，但一直保持在每桶50～60美元的低位徘徊。中国石油行业的国内吨油操作成本远高于其他资源国。因此，国内石油开发受国际油价波动的影响较大，长期的低油价给国有石油企业的效益造成了负面冲击。虽然倒逼开展的提质增效行动客观上也带动了技术和管理的创新，但低油价对国有石油企业生产经营的负面挑战远大于它所带来的正向推动。

正所谓屋漏偏逢连阴雨，在低油价导致国有石油企业效益下滑、生产经营面临困难的情况下，企业还在经受着中央反腐风暴的严峻考验。但事实证明，铁人精神没有得到有效传承，铁人队伍中没有涌现出更多铁人式的好干部，而是出现了一些腐败干部。国有石油企业在这次中央出题的廉洁大考中成绩惨淡，不仅不及格，还在中央企业中垫底。"共和国长子""中央企业排头兵""铁人精神锻造的干部员工队伍"等一系列光环荡然无存，企业公众形象跌至谷底。这些机遇与挑战的交织，让人感到这些机遇是成绩基础上的实力提升，是可持续的，而面临的挑战都是偶发因素或外部条件造成的，是暂时的可改变的。但就在此时，一个产业进步的讯号给国有石油企业敲响了"夕阳产业"的警钟,这是对企业发展战略的挑战,也是生存与灭亡的终极挑战。这个进步的产业就是新能源,特别是以新材料技术带动的新能源产业。

一、"夕阳产业"之辨的战略求索

当越来越多的电动汽车以更便宜的价格、更长的续航里程、更强劲的动力支持以及完全环保的优势驰骋在中国公路上时,汽车制造商不会紧张,只会顿悟,他们明确了汽车产业未来的方向在哪里,要及时转型跟上技术文明前进的脚步。但油品的供应商一定会惊慌,如果汽车都变成了电动车,石油产业为人类社会提供动力的使命和价值将会被彻底颠覆。当汽车被各项指标碾压的电动车所取代时,其他的燃油交通运输工具也可能被电动或其他动能的发动机所替代,电动飞机、电动轮船离我们也不再遥远。这样的猜想被欧洲各大汽车制造商公布的彻底停产燃油汽车的时间表所印证,狼终于要来了。石油产业将何去何从?

21世纪第1个10年,中国石油就提出了"建设综合性国际能源公司"的发展目标,这里有三个关键词:综合性、国际、能源,这个目标意味着,中国石油要向油气资源以外的能源或其他行业领域发展,建设成综合多种能源生产销售和其他不同行业或产业参与国际市场竞争的企业。国有石油企业要升级为能源企业,这是质的飞跃。除了油气,只要具有能源属性的物质材料和具有市场前景的产业就可以发展,如果铺开,中国石油未来的体量将是如今的几倍,这个发展目标绝对可以称得上是志存高远。

但在提这个发展愿景的同时,还在提"做强油气主业",表面看二者并不矛盾,一个以油气为主的综合性能源公司也符合中国石油实际,是理想与现实很好结合的定位。可实践证明,前者只停留在鼓舞士气的口号层面,后者才是真正实践中的目标。直到今天,国有石油企业的综合性能源发展还看不到什么实质性的进展,只是在页岩气等非常规油气资源方面取得了突破,但这些说到底还是油气资源,只是存储条件不同而需要有新技术来获取,其实质还是油气开发技术的创新。可以说,国有石油企业至今还只有油气资源,在能源公司建设方面未开新局;但在综合性方面还是有些许进步,即石油金融板块的建立,并迅速成长为企业内部的利润排头

第四章 "夕阳产业"战略困顿中的话语实践与回归传统的形象重塑（2013—2019）

兵，对油气主业遭受低油价冲击是重要的利润补充。

长期的战略实践和愿景之间名不副实的矛盾，导致了国有石油企业在全球能源产业革命的大潮中没能与时俱进，一直在聚焦油气主业谋求储量、产量、加工量和销量上做文章，这也是国有企业承担政治责任、社会责任的客观要求。换言之，国有石油企业的战略选择一直在国家发展定位与企业可持续发展定位之间寻求平衡，但企业属性决定了其发展必须将满足国家需要作为首要的战略方向。这就客观上造成了国有石油企业没有跟上能源产业领域迅猛变革的步伐，及时谋定能源布局上的综合性选择，因此只能眼看着一项项碾压石油供给价值的技术突破问世。新能源产业方兴未艾的发展把石油行业一步步地推向了"夕阳产业"[1]。

对于石油在产业发展领域远景地位的评价，学界、业界和媒介都存在着不小争议。反对"夕阳产业"定位的人指出，石油自诞生初期就有人预测了对石油的替代，当太阳能、风能、潮汐能等新能源出现以后，也有学者自信满满地称"石油很快将被替代"，但事实胜于雄辩，经过150年的发展，石油不仅没有被替代，而且至今依然是世界工业的血液和搅动世界政治经济的黑色宝藏。也曾经有人预判了煤炭的消亡，但即使新能源产业进步如此飞快，煤炭主要一次能源的地位只是有所下降而离消亡还遥遥无期。又有人说，所谓"夕阳产业"只是发展进入了低谷，犹如太阳落山时走势，但太阳落山后第二天还要升起。石油产业只是遇到了发展困难，需要对传统发展思路做出调整，适时转型之后的石油产业还可以成为新一轮升起的"朝阳"。围绕石油"夕阳产业"之辩的争论持续了几十年，至今也没有定论，石油产业的江湖地位并没有被撼动，但给从业者带来的危机感确实在不断增强。

二、在回归传统中寻求形象重塑

产业发展的战略困境需要突破，形象被严重损害后需要重塑，这都是摆在国有石油企业面前的亟待解决的现实问题。对于形象重塑，媒介传

---

[1] Allan Bell. Climate of opinion: Pubic and media discourse on the global environment [J]. Discourse & Society. 1994, vol.5（1）: 33-64.

播是国有石油企业寻求转圜的突破点和着力点,从媒介资源使用、传播策略、传播行动组织等方方面面都积极寻求了转变,但这些对于形象建构和声誉管理都是"术",是改变外在环境、调和外在矛盾因素的方法手段[1]。要从根本上解决形象重塑问题,核心还是要解决内因,将国有石油企业建设成跟所重塑形象相一致的样子。重塑的话语本意就是要回到过去的形象,石油人心目中企业过去的形象就是毛主席发出"工业学大庆"号召之后的形象,而支撑当时形象的除了"为祖国献石油"的成果,就是大庆精神铁人精神,即包含了石油人作风品格、人生情怀、经验成果等精神财富的集合。论贡献,国有石油企业如今给国家提供的能源保障和创造的财富比以往任何时候都多。那么,重塑就意味着要重新唤起优良传统对企业全体员工的凝聚力量和公众认同、推崇、追随的品牌效应。

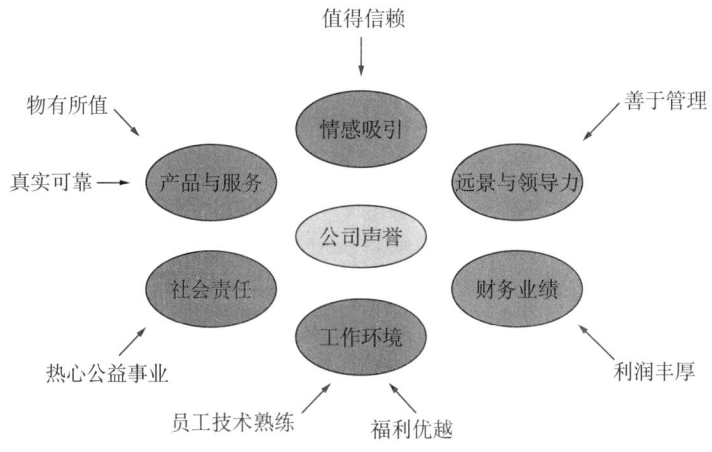

图4-3 企业声誉关键因素的因果图[2]

在修复形象的摸索实践中,国有石油企业的管理者认识到:与国家命运和社会经济发展紧紧捆绑在一起的国有石油企业,是不可能脱胎换骨式的凤凰涅槃。那种抛弃过去、淡化历史的转型无异于丢失了全部的软实

---

1 James G Hutton, Michael B Goodman, Jill B Alexander, et al. Reputation management: The new face of corporate public relations? [J]. Public Relations Review, 2001, 27, (3): 247-261.
2 塞斯·B.M.范瑞尔,查尔斯·J·福伯恩. 企业传播原理—声誉管理的高效实施方式[M]. 潘少华译. 中国社会科学出版社, 2015, 8 (01): 124.

第四章 "夕阳产业"战略困顿中的话语实践与回归传统的形象重塑（2013—2019）

力，成为无根的浮萍，这样的国有石油企业与外资企业、民营企业的文化差异性将会消失。而长期支撑国有石油企业发展的最大优势是政治优势和文化优势，也只有回归传统，在新时代赋予新传统以新内涵、新话语和新境界，重启优良传统的政治赋能和文化凝聚，才能继续保持优势，这是在"道"的层面的战略定力。也就是说，本色不能丢，方法可以改。重塑形象的本质要求就是，继续弘扬以大庆精神铁人精神为代表的优良石油精神传统和深厚历史积淀的石油文化，改革积弊推动管理提升，对国家尽忠，对事业负责，保持业绩优异，积极服务社会。

确定了重塑形象的思路和方向，接下来的关键一方面是从严治企，管理创新；另一方面就是媒介话语的社会实践，推动传播融入管理、融入员工、融入公众，形成最广泛的认同。在重塑形象的实践中，国有石油企业策划了一系列媒介话语的社会实践活动：中国石油连续三届举办"石油精神论坛"，请所属企业不同专业板块、不同岗位的劳模、优秀青年、科技带头人等典型人物走上讲台，讲述自己践行石油精神的感人故事和先进事迹，讲述过程网络直播，内部员工组织观看，活动收获了几百万的收看量。中国石油、中国石化每年都会选择部分所属企业举办对媒体和公众的"开放日活动"，展示工艺流程、安全环保措施、企业文化和发展历史等，还会就现场和收看直播的观众提出的问题进行现场答疑。两家国有石油企业每年春节还会在南方数省举办保障农民工骑摩托车返乡的公益活动，全程提供免费加油、餐食、饮用水以及保暖防护物资的补给。这些以传播为导向的活动，都做了充分的媒介话语准备，形成了不同的传播文本，由不同的当事人借助不同媒介进行言说，都收到了良好的传播效果。

把国有石油企业形象与自身光荣传统、文化积淀、责任使命等不可替代的特质结合起来，形成具有新闻价值符合不同媒介传播的多个文本，再借助媒介资源传播。不同新闻线索或主题叠加形象特色元素的长期传播，会产生传播学散弹理论的传播效果，给公众造成了形象元素自然产生于这些新闻语境之中的刻板印象，久而久之，形象元素就成了企业的"标签"，标签固化之后就成了"品牌"。这就是国有石油企业借助媒介话语社会实践活动，带动形象导向的传播来达到重塑企业形象目的的思路。经过70年发展，中国国有石油企业经历了形象被建构定格，被批评质疑，被冲击破坏，再到被重塑再造的过程，是石油媒介话语社会实践的主线。

本章小结

党的十八大后,中国社会进入新时代,国有石油企业也站在了战略探索的十字路口。全球新材料、新能源产业发展方兴未艾,电动汽车异军突起,销量产量持续攀升。全球各大汽车生产商纷纷公布了停产汽柴油乘用车的时间表,石油衍生品的动力性功能在减弱,石油作为工业血液的地位在下降,学界和业界关于石油工业是"夕阳产业"的讨论不绝于耳。国际油价也从147美元的高峰持续下跌,并多年在低位徘徊,石油行业的生产经营面临着又一次全球需求减退带来的压力,而这一次却很大程度上是能源产业格局深刻改变而带来的具有长远影响的衰退。而此时,党中央反腐风暴使国有石油企业在管理、用人方面的积弊被媒介集中呈现给公众,众多国有石油企业高级管理人员因违纪违法落马被查,引发舆论风暴,让本已受损的企业形象进一步跌至谷底。

曾经在中国社会主义现代化建设中自力更生为国家开创工业发展奇迹、贡献了大庆精神铁人精神、以奉献著称的石油行业却变成了如今腐败分子频现的行业,国有石油企业是否还能继续担当起推动国家发展的中坚力量,是否还能得到公众的信任,各种批评质疑和话语标签纷至沓来。面对舆论对企业形象和声誉的冲击,国有石油企业彻底扭转了过去对形象建构和声誉管理无意识的认识状态,开始积极地将"重塑形象"作为企业的常态化任务,把形象建构纳入企业发展战略,一手抓综合性国际能源公司建设,一手抓企业形象和声誉建设,既要解决"夕阳产业"困顿中的产业布局问题,又要解决企业的软实力亟待提升的问题。从管理理念上重视把宣传思维向科学传播转变,成立新闻办公室等专业机构,积极开办微博、微信、抖音等官方社交媒体,组织专业团队策划、运维新媒体传播;同时,通过媒介话语内容的多媒体联合策划、互动传播以及融媒体平台建设来推动石油行业媒体融合发展。

国有石油企业的话语实践开始走向了融媒体传播的发展之路。企业形象严重受损后的痛定思痛,让国有石油企业下决心摆脱重视硬核价值贡献、轻视软实力建设的桎梏。在意识形态领域回归光荣传统,唤起百万员工的企业自豪感,积极践行新发展理念,推动建设新产业格局,再配合适应媒介新形态的话语实践,从而打造与时俱进的崭新企业形象。进入新时

第四章 "夕阳产业"战略困顿中的话语实践与回归传统的形象重塑（2013—2019）

代的国有石油企业，表现出对形象建构和声誉管理的强烈需求，认真总结过往话语权丢失、话语力不足的教训，积极建构具有石油特色的话语体系。70年国有石油企业媒介话语变迁是一个持续输出价值、从传统来再回归传统、并不断找回形象建构自觉与自洽的历史过程。企业的媒介话语记录了企业的发展成就，也反映了企业求索历程中的迷茫、困顿、偏离与奋起，最终将话语变迁对准了增强企业软实力进而提升核心竞争力的目标。国有石油企业媒介话语70年的变迁还是一个话语从模仿继承到自主创新，不断掌握话语建构自主权的过程。话语变迁也是文化承载的变迁，是企业文化史中传播篇的一个缩影[1]。

---

[1] 徐耀强.中国企业文化正站在"范式转移"的"风口"[J].中外企业文化，2017（11）：44.

第五章　经验与启示

本书从历史回顾的视角，运用费尔克拉夫的话语社会变迁理论和保罗·吉的话语分析理论，采取历史、话语分析、访谈、比较等研究方法，结合 1949～2019 这 70 年以新华社、《人民日报》为代表的中央主流媒体，以《中国石油报》《战报》为代表的行业媒体，以及部分地方媒体、海外媒体对中国国有石油企业的报道文本，和部分收集到的自媒体平台对国有石油企业的言说内容，对国有石油企业 70 年的媒介话语变迁进行了系统分析。每章的框架采用语境综合分析和话语变迁理论文本、话语实践、社会实践三个维度分析的结合；每章文本分析部分，采用话语分析理论七任务建构的结构，并运用词频分析软件对特定门类的文本集合进行高频词遴选分析，同时结合高频词对特定历史阶段的媒介话语主题画像，用文本分析法对话语不同任务进行分析；每章的话语实践部分，侧重于话语生成、传播的各环节行为进行分析；每章的社会实践部分，则侧重于话语在推动企业发展的历史过程中社会环境对话语历史助推力的影响，以及话语在社会环境影响下对企业形象声誉的建构。本书的落脚点是历史变迁，因此，历史学和社会学是研究的核心视角，而话语是观察的对象，研究的根本导向是传播。

从全书的理论探索实践可以看出，西方的话语与社会变迁理论可以为企业话语变迁提供解读分析的视角，但无法对其既有的发展规律做出归纳总结，对其未来符合社会和媒介发展实际的建构也无法给出科学预判的理论架构。企业传播除了传播、历史、社会的逻辑，还有管理、市场、技术的逻辑，此外还有政府、公众、媒体、竞争对手、利益攸关方等复杂的社会关系网的交互作用。同时，中国国有企业还具有鲜明的中国特色，集中体现为"中国共产党的领导""突出的政治性""担当社会责任的使命感""国际市场行为的国家利益导向"等，这都为企业传播增加了非传播学理论的作用变量，很多现象也不能用现有的传播学理论作出解释，这也是国有石油企业在 70 年话语变迁史中出现话语与实践偏离造成舆论困境的重要原因。从企业传播史的探索中可以得出这样的认识，即企业传播要符合企业组织形态自有的管理规则和市场主体要求，还要在继承企业文化彰显特色的同时被利益攸关方认可，支撑企业传播的话语体系需要在"以我为主"的前提下，实现兼收并蓄。所谓"以我为主"就是要在充分继承企业本土文化和既有特色的基础上，设计出符合企业属性的理论创新架构；所谓"兼收并蓄"就是要把西方成熟的传播学理论、社会学理论、企业管理理论，以及在媒介形态深度变革背景下企业传播的最新探索成果和经验进行充分整合，形成符合企业生存发展逻辑的传播指导理论。

针对中国国有石油企业，企业传播的话语体系建构和创新要在三个维度上同步发力：一是在永葆"爱国姓党"政治底色的前提下，以争取话语的主导权为导向，以推动社会进步主导力量的角色讲述企业改革发展进程中的故事，将意识形态蕴含在具体的企业实践中，用生动的人和事将企业塑造成国家振兴、民族复兴无法或缺的中流砥柱，话语的主基调是坚定自信、铿锵有力、奋勇拼搏。二是在"做强做大"的企业发展逻辑指引下，以触动和信服带来的话语传播力为导向，用企业技术创新、管理创新带来的核心竞争力提升与国际业界同行比较，反映企业行进中追赶、超越的求索，话语的主基调是锐意进取、改革求变、勇创一流。三是在"公众幸福守护者"的责任担当中，以温度和真情产生的话语感染力为导向，用企业在安全环保、能源供给、社会公益、国家尊严等方面的作为展现其非经济利益的追求与担当，话语的主基调是共荣共享、反哺社会、真情真意。国有石油企业传播在这三个维度上分别扮演了政治、市场和公民角色，话语建构要把这三个角色的内涵有机融合：既坚定展示出政治使命赋予的身份和立场，一方面要旗帜鲜明地捍卫政治权力，另一方面要自我革命地扬弃政治身份带来的特权地位；又要符合企业属性赋予市场主体的行为规范，遵从法律规则，追求价值贡献，倚重创新竞争；同时，以社会公民角色重塑平等传播主体形象，追求言说与反馈同频共振，规避"自我言说而没有呼应"的尴尬，解决话语融入受众的功能性问题。基于这三个维度的话语创新，建构起权力话语理论、声誉管理理论和社会平等理论相结合的"三边相互支撑"的话语理论体系，突出政治性、认同性和平等性。

一、基于话语历史变迁研究对所提出问题作出回答

通过研究国有石油企业70年的媒介话语变迁，可以回答绪论中提出

的问题：

（一）政治性成就了国有石油企业媒体话语在"极左"意识形态环境中强势传播，也束缚了它在开放包容环境中的创新和企业媒介话语体系的建构

石油系统讲政治是传统，石油行业的优良传统和管理经验都源于中国共产党和解放军革命斗争实践；大庆石油会战"两论起家"，是在毛泽东思想的指导下拿下了大油田建设；王进喜那些振聋发聩的豪迈话语都完美地回应党对那个火热的社会主义革命建设年代的意识形态要求。当大庆油田开发建设的成就与党中央期待、建设者奉献都产生正相关时，所有这些政治性话语都会产生名言金句的传播效果。让所有石油人感到庆幸和荣耀的是，毛主席肯定了石油战线的成绩并发出"工业学大庆"的号召，给了石油话语最高权力的认可，又有严密意识形态约束和简单化媒介形态的加持，因此，石油话语必然能形成强势传播。

随着媒介环境的持续改变，网络媒介和全媒体时代具有天然的去意识形态化和民粹化的特点，因此也就天然排斥"高、大、硬"强政治性的语言，"文化大革命"时代激荡耳畔的石油口号失去了再次激荡人心的土壤，当意识形态环境宽松，媒体开放度越来越高时，如果继续将日常管理实践中的强政治话语直接挪移到媒介空间，不仅没有传播力，反而会产生思想僵化、观念老派、管理落后等刻板印象，这也是导致国有石油企业出现安全环保事故、贪腐事件时，公众难以表达宽容的原因之一。

石油行业在中国"成名"较早，政治性话语不仅成就了石油行业的国之基石的地位，也带来了无上荣光，这个光环石油人戴了几十年，历史惯性和社会认同导致石油行业话语创新动力不足。并且，新中国 70 年发展历程就处在一个高度讲政治的社会环境之中，即使在传播中出现了政治性话语因没有及时转型而产生负效应的情况，当时的环境也不具备给当事者及时认知问题源头的可能。另外，国有石油企业树立起媒介传播意识较晚，主动策划并系统组织传播也都是近些年的事，因此，国有石油企业用宣传思维处理大众传播问题，必然会将政治性话语带入传播，缺乏创新的自觉意识。

（二）国有石油企业媒介话语变迁主要受价值定位和形象建构两大因素的影响

在意识形态严格约束的时代，工业领域的媒介言说主题、表达重点、立场倾向都与党中央对该领域的价值定位有关，也是本领域推进事业的核心着力点。权力给企业画像，国有企业的价值也相对单纯，知道本行业的核心价值在哪里，也就明确了媒介宣传应该从哪里着手来组织文本。当进入媒介形态日新月异发展和媒介管理政策相对宽松的时期，企业价值不再是影响话语变化的唯一因素，多模态传播中的观点碰撞频仍，舆论场永远都是众声喧哗的环境，谁能获得舆论场主流声音的认同，谁就取得了话语传播的胜利。而要得到主流舆论的认同，就是要建构与主流舆论认知相符合的企业形象。"你是我心中认可的形象，我才愿意向你表达支持。"企业传播在互联网时代更加突出地体现为声誉管理，企业仅能给社会和公众创造特定价值还不足以获得认同，因而也就不可能获得好的口碑，这对于市场经济条件下看重诚信和美誉度等软实力的企业而言，无异于被剥夺了竞争权利。因此建构起公众认可的形象成为互联网传播和市场经济环境中，企业参与市场竞争的关键要件之一，它比企业的价值定位更加重要。从本文研究中可以看出，企业形象建构与社会责任实践在内容、形式、逻辑上一致[1]，与话语传播高度正相关，形象建构就是企业传播中社会实践的导向，也是传播根本目的所在。同时，良性的企业传播应该是以实力体现价值，以情怀展示形象。

（三）曾经工业领域的翘楚会在负面舆论中形象严重受损，话语力缺失是重要原因

石油行业曾经的形象被政治权力塑造得高大且光鲜，一旦失去政治权力的加持，遇到腐败问题集中曝光的负面冲击，企业形象和声誉严重受损，本应多元交错的舆论场，此时对国有石油企业的言说却罕见地众口一词，企业过去的成就、贡献、牺牲无人提及。究其原因，正是企业话语泡沫的破裂。就是过去对企业言说的话语并没有真实地反映企业客观实际，只是对好的一面不断放大，对客观存在的问题刻意回避，不能如实反映企

---

[1] 邬盛根，李迎曦.当下我国企业形象建构的缺失与重构——基于企业社会责任理论与实践视角的考察[J].广告大观（理论版），2014（04）：42.

业。把企业高估的话语就像被市场高估的房价一样,热炒就会出现"泡沫",当"泡沫"破灭,曾经虚幻的繁荣就会随之消失。一味高调颂扬的空泛话语就是缺乏话语力的话语,听着好听,实则无用,所谓"假大空"就是对这类话语的描述。

话语力是传播力的核心,主要体现为传播内容对受众产生的说服作用和对其行为产生的影响。尊重事实的客观表达是话语力的源泉,企业话语力的形成需要培育、积淀的历史过程,是在全面、客观反映企业的话语体系中生发并呈现。没有杂音的、一味肯定赞扬的话语表达,对企业的媒介话语力是一种伤害。古人讲,兼听则明,偏听则暗。客观批评是对企业的关心和爱护,是舆论监督作用的体现,能够帮助企业管理者发现因身在其中而浑然不知的管理盲区,有益于企业查找不足、弥补漏洞、提升管理。但国有石油企业管理者的宣传思维和意识形态定式,从心理上不接受不同声音,更不能接受负面声音。遇到舆论批评的第一反应不是反求诸己的反省反思,而是设法去封堵、消除负面舆论。

企业健康的舆论生态应该是各种声音交错,但肯定认同是主流。就像一个健康正常的人应该优缺点并存,但优点是主流一样。应该看到,舆论客观负责任的批评是企业提升形象、引导舆论的契机,针对舆论提出批评的方面积极做出整改完善,再将改变的情况诚恳地通过发表批评言论的媒体向公众言说,回应舆论的关切,这不仅主动制造了新闻、把握了舆论的主动权,也满足了媒体跟踪新闻发展的客观需要和公众的知情权,同时还能展现企业知错就改、虚怀若谷、开明包容的形象。国有石油企业改进话语传播力应首先转变传播思维和舆论观,尊重媒介批评话语,淡定面对,反思整改并及时回应是正确的应对之道。

(四)国有石油企业需要建立以声誉管理为导向的媒介话语体系

本文运用的费尔克拉夫话语与社会变迁理论能够对企业既往媒介话语的发展和变迁进行理论框架下的科学解读,但对企业未来的话语体系建构,特别是媒介形态发生革命性变革后,基于企业形象建构和声誉管理的媒介话语塑型,西方话语理论还有局限性,缺乏有针对性的理论建构。对中国国有企业媒介话语的改革创新,还需要业界和学界勠力同心地推动理论自主创新,形成一套具有中国特色的、适应中国语境的、符合中国国有企业传播现实需要的话语理论体系，有效指导参与全球化竞争和适应媒体融合发展的企业话语实践。从媒介话语的变迁看，国有石油企业一直以宣传思维建构企业媒介话语。正面褒扬，列成就、摆亮点、谈经验，形成了"反复言说正面，舆论自然走向正面"的宣传思维定式。缺乏思想的表扬空洞且苍白，宣传式的说教不符合传播规律和受众心理。企业传播不要只关心"自己要说什么"，而要更多关注"公众想听什么"，要在二者的结合上下功夫，二者一致的"充分说"，自己想说公众不爱听的"少说"，自己不想说公众却爱听的"有策略地说"，这方面是媒介话语创新的重点和难点，而创新遵循的基本原则就是有利于企业声誉的正向提升[1]。

国有石油企业近40年的改革创新之路就是向西方学习，与国际接轨的奋起追赶历程，管理机制、规则制度都实现了与国际接轨，但在传播理念、媒介话语表达、媒介运用策略等方面向西方学习并不充分，而是保持了历史的惯性。少说慎说，没有结论的事不说，这就导致改革开放后国有石油企业以改革为主线的管理创新历程没有在主流媒体的持续言说中得到体现，公众对国有石油企业改革奋进的心路历程并不知悉，所以当安全环保、腐败等负面信息曝光后，会先入为主地为企业画像并形成刻板印象。国有石油企业一直是以价值导向来设计宣传内容和媒介话语，展示企业为国为民创造的价值，但这些并不是公众感兴趣的内容，他们认为掌握国有资源为国家创造价值那是本分，是理所当然的事。他们关心的是企业给他们带来了什么便利或福祉。

而建立以声誉管理为导向的媒介话语体系，就是要以公众认知为基本考量的话语建构，说公众愿意听、听得懂的话。激动的事情平和说，惨痛的教训理性说，客观批评的回应诚恳说。让公众看到企业实实在在的行动，看到结果背后不为人知的心路历程，看到企业有情怀有温度的付出。所以，需要摒弃以往"说出我要说的"的那种表达模式，站在受众的视角组织话语表达，抽象数据"描述着说、对比着说"；专业术语"解释地说、通俗地说"。弥补石油话语"硬朗过度、柔软不足"的缺憾，借鉴西方媒

---

[1] Jiuchang Wei, Tingting Liu, Daniel E. Chavez, et al. Managing corporate–government relationships in a multi-cultural setting: How political corporate social responsibility (PCSR) as a response to legitimacy pressures affects firm reputation [J]. Industrial Marketing Management, 2020, 89: 1–12.

体讲故事的新闻话语表述方式，让媒介话语既有事实的刚性，又有情感的柔性；既有逻辑的严密性，又有观点的思辨性。在增强媒介话语的可读性上实现突破，让媒介话语在传递信息的同时影响受众的认知和情感，这样才能对企业的美誉度产生实质性作用。声誉管理导向的目标是受众，关键在认同。国有石油企业需要花更多心思去研究企业传播的目标受众、持有负面态度且关注石油的受众群体，以及对石油了解甚少且无倾向性的中间受众，做到知己知彼，建构起拉近企业与公众距离、互动交流式的媒介话语体系。

二、国有石油企业媒介话语历史变迁的特点

（一）突出政治引领，话语力的强弱主要不是遵循传播逻辑，而是遵循权力逻辑

国有石油企业媒介话语社会主义政治体制架构中的官方媒体产生，并在严格的意识形态规制和简单媒介形态环境中发展起步，以及国有属性和行业管理模式由行政化向公司化转型的轨迹，都决定了国有石油企业媒介话语的发展历程要遵循权力赋能的路径，紧跟政治引领的方向。"听党话跟党走"不仅是政治正确，更是话语力最有力的保障。石油话语之所以能够在20世纪60～70年代实现全国范围内的强势传播，关键就是毛主席发出了"工业学大庆"的号召，最高权力对石油工业发展经验的认可。有了权力推动，以王进喜为代表的石油人的经典话语被媒介文本以不同形式提炼、包装并符号化，逐步升华为精神图腾，让权力认可具象化，从而形成话语与权力在传播维度上的互文呼应。即使在国有石油企业全球化发展和媒介引领传播的历史阶段，国有石油企业媒介话语依然以权力逻辑为主、以传播逻辑为辅，因为在中国语境中，企业传播力的抑扬始终取决于权力的规约，党管意识形态阵地的政治体制特点和党对国有企业的全面领导，是国有企业媒介话语言说的根本遵循，表达意涵的根本落脚点是权力认可下的广泛社会认同。权力认可是第一性的，要做到这点就必须突出政治引领，以权力逻辑作为话语编码设计的基本原则；而广泛社会认同是效果目标，要达到这个目标，就必须遵循传播逻辑，话语言说要符合受众心

理、媒介特点和语境需要。政治性与传播性双拳出击，但突出政治性，在政治引领下实现广泛且有效的传播，是国有石油企业媒介话语变迁最鲜明的规律。

（二）国有石油企业媒介话语围绕生产经营的管理提升，以经验方法的总结与提炼为导向，体现思辨性和指导性

企业媒介话语言说的根本任务是向公众展示企业自身在生产力和生产关系方面都具有先进性，是社会进步的推动力量。国有石油企业媒介话语被世人所熟知的就是以大庆会战经验为代表的、体现管理哲学和人格精神修为的思辨性话语，也是对社会主义工业实践具有指导意义的理念。媒介话语是对这些具有哲学意涵经验的生动演绎，将实践总结的成果具象化，说明企业软实力建设对硬核价值的推动。具体到国有石油企业，就是管理模式从行政体制到去行政化，再到"油公司"体制的持续蜕变，让"我为祖国献石油"核心价值观的实现能力得到显著增强，媒介话语就是通过不同语境、不同领域和不同视角下的个案解读和数据分享，把管理体制机制进步带来核心竞争力增强的具体经验方法故事化、通俗化，产生"科普"意义的传播效果，达到让公众认知、认可、认同的递进式反馈，形成政治、经济、社会三大责任维度上企业与国家、人民的命运共同体建构，进而产生"企业属于国家和人民、企业为了国家和人民"的价值观共鸣，让"我为祖国献石油"在具体情节中从行动层面升华到价值层面。把抽象的经验具象化是国有石油企业媒介话语追求的表达效果，也是其历史变迁过程中呈现的一般性规律，即媒介话语源于生产经营一线的探索，经过管理者总结或媒体提炼形成经验成果，再经过媒体二次加工，把抽象成果演绎成一线普通劳动者和社会大众听得懂、能接受的话语，反过来再指导新的实践。

（三）典型引路，发挥旗帜和榜样作用，把先进集体和人物的原创格言上升为国有石油企业媒介话语中的标志性话语

从历史变迁的视角审视国有石油企业的媒介话语，中国共产党意识形态指导下的宣传思维和方法的运用是其显著的特点之一。将共性特征个性化，选取群体现象中的代表具体化，形成传播中受众可以对照的镜像，典型性话语就是镜像塑造的主要方式。王进喜是大庆会战中忠诚于党的石油

事业、以苦干实干为显著特征的工人阶级典型代表，他那句"有条件要上，没有条件创造条件也要上"的豪迈誓言成为铁人精神的经典话语表述，在媒介话语的设计时，记者把王进喜跳泥浆池的场景描写作为他这句名言的生动例证，让铁人王进喜的工人阶级先锋代表的形象定格在历史瞬间，公众提到铁人，耳畔就会传来他用浓重甘肃口音铿锵有力喊出的这句名言，眼前就会浮现出他无所畏惧奋勇跳入泥浆池的身影，这就是典型示范所产生的传播效果。国有石油企业在不同历史阶段，根据企业发展的现实需要，树立起具有不同特质、身负不同历史使命的"三代铁人"标杆，并以每代铁人表达使命的典型话语为铁人所代表这代石油人的先锋形象画像，将精神、责任、目标都蕴含其中。王进喜那代石油人的使命是要把大庆建成中国最大油田，对应这个使命，他的标志性话语是"宁肯少活二十年，拼命也要拿下大油田"；新时期铁人王启民那代石油人的使命是要让大庆油田持续为祖国献石油，对应这个使命，他的标志性话语是"宁肯把心血熬干，也要让油田稳产再高产"；大庆新铁人李新民那代石油人的使命是参与全球化竞争，在海外为祖国找油找气，对应这个使命，他的标志性话语是"宁肯历经千难万险，也要为祖国献石油"。三代石油人，三个历史时期，三句经典话语，把国有石油企业的发展愿景、员工群像、责任担当都呈现出来。除了三代铁人，国有石油企业各类先进典型持续选树，"有红旗就扛""有红旗就有格言"的石油文化催生出丰富的石油典型话语。媒介话语将先进典型及其标志性话语情节化、场景化、案例化，进行再创作、再演绎，形成石油典型话语谱系。

（四）国有石油企业把价值贡献放在了话语塑造的突出位置，强调企业发展成就对国家和社会的推动作用

中国石油产业诞生于中华民族抵御入侵、奋起抗争的艰困岁月，快速发展于新中国成立后社会主义工业建设大干快上的火热年代，从诞生伊始，石油行业和石油人的命运就与国家需要、民族命运紧紧联系在一起。因此，石油话语的媒介表达总是把石油行业为国家做出的贡献摆在突出位置，企业属于国家和人民，为国家贡献企业价值是核心价值观的突出体现，"我为祖国献石油"成为石油人媒介言说的主旨意涵。奉献石油价值、贡献石油力量、展现石油情怀，是国有石油企业媒介表达的中心思想。彰

显企业价值成为传播的目标导向,力量与情怀从广义上看,也是企业价值的另一种表现形式,是在管理、精神和行动力等方面的集中体现。国有石油企业媒介言说对价值的凸显主要集中在油气产量增长、盈利水平提升、核心技术创新、市场占有率增长、国际合作范围扩大等方面。在国有石油企业管理者的观念中有这样的刻板认知,即作为国有企业,给国家和人民创造的价值越大,企业得到的认同和支持也就越多。这是从企业国有属性出发的认识,但从企业自身市场竞争主体属性出发的认识却被淡化或忽视了,这就造成了话语塑造聚焦价值而忽视形象的偏离,也是现实中贡献巨大却没有获得好口碑在话语维度的根源所在。从媒介话语建构的一般逻辑看,企业媒介话语首先符合企业属性,即市场竞争主体所赋予的传播表意需求,其次才是兼顾国有属性赋予的特殊性要求。换言之,企业角色是国有石油企业媒介话语的第一性要素,国有属性是第二性要素。但国有石油企业从国家行政体制脱胎转型的历史,使得石油人没有在观念里彻底从"部委人"向"企业人"转变。近十年的话语变迁,出现了从聚焦价值向价值和形象并重的转变,但突出价值的成就型新闻报道依然在数量上占据首位。

(五)国有石油企业的媒介话语从事实陈述为主向情节陈述为主转变,即向迎合受众接受心理和喜好的方向转变,越来越关注传播载体对话语的塑型

从国有石油企业媒介话语历史变迁的历程看,改革开放前的封闭年代,媒介形态单一,传播主要是意识形态宣传。在"我为祖国献石油"价值贡献导向指引下,媒介话语主要以消息体裁陈述行业事实动态,包括发展成绩和意识形态领域的员工精神风貌、思想认识等。话语内容上主要突出结果,要么是效果意义的描述,要么是数据变化的前后对比;话语风格上表现为直截了当的告知,有"灌输"的色彩,用一些体现程度的语词来修饰事实,体现价值和意义。这种新闻消息为主的表述方式是在以报纸为主要媒介形态、以意识形态宣传为传播目标的媒介环境中自然生发而成的,以长篇通讯体裁对石油行业的报道主要集中在先进人物塑造方面,工作通讯较为少见,这就导致对石油行业的媒介言说"硬朗有余、生动不足",缺乏对事实背景及过程的细节描写,石油行业的发展没有让公众充

分知情。在媒介传播还较为落后的年代，公众对传播没有接受与反馈的主动诉求，媒体也没有迎合受众传播心理的意识，一切都围绕意识形态宣传的需要来塑造话语，把事实和意识形态观念描述清楚，话语表述就戛然而止了，传播难以通过话语来打动人、感染人，公众阅读主要是源于封闭环境中的信息饥渴和严格意识形态约束下的政治正确。在进入改革开放和媒介迅猛发展的新时期，国有石油企业媒介话语形态和风格越来越不适合传播实际需要，一方面不同媒介形态具有自身的言说风格，需要符合其表达特质的话语；另一方面市场经济和全球化竞争，让各种经济形态蓬勃发展，垄断在逐步弱化，制衡与竞争在持续加强。在传播领域，国有石油企业回归到了普通传播主体的身份，体制优势的加持在淡化，以公民社会普通一员的角色与公众交流互动是唯一符合传播规律的选项。在信息大爆炸的媒介环境中，传播效果与话语吸引力、感染力紧密相关，故事化表达和情节化描述才能提升话语力，并满足受众知情权和深度阅读渴求。国有石油企业在经历了安全环保和贪腐等负面舆情的冲击之后，越来越清醒地认识到，话语言说要在情节化的描述中展现事实，与受众心理同频共振，在细节中表达观点和流露情感，娓娓道来的交流式话语才能让受众产生倾听的愿望，并且要用不同媒介形态通用的话语风格言说才能收到最佳的传播效果。这种从事实陈述为主向情节陈述为主的媒介话语转型和越来越关注传播载体对话语的塑形，在 21 世纪以来近 20 年中表现得尤为明显。

三、国有石油企业媒介话语历史变迁的启示

（一）国有石油企业媒介话语的变迁只有坚持政治性与传播性有机融合，才能在话语实践中实现身份与效果的统一

对于国有石油企业而言，坚守"听党话、跟党走"的政治本色是国有身份第一性的要求，也是体制加持的政治优势，任何时候都必须坚持，而且要将政治优势转化为"党管意识形态"背景下的传播优势。同时也要看到，"唯政治性"的话语塑型在特定年代既成就了石油媒介话语的强势传播，也束缚了其适应新媒介环境的创新动能释放。从传播维度审视，对国有石油企业第一性的要求是全球化格局中作为市场竞争平等主体的企业特

性，即首先以这样的身份开展话语实践才能符合传播规律。国有属性要求政治性，企业属性要求传播性，只有将政治性和传播性有机融合、相辅相成、形成合力，既遵循了政治正确，又符合传播学既有理论阐释的客观规律，才能在话语实践中实现身份与效果的统一。国有石油企业在历史上出现的舆论困境，就是因为突出并依托政治性而忽略了传播性，传播学理论及相关知识对国有石油企业媒介话语设计的指导起步较晚，还有待进一步加强。政治性与传播性并不矛盾，对话语建构而言是两个维度考量，但完全可以做到兼收并蓄。

（二）国有石油企业媒介话语在结构上的变迁要向话语体系建构的方向发展，即适应不同媒介形态、舆论环境、传播目标和言说内容的话语建构模式和风格

在传统较单一的媒介环境中，对应的媒介话语也较为简单纯粹，一套话语模式就可以"包打天下"，又有严格意识形态规约，话语同质化程度较高，社会封闭导致信息饥渴，因此有言说就有传播，话语品质的要求并不突出。但在21世纪媒介形态日新月异变化的环境下，多模态传播成为常态，不同媒介之间存在传播特质上的差异性，客观要求话语要符合传播介质的特性，描述同一个新闻事件，网言网语与央视新闻的播报是完全不同话语建构。媒介变革发展的趋势要求话语必须与时俱进，适应媒介多元化现实需要，"一媒一语"将是企业传播必须面对的现实课题，对一个事件的言说要有针对不同媒体多个版本的话语文本，而对于在某一类媒体中的话语逐渐形成符合企业特点和传播需求的话语模式和风格，多个类别媒体中的企业话语模式和风格集中在一起，就形成了国有石油企业媒介话语体系，这套话语体系是企业文化软实力集中体现，是需要着力推进的变迁方向。

（三）国有石油企业媒介话语的建构方向和变迁路径应指向声誉管理推动下的企业形象塑造，从唯价值论的成就话语向形象建构下的声誉话语转型

"我为祖国献石油"的使命担当是推动国有石油企业70年持续发展的内生动力，因此，在传播中向祖国言说企业的价值贡献也成为必然的话语选择，只有企业的有用性不断丰富和增强，才能有效履行祖国赋予的奉

献能源的使命。这个逻辑从政治维度思考完全合理且正当，但在传播逻辑下，受众对企业是否认同是从企业为受众带来什么的角度去思考的，这里有企业的价值贡献，但企业的价值贡献并不能与受众的获得感划等号。国有石油企业在安全环保方面的投入巨大，为生态保护也在持续履行着社会责任，价值贡献不可谓不大，一次重大安全环保事故不能从价值领域否定企业的贡献，但从公众感知来看，企业管理的疏漏给他们的生活甚至生命造成了严重威胁，这一次事故就足以毁掉企业的声誉。但事故发生后，企业还在委屈地诉说过往在安全环保领域的价值贡献以求得到公众的理解和谅解，这样的话语言说是苍白而徒劳的。价值不等于声誉，能在市场竞争中生存下来的企业都有价值，但不一定都能获得好声誉、具有好形象。以声誉管理和形象塑造为导向的话语建构是能为企业带来价值的传播理念，其实质是体现企业核心竞争力的软实力培育。声誉和形象是受众评判企业的等级，是受传播深度影响的变量因素，因此，要抓住受众心理和传播路径来塑造话语，从价值贡献中选择能够迎合受众诉求的内容编排进话语建构之中，用能听懂、易接受的话语解读受众对企业的关注点，进行"靶向射击"式的精准传播。

（四）国有石油企业媒介话语变迁要遵循公民社会理论的原则，让企业以平等的、普通的、有社会责任感和公民情怀的一分子参与到话语实践的传播活动中

从20世纪60年代毛主席发出"工业学大庆"的号召以来，国有石油企业媒介话语一直顶着"示范""引领"的光环，拥有了最高权力的认可，话语始终保持了高政治站位，以政治引领和权力加持推动强势传播，形成了石油行业讲政治的传统。到了石油行业转企改制和全球化经营的新时期，这种紧随权力的政治型传播模式与受众距离较远，给人高高在上不接地气的感觉。在媒介形态多元化的时代，公民个体广泛参与传播，再大的企业在传播环境中也是与公民个人平等的发声主体。企业只有把自身放在与每个传播主体平等的位置上，在话语表述上做"降维"处理，用符合每个媒介形态既有的话语风格和受众喜闻乐见的话语表达形式，以公民社会普通一员的身份与公众交流互动，摒弃"共和国长子""国民经济中流砥柱"的优越感，降低"高亢激越"的宣传调门，用朴实且有温度的语言

回应公众的关切。国有石油企业要在传播语境中平视每一个言说企业的主体，无论是媒体、组织还是个人，也无论是赞誉还是批评，都应以帮助企业成长进步的监督者视之，都应以"人民的企业为人民"情怀和国之大者的使命担当去回馈企业衣食父母的关注。企业主导策划的传播议题，要以公民社会理论作为参照，提前就受众对该议题的事理和情感认知进行评估，围绕受众接受的心理预期和偏好来设计话语，追求与受众的共鸣。放低身段、普通化、人格化的国有石油企业不仅不会矮化形象，反而会在平易近人的传播互动中烘托出"大而不骄""强而不狂"的企业形象。

（五）国有石油企业媒介话语变迁要有国际视野，兼收并蓄西方跨国企业媒介话语建构的成熟理念和经验，补上交流互鉴中缺少的媒介话语建构这一课

改革开放后，中国石油工业的管理体制机制一直在向西方学习，直到今天，在国际合作中向西方同行的先进经验学习，依然是国有石油企业快速提升核心竞争力的常态操作。但囿于文化和社会政治制度差异，国有石油企业的媒介话语变迁却没有参照管理模式向西方学习，这其中也有国家意识形态政策与媒介环境因素的制约。但随着国有石油企业越来越深入地参与到全球化生产经营管理之中，中国语境下的媒介话语与西方媒介话语不接轨、缺乏话语力的矛盾越来越突出。如今，国有石油企业与西方跨国石油企业在技术上的差距越来越小，但在以话语力为代表的软实力方面的差距还比较大。特别是在全球舆论场中，西方话语体系依然占据强势主动地位，国有石油企业要在西方世界中打开传播空间，扩大影响力，只保留自身话语特色远远不够，甚至会出现交流障碍或相互误解。因此，向西方跨国企业媒介话语建构的成熟理念和先进经验学习，是国有石油企业走国际化、全球化之路的必修课，过去少了这一课，如今需要认真补上。必须承认，西方跨国企业在传播观念、媒介运用、话语建构和公共关系实践等方面都有着丰富实践经验和教训，中国企业应该认真学习，在保持自身话语特色和传统的同时，要学会在西方语境中运用西方话语模式和风格来言说，就好比运用英语中的俚语会让英语母语的受众觉得更亲切更生动。近年来，国有石油企业在媒介话语建构方面，开始向西方跨国公司学习情节铺陈的故事化表达、以声誉管理和形象建构为导向的话语设计，以及综合

运用多种媒介形态应对舆论危机的理念和方法。但这种学习还缺乏系统性和理论支撑，还停留在操作技巧的层面，需要将西方成熟的话语理论和实践经验有机整合到国有石油企业的话语体系建构的框架中，形成具有中国特色、全球视野、国企情怀、可适应多语境多媒介形态的话语风格。

总之，国有石油企业70年的媒介话语变迁历程受国家政治环境影响较大，自主话语创新的意识不强。媒介环境和企业舆论环境的深刻变化倒逼了国有石油企业媒介话语的转型。虽是后知后觉，但意识到转变的迫切性后行动决心坚定。以史为鉴，吸取教训，确立科学的理论和方法，推动国有石油企业媒介话语创新，不仅能显著提升企业传播的质量，而且对企业形象塑造、美誉度提升等软实力建设都将产生强有力的促进作用。

附录1 1949—1978年《人民日报》和新华社对石油行业的报道（51篇）

1. 玉门油矿全体职工英勇护厂迎接解放（新华社，1949-10-10）
2. 第一野战军装甲车部队穿越戈壁解放玉门油矿（新华社，1949-10-11）
3. 全国石油工业重点恢复获显著成绩（新华社，1950-04-30）
4. 全国石油工业会议在京召开制定石油工业的方针与任务（《人民日报》，1950-05-04）
5. 中央贸易部指示中国石油、煤建及工业器材三公司降低主要商品价格（新华社，1951-08-08）
6. 全国石油展览会在京开幕（《人民日报》，1951-11-17）
7. 我国不是石油"贫血"的国家——全国石油展览会介绍（新华社，1952-12-12）
8. 玉门油矿积极修复解放前遗留下来的废井（新华社，1953-05-26）
9. 华东国营商业部门调运煤油下乡很受农民欢迎（新华社，1953-12-02）
10. 玉门油矿将逐步建设成为我国第一个石油基地（新华社，1954-02-08）
11. 油井的主人们（新华社，记者张鸣，1954-04-14）
12. 中国石油公司湖南分公司把大量煤油运往农村（新华社，1954-05-19）
13. 节约汽油的新方法（新华社，1955-03-14）
14. 中苏友谊的结晶——新疆石油公司（新华社，记者韩文慧，1955-09-26）
15. 我国第一座巨大的炼油厂——兰州炼油厂积极准备施工（《人民日报》，1955-10-24）
16. 中国石油工会第一次全国代表大会闭幕（新华社，1956-02-28）
17. 玉门油矿派出大批技术人员支援各地石油工业建设（新华社，

1956-04-14）

18. 中国石油公司决定要做好石油供应和节约油料工作（新华社，1956-04-17）

19. 鄂尔多斯地台西缘地带寻找石油转入细测（新华社，1956-05-11）

20. 我国又发现了一个新油田（新华社，1956-05-12）

21. 中国石油工业发展迅速（新华社，1956-05-13）

22. 新疆集中大批人力物力支援克拉玛依探区（新华社，1956-06-03）

23. 克拉玛依油区正在建设一座石油城（新华社，1956-08-13）

24. 克拉玛依出产的原油开始在独山子炼油厂炼制（新华社，1956-09-09）

25. 青岛市的石油公司去年回收废油三百多吨（《人民日报》，1957-01-09）

26. 春天来到了克拉玛依油田（新华社，记者伊晓，1957-04-02）

27. 川中群众积极支援开发川中油区（新华社，1958-04-18）

28. 松辽平原有石油（《人民日报》，1958-06-26）

29. 兰州炼油厂第一期工程基本建成 今年将生产一批石油产品（新华社，1958-10-06）

30. 大批人员和勘探器材赶运川中油区（新华社，1959-03-26）

31. 兰州炼油厂第一期工程正式投入生产（新华社，1959-11-09）

32. 兰州炼油厂举行开工生产典礼（新华社，1960-01-22）

33. 玉门石油局全面总结新技术经验（《人民日报》，1960-12-31）

34. 化学、石油及有关产业工人第四次世界代表会议闭幕（新华社，1962-05-27）

35. 我国石油产品基本自给（《人民日报》，1963-12-26）

36. 大庆精神大庆人（《人民日报》，记者袁木、范荣康，1964-04-20）

37. 兰州炼油厂成为中国式的大型炼油基地（新华社，1966-03-17）

38. 大庆油田两个钻井队分别钻井十万米 创世界纪录（新华社，1966-12-28）

39. 中南西南六省区举行石油社会节约经验交流大会（《人民日报》，

附录1 1949—1978年《人民日报》和新华社对石油行业的报道（51篇）

1967-11-03）

40. 毛泽东思想指引大庆工人阶级前进（《人民日报》，记者石流、庆卫东、卫东师，1968-12-27）

41. 中国工人阶级的先锋战士——铁人王进喜（新华社，大庆报道组、新华社记者，1971-12-27）

42. 中国石油考察团结束对加拿大的访问前往巴黎（新华社，1972-10-30）

43. 活跃在大庆油田上的无产阶级先锋战士（《人民日报》，1973-10-15）

44. 四川省开发天然气取得新成就（新华社，1975-01-15）

45. 阿尔巴尼亚军事代表团参观大港油田（新华社，1975-12-28）

46. 外国朋友和华侨赞扬中国影片《创业》（新华社，1976-12-29）

47. 踏着铁人的脚印走——记大庆油田模范标兵高金颖（新华社，1977-05-24）

48. 石油战线著名劳动模范的决心（新华社，1978-06-14）

49. 北京石油化工总厂在前进（新华社，1978-08-18）

50. 中国加快石油钻井速度（新华社，1978-09-28）

51. 中国石油工业为实现现代化作好准备（新华社，1978-12-23）

附录2　主流媒体对铁人王进喜的深度报道（9篇）

1. 工人阶级的光辉形象——王铁人（《工人日报》，记者李冀、张杰、杜铁，1966-01-03）

2. 我们需要千千万万个铁人（《工人日报》，社论，1966-01-03）

3. 为革命艰苦奋斗一辈子——王进喜同志在石油工业部的一次政治工作会议上的讲话（《人民日报》，1966-01-12）

4. 中国工人阶级的先锋战士——铁人王进喜（新华社，大庆报道组、新华社记者，1971-12-27）

5. 大庆油田广泛开展学铁人活动（新华社，1972-01-28）

6. 实践"三个代表"弘扬铁人精神，再创大庆新的辉煌（《人民日报》，作者马富才，系中国石油天然气集团公司党组书记、总经理，2003-10-08）

7. 铁人王进喜：宁肯少活二十年，拼命也要拿下大油田（新华社，记者董宝森，2019-01-15）

8. 新中国石油战线的铁人王进喜（《求是》，2019-9-16）

9. 用生命为祖国献石油（《人民日报》，记者姜洁，2019-09-17）

附录3　主流媒体对大庆精神铁人精神的报道（28篇）

1. 大庆精神大庆人（《人民日报》，记者袁木、范荣康，1964-04-20）
2. 永不卷刃的尖刀——记大庆油田一二零二钻井队（《人民日报》，记者冯健，1964-04-25）
3. 康庄大道——大庆油田自力更生赞歌（《人民日报》，记者冯健、袁木，1964-10-01）
4. 大庆——一个活学活用毛泽东思想的范例（《人民日报》，1966-01-02）
5. 突出政治　百战百胜——大庆油田一二零五钻井队的经验和教训（《人民日报》，1966-01-17）
6. "缝补厂精神"赞（《人民日报》，1977-04-06）
7. 发扬大庆艰苦创业精神推进四化建设（《人民日报》，1981-12-26）
8. 大庆大嫂（《人民日报》，记者袁建达，1990-10-27）
9. 赞"铁锹精神"（《人民日报》，记者达文，1990-10-27）
10. 大庆人为国添新彩（《人民日报》，记者段存章，1995-09-21）
11. 发扬大庆精神　搞好二次创业　大庆集会纪念开发建设35周年（《人民日报》，1995-9-21）
12. "铁人"精神筑长堤——大庆油田保卫战纪实（《人民日报》，记者曾坤、冯奎，1998-09-12）
13. 大庆之年访大庆（《人民日报》，记者江绍高、陈陆军、洪岩，1999-08-19）
14. 铁人精神：推进企业发展的不竭动力（《求是》，2003-09-06）
15. 弘扬铁人精神　推进伟大实践——纪念王进喜同志诞辰八十周年（《人民日报》，作者宋法棠，系黑龙江省委书记、省人大常委会主任，2003-10-08）
16. 新世纪的大庆精神大庆人（新华社，记者高欣、王淮志、范迎春，2007-09-25）

17. 大庆精神代代传——写在大庆油田发现五十周年之际（《人民日报》，记者汪波，2009-09-09）

18. 弘扬大庆精神 开创科学发展新局面（《人民日报》，作者吉炳轩，系黑龙江省委书记、省人大常委会主任，2011-05-30）

19. 取之不尽的精神宝藏（《人民日报》，2011-05-30）

20. 让大庆精神焕发出时代光彩——大庆油田践行社会主义核心价值观调查（《红旗文稿》，记者闫玉清，2014-10-20），

21. 让大庆精神绽放时代光芒（《光明日报》，作者孙志刚，系大庆铁人王进喜纪念馆馆长，2018-08-01）

22. 铁人精神传承60载 为祖国奋斗加油（中央电视台，2019-05-01）

23. 习近平致信祝贺大庆油田发现60周年（《人民日报》，2019-09-27）

24. 央视快评：让大庆精神铁人精神在新时代焕发新光彩（中央电视台，2019-09-28）

25. 新时代大庆这样回答"铁人三问"（《人民日报》，2019-10-10）

26. 大庆精神铁人精神：创业路上奋斗不息，（《光明日报》，记者彭景晖、张士英、张翼，2020-09-02）

27. 大庆精神铁人精神的丰富内涵（《光明日报》，作者赵周贤、胡杨，分别系国防大学习近平新时代中国特色社会主义思想研究中心办公室常务副主任、研究员 2020-09-02）

28. 让大庆精神焕发出时代光彩（《光明日报》，作者：孙钰，系天津市中国特色社会主义理论体系研究中心研究员、天津商业大学公共管理学院教授，2020-09-02）

附录4 1979—1998年《人民日报》和新华社对石油行业的报道（103篇）

1. 兰州炼油厂千方百计为国家多炼油炼好油（新华社，1979-03-01）
2. 我国专家学者在京座谈塔里木盆地石油资源（《人民日报》，人民日报记者高新庆、新华社记者于有海，1980-01-12）
3. 我国又建成一个大型油气田——辽河油田（新华社，1980-01-29）
4. 石油部长谈中国石油的前景（新华社，1980-03-20）
5. 华北任丘油田年产量占全国总产量十分之一（新华社，1980-03-26）
6. 中国南海南黄海八个区块物探工作全部结束（新华社，1980-07-20）
7. 中日合作开发渤海油田第一口探井开钻（新华社，1980-12-17）
8. 我国在华北盆地东濮凹陷发现油田（《人民日报》，1981-09-10）
9. 辽宁省综合利用石油资源（新华社，1981-12-17）
10. 国际石油设备和技术展览会在京开幕（新华社，1982-03-18）
11. 国际石油工程会议开幕（新华社，1982-03-20）
12. 中国石油资源前景良好（新华社，1982-04-18）
13. 中国在东海打成一口地质普查深井（《人民日报》，1982-07-24）
14. 《半月谈》杂志谈中国石油工业发展（新华社，1982-10-24）
15. 中国将在全国范围内开展第二轮油气资源普查（新华社，1982-12-18）
16. 中国连续五年原油年产超一亿吨（新华社，1982-12-25）
17. 中国原油生产前景乐观（新华社，1983-02-06）
18. 中国石油化工总公司在京成立（新华社，记者黄奉初，1983-07-13）
19. 中国决定加快西北石油资源的勘探（新华社，1983-09-16）

20. 中国石油工业实行产量包干增产增收(《经济参考报》，1983-10-15)

21. 中国南海石油的对外合作进展顺利(新华社，记者蒋顺章，1983-10-26)

22. 中国和两家美国公司签署一项石油合同(新华社，记者王金和，1983-11-30)

23. 中国石油化工总公司超额完成国家计划实现利税九十七亿元(新华社，记者吴复民，1983-12-30)

24. 中外合作的南黄海第一口石油探井正式开钻(新华社，1984-04-18)

25. 中国新增石油地质储量十亿六千万吨(新华社，记者王金和，1984-05-09)

26. 南海石油对外合作开发前景广阔(《人民日报》，1984-05-25)

27. 中国已成为居世界第七位的主要产油国(《经济日报》，1984-06-22)

28. 中、美合作在莺歌海打出第二口高产天然气井(新华社，1984-08-14)

29. 体制改革给我国石油化工工业带来勃勃生机(新华社，记者黄奉初，1984-08-20)

30. 中国建设一批引进的石油化工工厂(新华社，记者王金和，1984-08-23)

31. 建国三十五周年成就：中国探明更多矿产资源(新华社，1984-09-09)

32. 李天相副部长说，中国原油产量将创历史最高水平(新华社，记者王金和，1984-09-21)

33. 中国石油、天然气勘探前景十分广阔(新华社，记者王金和，1984-09-21)

34. 中国原油日产量突破历史最高水平(新华社，1984-10-02)

35. 塔里木盆地油气资源丰富(新华社，记者宋政厚，1984-11-13)

36. 中国石油化工总公司初显经济实体优越性(新华社，记者江佐中、通讯员冈振环 1985-02-23)

附录4 1979—1998年《人民日报》和新华社对石油行业的报道（103篇）

37. 石油工人文化生活丰富多彩（新华社，通讯员魏国志，1985-03-29）

38. 中国石油化工科学技术取得成就（新华社，记者杨福田，1985-06-14）

39. 胜利油田油井防砂技术研究中心取得成果（新华社，记者朱文志，1985-08-28）

40. 新任石油部长王涛说：中国石油工业发展史将出现新转折点（新华社，记者朱文志，1985-09-07）

41. 中国石油工业"六五"期间持续发展（新华社，记者张承志，1985-09-18）

42. 中国石油化工企业取得较好经济效益（新华社，记者陈玲，1985-12-05）

43. 中日渤海石油合作区进入开发阶段（新华社，记者丛文滋，1985-12-08）

44. 中原油田已成为我国石油工业新基地（新华社，记者杨英芝，1986-03-19）

45. 中国复式油气（区）带新理论为胜利油田展现光明前景（新华社，记者朱文志，1986-05-10）

46. 东北的三颗明珠——访大庆、吉林和辽河油田（新华社，记者肖芬，1986-07-26）

47. 中国大庆油田跨入世界石油开发先进行列（新华社，记者康伟中、通讯员魏国志，1986-08-02）

48. 国务院对大庆三十万吨乙烯一期工程建成投产的贺电（《人民日报》，1986-08-05）

49. 中国石油生产形势看好（新华社，记者张承志，1986-10-14）

50. 我国石油化工工业充满生机持续发展（新华社，记者黄奉初，1986-11-20）

51. 康世恩强调我国石油化工业要有大发展（新华社，记者黄奉初，1987-01-07）

52. 中国开发海拔最高的油田（新华社，记者杨新河，1987-04-10）

53. 中国石油化工总公司"双增双节"运动取得成效（《人民日报》，

1987—04—25）

54. 中国石油勘探开发部门用经济承包代替"大会战"（新华社，记者周东爱、通讯员肖斌贤，1987—08—15）

55. 我国石油化工工业在改革中阔步前进（新华社，记者黄奉初，1987—08—27）

56. 我与三个"山"（《瞭望》，陈锦华，1988—07—25）

57. 大庆新传（新华社，记者张新辰，1988—10—26）

58. 中国石油工业东下渤海滩西取塔里木（《人民日报》，1988—11—12）

59. 国务院将统筹规划塔里木盆地油气开发（新华社，中央人民广播电台记者蔡小林、新华社记等赵明亮，1989—01—18）

60. 科技进步与国际合作促进了中国油气勘查（新华社，记者陈新，1989—02—25）

61. 塔克拉玛干沙漠里可亲可爱的"老外"比尔（新华社，记者申尊敬，1989—07—11）

62. 大庆原油产量增长五十倍（新华社，记者周佩琪，1989—07—26）

63. 石油，黑色金子的生成与开采——大庆油田"地宫"巡礼（新华社，记者周佩琪，1989—08—01）

64. 大庆隆重集会 庆祝大庆油田发现三十周年（新华社，记者张超文、蒋耀波，1989—09—28）

65. 国务院电贺大庆油田诞生30年（《人民日报》，1989—09—28）

66. 来自塔里木油田的报告（新华社，记者樊英利、卜云彤，1989—11—11）

67. "死亡之海"除夕夜（新华社，记者申尊敬，1990—01—29）

68. 玉门不老（新华社，记者曹永安，1990—04—27）

69. 我国石油科研开始走向世界（新华社，通讯员吴纯忠，1991—02—08）

70. 中国石油工业面临挑战的十年（新华社，记者黄晓南，1991—02—26）

71. 春到轮南——塔里木油田见闻（新华社，记者樊英利，1991—03—19）

72. 心系钻井队（新华社，《中国石油报》记者杨小豹，1991—06—04）

附录4 1979—1998年《人民日报》和新华社对石油行业的报道（103篇）

73. 我国高科技领域取得一项重大突破——石油地质勘探油田开发大型数据处理系统研制成功（新华社，《中国科学报》记者刘茂胜、新华社记者杨兆波，1991-12-17）

74. 新疆10多万石油工人春节期间战犹酣（新华社，1992-02-09）

75. 国务院对上海三十万吨乙烯工程全面建成表示祝贺（《人民日报》，1992-06-20）

76. 我国首条沙漠戈壁原油输送管道竣工投产（新华社，通讯员韩志明、记者李晓建，1992-07-07）

77. 中国积极参与国际石油资源勘探开发（新华社，1992-10-01）

78. 塔里木的太阳（新华社，记者蒋耀波、申尊敬、《中国石油报》记者王毅锴，1993-01-05）

79. 大庆永不停歇的创业之歌（新华社，记者蒋耀波，1993-01-26）

80. 中美扩大石油合作前景广阔（新华社，1993-03-25）

81. 大漠男儿的选择——塔里木石油会战人物素描（新华社，记者蒋耀波、申尊敬，1993-03-29）

82. 格尔木炼油厂：青藏高原的希望"火炬"（新华社，记者吴宇、孙宁海、周国洪，1993-08-27）

83. 石油大学科技成果走向石油工业大市场（新华社，记者徐兆荣、高云才，1993-09-28）

84. 我国海外最大石化援建工程圆满完成（新华社，中央人民广播电台记者徐华林、新华社记者张超文，1994-05-11）

85. 陕甘宁盆地成为最大的整装天然气田（新华社，记者王存理，1994-09-11）

86. 柴达木开始向世界开放（新华社，记者吴宇，1995-05-19）

87. 我国石油套管技术达世界一流水平（新华社，记者焦然、索研，1995-07-31）

88. 荒原之夜不寂寞 采油工人歌飞扬（新华社，记者温闽、刘彦国，1996-11-11）

89. 我国陆上石油工业保持稳定发展（新华社，记者邹清丽、索研，1997-01-17）

90. 不可替代的能源——大庆油田依靠职工加强内部管理纪实（《人民

日报》，记者董伟、新华社记者刘荒、祖伯光，1997-05-05）

91. 我国加快开发青藏高原油气资源（新华社，记者吴宇，1997-05-27）

92. 格拉输油管线通油20周年表彰大会召开（新华社，记者赵秀娟，1997-08-08）

93. 我国继续保持世界第五产油大国地位（新华社，记者李佳路、韩振军，1997-09-11）

94. 第一船境外生产的原油运抵国内（新华社，记者索研，1997-09-15）

95. 以气补油将成为我国石油安全战略重要部分（新华社，记者韩振军，1997-10-16）

96. 我国利用对外合作进行油田勘探开发（《人民日报》，1997-11-19）

97. 中国石油总公司在委接管中标油田（新华社，记者金沈俭，1998-02-27）

98. 塔里木成为我国原油产量增幅最大地区（新华社，记者王伯瑜，1998-03-30）

99. 四川盆地发现又一大型天然气田（新华社，记者毛朝敬、刘家俊，1998-07-14）

100. 增强国际竞争力的重要步骤（新华社，记者傅刚、丁坚铭，1998-07-27）

101. 嫩江溃堤 洪水肆虐 27万军民奋力保油田（新华社，记者解国记、刘荒，1998-08-17）

102. 我国东部原油流向实现战略调整（新华社，《工人日报》记者金江山、新华社记者李晓建，1998-10-12）

103. 中国石油天然气管道局20年成绩斐然（新华社，记者贾奋勇、王永军，1998-12-23）

附录5　新时期铁人王启民先进事迹的报道（55篇）

1. 智牵油龙建奇勋——记大庆"新时期铁人"王启民（《人民日报》，记者董伟、朱竞若，1997-01-12）

2. 王启民同志先进事迹报告会在京举行（新华社，1997-04-17）

3. 大庆掀起向科技"铁人"王启民学习高潮（新华社，记者刘荒、徐英杰，1997-04-21）

4. 中华全国总工会授予王启民"五一"劳动奖章（《人民日报》，1997-04-25）

5. 中共中央组织部授予王启民"全国优秀共产党员"称号（新华社，1997-06-20）

6. 创业正未有穷期（新华社，记者刘荒、杨丽华，2004-02-02）

7. 石油叫响英模称号——从王启民、秦文贵到苏永地（《中国石油报》，记者李向阳、姜斯雄，2005-05-10）

8. 王启民为百年油田再立功勋（《黑龙江日报》，2005-05-14）

9. 四十四载"痴"油路：记"新时期铁人"王启民（《黑龙江日报》，记者周静，2005-11-14）

10. 王启民：科技造就"新时期铁人"（新华网，2006-04-16）

11. "新时期铁人"：走中国式油田开发之路（《经济日报》，2006-09-29）

12. 王启民："百年大庆绝不只是梦想"（《人民日报》，记者王炜，2006-09-30）

13. 大庆英模——新时期铁人王启民（人民网，记者王静，2007-09-20）

14. 王启民：创造世界奇迹的新铁人（央视网，2007-09-21）

15. 圣火12日大庆传递 新时期铁人王启民领跑首棒（第29届奥运会官方网站，记者满佳珣，2008-07-11）

16. "新时期铁人"荣为火炬手 高举祥云传递铁人精神（《北京日报》，

2008-07-13）

17. 传递圣火也是传递铁人精神（《中国石油报》，2008-07-14）

18. 和谐油城飘祥云 铁人精神永传承（《中国石油报》，记者邹德庆、张立岩、张云普，2008-07-14）

19. 用手中圣火感染每个石油人——中国石油奥运火炬手王启民专访（《中国石油报》，记者王志田，2008-07-14）

20. 王启民：把"铁人精神"和"奥运精神"一起传承（新华社，记者范迎春，2008-07-15）

21. 大庆油田科技创新典型：王启民（《中国石油报》，2008-07-21）

22. 神圣的荣耀 无上的骄傲（《中国石油报》，2008-08-09）

23. 祝福北京老石油与奥运同行（《中国石油报》，2008-08-09）

24. 20世纪90年代"二次创业六大标兵"：王启民（新浪网，2009-04-28）

25. 铭记英模功绩 弘扬民族精神（《光明日报》，2009-05-25）

26. 全国"双百"人物评选活动正式启动（《人民日报》，2009-06-18）

27. "时代领跑者：新中国成立以来最具影响的劳动模范"候选名单（《人民日报》，2009-06-27）

28. 黑土育英雄龙江说感动 王启民与石油约定一生（《黑龙江日报》，2009-08-06）

29. 王启民讲过去的事情——记大庆新时期铁人（《黑龙江晨报》，2009-09-01）

30. 科技创新铸就石油巨子（《科技日报》，记者李丽云，2009-09-09）

31. 创新谋发展 实干铸辉煌——写在大庆油田发现50周年之际（《经济日报》，2009-09-10）

32. 从"自主创新"到"产业报国"（《中国青年报》，2009-09-10）

33. 王启民入围全国"双百人物"（《中国石油报》，2009-09-12）

34. 王进喜王启民秦文贵当选百位感动中国人物（《中国石油报》，记者张立岩，2009-09-14）

35. 百万员工掀起学习双百石油英模热潮（《中国石油报》，2009-09-15）

36. 王启民当选"百位感动中国人物"（大庆网，2009-09-15）

37. 崇高的精神 永恒的动力（《中国石油报》，2009-09-16）

38. 传递铁人接力棒（《经济日报》2009-09-19）

39. "时代领跑者"评选揭晓 60 位最具影响劳模产生（《工人日报》，记者王娇萍、丁军杰，2009-09-23）

40. 感动中国人物：新时期铁人王启民（《中国石油报》，记者李向阳、金江山、王晶、曾旺、张立岩，2009-09-23）

41. 王进喜王启民被评为"时代领跑者——新中国成立以来最具影响的劳动模范"（《中国石油报》，2009-09-25）

42. "铁人精神"写传奇（《人民日报》，记者曹红涛，2009-10-01）

43. 王启民：闯将在此——《感动中国人物志》解说词（新华网，2009-10-28）

44. 人民英模：王启民（新华网，记者范迎春、梁帅，2009-11-22）

45. 超越权威——大庆油田落实总书记指示弘扬"三超"精神之一（《科技日报》，记者李丽云、韩义雷、操秀英，实习生吴亚楠，2011-01-05）

46. 超越前人——大庆油田落实总书记指示弘扬"三超"精神之二（《科技日报》，记者操秀英、韩义雷、李丽云，2011-01-06）

47. 超越自我——大庆油田落实总书记指示弘扬"三超"精神之三（《科技日报》，记者韩义雷、李丽云、操秀英，2011-01-07）

48. 新中国成立以来感动中国人物：王启民（新华网，2011-02-11）

49. "双百"人物中的共产党员：王启民（新华社，记者范迎春，2011-04-18）

50. 王启民徒弟隋新光："铁人"精神代代传（新华网，记者高星，2011-04-18）

51. "双百"人物中的共产党员："新时期铁人"王启民（中广网，2011-04-19）

52. "新时期铁人"——王启民（《中国石油报》，2011-05-26）

53. 心中的旗帜（《人民日报》，2011-06-14）

54. 王启民：艰苦创新的"新时期铁人"（《工人日报》，2011-06-28）

55. 筑起石油科技大厦的基石（新华网，记者范迎春、高星，2012-02-05）

附录6 1999—2012年《人民日报》和新华社对石油行业的报道（78篇）

1. 从"死亡之海"到"希望之海"纪念塔里木石油会战10周年（新华社，记者王伯瑜、张先国，1999-04-07）
2. 我国承担的最大海外工程管道穿越尼罗河成功（新华社，《工人日报》记者金江山、新华社记者李晓建，1999-04-19）
3. 清理整顿小炼油厂规范原油成品油流通秩序（新华社，记者韩振军，1999-05-28）
4. 大庆纪念油田发现40周年 国务院致电祝贺（《人民日报》，1999-09-25）
5. 新中国第一个石油工业基地——玉门油田（新华社，记者马维坤，1999-09-29）
6. 塔里木——中国石油工业的"希望之海"（新华社，记者王伯瑜，1999-10-15）
7. 中国石油天然气集团公司实行重组（新华社，1999-11-06）
8. 中国石油集团实现利润逾170亿元（新华社，记者韩振军，1999-12-29）
9. 中国石油集团力争跨入世界大石油公司前列（新华社，记者韩振军，2000-01-28）
10. 中国石油集团积极开发西部天然气资源（新华社，《工人日报》记者金江山、新华社记者李晓建，2000-02-13）
11. 塔里木飞出"火凤凰"——写在全国最大天然气富集区发现之际（新华社，记者王伯瑜，2000-02-28）
12. 西气东输工程将全面对外开放（新华社，记者李佳路，2000-07-12）
13. 横贯中国的能源大动脉——展望西气东输管道工程（新华社，记者王伯瑜，2000-07-12）

附录6 1999—2012年《人民日报》和新华社对石油行业的报道（78篇）

14. 中国石油公司苏丹创业结硕果（新华社，记者杨树林，2000-09-12）

15. 让大庆告诉世界——中国石油工业世纪回眸（新华社，记者刘荒，2000-12-13）

16. 天然气开发将有利于弥补我国石油缺口（新华社，记者韩振军、张旭东，2001-01-21）

17. 大庆油田加快构建资产管理新模式（新华社，记者刘荒，2001-02-05）

18. 让创造文明的人享受文明——大港油田采风录（新华社，记者张俊成、陈良杰，2001-05-04）

19. 奏响西部开发最强音——写在西气东输管道工程全线建设之际（新华社，记者王伯瑜、吴宇，2002-07-04）

20. 石油工业必须承担社会责任——访世界石油大会中国代表团团长王涛（新华社，记者杨立民，2002-09-05）

21. 石油大学成为我国高层次石油人才培养基地（新华社，记者吕诺，2003-10-02）

22. 我国企业娴熟运用"国际规则"进行市场竞争（新华社，记者徐冰，2003-12-01）

23. 在李四光精神激励下（新华社，记者谢登科，2003-12-11）

24. 中国石油集团公司开展安全生产大检查（新华社，记者安蓓，2004-01-07）

25. 中国石油企业管理协会在创新中为企业服务（新华社，《工人日报》记者金江山、新华社记者李晓建，2004-04-02）

26. 中国西部的地质之光——塔里木油气资源勘探开发纪实（新华社，记者王伯瑜，2004-04-09）

27. 中国为世界石油天然气工业提供巨大商机（新华社，记者常志鹏，2004-06-24）

28. 大庆油田还可喷油50年（新华社，2004-09-22）

29. 中石油已经在18个国家和地区获得作业项目（新华社，记者常志鹏，2004-11-07）

30. 中石油如何走出井喷事故阴影？（新华社，记者常志鹏，2005-

02-12)

31. 专家指出：中国应提高石油风险应对能力（新华社，记者安蓓、王文韬，2005-05-24）

32. 中石油西部成品油管道年底投产（新华社，记者高峰，2005-08-13）

33. 中国石油：主营业务撑脊梁 快速成长服务全局（新华社，记者齐中熙，2005-08-18）

34. 西气东输改变中国能源消费结构（新华社，记者常志鹏、刘书云，2005-09-06）

35. 陕北成为中国石油工业重要基地（新华社，记者储国强、吕雪莉、杨晓静，2005-09-21）

36. 中石油成功收购PK公司是能源战略重大突破（新华社，记者安蓓，2005-10-27）

37. 中国石油资源储量仍处于增长期（新华社，记者安蓓，2005-11-10）

38. 中国石油"十五"期间做大做强油气勘探开发主营业务（新华社，记者常志鹏、安蓓，2006-01-13）

39. 中石油集团将提高油田采收率实现老油田稳产（新华社，记者姜雪丽、安蓓，2006-04-25）

40. 中国首家石油现货交易所在上海鸣锣开市（新华社，记者张建松、徐寿松，2006-08-18）

41. 中国石油：确保冬季供暖期间居民生活用气（新华社，记者齐中熙，2006-11-17）

42. 发改委：中国在石油供应安全方面面临新挑战（新华社，记者常璐，2007-04-24）

43. 中国石油多项措施保"三夏"农业用油供应（新华社，记者安蓓、黄少达，2007-06-20）

44. 中国石油专家在苏丹传授经验（新华社，记者邵杰，2007-06-22）

45. 中国石油新型钻井动力技术取得突破（新华社，记者吕福明，2007-09-21）

46. 新世纪的大庆精神大庆人（新华社，记者高欣、王淮志、范迎春，

附录6 1999—2012年《人民日报》和新华社对石油行业的报道（78篇）

2007-09-25)

  47. 中石油钻探新疆准噶尔盆地最深井（新华社，记者熊聪茹，2007-11-27)

  48. 大庆打造百年油田（新华社，记者范迎春，2008-01-07)

  49. 中石油继续扩大国际能源资源互利合作（新华社，记者安蓓、张艺，2008-01-17)

  50. 中国石油：用节能减排推动发展方式转变（新华社，记者安蓓，2008-04-04)

  51. 中石油：四大原因导致我国柴油供应紧张（新华社，记者安蓓、张艺，2008-06-12)

  52. 中国石油首个CDM项目通过国际核准（新华社，记者安蓓、张艺，2008-08-19)

  53. 塔里木迎来石油会战20周年 累计探明27个油气田（新华社，记者贺占军，2009-04-10)

  54. 中国石油储备从无到有 初步保障石油安全（新华社，记者周英峰，2009-08-20)

  55. 习近平强调：结合新的实际 大力弘扬大庆精神铁人精神（《人民日报》，2009-09-22)

  56. 国内成品油价格调整"常态化" 两石油公司称将确保市场供应（新华社，记者安蓓、张艺，2009-09-30)

  57. 中石油：千亿元利润主要用于回报投资者和基础性战略投资（新华社，记者安蓓、张艺，2010-04-09)

  58. 中石油社会责任报告：加快天然气调峰能力（新华社，记者安蓓、张艺，2010-05-18)

  59. 中石油南疆天然气利民工程开工（新华社，记者安蓓，2010-07-14)

  60. 中石油：将新疆建成中国最大油气生产基地（新华社，记者何军，2010-08-13)

  61. 国家能源页岩气研发中心落户中国石油（新华社，通讯员吴纯忠，2010-08-21)

  62. 中国石油联合壳牌成功收购澳大利亚能源公司（新华社，报道员刘秀华，2010-08-24)

63. 中缅油气管道中国境内段开工（新华社，记者李怀岩，2010-09-10）

64. 中石油动用储气库保用气高峰（新华社，记者安蓓、胡俊超，2010-11-16）

65. 盛华仁：两岸可在国际原油采购等方面合作（新华社，记者任沁沁，2010-11-23）

66. 中石油长庆油田公司添百万吨级大油田（新华社，记者王志恒，2010-12-13）

67. 中俄石油管道与中石油东北管道实现并网运行（新华社，记者褚晓亮，2010-12-29）

68. 中石油、中石化全力保障南方冰冻灾害地区供油（新华社，记者安蓓、胡俊超，2011-01-05）

69. 中国石油与英国石化企业就在欧洲建立贸易炼油合资公司签署框架协议（新华社，记者安蓓、胡俊超，2011-01-10）

70. 中石油实现净利润近1400亿元同比增35.4%（新华社，记者安蓓、胡俊超，2011-03-17）

71. 中国石油唐山液化天然气项目曹妃甸开工（新华社，记者李俊义，2011-03-23）

72. 胜利之路——写在胜利油田发现50周年之际（新华社，记者陈国军、罗博，2011-06-09）

73. 电影《铁人王进喜》在京举行全国首映式（新华社，记者范迎春，2011-10-12）

74. 中国石油特别收益金起征点首次提高（新华社，记者胡俊超、何雨欣、王宇，2012-01-06）

75. 筑起石油科技大厦的基石（新华社，记者范迎春、高星，2012-02-05）

76. 中国石化24.4亿美元完成收购美国德文公司在美部分页岩油气资产权益（新华社，记者安蓓、胡俊超，2012-04-28）

77. 中石油产业扶贫助力豫北老区"摘穷帽"（新华社，记者罗辉、林嵬，2012-05-10）

78. 我国油气管道建设进入新一轮高峰期（新华社，记者安蓓，2012-10-24）

附录7 以"大庆油田创建百年油田"为主题的媒体报道（48篇）

1. 大庆油田勘探重大突破油气储量还可开发100年（中央人民广播电台，记者杨沼畔、张建利，2003-07-20）
2. 承载中国能源重任——大庆创建百年油田不是神话（中新社，记者贾全欣，2003-09-28）
3. 支撑大庆"百年油田"油气勘探呈现良好势头（《黑龙江日报》，记者周静，2004-03-13）
4. 中国"百年油田"大庆减产之后（《瞭望东方周刊》，记者卢波，2004-9-28）
5. 创建"百年油田"——大庆油田奋斗新篇（新华网，2004-10-06）
6. 大庆油田第4次纳税居首——创建百年油田并非神话（《人民日报海外版》，2005-01-01）
7. 大庆油田奠定百年油田发展基石（《中国经济时报》，记者徐蔚冰、通讯员杨明，2005-01-04）
8. 大庆石油局大庆油田公司携手共创百年油田（《中国石油报》，记者张云普、邹德庆 2005-04-29）
9. 大庆油田初步确定创建百年油田三步走发展构想（《中国石油报》，记者刘祥飞、邹德庆 2005-05-30）
10. 用自主创新托起百年理想——关于大庆油田创建百年油田的对话（《中国经济时报》，2005-11-03）
11. 永远不倒的脊梁——来自大庆油田公司的报告（《工人日报》，记者宋传修、杨丽华、杨明，2005-11-23）
12. 大庆油田利润破千亿连续五年居中国纳税百强之首（中新网，记者王文有、原则 2006-01-04）
13. 新储量新气田新铁人拓海外：大庆油田谋百年（《中国经济周刊》，记者宋雪琴，2006-01-09）

14. 自主创新创建百年油田（《求是》，作者王玉普，2006-03-16）

15. 胸怀百年梦创新写辉煌大庆油田走持续有效发展战略（《黑龙江日报》，记者王雪梅、贾辉、王玮，2006-07-05）

16. 珍惜大庆光荣史 再创大庆新辉煌——在创建百年油田中保持共产党员先进性（《人民日报》，2006-07-07）

17. 大庆油田全员创新建设创新型企业：百年油田的不竭动力（《黑龙江日报》，2006-07-12）

18. 持续有效发展创建百年油田（搜狐网，记者李敏，2007-06-10）

19. 大庆油田续写辉煌谋百年打造世界知名品牌（北方网，2007-06-10）

20. 以技术求资源大庆倾力践行"百年油田路线图"（中新网，记者唐伟杰，2007-06-11）

21. 建言献策"百年油田"——院士走进大庆考察调研纪行（《科学时报》，记者杨虹，2007-09-03）

22. 智慧源群众创造出基层先进理念引领管理行为（人民网，记者王静，2007-09-20）

23. 大庆油田"创建百年油田搞好二次创业"发展纪实（新华网，记者潘晓亮，2007-09-23）

24. 为经济输血为民族铸魂大庆油田唱响新时代精神赞歌（中国广播网，刘媛曹囡囡，2007-09-24）

25. 不断进取的精神动力（《人民日报》，2007-09-25）

26. 大庆油田：用党的优良传统托百年油田梦（中国广播网，记者刘媛、曹囡囡，2007-09-25）

27. 喜迎十七大党建巡礼：新世纪的大庆精神大庆人（新华社，记者高欣、王淮志、范迎春，2007-09-25）

28. 大庆人成就"百年油田"梦想（《工人日报》，2007-09-26）

29. 高科技和新资源确保大庆"百年油田"目标实现（新华网，记者陈竞超，2007-09-27）

30. 走中国特色自主创新道路（新华网，记者李新民 2007-10-16）

31. 大庆打造百年油田（新华社，2008-01-07）

32. 国土资源部与黑龙江省政府、大庆油田签合作协议（中央政府门

附录7 以"大庆油田创建百年油田"为主题的媒体报道（48篇）

户网站，记者刘振国、王建、关伟，2008-01-16）

33. 王玉普：志在百年油田（《黑龙江日报》，2008-07-23）

34. 大庆油田打响稳产新会战：科技延续"生命旺季"（新华网，记者高欣、王淮志、范迎春，2008-09-11）

35. 打造百年油田大庆的一把金钥匙（人民网，2009-01-15）

36. 贯穿主线频道不换主题教育推动改革发展实践（人民网，记者王静，2009-04-30）

37. 建百年油田大庆未来仍是中国重要能源基地（新华网，记者高淑华、范迎春，2009-09-23）

38. 50岁大庆誓建"百年油田"（《中国能源报》，记者费伟伟，2009-09-30）

39. 大庆油田铁人队伍永向前（《天津日报》，记者张雯婧，2011-06-22）

40. "三超"成铁人精神重要组成——大庆油田实现持续发展（《求是》，作者赵光、孙珉、孙煜华 2011-10-17）

41. 大庆油田：科技创新成为创建"百年油田"决定因素（新华社，记者范迎春、高星，2012-08-17）

42. 大庆油田连续12年实现原油4000万吨以上持续稳产（人民网，记者杨海全，2015-01-01）

43. 大庆油田全面学习贯彻落实习近平总书记重要讲话精神（《中国石油报》，记者刘波、特约记者曹宝丰，2016-03-22）

44. 中国石油集团召开大庆油田及其地区可持续发展座谈会（《中国石油报》，记者崔茉、李丹，2016-11-05）

45. 大庆油田靠科技创新带动可持续发展 提升核心竞争力焕发油田新活力（《黑龙江日报》，记者蒙辉、刘野石，2017-04-23）

46. 发力建设百年油田油龙舞动振兴发展（《黑龙江日报》，记者吴海波、伊丽娜、孙亚澳、蒙辉，2017-10-16）

47. 大庆油田让"三老四严"的旗帜更加鲜艳（《黑龙江日报》，记者蒙辉，2017-10-20）

48. 王广昀：全面深化党建建设百年油田（《中国石油报》，2019-09-26）

中国国有石油企业媒介话语的历史变迁（1949—2019）

附录8 2013—2019年《人民日报》和新华社对石油行业的报道（42篇）

1. 成品油价："外跌内涨"现象如何理解？（新华社，"新华视点"记者陆文军、刘雪、王蔚，2013-02-27）

2. PX项目推进决策科学民主（新华社《财经国家周刊》，记者罗海岩，2013-07-15）

3. 李新民同志先进事迹报告会在京举行（新华社，2013-08-07）

4. 中国981钻井平台从西沙转场海南（新华社，记者罗海岩，2014-07-17）

5. 中俄天然气管道项目提升两国关系战略高度（新华社，记者耿锐斌，2014-09-01）

6. 供油大如天——记中石油四川销售公司（新华社《财经国家周刊》，记者罗海岩，2014-10-08）

7. 中国石油产量连续5年突破2亿吨（新华社，记者王立彬，2015-01-13）

8. 中石油发布绿色发展报告 推动天然气业务和油品升级（新华社，记者陈炜伟、安蓓，2015-06-02）

9. 上海石油天然气交易中心将发布天然气价格指数（新华社，记者蒋春林，2015-11-19）

10. 中国油企过"紧日子"应对低油价挑战（新华社，记者辛林霞、范迎春，2016-04-09）

11. 一颗小行星以我国石油专家王德民命名（新华社，记者辛林霞、范迎春，2016-04-12）

12. 中石油拉动"一带一路"能源合作引擎（新华社，记者马湛，2016-07-01）

13. "十三五"我国石油化工民营企业将较快发展（新华社，记者刘亚南、董时珊，2016-07-04）

附录 8　2013—2019 年《人民日报》和新华社对石油行业的报道（42 篇）

14. 国家级平台上海石油天然气交易中心正式运行（新华社，记者刘雪、安蓓，2016-11-26）

15. 上海石油天然气交易中心年交易量突破 300 亿方（新华社，记者盛勤、郑彬，2016-12-29）

16. 中石油大港油田连续 11 年油气当量保持 500 万吨（新华社，记者毛振华，2017-01-11）

17. 2020 年中国石油产量力争达 2 亿吨以上（新华社，记者安娜、安蓓，2017-01-20）

18. 中缅原油管道原油正式进入中国（新华社，记者刘羊旸、姚兵，2017-05-22）

19. 中国石油能源开发向西东接替、绿色发展转型（新华社，记者王立彬，2017-08-15）

20. 中国石油开展新一轮天然气竞价交易（人民网，2017-11-10）

21. 中国石油披露：中石油集团完成整体改制并更名（人民网，2017-12-20）

22. 中国石油对外合作稳油增气剑指千万吨（人民网，2018-01-09）

23. 中国石油天然气业务取得历史性突破 国内产量首超千亿方（人民网，2018-02-08）

24. 中国石油与俄、哈两国能源领域开展合作（《人民日报》，2018-06-14）

25. 助力非洲国家实现"石油梦"——中国石油在非洲开展石油合作综述（新华社，记者刘羊旸，2018-08-31）

26. 中国石油川渝百亿方储气库群待建 调峰气量超 8300 万立方米（人民网，2018-09-27）

27. 中国石油：主力气区天然气产量计划均创历史新高（人民网，2018-10-24）

28. 中国石油全面开启加油站 3.0 时代（新华网，2018-11-12）

29. 中国石油稳居世界石油公司第 3 位（人民网，2018-11-28）

30. 中国石油：助力"一带一路"建设促进油气供应和沿线发展（《人民日报》，2018-12-19）

31. 改革开放 40 年：中国石油业大发展（新华网，2018-12-20）

32. 中国石油国内长输原油管道年输量首破亿吨（人民网，2018-12-28）

33. 玛湖成中国石油增储上产新增长极（人民网，2019-01-29）

34. 中国石油天然气冬季市场供应平稳受控（人民网，2019-02-26）

35. 中国石油董事长王宜林：LNG贸易灵活性有待进一步加强（新华社，记者陈云富、杨有宗，2019-04-02）

36. 中国石油液化气产品云南出口通道正式打通（人民网，2019-04-30）

37. 中国石油提质增效攻坚战初见成效（人民网，2019-07-22）

38. 中国石油：海外油气合作迈上新台阶（人民网，2019-07-26）

39. 中国石油精准扶贫 马背民族"马上"脱贫（新华社，记者顾煜、尚升，2019-08-04）

40. 中国石油天然气销售终端用户突破千万（新华网，2019-08-29）

41. 中国深层油气勘探开发自主创新取得突破（新华社，记者杨迪，2019-08-31）

42. 当好标杆旗帜建设百年油田——写在大庆油田发现60周年之际（《人民日报》，2019-09-25）

参考文献

一、中文专著

1. 陈卫星著. 传播的观念 [M]. 北京：人民出版社，2004.4.
2. 陈先初著. 晚近中国民主话语的多维建构和历史演进——从旧民主主义到新民主主义 [M]. 北京：中国社会科学出版社，2018.10.
3. 葛兆光著. 宅兹中国——重建有关"中国"的历史论述 [M]. 北京：中华书局，2011.2.
4. 胡春阳著. 话语分析：传播研究的新路径 [M]. 上海：上海世纪出版集团，2007.8.
5. 胡河宁著. 组织传播学——结构与关系的象征性互动 [M]. 北京：北京大学出版社，2010.1.
6. 胡正荣，周亭主编. 新媒体前沿人工智能与虚拟现实 [M]. 北京：社会科学文献出版社，2017.12.
7. 贾树枚解读. 中国故事，国际表达——赵启正新闻传播案例 [M]. 上海：上海人民出版社，2018.6.
8. 姜迎春著. 中国百年话语变迁 [M]. 南京：江苏人民出版社，2015.5.
9. 焦力人主编. 代中国的石油工业 [M]. 北京：中国社会科学出版社，1988.8.
10. 李国俊，宋玉玲著. 大庆精神 [M]. 北京：中共党史出版社，2018.3.
11. 李金铨著. 传播纵横——历史脉络与全球视野 [M]. 北京：社会科学文献出版社，2019.11.
12. 李美霞著. 话语类型理论的延展与实践 [M]. 北京：光明日报出版社，2010.4.
13. 李润生主编. 当代中国石油工业（1986～2005）[M]. 北京：当代中国出版社，2008.12.
14. 李欣著. 话语，建构与认同——少数民族新闻研究 [M]. 北京：中国社会科学出版社，2016.9.

15. 李希光，孙静惟著.发言人教程[M].北京：清华大学出版社，2007.11.

16. 李毅著.企业视觉传达的传播效应及对企业文化的构建[M].北京：首都经济贸易大学出版社，2015.10.

17. 李悦娥，范宏雅编著.话语分析[M].上海：上海外语教育出版社，2002.5.

18. 李智著.国际传播[M].北京：中国人民大学出版社，2013.9.

19. 梁华，刘金文总编.曾宪章，周润东，孙志芳主编.中国石油通史，卷三（1949～1978）[M].北京：中国石化出版社，2003.12.

20. 林语堂著.中国新闻舆论史[M].王海，何洪亮主译.北京：中国人民大学出版社，2008.6.

21. 刘海龙著.宣传：观念，话语及其正当性[M].北京：中国大百科全书出版社，2013.1.

22. 刘禾著.帝国的话语政治——从近代中西冲突看现代世界秩序的形成[M].北京：生活·读书·新知三联书店，2014.11.

23. 刘辉著.认同理论[M].北京：知识产权出版社，2017.1.

24. 刘立华主编.国家区域与企业传播研究[M].北京：《人民日报》出版社，2016.1.

25. 刘岩著.历史·记忆·生产——东北老工业基地文化研究[M].北京：中国言实出版社，2016.7.

26. 吕欣著.网络话语的符号特征与修辞建构研究[M].北京：北京理工大学出版社，2018.12.

27. 孟建主编.汤筠冰，祁林副主编.视觉文化传播的嬗变与前瞻[M].南京：南京师范大学出版社，2017.9.

28. 瞿骏著.天下为学说裂——清末民初的思想革命与文化运动[M].北京：社会科学文献出版社，2017.10.

29. 任悦著.视觉传播概论[M].北京：中国人民大学出版社，2008.6.

30. 石油精神——文献石油70年编写组编.石油精神——文献70年[M].北京：石油工业出版社，2020.6.

31. 孙英春著.跨文化传播学[M].北京：北京大学出版社，2015.2.

32. 王明珂著.反思史学与史学反思[M].上海：上海人民出版社，

2016.4.

33. 王铭铭著. 超越"新战国"——吴文藻，费孝通的中华民族理论 [M]. 北京：生活·读书·新知三联书店，2012.8.

34. 吴飞等著. 国际传播的理论，现状和发展趋势研究 [M]. 北京：中国财经出版传媒集团财经科学出版社，2016.10.

35. 谢立中著. 多元话语分析——社会分析模式的新尝试 [M]. 北京：北京大学出版社，2019.1.

36. 许倬云著. 我者与他者——中国历史上的内外分际 [M]. 北京：生活·读书·新知三联书店，2015.8.

37. 余秋里著. 余秋里回忆录 [M]. 北京：人民出版社，2011.7.

38. 张春泉著. 话语建构理据的多维探究 [M]. 重庆：西南师范大学出版社，2018.11.

39. 张浩达著. 视觉传播——信息，认知，读解 [M]. 北京：北京大学出版社，2012.10.

40. 张祖辽著. 罗尔斯政治哲学的建构主义政策策略及其困境 [M]. 上海：中国出版集团东方出版中心，2016.12.

41. 赵汀阳著. 惠此中国——作为一个神性概念的中国 [M]. 北京：中信出版集团，2016.6.

42. 赵汀阳著. 天下体系——世界制度哲学导论 [M]. 北京：中国人民大学出版社，2011.10.

43. 钟宏武，张蒽，魏秀丽等著. 中国国际社会责任与中资企业角色 [M]. 北京：中国社会科学出版社，2013.12.

44. 周安华编著. 公共关系——理论，实务与技巧（第6版）[M]. 北京：中国人民大学出版社，2004.5.

45. 周庆安，赵文才著. 制度，模式及话语：当代政治传播与新闻发布前沿观察 [M]. 北京：人民出版社，2019.6.

46. 周宇豪主编. 政治传播学 [M]. 武汉：武汉大学出版社，2013.8.

47. 朱振明著. 理解国际传播：问题，视角和阐释 [M]. 北京：中国广播电视出版社，2013.8.

二、中文译著

1. ［德］哈贝马斯著. 在事实与规范之间：关于法律和民主法治国的商谈理论 [M]. 童世骏译. 北京：生活·读书·新知三联书店，2014.5.

2. ［德］维克多·克莱普勒著. 第三帝国的语言——一个语文学者的笔记 [M]. 印芝虹译. 北京：商务印书馆，2013.9.

3. ［法］巴特著. S/Z[M]. 屠友祥译. 上海人民出版社，2006.3.

4. ［法］保罗·利科著. 记忆，历史，遗忘 [M]. 李彦岑，陈颖译. 上海：华东师范大学出版社，2018.5.

5. ［法］雷吉斯·德布雷著. 普通媒介学教程 [M]. 陈卫星，王杨译. 北京：清华大学出版社，2014.9.

6. ［法］马赛尔·马尔丹著. 电影语言 [M]. 何振途译. 北京：中国电影出版社，1982.8.

7. ［法］米歇尔·福柯著. 知识考古学 [M]. 谢强，马月译. 北京：生活·读书·新知三联书店，1998.6.

8. ［荷］塞斯·B.M.范瑞尔，［美］查尔斯·J.福伯恩著. 企业传播——声誉管理的高效实施方式 [M]. 潘少华译. 北京：中国社会科学出版社，2015.8.

9. ［荷］图恩·梵·迪克主编. 话语研究：多学科导论 [M]. 周翔译. 重庆：重庆大学出版社，2015.6.

10. ［荷］托伊恩·A梵·迪克著. 作为话语的新闻 [M]. 曾庆香译. 北京：华夏出版社，2003.5.

11. ［加拿大］马歇尔·麦克卢汉著. 理解媒介——论人的延伸 [M]. 何道宽译. 南京：凤凰出版传媒集团，2011.7.

12. ［美］本尼迪克特·安德森著. 想象的共同体——民族主义的起源与散布 [M]. 吴叡人译. 上海：上海人民出版社，2016.8.

13. ［美］戴维·阿什迪著. 传播生态学——控制的文化范式 [M]. 邵志择译. 北京：华夏出版社，2003.4.

14. ［美］德波拉·J·巴瑞特著. 领导如何沟通 [M]. 孙立武，李容葳，靳绮雯译. 北京：人民邮电出版社，2008.1.

15. ［美］赫伯特·甘斯著. 什么在决定新闻 [M]. 石琳，李红涛译. 北京：北京大学出版社，2009.9.

16. [美] 克利福德·格尔茨著. 文化的解释 [M]. 韩莉译. 南京：译林出版社，2014.6.

17. [美] 孔飞力著. 中国现代国家的起源 [M]. 陈兼，陈之宏译. 北京：生活·读书·新知三联书店，1998.6.

18. [美] 林·亨特著. 法国大革命中的政治，文化和阶级 [M]. 汪珍珠译. 上海：华东师范大学出版社，2011.1.

19. [美] 赛佛林，坦卡德. 传播理论——起源，方法与应用 [M]. 郭镇之等译. 北京：中国传媒大学出版社，2006.9.

20. [美] 斯蒂芬·李特约翰. 人类传播理论 [M]. 北京：中国社会科学文献出版社，2004.1.

21. [美] 特伦斯·迪尔，艾伦·肯尼迪著. 企业文化——企业生活中的礼仪与仪式 [M]. 李原，孙健敏译. 北京：中国人民大学出版社，2015.1.

22. [美] 威尔伯·施拉姆，威廉·波特著. 传播学概论（第二版）[M]. 何道宽译. 北京：中国人民大学出版社，2010.10.

23. [美] 约翰·杜翰姆·彼得斯著. 对空言说——传播的观念史 [M]. 邓建国译. 上海：上海译文出版社，2018.12.

24. [美] 约翰·菲斯克等编. 关键概念：传播与文化研究词典 [M]. 李彬译. 北京：新华出版社，2004.8.

25. [美] 约翰·费斯克著. 理解大众文化 [M]. 北京：中央编译出版社，2001.7.

26. [美] 詹姆斯·保罗·吉著. 话语分析导论：理论与方法 [M]. 杨炳钧译. 重庆：重庆大学出版社，2018.6.

27. [新西兰] 艾伦·贝尔，[澳大利亚] 彼得·加勒特编. 媒介话语的进路 [M]. 徐桂权译. 展江校. 北京：中国人民大学出版社，2016.1.

28. [英] 安东尼·吉登斯，菲利普·萨顿著. 社会学（第七版上下册）[M]. 赵旭东等译. 北京：北京大学出版社，2014.7.

29. [英] 巴里·布赞，理查德·利特尔著. 世界历史中的国际体系——国际关系研究的再建构 [M]. 刘德斌主译. 北京：高等教育出版社，2004.4.

30. [英] 诺曼·费尔克拉夫著. 话语与社会变迁 [M]. 殷晓蓉译. 北

京：华夏出版社，2003.7.

31. [新西兰] 艾伦·贝尔，[澳大利亚] 西彼得·加勒特编. 媒介话语的进路 [M]. 徐桂权译. 北京：中国人民大学出版社，2016.1.

32. [英] 桑德拉·奥利弗著. 企业传播——原则，方法与战略 [M]. 谢新洲，王金媛译. 北京：北京大学出版社，2005.11.

三、中文期刊论文

1. 白红义. 记者作为阐释性记忆共同体："南都口述史"研究 [J]. 国际新闻界，2015，37（12）.

2. 白红义. 新闻权威，职业偶像与集体记忆的建构：报人江艺平退休的纪念话语研究 [J]. 国际新闻界，2014，36（06）.

3. 陈楚洁. 媒体记忆中的边界区分，职业怀旧与文化权威——以央视原台长杨伟光逝世的纪念话语为例 [J]. 国际新闻界，2015，37（12）.

4. 陈高君. 媒介融合背景下的新闻传播变革研究 [J]. 传播与版权，2020（04）.

5. 陈卫星，黄华. 2014-2016年中国的传播思想史研究 [J]. 国际新闻界，2017，39（01）.

6. 陈欣钢. 身份，关系，角色，医疗改革媒介话语中的医患建构 [J]. 现代传播，2015（05）.

7. 程曼丽. 大众传播与国家形象塑造 [J]. 国际新闻界，2007（03）.

8. 丁和根. 大众传媒话语分析的理论，对象与方法 [J]. 新闻与传播研究，2004（01）.

9. 丁云亮. 试论媒介话语的表征功能 [J]. 东南传播，2012（01）.

10. 董慧敏. 网络时代媒介话语权的延伸变迁 [J]. 今传媒，2012（07）.

11. 冯春海. 全媒体时代的"媒介话语力"建构 [J]. 新闻知识，2015（11）.

12. 冯霞，胡荣涛. 人类命运共同体视阈下"一带一路"话语体系构建 [J]. 厦门大学学报（哲学社会科学版），2021（01）.

13. 龚升平. 网民议程设置对媒介话语权的重构 [J]. 新闻前哨. 2009（05）.

14. 顾杨丽，吴飞. 从央视"3·15"晚会看传统媒介话语权的消解[J]. 当代传播，2013（06）.

15. 郭恩强. 多元阐释的"话语社群"：《大公报》与当代中国新闻界集体记忆——以2002年《大公报》百年纪念活动为讨论中心[J]. 新闻大学，2014（03）.

16. 韩朝，刘雅. 仪式传播视阈下大众传播"新疆精神"的话语建构[J]. 新闻知识，2015（04）.

17. 韩清怡. 福柯话语权力视域下主流媒体话语体系的建构研究——以央视新闻为例[J]. 科技传播，2021，13（01）.

18. 何小卫，张晓敏. 融时代如何提升党媒产品的舆论引导力[J]. 新闻采编，2017（06）.

19. 贺建平，王永芬，马灵燕. 受难与国耻建构："重庆大轰炸"集体记忆的媒介话语策略[J]. 国际新闻界，2015，37（12）.

20. 胡明宇. 受众解读与媒介文本——文化研究派对受众的研究[J]. 当代传播，2002（04）.

21. 胡银银. 改革开放以来我国意识形态话语权的整体变迁[J]. 甘肃理论学刊，2014（06）.

22. 黄京华，金悦，张晶. 企业微博如何提升消费者忠诚度——基于社会认同理论的实证研究[J]. 南开管理评论，2016，19（04）.

23. 黄力之. 论1949年后的中国话语态势问题[J]. 南京师大学报（社会科学版），2019（02）.

24. 黄顺铭，李红涛. 在线集体记忆的协作性书写——中文维基百科"南京大屠杀"条目（2004–2014）的个案研究[J]. 新闻与传播研究，2015，22（01）.

25. 姜飞. 从媒体（media）转向媒介（medium）：建构传播研究内生话语系统[J]. 新闻与传播研究，2011（04）.

26. 蒋晓丽，郭旭东. 社会化表演的网络文本世界——符号叙述学视域下美国总统政治的媒介话语分析[J]. 国际新闻界，2020（01）.

27. 景军. 艾滋病谣言的社会渊源：道德恐慌与信任危机[J]. 社会科学，2006（08）.

28. 寇佳婵. 中央企业"走出去"中的传播话语升级——以东南亚地区

为例[J].对外传播,2019(01).

29. 李飞,李涛.变迁社会中红色文化话语体系的表达,困境与重构[J].理论导刊,2019(11).

30. 李红涛,黄顺铭."耻化"叙事与文化创伤的建构:《人民日报》南京大屠杀纪念文章(1949-2012)的内容分析[J].新闻与传播研究,2014,21(01).

31. 李红涛,黄顺铭.传统再造与模范重塑——记者节话语中的历史书写与集体记忆[J].国际新闻界,2015,37(12).

32. 李红涛,乔同舟.污名化与贴标签:农民工群体的媒介形象[J].二十一世纪,2005(07).

33. 李继东,刘睿,蒋雪颖.基于全球英文媒体报道的中国企业国际形象研究[J].国际传播,2018(05).

34. 李敬.媒介话语中的社会道德研究——基于知识考古学的框架[J].新闻界,2019(10).

35. 李智.论全球化传播语境下的国家形象建构[J].阴山学刊,2009,22(01).

36. 廖胜刚.当代中国意识形态关键词:合法性,现代性与话语权[J].吉首大学学报(社会科学版),2010,31(05).

37. 刘国强,林青.媒介话语的社会嵌入:"内容为王"的话语模式及其变迁研究[J].现代传播(中国传媒大学学报),2019,41(05).

38. 刘姗.石化企业声誉管理体系构建的探索与实践[J].当代石油石化,2019,27(10).

39. 柳珊.《人民日报》中私营企业主形象变迁研究[J].同济大学学报(社会科学版),2012(06).

40. 倪握瑜.媒介话语中商人形象的变迁[J].青年记者,2007(07).

41. 潘琼,田波澜.媒介话语与社会认同[J].当代传播,2005(04).

42. 齐二娜.企业自媒体对品牌形象的载体作用及其传播管理研究[J].广告大观(理论版),2018(12).

43. 邱林川.多重现实:美国三大报对李文和的定型与争辩[J].新闻与传播研究,2002(01).

44. 任继凯.大庆精神铁人精神的话语建构[J].中国石油大学学报(社

会科学版），2021（01）．

45. 申亚萍，郑保章．从媒介话语权角度透析媒介歧视[J]．文化学刊，2010（05）．

46. 石义彬，吴鼎铭．论媒介形态演进与话语权力的关系变迁——以话语权为研究视角[J]．新闻爱好者，2013（05）．

47. 石长顺，徐锐．媒介话语的历史性超越与重建——汶川大地震报道的电视话语分析[J]．现代传播，2008（05）．

48. 孙少晶，王帆，刘志远，陶禹舟．新冠肺炎疫情语境中多元媒介的微博话语表达[J]．新闻大学，2020（03）．

49. 孙英春．中国国家形象的文化建构[J]．教学与研究，2010（11）．

50. 唐瑜敏．城市媒介话语体系中的"乡村传播与现代化"[J]．学术评论，2018（02）．

51. 王洁，罗以澄．论新时期中国媒介的话语变迁[J]．河北大学学报（哲学社会科学版），2010（01）．

52. 王晶晶，刘东建，郭致杰．新中国70年党报版面话语的变迁与经验启示[J]．新闻爱好者，2019（08）．

53. 王玉鹏．媒介帝国主义与资本主义意识形态话语权批判[J]．马克思主义研究，2020（05）．

54. 王元．道德的革命化与革命的道德化——中国共产党革命动员的文化心理学分析[J]．福州大学学报（哲学社会科学版），2017（01）．

55. 王志永，鲁啸．媒介融合环境下公民话语空间的变迁[J]．衡阳师范学院学报，2010（08）．

56. 邬盛根，李迎曦．当下我国企业形象建构的缺失与重构——基于企业社会责任理论与实践视角的考察[J]．广告大观（理论版），2014（04）．

57. 吴果中，李菲．网络事件中网民的情感抗争、表达逻辑与意义建构[J]．湖湘论坛，2016（03）．

58. 吴晓明．媒介传播中的话语权倾向[J]．烟台师范学院学报（哲学社会科学版），2004（09）．

59. 吴学琴．媒介话语的意识形态性及其建设[J]．马克思主义研究，2014（01）．

60. 谢季康，曾艳梅．新闻报道中的"富二代"标签效应[J]．新闻世界，2012（02）.

61. 谢磊. 企业劳动竞赛的创新应用实践探究[J]. 科技经济导刊，2020（20）.

62. 熊慧. 民族主义话语的媒介建构策略研究[J]. 厦门大学学报（哲学社会科学版），2011（04）.

63. 徐耀强. 中国企业文化正站在"范式转移"的"风口"[J]. 中外企业文化，2017（11）.

64. 薛丽. 跨文化视角下的中国对外话语体系建构[J]. 人民论坛，2020（34）.

65. 杨超. 红色话语的世纪变迁与时代发展——基于中国共产党历次党代会报告的分析[J]. 湖湘论坛，2019，32（06）.

66. 杨学明. 新媒介时代数字技术语境下的话语问题研究[J]. 新闻知识，2014（05）.

67. 杨铮. 意识形态：新闻话语背后无形的手——中美2007"两会"报道解读[J]. 襄樊学院学报，2008（06）.

68. 仪修通. 网络媒介行动中的话语权博弈[J]. 新闻传播，2020（10）.

69. 张洁."富二代""官二代"媒介话语建构的共振与差异（2004–2012）[J]. 现代传播，2013（03）.

70. 张进军. 美国华裔政治参与历史及话语策略研究[J]. 延边大学学报（社会科学版），2017，50（04）.

71. 张力. 跨文化传播中媒介话语意义生产的理论思考[J]. 中国人民大学学报，2013（06）.

72. 张蓉，赵新利. 从《反分裂国家法》的报道看日本媒体的话语霸权——以《朝日新闻》,《读卖新闻》,《每日新闻》,《日本经济新闻》为例[J]. 新闻知识，2005（06）.

73. 张雪峰. 互文性理论的解构与建构[J]. 文化学刊，2019（09）.

74. 曾庆香，黄春平，肖赞军. 谁在新闻中说话——论新闻的话语主体[J]. 新闻与传播研究，2005（03）.

75. 曾庆香. 新闻话语中的原型沉淀[J]. 新闻与传播研究，2004（02）.

76. 周维佳. 大众媒介话语体系中的粉丝形象构建分析[J]. 艺海，2019（07）.

四、中文学位论文

1. 卜新章.《人民画报》涉农报道中农民幸福的媒介话语建构研究[D]. 南京师范大学博士学位论文，2017年5月.

2. 陈卓. 当代新闻传播中污名化现象研究[D]. 吉林大学硕士学位论文，2018年5月.

3. 胡银银. 改革开放以来我国意识形态话语权问题研究[D]. 南开大学博士学位论文，2014年5月.

4. 黄月琴. 反石化运动的话语政治：2007—2009年国内系列反PX事件的媒介建构[D]. 武汉大学博士学位论文，2010年12月.

5. 刘杰. 权力结构与个体行动：公务员日常公务行为研究[D]. 复旦大学博士学位论文，2013年3月.

6. 吴贤军. 中国和平发展背景下的国际话语权建构研究[D]. 福建师范大学博士学位论文，2015年6月.

7. 向前. 政治身份体系下的社会冲突：文革初期群众行为的社会根源[D]. 复旦大学博士学位论文，2010年6月.

8. 许静. 大跃进运动中的政治传播[D]. 北京大学博士学位论文，2003年6月.

9. 杨林坡. 国际关系中的国家话语研究[D]. 中共中央党校博士学位论文，2017年7月.

10. 杨效宏. 媒介话语，现代传播中的个体呈现[D]. 四川大学博士学位论文，2006年2月.

11. 张明师. 1949—1978：共和国英模人物群体研究[D]. 华中师范大学博士学位论文，2012年5月.

12. 赵俊良. 中国在南海争端中的话语权提升研究[D]. 吉林大学博士学位论文，2019年6月.

13. 曾庆香. 试论新闻话语[D]. 中国社会科学院研究生院博士学位论文，2003年6月.

14. 郑世高. 知识竞争与话语建构：国际能源话语研究[D]. 外交学院博士学位论文，2019年5月.

15. 周栋. 中国特色社会主义话语体系研究[D]. 中共中央党校博士学位

论文，2018年7月．

五、报纸、网络文章

1.《人民日报》："大庆精神大庆人"[N].记者袁木、范荣康，1964年4月20日．

2.《人民日报》："习近平：推动媒体融合向纵深发展 巩固全党全国人民共同思想基础"[N]. 2019年1月26日．

3.《人民日报》海外版："王俊岭：'中国原油产量由1949年的12万吨增加到2018年的1.9亿吨 增长1574.9倍——石油工业，为高质量发展加油'"[N]. 2019年09月05日．

4.《中国石油报》："'石油航母'乘风起航"[N].记者王树勇，2000年4月9日．

5.《中国石油报》："以新思路 创新业绩"[N].社论，1995年1月18日．

6.《中国石油报》："勇于实践 深化改革 推进企业发展"[N].作者贺荣芳，1998年8月28日．

7.《中国石油报》："'油公司'正向我们走来——陆上石油工业改革与管理系列评述之一"[N].记者陈新华，1996年9月16日．

8.《中国石油报》："大庆油田实现连续十年高产稳产——十年间共生产原油五亿一千八百多万吨，完成财政上缴三百六十五亿二千多万元"[N].记者纪振国，1986年1月1日．

9.《中国石油报》："国有企业的希望之星——大庆油田深化改革持续发展观察记"[N].记者陈新华，1997年5月7日．

10.《中国石油报》："华北石化环保设施升级排放指标提升从未停歇 走在国标前'添绿'京津冀"[N].记者孙梦宇、李妍楠，2019年6月20日．

11.《中国石油报》："坚实的第一步——来自胜利油田孤东的报告（一）"[N].记者曹双桢、李博生、吴纯忠，1987年2月4日．

12.《中国石油报》："牢记保障国家能源安全使命争做全面建设现代化大油气田典范——王宜林张伟对塔里木石油会战30周年做出批示"[N].记者孟庆璐、常斐，2019年4月12日．

13.《中国石油报》："凝聚起砥砺前行的强大力量——辽阳石化落实习

近平总书记当好'种子队'重要指示推进高质量发展纪实"[N]. 记者黄朝晖、特约记者朱晓芳, 2019年6月20日.

14.《中国石油报》:"让八个大字化为行动——谈大力培育求实团结开拓奋斗的总公司企业精神"[N]. 社论, 1989年3月15日.

15.《中国石油报》:"让世界了解中国石油 让中国石油走向世界"[N]. 社论, 2001年9月21日.

16.《中国石油报》:"统筹谋划 分类推进 自我加压 迎难而上 集团公司'处僵治困'工作成效显著"[N]. 记者廖秋雯、张伟建, 2019年6月27日.

17.《中国石油报》:"吐哈油田正风肃纪从'头'抓起 杜绝'庸懒散'落实'马上办'"[N]. 记者师啸、许忠, 2019年3月22日.

18.《中国石油报》:"新的起点 新的希望——总公司机关石油工业发展新思路大讨论侧记"[N]. 记者杨子强, 1994年9月7日.

19.《中国石油报》:"张伟在'不忘初心,牢记使命'主题教育专题党课上强调 牢记央企责任使命 做党和国家最可信赖的骨干力量"[N]. 记者李妍楠, 2019年7月2日.

20.《中国石油报》:"中国石油风险勘探全面提速 投资从10亿元增至50亿元 已确定四大领域46口井"[N]. 记者张舒雅, 2019年1月17日.

21.《中国石油报》:"走出去,前面是一片蔚蓝的天——长庆石油勘探局国际市场开发的调查"[N]. 记者张新民、李东勋, 2004年4月1日.

22.《中国石油报》:国有企业的希望之星——大庆油田深化改革持续发展观察记[N]. 记者陈新华, 1997年5月7日.

23.《中国石油报》:"中国石油工业:建造世界级'航空母舰'"[N]. 记者吴玉玲, 1999年9月9日.

24.《中国石油报》:"为科技谱上效益旋律——集团公司1999年科技工作会议侧记"[N]. 记者蒋晓川、宋杰, 1999年3月27日.

25. 路透社(香港):"中石油调查在印尼的'无价值'投资合约"[N]. 2014年12月19日11时.

26. 路透社:"中国石油,中国石化吸引民营企业投资惹争议"[N]. 2014年3月7日.

27. 路透社:英国发布"中国海油完成收购尼克森"[N]. 2013年2月25日.

28. 彭博社:"中石油拟分拆非能源资产涉及约 14 万员工"[N]. 2016 年 11 月 14 日晚 21 时.

29. 新华社:"大批人员和勘探器材赶运川中油区"[N]. 1959 年 3 月 25 日.

30. 新华社:"华东国营商业部门调运煤油下乡很受农民欢迎"[N]. 1953 年 12 月 1 日.

31. 新华社:"全国石油工业重点恢复获显著成绩"[N]. 1950 年 4 月 30 日.

32. 新华社:"我国不是石油'贫血'的国家——全国石油展览会介绍"[N]. 1952 年 12 月 11 日.

33. 新华社:"玉门油矿积极修复解放前遗留下来的废井"[N]. 1953 年 5 月 25 日.

34. 新华社:"玉门油矿将逐步建设成为我国第一个石油基地"[N]. 1954 年 2 月 7 日.

35. 新华社:"玉门油矿全体职工英勇护厂迎接解放"[N]. 1949 年 10 月 10 日.

36. 新华社:"中国工人阶级的先锋战士——铁人王进喜"[N]. 大庆报道组、新华社记者,1971 年 12 月 27 日.

37. 新华社:"中国深层油气勘探开发自主创新取得突破"[N]. 2019 年 8 月 31 日.

38. 新华社:"中苏友谊的结晶——新疆石油公司"[N]. 记者韩文慧,1955 年 9 月 26 日.

六、外文著作

1. Anne O'Keeffe. Media and discourse analysis[M]. Sociology,2011.

2. David R. Howarth,Aletta J. Norval & Yannis Stavrakakis. Discourse Theory and Political Analysis. Edited by Manchester[M]. Manchester University Press,2000.

3. Fairclough,N. Discourse and Social Change[M]. Cambridge University,1992.

4. Fairclough, N. Language and Power [M]. London and New York: Longman. 1989.

5. Ferree, M. M, Gamson, W. A, Gerhards, J, Rucht, D. Shaping Abortion Discourse: Democracy and the Public Sphere in Germany and the United States[M]. New York: Cambridge University Press. 2002.

6. Fowler, R., Hodge, G., and Trew, T. Language and Control [M]. London: Routledge and Kegan Paul, 1979.

7. Gilbert Weiss and Ruth Wodak. Critical Discourse Analysis Theory and Interdisciplinarity–Critical Discourse Analysis and the Development of the New Science[M]. 2003.

8. Giuliana Elena Garzone and Walter Giordano. Discourse. Communication, and the Enterprise: Where Business Meets Discourse[M]. Cambridge Scholars Publishing, 2018.

9. John Flowerdew and John E. Richardson. The Routledge Handbook of Critical Discourse Studies–Critical discourse analysis and media studies[M]. 2018.

10. Mackiewicz, A. Guide to Building a Global Image [M]. New York: The Economist Intelligence Unit, McGraw-Hill, 1993.

11. Norman L. Fairclough. Critical Discourse Analysis[M]. London: Routledge.2010.

12. Pêcheux, M. Discourse: Structure or event? In C. Nelson & L. Grossberg (Eds.), Marxism and the interpretation of culture[M]. Urbana and Chicago: University of Illinois Press, 1988.

13. Pranjić, Matej. Critical Discourse Analysis of the titles in online newspaper sources[M]. 2019.

14. Richardson, J. Analyzing Newspapers: An Approach from Critical Discourse Analysis[M]. 2007.

15. Ruth Wodak& Paul Chilton. A New Agenda in (Critical) Discourse Analysis: Theory, Methodology and Interdisciplinary[M]. Beijing: Peking University Press, 2016.

16. Ruth Wodak, Paul Chilton. A New Agenda in (Critical) Discourse

Analysis Theory, methodology and interdisciplinarity[M]. 2005.

17. Teun A. van Dijk. Media contents-The interdisciplinary study of news as discourse[M]. News as discourse, 1988, Chapter 5.

18. Thompson.J.B. The Media and Modernity[M]. Cambridge, UK：Polity Press, Stanford University Press, 1995.

七、外文期刊论文

1. Alison Duguid. Newspaper discourse informalisation：a diachronic comparison from keywords[J]. November 2010, Corpora 5（2）.

2. Allan Bell. Climate of opinion：public and media discourse on the global environment[J]. Discourse&society, 1994, 5（01）.

3. Ana Tkalac Verčič, Dubravka Sinčić Ćorić, The relationship between reputation, employer branding and corporate social responsibility[J]. Public Relations Review, 2018, 44（4）.

4. Asmawi, Adelina. "Working with Blog Discourse"[J]. The International Journal of Learning：Annual Review, 2010, 17（4）.

5. Avenarious, H. Introduction：image and public relations practice[J]. Journal of public relations research, 1993, 5.

6. Baohua Liu, Pei-Yu Sun, Yongliang Zeng. Employee-related corporate social responsibilities and corporate innovation：Evidence from China[J]. International Review of Economics & Finance, 2020, 70.

7. Bill Doolin. Narratives of Change[J]. Discourse, Technology and Organization, 2003, 10（4）.

8. Bosangit C., McCabe S., Hibbert S. Discourse Analysis of Blogs：Analyzing Language to Maximize the Value of Consumption-Oriented Blogs as Data Source[J]. In：Dwivedi Y. et al. (eds) Social Media：The Good, the Bad, and the Ugly. I3E 2016. Lecture Notes in Computer Science, vol 9844.

9. Burton St. John. The "creative confrontation" of Herbert Schmertz：Public relations sense making and the corporate persona[J]. Public Relations Review, 2014, Volume 40, Issue 5.

10. CARVALHO, A. "Discourse Analysis and Media Texts: A Critical Reading of Analytical Tools" [J]. Paper presented at the 'International Conference on Logic and Methodology', RC 33 meeting (International Sociology Association), Köln, 2000, 3-6 October.

11. Craig E. Carroll (Ed.). Corporate Reputation and the News Media: Agenda-setting within Business News Coverage in Developed, Emerging, and Frontier Markets-Section II[J]. Corporate Reputation and the News Media in Emerging Markets, New York, 2011.

12. Danuta Szwajca. The Role of Social Media in Corporate Reputation Management-The Results of the Polish Enterprises[J]. 2017, 9 (1).

13. Dowling, G.R, Managing your corperate images[J]. Industrial Marketing Management, 1986, 15.

14. Elena BUJA. The Discourse Analysis of a Newspaper Article[J]. Acta Universitatis Sapientiae, Philologica, 2010, 2 (02).

15. Ella Lillqvist, Leena Louhiala-Salminen, Anne Kankaanranta, Power relations in social media discourse: Dialogization and monologization on corporate Facebook pages[J]. Discourse, Context & Media, 2016, 12.

16. Eve Chiapello and Norman Fairclough. Understanding the new management ideology: a transdisciplinary contribution from critical discourse analysis and new sociology of capitalism[J]. Discourse Society, 2002.

17. Floor van den Born. Language Policies and Communication in Multinational Companies[J]. 2010, 47 (2).

18. Francois Maon, Valérie Swaen, Kenneth De Roeck. Coporate branding and corporate social responsibility: Toward a multi-stakeholder interpretive perspective, Journal of Business Research[J]. 2021, 126.

19. Gamson, William A., and Andre Modigliani. "Media Discourse and Public Opinion on Nuclear Power: A Constructionist Approach." American Journal of Sociology[J]. 1989, 95 (01).

20. James G Hutton, Michael B Goodman, Jill B Alexander, Christina M Genest. Reputation management: the new face of corporate public relations? [J]. Public Relations Review, 2001, 27 (3).

21. Jessica M. F. Hughes. Progressing Positive Discourse Analysis and/ in Critical Discourse Studies[J]. Reconstructing resistance through progressive discourse analysis Review of Communication, July 2018 18 (3) .

22. Jiuchang Wei, Tingting Liu, Daniel E. Chavez, Haipeng (Allan) Chen. Managing corporate–government relationships in a multi–cultural setting: How political corporate social responsibility (PCSR) as a response to legitimacy pressures affects firm reputation[J]. Industrial Marketing Management, 2020, 89.

23. Kip Becker, Helena Nobre, Vijay Kanabar. Monitoring and protecting company and brand reputation on social networks: when sites are not enough[J]. 2013, 15 (2/3): 293–308.

24. Kwon, S. E., Kim, E., Sung, Y., Yoo, Y. C. Brand Followers: Consumer Motivation and Attitude towards Brand Communicationson Twitter[J]. International Journal of Advertising, 2014, 33 (4) .

25. Loizos Heracleous. Organizational Change as Discourse: Communicative Actions and Deep Structures in the Context of Information Technology Implementation. [J]. The Academy of Management Journal, August 2001, 44 (4) .

26. Martin Montgomery, Debing Feng. 'Coming up next': The discourse of television news headlines[J]. Discourse & Communication, 2016, 10 (05) .

27. Mauricio Andrés Latapí Agudelo, Lára Johannsdottir, Brynhildur Davidsdottir. Drivers that motivate energy companies to be responsible. A systematic literature review of Corporate Social Responsibility in the energy sector[J]. Journal of Cleaner Production, 2020, 247.

28. Maxwell T. Boykoff. The cultural politics of climate change discourse in UK tabloids[J]. Political Geography, 2008, 27.

29. Nico Carpentier, Rico Lie & Jan Servaes. Community media – muting the democratic media discourse? Session 'Social theory and discourse' The international Social Theory Consortium Second annual conference. Brighton[J]. 2001 (07) .

30. Norman Fairclough. The dialectics of discourse. Textus[J]. 2001（14）.

31. Norman Fairclough. Discourse，social theory，and social research[J]. The discourse of welfare reform，Journal of Sociolinguistics，May 2000，4（2）.

32. Norman L. Fairclough. Critical and descriptive goals in discourse analysis. Journal of Pragmatics[J]. 1985（09）.

33. Per-Olof Wickman. Learning as Discourse Change：A Sociocultural Mechanism. 2002 Wiley Periodicals，Inc.[J]. Sci Ed 86.

34. Robert A. Stallings. Media Discourse and the Social Construction of Risk[J]. Social Problems，1990，37，（02）.

35. Rong-An Shang，Yuan Sun. So little time for so many ties：Fit between the social capital embedded in enterprise social media and individual learning requirements [J]. Computers in Human Behavior，2020.

36. Vivien A. Schmidt. Speaking of change：why discourse is key to the dynamics of policy transformation[J]. Critical Policy Studies，2011，5（07）.

37. Wendy Cukier，Ojelanki Ngwenyama，Robert Bauer&Catherine Middleton. A critical analysis of media discourse on information technology：preliminary results of a proposed method for critical discourse analysis[J]. Info Systems J，2009，19.

38. Yoo Jung Hong，Donghee Shin，Jang Hyun Kim. High/low reputation companies' dialogic communication activities and semantic networks on Facebook：A comparative study[J]. 2016，110.

39. Zhu，Y. The Expectation of TikTok in International Media：A Critical Discourse Analysis [J]. Open Journal of Social Sciences，2020，8.

八、其他资料

1. 大庆油田《战报》（影印合集）
2. 习近平. 决胜全面建成小康社会夺取新时代中国特色社会主义伟大胜利——在中国共产党第十九次全国代表大会上的报告（2017年10月18

日），第一部分

3. 中国企业海外形象报告（2017～2019）

4. 中国石油董事长近5年在国际场合的讲话致辞

5. 中国石油非洲、南美洲部分项目的舆情危机应对案例

6. 中国石油国内舆情快报、舆情周报、舆情年报（2010-2019）

7. 中国石油海外舆情监测报告（2011～2013）

8. 中国石油天然气集团公司2011年年鉴

9. 中国石油天然气集团有限公司近20年的年终领导干部会主要领导的报告

10.《中国石油报》（1987年创刊至今每年的合订集，电子版）

11.《追寻石油工业中国梦》（新华社、《人民日报》对石油工业及中国石油的报道（1949～2019）

12. 中国石油天然气集团有限公司思想政治工作部. 中国石油天然气集团有限公司企业文化手册. 北京：石油工业出版社，2017年6月第1版

后 记

本书是我的博士学位论文,在它即将付梓出版之际,忘我投入地阅读写作的情景犹如昨日重现,历历在目。回顾三年博士阶段学习研究经历,不由得心绪难平,充满感激。首先,我要感谢我的导师李继东教授,在学校行政事务缠身、多个课题研究同时推进的繁忙工作中,还不忘经常询问我读书收获和论文写作的进展情况,并及时给予点拨和指导,多次系统地提出修改意见。无论何时我当面或打电话交流论文中遇到的问题,李老师总是耐心细致地回答,那些与李老师在办公室、学校食堂、教学楼前、甚至是地铁上交流论文写作的场景令人难忘。李老师深厚的学养、高尚的师德、儒雅的风度、谦和的为人,让每次的师生交流都如沐春风,亦师亦友的情缘将恩泽我终生。我会牢记李继东老师的教诲做好学问,走好今后的人生路。

我要感谢我的太太肖琳琳,她在繁忙的工作之余帮助我搜集文献,校对排版,并以第一读者的身份对我的博士论文提出了很多中肯的意见和建议。我要感谢我的父母、我的岳母、我的女儿,在我研究的困顿期和论文写作的煎熬期给予的精神鼓励和温暖体恤,让我很快调整好状态继续投入战斗;感谢我的师妹蒋雪颖在词频分析中给予的指导和帮助;感谢我供职的中国石油党群工作部的领导和同事们给予的理解和支持;感谢中国石油宣传部、大庆油田宣传部各位同仁毫无保留地给我提供研究素材并给予研究建议;我还要感谢我的博士同学白岩、段磊、赵洁、徐学明、孙莹,他们在三年的学习过程中给予我很多无私帮助和友情鞭策。

感谢那些我还不知道姓名但却温暖、帮助过我的人,是他们让我看到了拼搏奋斗的价值和奉献社会的意义。我会把读博期间所有的收获当成人生财富和前行动力,心怀感恩,不懈努力,用自己的成绩回报师恩,回报所有关心帮助过我的人。让母校为自己明日的成绩而自豪!且行且珍惜。